U0894892

中华人民共和国
第十三届全国人民代表大会
第四次会议文件汇编

全国人民代表大会常务委员会办公厅编

人　民　出　版　社

目　　录

在第十三届全国人民代表大会第四次会议上的讲话

（2021 年 3 月 11 日）

全国人大常委会委员长　栗战书

各位代表：

第十三届全国人大四次会议经过全体代表的共同努力，已经圆满完成了各项议程。

会议高度评价党和国家事业取得的新的重大成就，表达了人民对习近平总书记和以习近平同志为核心的党中央的衷心拥戴。会议审议批准了政府工作报告和其他报告，审查批准了国民经济和社会发展第十四个五年规划和 2035 年远景目标纲要。

会议审议通过了关于修改全国人民代表大会组织法的决定和关于修改全国人民代表大会议事规则的决定。会议作出关于完善香港特别行政区选举制度的决定，全体代表高度赞同，表达了包括香港同胞在内的全国各族人民维护国家主权、安全、发展利益，维护香港宪制秩序的坚定决心。

各位代表！

在全面建设社会主义现代化国家新征程上，人大工作更好发挥职能作用，必须在思想上、政治上、行动上更加自觉做到：

——旗帜鲜明用习近平新时代中国特色社会主义思想统揽人大工作。习近平新时代中国特色社会主义思想是宪法确立的国家指导思想。这一科学理论中关于人大制度的重要思想，发展马克思主义国家政权理论，深刻阐释了坚持和完善人民代表大会制度的重大理论和实践问题。必须长期坚持习近平新时代中国特色社会主义思想，确保人大工作沿着正确的方向不断向前发展。

——旗帜鲜明坚持党对人大工作的全面领导。坚持党的领导，是人民代表大会制度的本质特征和最大优势，是人大工作的首要政治原则和根本政治保证。要把党的领导贯穿人大工作全过程、各方面，使党的主张通过法定程序成为国家意志和人民共同行动，保证党的路线方针政策和决策部署在国家工作中得到全面贯彻和有效执行。

——旗帜鲜明走中国特色社会主义政治发展道路。中国特色社会主义政治发展道路是近代以来中国人民长期奋斗历史逻辑、理论逻辑、实践逻辑的必然结果。要更加自觉坚持党的领导、人民当家作主、依法治国有机统一，切实增强政治判断力、政治领悟力、政治执行力，为改革开放和社会主义现代化建设提供稳定的政治环境和有力的政治保障。

——旗帜鲜明以习近平法治思想为指导，在全面依法治国中发挥重要作用。习近平法治思想，是中国特色社会主义道路、理论、制度、文化在法治上的集中体现，是全面依法治国的根本遵循和行动指南。要全面贯彻习近平法治思想，坚定不移走中国特色社会主义法治道路,紧扣建设中国特色社会主义法治体系、建设社会主义法治国家这个总目标,确保全面依法治国始终沿着正确的方向前进。要坚持科学立法、民主立法、依法立法,加快完善中国特色社会主义法律体系,以良法支撑和保障全面依法治国实践。

——旗帜鲜明围绕党和国家工作大局谋划和开展工作。自觉把人大工作放在党和国家事业全局来谋划和推进,依法行使立法权、监督权、决定权、任免权。要正确有效发挥人大职能作用,切实做到党和国家中心工作在哪里,人大工作就跟进到哪里;党和国家大局是什么,人大工作就重点安排什么。

——旗帜鲜明坚持以人民为中心,发挥代表主体作用。在我们国家,人民居于主体地位。人民通过选举产生自己的代表组成人民代表大会,管理国家事务,管理经济和文化事业,管理社会事务。人大一切工作都要坚持以人民为中心,积极回应人民对美好生活的期待。要尊重代表、依靠代表、服务代表,充分发挥人大代表作用,使人民当家作主更加有效地落实到国家政治生活和社会生活之中。

各位代表!

在中国共产党迎来百年华诞新的历史时刻,我们要更加紧密地团结在以习近平同志为核心的党中央周围,增强“四个意识”,坚定“四个自信”,做到“两个维护”,同心协力,担当尽责,朝着实现中华民族伟大复兴的中国梦奋勇前进!

第十三届全国人民代表大会第四次会议关于政府工作报告的决议

（2021年3月11日第十三届全国人民代表大会第四次会议通过）

第十三届全国人民代表大会第四次会议听取和审议了国务院总理李克强所作的政府工作报告。会议高度评价“十三五”时期我国经济社会发展取得的历史性成就，充分肯定国务院过去一年的工作，同意报告提出的“十四五”时期主要目标任务和2021年经济社会发展的总体要求、主要目标和工作部署，决定批准这个报告。

会议号召，全国各族人民更加紧密地团结在以习近平同志为核心的党中央周围，高举中国特色社会主义伟大旗帜，以习近平新时代中国特色社会主义思想为指导，全面贯彻党的十九大和十九届二中、三中、四中、五中全会精神，增强“四个意识”、坚定“四个自信”、做到“两个维护”，坚持稳中求进工作总基调，立足新发展阶段，贯彻新发展理念，构建新发展格局，以推动高质量发展为主题，以深化供给侧结构性改革为主线，以改革创新为根本动力，以满足人民日益增长的美好生活需要为根本目的，坚持系统观念，巩固拓展疫情防控和经济社会发展成果，更好统筹发展和安全，扎实做好“六稳”工作、全面落实“六保”任务，保持经济运行在合理区间，促进经济社会持续健康发展，同心协力、拼搏进取、扎实工作，确保“十四五”开好局起好步，以优异成绩庆祝中国共产党成立100周年。

政 府 工 作 报 告

——2021 年 3 月 5 日在第十三届全国
人民代表大会第四次会议上

国务院总理　李克强

各位代表：

现在，我代表国务院，向大会报告政府工作，请予审议，并请全国政协委员提出意见。

一、2020 年工作回顾

过去一年，在新中国历史上极不平凡。面对突如其来的新冠肺炎疫情、世界经济深度衰退等多重严重冲击，在以习近平同志为核心的党中央坚强领导下，全国各族人民顽强拼搏，疫情防控取得重大战略成果，在全球主要经济体中唯一实现经济正增长，脱贫攻坚战取得全面胜利，决胜全面建成小康社会取得决定性成就，交出一份人民满意、世界瞩目、可以载入史册的答卷。全年发展主要目标任务较好完成，我国改革开放和社会主义现代化建设又取得新的重大进展。

在艰辛的抗疫历程中，党中央始终坚持人民至上、生命至上，习近平总书记亲自指挥、亲自部署，各方面持续努力，不断巩固防控成果。我们针对疫情形势变化，及时调整防控策略，健全常态化防控机制，有效处置局部地区聚集性疫情，最大限度保护了人民生命安全和身体健康，为恢复生产生活秩序创造必要条件。

一年来，我们贯彻党中央决策部署，统筹推进疫情防控和经济社会发展，主要做了以下工作。

一是围绕市场主体的急需制定和实施宏观政策，稳住了经济基本盘。面对历史罕见的冲击，我们在“六稳”工作基础上，明确提出“六保”任务，特别是保就业保民生保市场主体，以保促稳、稳中求进。立足国情实际，既及时果断又保持定力，坚持不搞“大水漫灌”，科学把握规模性政策的平衡点。注重用改革和创新办法，助企纾困和激发活力并举，帮助受冲击最直接且量大面广的中小微企业和个体工商户渡难关。实施阶段性大规模减税降费，与制度性安排相结合，全年为市场主体减负超过 2.6 万亿元，其中减免社保费 1.7 万亿元。创新宏观政策实施方式，对新增 2 万亿元中央财政资金建立直达机制，省级财政加大资金下沉力度，共同为市县基层落实惠企利民政策及时补充财力。支持银行定向增加贷款并降低利率水平，对中小微企业贷款延期还本付息，大型商业银行普惠小微企业贷款增长 50%以上，金融系统向实体经济让利 1.5 万亿元。对大企业复工复产加强“点对点”服务。经过艰苦努力，我们率先实现复工复产，经济恢复好于预期，全年国内生产总值增长 2.3%，宏观调控积累了新的经验，以合理代价取得较大成效。

二是优先稳就业保民生，人民生活得到切实保障。就业是最大的民生，保市场主体也是为稳就业保民生。各地加大稳岗扩岗激励力度，企业和员工共同克服困难。多渠道做好重点群体就业工作，支持大众创业万众创新带动就业。新增市场主体恢复快速增长，创造了大量就业岗位。城镇新增就业1186万人，年末全国城镇调查失业率降到5.2%。作为最大发展中国家，在巨大冲击下能够保持就业大局稳定，尤为难能可贵。加强生活必需品保供稳价，居民消费价格上涨2.5%。线上办公、网络购物、无接触配送等广泛开展。大幅度扩大失业保险保障范围。对因疫情遇困群众及时给予救助，新纳入低保、特困供养近600万人，实施临时救助超过800万人次。抵御严重洪涝、台风等自然灾害，全力应急抢险救援，妥善安置受灾群众，保障了人民群众生命财产安全和基本生活。

三是坚决打好三大攻坚战，主要目标任务如期完成。较大幅度增加财政扶贫资金投入。对工作难度大的贫困县和贫困村挂牌督战，精准落实各项帮扶措施。优先支持贫困劳动力稳岗就业，帮助返乡贫困劳动力再就业，努力稳住务工收入。加大产业扶贫力度，深入开展消费扶贫。加强易返贫致贫人口监测和帮扶。年初剩余的551万农村贫困人口全部脱贫、52个贫困县全部摘帽。继续打好蓝天、碧水、净土保卫战，完成污染防治攻坚战阶段性目标任务。长江、黄河、海岸带等重要生态系统保护和修复重大工程深入实施，生态建设得到加强。稳妥化解地方政府债务风险，及时处置一批重大金融风险隐患。

四是坚定不移推进改革开放，发展活力和内生动力进一步增强。完善要素市场化配置体制机制。加强产权保护。深入推进“放管服”改革，实施优化营商环境条例。出台国企改革三年行动方案。支持民营企业发展。完善资本市场基础制度。扎实推进农业农村、社会事业等领域改革。共建“一带一路”稳步推进。海南自由贸易港建设等重大举措陆续推出。成功举办第三届中国国际进口博览会、中国国际服务贸易交易会。推动区域全面经济伙伴关系协定签署。完成中欧投资协定谈判。维护产业链供应链稳定，对外贸易和利用外资保持增长。

五是大力促进科技创新，产业转型升级步伐加快。建设国际科技创新中心和综合性国家科学中心，成功组建首批国家实验室。“天问一号”、“嫦娥五号”、“奋斗者”号等突破性成果不断涌现。加强关键核心技术攻关。加大知识产权保护力度。支持科技成果转化应用，促进大中小企业融通创新，推广全面创新改革试验相关举措。推动产业数字化智能化改造，战略性新兴产业保持快速发展势头。

六是推进新型城镇化和乡村振兴，城乡区域发展格局不断优化。加大城镇老旧小区改造力度，因城施策促进房地产市场平稳健康发展。粮食实现增产，生猪产能加快恢复，乡村建设稳步展开，农村人居环境整治成效明显。推进煤电油气产供储销体系建设，提升能源安全保障能力。健全区域协调发展体制机制，在实施重大区域发展战略方面出台一批新举措。

七是加强依法行政和社会建设，社会保持和谐稳定。提请全国人大常委会审议法律议案9件，制定修订行政法规37部。认真办理人大代表建议和政协委员提案。广泛开展线上教学，秋季学期实现全面复学，1000多万高中毕业生顺利完成高考。全面深化教育领域综合改革。实现高职院校扩招100万人目标。加大公共卫生体系建设力度。提升大规模核酸检测能力，新冠肺炎患者治疗费用全部由国家承担。提高退休人员基本养老金，上调城乡居民基础养老金最低标准，保障养老金按时足额发放，实现企业养老保险基金省级统收统支。加强公共文化服务。完善城乡基层治理。扎实做好信访工作。发挥审计监督作用。开展国务院大督查。做好第七次全国人口普查、国家脱贫攻坚普查。加强生产安全事故防范和处置。严格食品药品疫苗监管。强化社会治安综合治理，持续推进扫黑除恶专项斗争，平安中国建设取得新成效。

贯彻落实党中央全面从严治党战略部署，加强党风廉政建设和反腐败斗争。巩固深化“不忘初心、牢记使命”主题教育成果。严格落实中央八项规定精神，持续为基层减负。

中国特色大国外交卓有成效。习近平主席等党和国家领导人通过视频方式主持中非团结抗疫特别峰会，出席联合国成立75周年系列高级别会议、世界卫生大会、二十国集团领导人峰会、亚太经合组织领导人非正式会议、中国—欧盟领导人会晤、东亚合作领导人系列会议等重大活动。坚持多边主义，推动构建人类命运共同体。支持国际抗疫合作，倡导建设人类卫生健康共同体。中国为促进世界和平与发展作出了重要贡献。

一年来的工作殊为不易。各地区各部门顾全大局、尽责担当，上亿市场主体在应对冲击中展现出坚强韧性，广大人民群众勤劳付出、共克时艰，诠释了百折不挠的民族精神，彰显了人民是真正的英雄，这是我们战胜一切困难挑战的力量源泉。

各位代表！

过去一年取得的成绩，是以习近平同志为核心的党中央坚强领导的结果，是习近平新时代中国特色社会主义思想科学指引的结果，是全党全军全国各族人民团结奋斗的结果。我代表国务院，向全国各族人民，向各民主党派、各人民团体和各界人士，表示诚挚感谢！向香港特别行政区同胞、澳门特别行政区同胞、台湾同胞和海外侨胞，表示诚挚感谢！向关心和支持中国现代化建设的各国政府、国际组织和各国朋友，表示诚挚感谢！

在肯定成绩的同时，我们也清醒看到面临的困难和挑战。新冠肺炎疫情仍在全球蔓延，国际形势中不稳定不确定因素增多，世界经济形势复杂严峻。国内疫情防控仍有薄弱环节，经济恢复基础尚不牢固，居民消费仍受制约，投资增长后劲不足，中小微企业和个体工商户困难较多，稳就业压力较大。关键领域创新能力不强。一些地方财政收支矛盾突出，防范化解金融等领域风险任务依然艰巨。生态环保任重道远。民生领域还有不少短板。政府工作存在不足，形式主义、官僚主义不同程度存在，少数干部不担当不作为不善为。一些领域腐败问题仍有发生。我们一定要直面问题和挑战，尽心竭力改进工作，决不辜负人民期待！

二、"十三五"时期发展成就和"十四五"时期主要目标任务

过去五年,我国经济社会发展取得新的历史性成就。经济运行总体平稳,经济结构持续优化,国内生产总值从不到70万亿元增加到超过100万亿元。创新型国家建设成果丰硕,在载人航天、探月工程、深海工程、超级计算、量子信息等领域取得一批重大科技成果。脱贫攻坚成果举世瞩目,5575万农村贫困人口实现脱贫,960多万建档立卡贫困人口通过易地扶贫搬迁摆脱了"一方水土难养一方人"的困境,区域性整体贫困得到解决,完成了消除绝对贫困的艰巨任务。农业现代化稳步推进,粮食生产连年丰收。1亿农业转移人口和其他常住人口在城镇落户目标顺利实现,城镇棚户区住房改造超过2100万套。区域重大战略扎实推进。污染防治力度加大,资源能源利用效率显著提升,生态环境明显改善。金融风险处置取得重要阶段性成果。全面深化改革取得重大突破,供给侧结构性改革持续推进,"放管服"改革不断深入,营商环境持续改善。对外开放持续扩大,共建"一带一路"成果丰硕。人民生活水平显著提高,城镇新增就业超过6000万人,建成世界上规模最大的社会保障体系。全面建立实施困难残疾人生活补贴和重度残疾人护理补贴制度。教育、卫生、文化等领域发展取得新成就,教育公平和质量较大提升,医疗卫生事业加快发展,文化事业和文化产业繁荣发展。国防和军队建设水平大幅提升。国家安全全面加强,社会保持和谐

稳定。经过五年持续奋斗,“十三五”规划主要目标任务胜利完成,中华民族伟大复兴向前迈出了新的一大步。

“十四五”时期是开启全面建设社会主义现代化国家新征程的第一个五年。我国发展仍然处于重要战略机遇期,但机遇和挑战都有新的发展变化。要准确把握新发展阶段,深入贯彻新发展理念,加快构建新发展格局,推动高质量发展,为全面建设社会主义现代化国家开好局起好步。

根据《中共中央关于制定国民经济和社会发展第十四个五年规划和二〇三五年远景目标的建议》,国务院编制了《国民经济和社会发展第十四个五年规划和 2035 年远景目标纲要(草案)》。《纲要草案》坚持以习近平新时代中国特色社会主义思想为指导,实化量化“十四五”时期经济社会发展主要目标和重大任务,全文提交大会审查,这里概述几个方面。

——着力提升发展质量效益,保持经济持续健康发展。发展是解决我国一切问题的基础和关键。必须坚持新发展理念,把新发展理念完整、准确、全面贯穿发展全过程和各领域,引导各方面把工作重点放在提高发展质量和效益上,促进增长潜力充分发挥。经济运行保持在合理区间,各年度视情提出经济增长预期目标,全员劳动生产率增长高于国内生产总值增长,城镇调查失业率控制在 5.5%以内,物价水平保持总体平稳,实现更高质量、更有效率、更加公平、更可持续、更为安全的发展。

——坚持创新驱动发展,加快发展现代产业体系。坚持创新在我国现代化建设全局中的核心地位,把科技自立自强作为国家发展的战略支撑。完善国家创新体系,加快构建以国家实验室为引领的战略科技力量，打好关键核心技术攻坚战，制定实施基础研究十年行动方案，提升企业技术创新能力，激发人才创新活力，完善科技创新体制机制，全社会研发经费投入年均增长 7%以上、力争投入强度高于“十三五”时期实际。广泛开展科学普及活动。坚持把发展经济着力点放在实体经济上，推进产业基础高级化、产业链现代化，保持制造业比重基本稳定，改造提升传统产业，发展壮大战略性新兴产业，促进服务业繁荣发展。统筹推进传统基础设施和新型基础设施建设。加快数字化发展，打造数字经济新优势，协同推进数字产业化和产业数字化转型，加快数字社会建设步伐，提高数字政府建设水平，营造良好数字生态，建设数字中国。

——形成强大国内市场，构建新发展格局。把实施扩大内需战略同深化供给侧结构性改革有机结合起来，以创新驱动、高质量供给引领和创造新需求。破除制约要素合理流动的堵点，贯通生产、分配、流通、消费各环节，形成国民经济良性循环。立足国内大循环，协同推进强大国内市场和贸易强国建设，依托国内经济循环体系形成对全球要素资源的强大引力场，促进国内国际双循环。建立扩大内需的有效制度，全面促进消费，拓展投资空间，加快培育完整内需体系。

——全面推进乡村振兴，完善新型城镇化战略。坚持农业农村优先发展，严守 18 亿亩耕地红线，实施高标准农田建设工程、黑土地保护工程，确保种源安全，实施乡村建设行动，健全城乡融合发展体制机制。建立健全巩固拓展脱贫攻坚成果长效机制，提升脱贫地区整体发展水平。深入推进以人为核心的新型城镇化战略，加快农业转移人口市民化，常住人口城镇化率提高到65%，发展壮大城市群和都市圈，推进以县城为重要载体的城镇化建设，实施城市更新行动，完善住房市场体系和住房保障体系，提升城镇化发展质量。

——优化区域经济布局，促进区域协调发展。深入实施区域重大战略、区域协调发展战略、主体功能区战略，构建高质量发展的区域经济布局和国土空间支撑体系。扎实推动京津冀协同发展、长江经济带发展、粤港澳大湾区建设、长三角一体化发展、黄河流域生态保护和高质量发展，高标准、高质量建设雄安新区。推动西部大开发形成新格局，推动东北振兴取得新突破，促进中部地区加快崛起，鼓励东部地区加快推进现代化。推进成渝地区双城经济圈建设。支持革命老区、民族地区加快发展，加强边疆地区建设。积极拓展海洋经济发展空间。

——全面深化改革开放，持续增强发展动力和活力。构建高水平社会主义市场经济体制，激发各类市场主体活力，加快国有经济布局优化和结构调整，优化民营经济发展环境。建设高标准市场体系，全面完善产权制度，推进要素市场化配置改革，强化竞争政策基础地位，完善竞争政策框架。建立现代财税金融体制，提升政府经济治理能力。深化“放管服”改革，构建一流营商环境。建设更高水平开放型经济新体制，推动共建“一带一路”高质量发展，构建面向全球的高标准自由贸易区网络。

——推动绿色发展，促进人与自然和谐共生。坚持绿水青山就是金山银山理念，加强山水林田湖草系统治理，加快推进重要生态屏障建设，构建以国家公园为主体的自然保护地体系，森林覆盖率达到24.1%。持续改善环境质量，基本消除重污染天气和城市黑臭水体。落实2030年应对气候变化国家自主贡献目标。加快发展方式绿色转型，协同推进经济高质量发展和生态环境高水平保护，单位国内生产总值能耗和二氧化碳排放分别降低13.5%、18%。

——持续增进民生福祉，扎实推动共同富裕。坚持尽力而为、量力而行，加强普惠性、基础性、兜底性民生建设，制定促进共同富裕行动纲要，让发展成果更多更公平惠及全体人民。实施就业优先战略，扩大就业容量。着力提高低收入群体收入，扩大中等收入群体，居民人均可支配收入增长与国内生产总值增长基本同步。建设高质量教育体系，建设高素质专业化教师队伍，深化教育改革，实施教育提质扩容工程，劳动年龄人口平均受教育年限提高到11.3年。全面推进健康中国建设，构建强大公共卫生体系，完善城乡医疗服务网络，广泛开展全民健身运动，人均预期寿命再提高1岁。实施积极应对人口老龄化国家战略，以“一老一小”为重点完善人口服务体系，优化生育政策，推动实现适度生育水平，发展普惠托育和基本养老服务体系，逐步延迟法定退休年龄。健全多层次社会保障体系，基本养老保险参保率提高到95%，优化社会救助和慈善制度。发展社会主义先进文化，提高社会文明程度，弘扬诚信文化，建设诚信社会，提升公共文化服务水平，健全现代文化产业体系。

——统筹发展和安全，建设更高水平的平安中国。坚持总体国家安全观，加强国家安全体系和能力建设。强化国家经济安全保障，实施粮食、能源资源、金融安全战略，粮食综合生产能力保持在1.3万亿斤以上，提高能源综合生产能力。全面提高公共安全保障能力，维护社会稳定和安全。

展望未来，我们有信心有能力战胜前进道路上的艰难险阻，完成“十四五”规划目标任务，奋力谱写中国特色社会主义事业新篇章！

三、2021年重点工作

今年是我国现代化建设进程中具有特殊重要性的一年。做好政府工作，要在以习近平同志为核心的党中央坚强领导下，以习近平新时代中国特色社会主义思想为指导，全面贯彻党的十九大和十九届二中、三中、四中、五中全会精神，坚持稳中求进工作总基调，立足新发展阶段，贯彻新发展理念，构建新发展格局，以推动高质量发展为主题，以深化供给侧结构性改革为主线，以改革创新为根本动力，以满足人民日益增长的美好生活需要为根本目的，坚持系统观念，巩固拓展疫情防控和经济社会发展成果，更好统筹发展和安全，扎实做好“六稳”工作、全面落实“六保”任务，科学精准实施宏观政策，努力保持经济运行在合理区间，坚持扩大内需战略，强化科技战略支撑，扩大高水平对外开放，保持社会和谐稳定，确保“十四五”开好局起好步，以优异成绩庆祝中国共产党成立100周年。

今年我国发展仍面临不少风险挑战，但经济长期向好的基本面没有改变。我们要坚定信心，攻坚克难，巩固恢复性增长基础，努力保持经济社会持续健康发展。

今年发展主要预期目标是:国内生产总值增长6%以上;城镇新增就业1100万人以上,城镇调查失业率5.5%左右;居民消费价格涨幅3%左右;进出口量稳质升,国际收支基本平衡;居民收入稳步增长;生态环境质量进一步改善,单位国内生产总值能耗降低3%左右,主要污染物排放量继续下降;粮食产量保持在1.3万亿斤以上。

经济增速是综合性指标,今年预期目标设定为6%以上,考虑了经济运行恢复情况,有利于引导各方面集中精力推进改革创新、推动高质量发展。经济增速、就业、物价等预期目标,体现了保持经济运行在合理区间的要求,与今后目标平稳衔接,有利于实现可持续健康发展。

做好今年工作,要更好统筹疫情防控和经济社会发展。坚持常态化防控和局部应急处置有机结合,继续毫不放松做好外防输入、内防反弹工作,抓好重点区域和关键环节防控,补上短板漏洞,严防出现聚集性疫情和散发病例传播扩散,有序推进疫苗研制和加快免费接种,提高科学精准防控能力和水平。

今年要重点做好以下几方面工作。

(一)保持宏观政策连续性稳定性可持续性,促进经济运行在合理区间。在区间调控基础上加强定向调控、相机调控、精准调控。宏观政策要继续为市场主体纾困,保持必要支持力度,不急转弯,根据形势变化适时调整完善,进一步巩固经济基本盘。

积极的财政政策要提质增效、更可持续。考虑到疫情得到有效控制和经济逐步恢复,今年赤字率拟按3.2%左右安排、比去年有所下调，不再发行抗疫特别国债。因财政收入恢复性增长，财政支出总规模比去年增加，重点仍是加大对保就业保民生保市场主体的支持力度。中央本级支出继续安排负增长，进一步大幅压减非急需非刚性支出，对地方一般性转移支付增长 7.8%、增幅明显高于去年，其中均衡性转移支付、县级基本财力保障机制奖补资金等增幅均超过 10%。建立常态化财政资金直达机制并扩大范围，将 2.8 万亿元中央财政资金纳入直达机制、规模明显大于去年，为市县基层惠企利民提供更加及时有力的财力支持。各级政府都要节用为民、坚持过紧日子，确保基本民生支出只增不减，助力市场主体青山常在、生机盎然。

优化和落实减税政策。市场主体恢复元气、增强活力，需要再帮一把。继续执行制度性减税政策，延长小规模纳税人增值税优惠等部分阶段性政策执行期限，实施新的结构性减税举措，对冲部分政策调整带来的影响。将小规模纳税人增值税起征点从月销售额 10 万元提高到 15 万元。对小微企业和个体工商户年应纳税所得额不到 100 万元的部分，在现行优惠政策基础上，再减半征收所得税。各地要把减税政策及时落实到位，确保市场主体应享尽享。

稳健的货币政策要灵活精准、合理适度。把服务实体经济放到更加突出的位置，处理好恢复经济与防范风险的关系。货币供应量和社会融资规模增速与名义经济增速基本匹配，保持流动性合理充裕，保持宏观杠杆率基本稳定。保持人民币汇率在合理均衡水平上的基本稳定。进一步解决中小微企业融资难题。延续普惠小微企业贷款延期还本付息政策，加大再贷款再贴现支持普惠金融力度。延长小微企业融资担保降费奖补政策，完善贷款风险分担补偿机制。加快信用信息共享步伐。完善金融机构考核、评价和尽职免责制度。引导银行扩大信用贷款、持续增加首贷户，推广随借随还贷款，使资金更多流向科技创新、绿色发展，更多流向小微企业、个体工商户、新型农业经营主体，对受疫情持续影响行业企业给予定向支持。大型商业银行普惠小微企业贷款增长30%以上。创新供应链金融服务模式。适当降低小微企业支付手续费。优化存款利率监管，推动实际贷款利率进一步降低，继续引导金融系统向实体经济让利。今年务必做到小微企业融资更便利、综合融资成本稳中有降。

就业优先政策要继续强化、聚力增效。着力稳定现有岗位，对不裁员少裁员的企业，继续给予必要的财税、金融等政策支持。延续降低失业和工伤保险费率，扩大失业保险返还等阶段性稳岗政策惠及范围，延长以工代训政策实施期限。拓宽市场化就业渠道，促进创业带动就业。推动降低就业门槛，动态优化国家职业资格目录，降低或取消部分准入类职业资格考试工作年限要求。支持和规范发展新就业形态，加快推进职业伤害保障试点。继续对灵活就业人员给予社保补贴，推动放开在就业地参加社会保险的户籍限制。做好高校毕业生、退役军人、农民工等重点群体就业工作，完善残疾人、零就业家庭成员等困难人员就业帮扶政策，促进失业人员再就业。拓宽职业技能培训资金使用范围，开展大规模、多层次职业技能培训，完成职业技能提升和高职扩招三年行动目标，建设一批高技能人才培训基地。健全就业公共服务体系，实施提升就业服务质量工程。运用就业专项补助等资金，支持各类劳动力市场、人才市场、零工市场建设，广开就业门路，为有意愿有能力的人创造更多公平就业机会。

（二）深入推进重点领域改革，更大激发市场主体活力。在落实助企纾困政策的同时，加大力度推动相关改革，培育更加活跃更有创造力的市场主体。

进一步转变政府职能。充分发挥市场在资源配置中的决定性作用，更好发挥政府作用，推动有效市场和有为政府更好结合。继续放宽市场准入，开展要素市场化配置综合改革试点，依法平等保护各类市场主体产权。纵深推进“放管服”改革，加快营造市场化、法治化、国际化营商环境。将行政许可事项全部纳入清单管理。深化“证照分离”改革，大力推进涉企审批减环节、减材料、减时限、减费用。完善市场主体退出机制，实行中小微企业简易注销制度。实施工业产品准入制度改革，推进汽车、电子电器等行业生产准入和流通管理全流程改革。把有效监管作为简政放权的必要保障，全面落实监管责任，加强对取消或下放审批事项的事中事后监管，完善分级分类监管政策，健全跨部门综合监管制度，大力推行“互联网+监管”，提升监管能力，加大失信惩处力度，以公正监管促进优胜劣汰。加强数字政府建设，建立健全政务数据共享协调机制，推动电子证照扩大应用领域和全国互通互认，实现更多政务服务事项网上办、掌上办、一次办。企业和群众经常办理的事项，今年要基本实现“跨省通办”。

用改革办法推动降低企业生产经营成本。推进能源、交通、电信等基础性行业改革，提高服务效率，降低收费水平。

允许所有制造业企业参与电力市场化交易，进一步清理用电不合理加价，继续推动降低一般工商业电价。中小企业宽带和专线平均资费再降10%。全面推广高速公路差异化收费，坚决整治违规设置妨碍货车通行的道路限高限宽设施和检查卡点。取消港口建设费，将民航发展基金航空公司征收标准降低20%。鼓励受疫情影响较大的地方对承租国有房屋的服务业小微企业和个体工商户减免租金。推动各类中介机构公开服务条件、流程、时限和收费标准。要严控非税收入不合理增长，严厉整治乱收费、乱罚款、乱摊派，不得扰民渔利，让市场主体安心经营、轻装前行。

促进多种所有制经济共同发展。坚持和完善社会主义基本经济制度。毫不动摇巩固和发展公有制经济，毫不动摇鼓励、支持、引导非公有制经济发展。各类市场主体都是国家现代化的建设者，要一视同仁、平等对待。深入实施国企改革三年行动，做强做优做大国有资本和国有企业。深化国有企业混合所有制改革。构建亲清政商关系，破除制约民营企业发展的各种壁垒。健全防范和化解拖欠中小企业账款长效机制。弘扬企业家精神。国家支持平台企业创新发展、增强国际竞争力，同时要依法规范发展，健全数字规则。强化反垄断和防止资本无序扩张，坚决维护公平竞争市场环境。

深化财税金融体制改革。强化预算约束和绩效管理，加大预算公开力度，精简享受税费优惠政策的办理流程和手续。落实中央与地方财政事权和支出责任划分改革方案。健全地方税体系。继续多渠道补充中小银行资本、强化公司治理，深化农村信用社改革，推进政策性银行分类分账改革，提升保险保障和服务功能。稳步推进注册制改革，完善常态化退市机制，加强债券市场建设，更好发挥多层次资本市场作用，拓展市场主体融资渠道。强化金融控股公司和金融科技监管，确保金融创新在审慎监管的前提下进行。完善金融风险处置工作机制，压实各方责任，坚决守住不发生系统性风险的底线。金融机构要坚守服务实体经济的本分。

（三）依靠创新推动实体经济高质量发展，培育壮大新动能。促进科技创新与实体经济深度融合，更好发挥创新驱动发展作用。

提升科技创新能力。强化国家战略科技力量，推进国家实验室建设，完善科技项目和创新基地布局。实施好关键核心技术攻关工程，深入谋划推进“科技创新 2030—重大项目”，改革科技重大专项实施方式，推广“揭榜挂帅”等机制。支持有条件的地方建设国际和区域科技创新中心，增强国家自主创新示范区等带动作用。发展疾病防治攻关等民生科技。促进科技开放合作。加强知识产权保护。加强科研诚信建设，弘扬科学精神，营造良好创新生态。基础研究是科技创新的源头，要健全稳定支持机制，大幅增加投入，中央本级基础研究支出增长 10.6%，落实扩大经费使用自主权政策，优化项目申报、评审、经费管理、人才评价和激励机制，努力消除科研人员不合理负担，使他们能够沉下心来致力科学探索，以“十年磨一剑”精神在关键核心领域实现重大突破。

运用市场化机制激励企业创新。强化企业创新主体地位，鼓励领军企业组建创新联合体，拓展产学研用融合通道，健全科技成果产权激励机制，完善创业投资监管体制和发展政策，纵深推进大众创业万众创新。延续执行企业研发费用加计扣除75%政策，将制造业企业加计扣除比例提高到100%，用税收优惠机制激励企业加大研发投入，着力推动企业以创新引领发展。

优化和稳定产业链供应链。继续完成“三去一降一补”重要任务。对先进制造业企业按月全额退还增值税增量留抵税额，提高制造业贷款比重，扩大制造业设备更新和技术改造投资。增强产业链供应链自主可控能力，实施好产业基础再造工程，发挥大企业引领支撑和中小微企业协作配套作用。发展工业互联网，促进产业链和创新链融合，搭建更多共性技术研发平台，提升中小微企业创新能力和专业化水平。加大5G网络和千兆光网建设力度，丰富应用场景。加强网络安全、数据安全和个人信息保护。统筹新兴产业布局。加强质量基础设施建设，深入实施质量提升行动，完善标准体系，促进产业链上下游标准有效衔接，弘扬工匠精神，以精工细作提升中国制造品质。

（四）坚持扩大内需这个战略基点，充分挖掘国内市场潜力。紧紧围绕改善民生拓展需求，促进消费与投资有效结合，实现供需更高水平动态平衡。

稳定和扩大消费。多渠道增加居民收入。健全城乡流通体系，加快电商、快递进农村，扩大县乡消费。稳定增加汽车、家电等大宗消费，取消对二手车交易不合理限制，增加停车场、充电桩、换电站等设施，加快建设动力电池回收利用体系。发展健康、文化、旅游、体育等服务消费。鼓励企业创新产品和服务，便利新产品市场准入，推进内外贸产品同线同标同质。保障小店商铺等便民服务业有序运营。运用好“互联网+”,推进线上线下更广更深融合,发展新业态新模式,为消费者提供更多便捷舒心的服务和产品。引导平台企业合理降低商户服务费。稳步提高消费能力,改善消费环境,让居民能消费、愿消费,以促进民生改善和经济发展。

扩大有效投资。今年拟安排地方政府专项债券 3.65 万亿元,优化债券资金使用,优先支持在建工程,合理扩大使用范围。中央预算内投资安排 6100 亿元。继续支持促进区域协调发展的重大工程,推进“两新一重”建设,实施一批交通、能源、水利等重大工程项目,建设信息网络等新型基础设施,发展现代物流体系。政府投资更多向惠及面广的民生项目倾斜,新开工改造城镇老旧小区 5.3 万个,提升县城公共服务水平。简化投资审批程序,推进实施企业投资项目承诺制。深化工程建设项目审批制度改革。完善支持社会资本参与政策,进一步拆除妨碍民间投资的各种藩篱,在更多领域让社会资本进得来、能发展、有作为。

(五)全面实施乡村振兴战略,促进农业稳定发展和农民增收。接续推进脱贫地区发展,抓好农业生产,改善农村生产生活条件。

做好巩固拓展脱贫攻坚成果同乡村振兴有效衔接。对脱贫县从脱贫之日起设立 5 年过渡期,保持主要帮扶政策总体稳定。健全防止返贫动态监测和帮扶机制,促进脱贫人口稳定就业,加大技能培训力度,发展壮大脱贫地区产业,做好易地搬迁后续扶持,分层分类加强对农村低收入人口常态化帮扶,确保不发生规模性返贫。在西部地区脱贫县中集中支持一批乡村振兴重点帮扶县。坚持和完善东西部协作和对口支援机制，发挥中央单位和社会力量帮扶作用，继续支持脱贫地区增强内生发展能力。

提高粮食和重要农产品供给保障能力。保障粮食安全的要害是种子和耕地。要加强种质资源保护利用和优良品种选育推广，开展农业关键核心技术攻关。提高高标准农田建设标准和质量，完善灌溉设施，强化耕地保护，坚决遏制耕地“非农化”、防止“非粮化”。推进农业机械化、智能化。建设国家粮食安全产业带和农业现代化示范区。稳定种粮农民补贴，适度提高稻谷、小麦最低收购价，扩大完全成本和收入保险试点范围。稳定粮食播种面积，提高单产和品质。多措并举扩大油料生产。发展畜禽水产养殖，稳定和发展生猪生产。加强动植物疫病防控。保障农产品市场供应和价格基本稳定。开展粮食节约行动。解决好吃饭问题始终是头等大事，我们一定要下力气也完全有能力保障好14亿人的粮食安全。

扎实推进农村改革和乡村建设。巩固和完善农村基本经营制度，保持土地承包关系稳定并长久不变，稳步推进多种形式适度规模经营，加快发展专业化社会化服务。稳慎推进农村宅基地制度改革试点。发展新型农村集体经济。深化供销社、集体林权、国有林区林场、农垦等改革。提高土地出让收入用于农业农村比例。强化农村基本公共服务和公共基础设施建设，促进县域内城乡融合发展。启动农村人居环境整治提升五年行动。加强农村精神文明建设。保障农民工工资及时足额支付。加快发展乡村产业，壮大县域经济，加强对返乡创业的支持，拓宽农民就业渠道。千方百计使亿万农民多增收、有奔头。

（六）实行高水平对外开放，促进外贸外资稳中提质。实施更大范围、更宽领域、更深层次对外开放，更好参与国际经济合作。

推动进出口稳定发展。加强对中小外贸企业信贷支持，扩大出口信用保险覆盖面、优化承保和理赔条件，深化贸易外汇收支便利化试点。稳定加工贸易，发展跨境电商等新业态新模式，支持企业开拓多元化市场。发展边境贸易。创新发展服务贸易。优化调整进口税收政策，增加优质产品和服务进口。加强贸易促进服务，办好进博会、广交会、服贸会及首届中国国际消费品博览会等重大展会。推动国际物流畅通，清理规范口岸收费，不断提升通关便利化水平。

积极有效利用外资。进一步缩减外资准入负面清单。推动服务业有序开放，增设服务业扩大开放综合试点，制定跨境服务贸易负面清单。推进海南自由贸易港建设，加强自贸试验区改革开放创新，推动海关特殊监管区域与自贸试验区统筹发展，发挥好各类开发区开放平台作用。促进内外资企业公平竞争，依法保护外资企业合法权益。欢迎外商扩大在华投资，分享中国开放的大市场和发展机遇。

高质量共建“一带一路”。坚持共商共建共享，坚持以企业为主体、遵循市场化原则，健全多元化投融资体系，强化法律服务保障，有序推动重大项目合作，推进基础设施互联互通。提升对外投资合作质量效益。

深化多双边和区域经济合作。坚定维护多边贸易体制。推动区域全面经济伙伴关系协定尽早生效实施、中欧投资协定签署，加快中日韩自贸协定谈判进程，积极考虑加入全面与进步跨太平洋伙伴关系协定。在相互尊重基础上，推动中美平等互利经贸关系向前发展。中国愿与世界各国扩大相互开放，实现互利共赢。

（七）加强污染防治和生态建设，持续改善环境质量。深入实施可持续发展战略，巩固蓝天、碧水、净土保卫战成果，促进生产生活方式绿色转型。

继续加大生态环境治理力度。强化大气污染综合治理和联防联控，加强细颗粒物和臭氧协同控制，北方地区清洁取暖率达到70%。整治入河入海排污口和城市黑臭水体，提高城镇生活污水收集和园区工业废水处置能力，严格土壤污染源头防控，加强农业面源污染治理。继续严禁洋垃圾入境。有序推进城镇生活垃圾分类处置。推动快递包装绿色转型。加强危险废物医疗废物收集处理。研究制定生态保护补偿条例。落实长江十年禁渔，实施生物多样性保护重大工程，科学推进荒漠化、石漠化、水土流失综合治理，持续开展大规模国土绿化行动，保护海洋生态环境，推进生态系统保护和修复，让我们生活的家园拥有更多碧水蓝天。

扎实做好碳达峰、碳中和各项工作。制定2030年前碳排放达峰行动方案。优化产业结构和能源结构。推动煤炭清洁高效利用，大力发展新能源，在确保安全的前提下积极有序发展核电。扩大环境保护、节能节水等企业所得税优惠目录范围，促进新型节能环保技术、装备和产品研发应用，培育壮大节能环保产业，推动资源节约高效利用。加快建设全国用能权、碳排放权交易市场，完善能源消费双控制度。实施金融支持绿色低碳发展专项政策,设立碳减排支持工具。提升生态系统碳汇能力。中国作为地球村的一员,将以实际行动为全球应对气候变化作出应有贡献。

(八)切实增进民生福祉,不断提高社会建设水平。注重解民忧、纾民困,及时回应群众关切,持续改善人民生活。

发展更加公平更高质量的教育。构建德智体美劳全面培养的教育体系。推动义务教育优质均衡发展和城乡一体化,加快补齐农村办学条件短板,健全教师工资保障长效机制,改善乡村教师待遇。进一步提高学前教育入园率,完善普惠性学前教育保障机制,支持社会力量办园。鼓励高中阶段学校多样化发展,加强县域高中建设。增强职业教育适应性,深化产教融合、校企合作,深入实施职业技能等级证书制度。办好特殊教育、继续教育,支持和规范民办教育发展。分类建设一流大学和一流学科,加快优化学科专业结构,加强基础学科和前沿学科建设,促进新兴交叉学科发展。支持中西部高等教育发展。加大国家通用语言文字推广力度。发挥在线教育优势,完善终身学习体系。倡导全社会尊师重教。深化教育评价改革,健全学校家庭社会协同育人机制,规范校外培训。加强师德师风建设。在教育公平上迈出更大步伐,更好解决进城务工人员子女就学问题,高校招生继续加大对中西部和农村地区倾斜力度,努力让广大学生健康快乐成长,让每个孩子都有人生出彩的机会。

推进卫生健康体系建设。坚持预防为主,持续推进健康中国行动,深入开展爱国卫生运动,深化疾病预防控制体系改革,强化基层公共卫生体系,创新医防协同机制,健全公共卫生应急处置和物资保障体系，建立稳定的公共卫生事业投入机制。加强精神卫生和心理健康服务。深化公立医院综合改革，扩大国家医学中心和区域医疗中心建设试点，加强全科医生和乡村医生队伍建设，提升县级医疗服务能力，加快建设分级诊疗体系。坚持中西医并重，实施中医药振兴发展重大工程。支持社会办医，促进“互联网+医疗健康”规范发展。强化食品药品疫苗监管。优化预约诊疗等便民措施，努力让大病、急难病患者尽早得到治疗。居民医保和基本公共卫生服务经费人均财政补助标准分别再增加 30 元和 5 元，推动基本医保省级统筹、门诊费用跨省直接结算。建立健全门诊共济保障机制，逐步将门诊费用纳入统筹基金报销，完善短缺药品保供稳价机制，采取把更多慢性病、常见病药品和高值医用耗材纳入集中带量采购等办法，进一步明显降低患者医药负担。

保障好群众住房需求。坚持房子是用来住的、不是用来炒的定位，稳地价、稳房价、稳预期。解决好大城市住房突出问题，通过增加土地供应、安排专项资金、集中建设等办法，切实增加保障性租赁住房和共有产权住房供给，规范发展长租房市场，降低租赁住房税费负担，尽最大努力帮助新市民、青年人等缓解住房困难。

加强基本民生保障。提高退休人员基本养老金、优抚对象抚恤和生活补助标准。推进基本养老保险全国统筹，规范发展第三支柱养老保险。完善全国统一的社会保险公共服务平台。加强军人军属、退役军人和其他优抚对象优待工作，健全退役军人工作体系和保障制度。继续实施失业保险保障扩围政策。促进医养康养相结合，稳步推进长期护理保险制度试点。发展普惠型养老服务和互助性养老。发展婴幼儿照护服务。发展社区养老、托幼、用餐、保洁等多样化服务,加强配套设施和无障碍设施建设,实施更优惠政策,让社区生活更加便利。完善传统服务保障措施,为老年人等群体提供更周全更贴心的服务。推进智能化服务要适应老年人、残疾人需求,并做到不让智能工具给他们日常生活造成障碍。健全帮扶残疾人、孤儿等社会福利制度,加强残疾预防,提升残疾康复服务质量。分层分类做好社会救助,及时帮扶受疫情灾情影响的困难群众,坚决兜住民生底线。

更好满足人民群众精神文化需求。培育和践行社会主义核心价值观,弘扬伟大抗疫精神和脱贫攻坚精神,推进公民道德建设。繁荣新闻出版、广播影视、文学艺术、哲学社会科学和档案等事业。加强互联网内容建设和管理,发展积极健康的网络文化。传承弘扬中华优秀传统文化,加强文物保护利用和非物质文化遗产传承,建设国家文化公园。推进城乡公共文化服务体系一体建设,创新实施文化惠民工程,倡导全民阅读。深化中外人文交流。完善全民健身公共服务体系。精心筹办北京冬奥会、冬残奥会等综合性体育赛事。

加强和创新社会治理。夯实基层社会治理基础,健全城乡社区治理和服务体系,推进市域社会治理现代化试点。加强社会信用体系建设。大力发展社会工作,支持社会组织、人道救助、志愿服务、公益慈善发展。保障妇女、儿童、老年人、残疾人合法权益。继续完善信访制度,推进矛盾纠纷多元化解。加强法律援助工作,启动实施"八五"普法规划。加强应急救援力量建设,提高防灾减灾抗灾救灾能力,切实做好洪涝干旱、森林草原火灾、地质灾害、地震等防御和气象服务。完善和落实安全生产责任制，深入开展安全生产专项整治三年行动，坚决遏制重特大事故发生。完善社会治安防控体系，常态化开展扫黑除恶斗争，防范打击各类犯罪，维护社会稳定和安全。

各位代表！

面对新的任务和挑战，各级政府要增强“四个意识”、坚定“四个自信”、做到“两个维护”，自觉在思想上政治上行动上同以习近平同志为核心的党中央保持高度一致，践行以人民为中心的发展思想，不断提高政治判断力、政治领悟力、政治执行力，落实全面从严治党要求。扎实开展党史学习教育。加强法治政府建设，切实依法行政。坚持政务公开。严格规范公正文明执法。依法接受同级人大及其常委会的监督，自觉接受人民政协的民主监督，主动接受社会和舆论监督。强化审计监督。支持工会、共青团、妇联等群团组织更好发挥作用。深入推进党风廉政建设和反腐败斗争，锲而不舍落实中央八项规定精神。政府工作人员要自觉接受法律监督、监察监督和人民监督。加强廉洁政府建设，持续整治不正之风和腐败问题。

中国经济社会发展已经取得了辉煌的成就，但全面实现现代化还有相当长的路要走，仍要付出艰苦努力。必须立足社会主义初级阶段基本国情，着力办好自己的事。要始终把人民放在心中最高位置，坚持实事求是，求真务实谋发展、惠民生。要力戒形式主义、官僚主义，切忌在工作中搞“一刀切”，切实为基层松绑减负。要居安思危，增强忧患意识，事不畏难、责不避险，有效防范化解各种风险隐患。要调动一切可以调动的积极因素，推进改革开放，更大激发市场主体活力和社会创造力，用发展的办法解决发展不平衡不充分问题。要担当作为，实干苦干，不断创造人民期待的发展业绩。

各位代表！

我们要坚持和完善民族区域自治制度，全面贯彻党的民族政策，铸牢中华民族共同体意识，促进各民族共同团结奋斗、共同繁荣发展。全面贯彻党的宗教工作基本方针，坚持我国宗教的中国化方向，积极引导宗教与社会主义社会相适应。全面贯彻党的侨务政策，维护海外侨胞和归侨侨眷合法权益，更大凝聚中华儿女共创辉煌的磅礴力量。

过去一年，国防和军队建设取得新的重大成就，人民军队在维护国家安全和疫情防控中展示出过硬本领和优良作风。新的一年，要深入贯彻习近平强军思想，贯彻新时代军事战略方针，坚持党对人民军队的绝对领导，严格落实军委主席负责制，聚焦建军一百年奋斗目标，推进政治建军、改革强军、科技强军、人才强军、依法治军，加快机械化信息化智能化融合发展。全面加强练兵备战，统筹应对各方向各领域安全风险，提高捍卫国家主权、安全、发展利益的战略能力。优化国防科技工业布局，完善国防动员体系，强化全民国防教育。各级政府要大力支持国防和军队建设，深入开展“双拥”活动，谱写鱼水情深的时代华章。

各位代表！

我们要继续全面准确贯彻“一国两制”、“港人治港”、“澳人治澳”、高度自治的方针，完善特别行政区同宪法和基本法实施相关的制度和机制，落实特别行政区维护国家安全的法律制度和执行机制。坚决防范和遏制外部势力干预港澳事务，支持港澳发展经济、改善民生，保持香港、澳门长期繁荣稳定。

我们要坚持对台工作大政方针，坚持一个中国原则和“九二共识”，推进两岸关系和平发展和祖国统一。高度警惕和坚决遏制“台独”分裂活动。完善保障台湾同胞福祉和在大陆享受同等待遇的制度和政策，促进海峡两岸交流合作、融合发展，同心共创民族复兴美好未来。

我们要坚持独立自主的和平外交政策，积极发展全球伙伴关系，推动构建新型国际关系和人类命运共同体。坚持开放合作，推动全球治理体系朝着更加公正合理的方向发展。持续深化国际和地区合作，积极参与重大传染病防控国际合作。中国愿同所有国家在相互尊重、平等互利基础上和平共处、共同发展，携手应对全球性挑战，为促进世界和平与繁荣不懈努力！

各位代表！

重任在肩，更须砥砺奋进。让我们更加紧密地团结在以习近平同志为核心的党中央周围，高举中国特色社会主义伟大旗帜，以习近平新时代中国特色社会主义思想为指导，齐心协力，开拓进取，努力完成全年目标任务，以优异成绩庆祝中国共产党百年华诞，为把我国建设成为富强民主文明和谐美丽的社会主义现代化强国、实现中华民族伟大复兴的中国梦不懈奋斗！

第十三届全国人民代表大会第四次会议关于国民经济和社会发展第十四个五年规划和2035年远景目标纲要的决议

（2021年3月11日第十三届全国人民代表大会第四次会议通过）

第十三届全国人民代表大会第四次会议审查了国务院提出的《中华人民共和国国民经济和社会发展第十四个五年规划和2035年远景目标纲要（草案）》，会议同意全国人民代表大会财政经济委员会的审查结果报告，决定批准这个规划纲要。

会议认为，在以习近平同志为核心的党中央坚强领导下，全党全国各族人民砥砺前行、开拓创新，“十三五”规划目标任务胜利完成，全面建成小康社会取得伟大历史性成就，决战脱贫攻坚取得全面胜利，中华民族伟大复兴向前迈出了新的一大步。这充分彰显了中国共产党领导和中国特色社会主义制度优势，将激励全党全国各族人民再接再厉，向实现第二个百年奋斗目标继续奋勇前进。

会议要求，“十四五”时期要高举中国特色社会主义伟大旗帜，深入贯彻党的十九大和十九届二中、三中、四中、五中全会精神，坚持以马克思列宁主义、毛泽东思想、邓小平理论、“三个代表”重要思想、科学发展观、习近平新时代中国特色社会主义思想为指导，全面贯彻党的基本理论、基本路线、基本方略，统筹推进经济建设、政治建设、文化建设、社会建设、生态文明建设的总体布局，协调推进全面建设社会主义现代化国家、全面深化改革、全面依法治国、全面从严治党的战略布局，坚持稳中求进工作总基调，准确把握新发展阶段，深入贯彻新发展理念，加快构建新发展格局，推动高质量发展，统筹发展和安全，推进国家治理体系和治理能力现代化，实现经济行稳致远、社会安定和谐，为全面建设社会主义现代化国家开好局起好步。

中华人民共和国国民经济和社会发展第十四个五年规划和2035年远景目标纲要

目　录

第四篇　形成强大国内市场　构建新发展格局

第十二章　畅通国内大循环

第十三章　促进国内国际双循环

第十四章　加快培育完整内需体系

第五篇　加快数字化发展　建设数字中国

第十五章　打造数字经济新优势

第十六章　加快数字社会建设步伐

第十七章　提高数字政府建设水平

第十八章　营造良好数字生态

第六篇　全面深化改革　构建高水平社会主义市场经济体制

第十九章　激发各类市场主体活力

第二十章　建设高标准市场体系

第二十一章　建立现代财税金融体制

第二十二章　提升政府经济治理能力

第七篇　坚持农业农村优先发展　全面推进乡村振兴

第二十三章　提高农业质量效益和竞争力

第二十四章　实施乡村建设行动

第二十五章　健全城乡融合发展体制机制

第二十六章　实现巩固拓展脱贫攻坚成果同乡村振兴有效衔接

第八篇　完善新型城镇化战略　提升城镇化发展质量

第二十七章　加快农业转移人口市民化

第二十八章　完善城镇化空间布局

第二十九章　全面提升城市品质

中华人民共和国国民经济和社会发展第十四个五年(2021—2025年)规划和2035年远景目标纲要,根据《中共中央关于制定国民经济和社会发展第十四个五年规划和二〇三五年远景目标的建议》编制,主要阐明国家战略意图,明确政府工作重点,引导规范市场主体行为,是我国开启全面建设社会主义现代化国家新征程的宏伟蓝图,是全国各族人民共同的行动纲领。

第一篇

开启全面建设社会主义现代化国家新征程

"十四五"时期是我国全面建成小康社会、实现第一个百年奋斗目标之后,乘势而上开启全面建设社会主义现代化国家新征程、向第二个百年奋斗目标进军的第一个五年。

第一章 发展环境

我国进入新发展阶段,发展基础更加坚实,发展条件深刻变化,进一步发展面临新的机遇和挑战。

第一节 决胜全面建成小康社会取得决定性成就

“十三五”时期是全面建成小康社会决胜阶段。面对错综复杂的国际形势、艰巨繁重的国内改革发展稳定任务特别是新冠肺炎疫情严重冲击，以习近平同志为核心的党中央不忘初心、牢记使命，团结带领全党全国各族人民砥砺前行、开拓创新，奋发有为推进党和国家各项事业。全面深化改革取得重大突破，全面依法治国取得重大进展，全面从严治党取得重大成果，国家治理体系和治理能力现代化加快推进，中国共产党领导和我国社会主义制度优势进一步彰显。

经济运行总体平稳，经济结构持续优化，国内生产总值突破 100 万亿元。创新型国家建设成果丰硕，在载人航天、探月工程、深海工程、超级计算、量子信息、“复兴号”高速列车、大飞机制造等领域取得一批重大科技成果。决战脱贫攻坚取得全面胜利，5575 万农村贫困人口实现脱贫，困扰中华民族几千年的绝对贫困问题得到历史性解决，创造了人类减贫史上的奇迹。农业现代化稳步推进，粮食年产量连续稳定在 1.3 万亿斤以上。1 亿农业转移人口和其他常住人口在城镇落户目标顺利实现，区域重大战略扎实推进。污染防治力度加大，主要污染物排放总量减少目标超额完成，资源利用效率显著提升，生态环境明显改善。金融风险处置取得重要阶段性成果。对外开放持续扩大，共建“一带一路”成果丰硕。人民生活水平显著提高，教育公平和质量较大提升，高等教育进入普及化阶段,城镇新增就业超过 6000 万人,建成世界上规模最大的社会保障体系,基本医疗保险覆盖超过 13 亿人,基本养老保险覆盖近 10 亿人,城镇棚户区住房改造开工超过 2300 万套。新冠肺炎疫情防控取得重大战略成果,应对突发事件能力和水平大幅提高。公共文化服务水平不断提高,文化事业和文化产业繁荣发展。国防和军队建设水平大幅提升,军队组织形态实现重大变革。国家安全全面加强,社会保持和谐稳定。

“十三五”规划目标任务胜利完成,我国经济实力、科技实力、综合国力和人民生活水平跃上新的大台阶,全面建成小康社会取得伟大历史性成就,中华民族伟大复兴向前迈出了新的一大步,社会主义中国以更加雄伟的身姿屹立于世界东方。

第二节　我国发展环境面临深刻复杂变化

当前和今后一个时期,我国发展仍然处于重要战略机遇期,但机遇和挑战都有新的发展变化。当今世界正经历百年未有之大变局,新一轮科技革命和产业变革深入发展,国际力量对比深刻调整,和平与发展仍然是时代主题,人类命运共同体理念深入人心。同时,国际环境日趋复杂,不稳定性不确定性明显增加,新冠肺炎疫情影响广泛深远,世界经济陷入低迷期,经济全球化遭遇逆流,全球能源供需版图深刻变革,国际经济政治格局复杂多变,世界进入动荡变革期,单边主义、保护主义、霸权主义对世界和平与发展构成威胁。

我国已转向高质量发展阶段,制度优势显著,治理效能提升,经济长期向好,物质基础雄厚,人力资源丰富,市场空间广阔,发展韧性强劲,社会大局稳定,继续发展具有多方面优势和条件。同时,我国发展不平衡不充分问题仍然突出,重点领域关键环节改革任务仍然艰巨,创新能力不适应高质量发展要求,农业基础还不稳固,城乡区域发展和收入分配差距较大,生态环保任重道远,民生保障存在短板,社会治理还有弱项。

必须统筹中华民族伟大复兴战略全局和世界百年未有之大变局,深刻认识我国社会主要矛盾变化带来的新特征新要求,深刻认识错综复杂的国际环境带来的新矛盾新挑战,增强机遇意识和风险意识,立足社会主义初级阶段基本国情,保持战略定力,办好自己的事,认识和把握发展规律,发扬斗争精神,增强斗争本领,树立底线思维,准确识变、科学应变、主动求变,善于在危机中育先机、于变局中开新局,抓住机遇,应对挑战,趋利避害,奋勇前进。

第二章　指导方针

“十四五”时期经济社会发展,必须牢牢把握以下指导思想、原则和战略导向。

第一节　指导思想

高举中国特色社会主义伟大旗帜,深入贯彻党的十九大和十九届二中、三中、四中、五中全会精神，坚持以马克思列宁主义、毛泽东思想、邓小平理论、“三个代表”重要思想、科学发展观、习近平新时代中国特色社会主义思想为指导，全面贯彻党的基本理论、基本路线、基本方略，统筹推进经济建设、政治建设、文化建设、社会建设、生态文明建设的总体布局，协调推进全面建设社会主义现代化国家、全面深化改革、全面依法治国、全面从严治党的战略布局，坚定不移贯彻创新、协调、绿色、开放、共享的新发展理念，坚持稳中求进工作总基调，以推动高质量发展为主题，以深化供给侧结构性改革为主线，以改革创新为根本动力，以满足人民日益增长的美好生活需要为根本目的，统筹发展和安全，加快建设现代化经济体系，加快构建以国内大循环为主体、国内国际双循环相互促进的新发展格局，推进国家治理体系和治理能力现代化，实现经济行稳致远、社会安定和谐，为全面建设社会主义现代化国家开好局、起好步。

第二节　必须遵循的原则

——坚持党的全面领导。坚持和完善党领导经济社会发展的体制机制，坚持和完善中国特色社会主义制度，不断提高贯彻新发展理念、构建新发展格局能力和水平，为实现高质量发展提供根本保证。

——坚持以人民为中心。坚持人民主体地位，坚持共同富裕方向，始终做到发展为了人民、发展依靠人民、发展成果由人民共享，维护人民根本利益，激发全体人民积极性、主动性、创造性，促进社会公平，增进民生福祉，不断实现人民对美好生活的向往。

——坚持新发展理念。把新发展理念完整、准确、全面贯穿发展全过程和各领域，构建新发展格局，切实转变发展方式，推动质量变革、效率变革、动力变革，实现更高质量、更有效率、更加公平、更可持续、更为安全的发展。

——坚持深化改革开放。坚定不移推进改革，坚定不移扩大开放，加强国家治理体系和治理能力现代化建设，破除制约高质量发展、高品质生活的体制机制障碍，强化有利于提高资源配置效率、有利于调动全社会积极性的重大改革开放举措，持续增强发展动力和活力。

——坚持系统观念。加强前瞻性思考、全局性谋划、战略性布局、整体性推进，统筹国内国际两个大局，办好发展安全两件大事，坚持全国一盘棋，更好发挥中央、地方和各方面积极性，着力固根基、扬优势、补短板、强弱项，注重防范化解重大风险挑战，实现发展质量、结构、规模、速度、效益、安全相统一。

第三节　战略导向

“十四五”时期推动高质量发展，必须立足新发展阶段、贯彻新发展理念、构建新发展格局。把握新发展阶段是贯彻新发展理念、构建新发展格局的现实依据，贯彻新发展理念为把握新发展阶段、构建新发展格局提供了行动指南，构建新发展格局则是应对新发展阶段机遇和挑战、贯彻新发展理念的战略选择。必须坚持深化供给侧结构性改革，以创新驱动、高质量供给引领和创造新需求，提升供给体系的韧性和对国内需求的适配性。必须建立扩大内需的有效制度，加快培育完整内需体系，加强需求侧管理，建设强大国内市场。必须坚定不移推进改革，破除制约经济循环的制度障碍，推动生产要素循环流转和生产、分配、流通、消费各环节有机衔接。必须坚定不移扩大开放，持续深化要素流动型开放，稳步拓展制度型开放，依托国内经济循环体系形成对全球要素资源的强大引力场。必须强化国内大循环的主导作用，以国际循环提升国内大循环效率和水平，实现国内国际双循环互促共进。

第三章　主要目标

按照全面建设社会主义现代化国家的战略安排，2035 年远景目标和“十四五”时期经济社会发展主要目标如下。

第一节　2035 年远景目标

展望 2035 年，我国将基本实现社会主义现代化。经济实力、科技实力、综合国力将大幅跃升，经济总量和城乡居民人均收入将再迈上新的大台阶，关键核心技术实现重大突破，进入创新型国家前列。基本实现新型工业化、信息化、城镇化、农业现代化，建成现代化经济体系。基本实现国家治理体系和治理能力现代化，人民平等参与、平等发展权利得到充分保障，基本建成法治国家、法治政府、法治社会。建成文化强国、教育强国、人才强国、体育强国、健康中国，国民素质和社会文明程度达到新高度，国家文化软实力显著增强。广泛形成绿色生产生活方式，碳排放达峰后稳中有降，生态环境根本好转，美丽中国建设目标基本实现。形成对外开放新格局，参与国际经济合作和竞争新优势明显增强。人均国内生产总值达到中等发达国家水平，中等收入群体显著扩大，基本公共服务实现均等化，城乡区域发展差距和居民生活水平差距显著缩小。平安中国建设达到更高水平，基本实现国防和军队现代化。人民生活更加美好，人的全面发展、全体人民共同富裕取得更为明显的实质性进展。

第二节 “十四五”时期经济社会发展主要目标

——*经济发展取得新成效*。发展是解决我国一切问题的基础和关键，发展必须坚持新发展理念，在质量效益明显提升的基础上实现经济持续健康发展，增长潜力充分发挥，国内生产总值年均增长保持在合理区间、各年度视情提出，全员劳动生产率增长高于国内生产总值增长，国内市场更加强大，经济结构更加优化，创新能力显著提升，全社会研发经费投入年均增长7%以上、力争投入强度高于“十三五”时期实际，产业基础高级化、产业链现代化水平明显提高，农业基础更加稳固，城乡区域发展协调性明显增强，常住人口城镇化率提高到65%，现代化经济体系建设取得重大进展。

——改革开放迈出新步伐。社会主义市场经济体制更加完善，高标准市场体系基本建成，市场主体更加充满活力，产权制度改革和要素市场化配置改革取得重大进展，公平竞争制度更加健全，更高水平开放型经济新体制基本形成。

——社会文明程度得到新提高。社会主义核心价值观深入人心，人民思想道德素质、科学文化素质和身心健康素质明显提高，公共文化服务体系和文化产业体系更加健全，人民精神文化生活日益丰富，中华文化影响力进一步提升，中华民族凝聚力进一步增强。

——生态文明建设实现新进步。国土空间开发保护格局得到优化，生产生活方式绿色转型成效显著，能源资源配置更加合理、利用效率大幅提高，单位国内生产总值能源消耗和二氧化碳排放分别降低 13.5%、18%，主要污染物排放总量持续减少，森林覆盖率提高到 24.1%，生态环境持续改善，生态安全屏障更加牢固，城乡人居环境明显改善。

——民生福祉达到新水平。实现更加充分更高质量就业，城镇调查失业率控制在 5.5%以内，居民人均可支配收入增长与国内生产总值增长基本同步，分配结构明显改善，基本公共服务均等化水平明显提高，全民受教育程度不断提升，劳动年龄人口平均受教育年限提高到 11.3 年，多层次社会保障体系更加健全，基本养老保险参保率提高到 95%，卫生健康体系更加完善，人均预期寿命提高 1 岁，脱贫攻坚成果巩固拓展，乡村振兴战略全面推进，全体人民共同富裕迈出坚实步伐。

——国家治理效能得到新提升。社会主义民主法治更加健全，社会公平正义进一步彰显，国家行政体系更加完善，政府作用更好发挥,行政效率和公信力显著提升,社会治理特别是基层治理水平明显提高,防范化解重大风险体制机制不断健全,突发公共事件应急处置能力显著增强,自然灾害防御水平明显提升,发展安全保障更加有力,国防和军队现代化迈出重大步伐。

专栏1 “十四五”时期经济社会发展主要指标

类别	指 标	2020年	2025年	年均/累计	属性
经济发展	1. 国内生产总值(GDP)增长(%)	2.3	—	保持在合理区间、各年度视情提出	预期性
	2. 全员劳动生产率增长(%)	2.5	—	高于GDP增长	预期性
	3. 常住人口城镇化率(%)	60.6*	65	—	预期性
创新驱动	4. 全社会研发经费投入增长(%)	—	—	>7、力争投入强度高于“十三五”时期实际	预期性
	5. 每万人口高价值发明专利拥有量(件)	6.3	12	—	预期性
	6. 数字经济核心产业增加值占GDP比重(%)	7.8	10	—	预期性
民生福祉	7. 居民人均可支配收入增长(%)	2.1	—	与GDP增长基本同步	预期性
	8. 城镇调查失业率(%)	5.2	—	<5.5	预期性
	9. 劳动年龄人口平均受教育年限(年)	10.8	11.3	—	约束性
	10. 每千人口拥有执业(助理)医师数(人)	2.9	3.2	—	预期性
	11. 基本养老保险参保率(%)	91	95	—	预期性
	12. 每千人口拥有3岁以下婴幼儿托位数(个)	1.8	4.5	—	预期性
	13. 人均预期寿命(岁)	77.3*	—	〔1〕	预期性

（续表）

类别	指　标	2020 年	2025 年	年均/累计	属性
绿色生态	14. 单位 GDP 能源消耗降低（%）	—	—	〔13.5〕	约束性
	15. 单位 GDP 二氧化碳排放降低（%）	—	—	〔18〕	约束性
	16. 地级及以上城市空气质量优良天数比率（%）	87	87.5	—	约束性
	17. 地表水达到或好于Ⅲ类水体比例（%）	83.4	85	—	约束性
	18. 森林覆盖率（%）	23.2*	24.1	—	约束性
安全保障	19. 粮食综合生产能力（亿吨）	—	>6.5	—	约束性
	20. 能源综合生产能力（亿吨标准煤）	—	>46	—	约束性

注：①〔 〕内为 5 年累计数。②带 * 的为 2019 年数据。③能源综合生产能力指煤炭、石油、天然气、非化石能源生产能力之和。④2020 年地级及以上城市空气质量优良天数比率和地表水达到或好于Ⅲ类水体比例指标值受新冠肺炎疫情等因素影响，明显高于正常年份。⑤2020 年全员劳动生产率增长 2.5%为预计数。

第 二 篇

坚持创新驱动发展 全面塑造发展新优势

坚持创新在我国现代化建设全局中的核心地位，把科技自立自强作为国家发展的战略支撑，面向世界科技前沿、面向经济主战场、面向国家重大需求、面向人民生命健康，深入实施科教兴国战略、人才强国战略、创新驱动发展战略，完善国家创新体系，加快建设科技强国。

第四章　强化国家战略科技力量

制定科技强国行动纲要，健全社会主义市场经济条件下新型举国体制，打好关键核心技术攻坚战，提高创新链整体效能。

第一节　整合优化科技资源配置

以国家战略性需求为导向推进创新体系优化组合，加快构建以国家实验室为引领的战略科技力量。聚焦量子信息、光子与微纳电子、网络通信、人工智能、生物医药、现代能源系统等重大创新领域组建一批国家实验室，重组国家重点实验室，形成结构合理、运行高效的实验室体系。优化提升国家工程研究中心、国家技术创新中心等创新基地。推进科研院所、高等院校和企业科研力量优化配置和资源共享。支持发展新型研究型大学、新型研发机构等新型创新主体，推动投入主体多元化、管理制度现代化、运行机制市场化、用人机制灵活化。

第二节　加强原创性引领性科技攻关

在事关国家安全和发展全局的基础核心领域，制定实施战略性科学计划和科学工程。瞄准人工智能、量子信息、集成电路、生命健康、脑科学、生物育种、空天科技、深地深海等前沿领域,实施一批具有前瞻性、战略性的国家重大科技项目。从国家急迫需要和长远需求出发,集中优势资源攻关新发突发传染病和生物安全风险防控、医药和医疗设备、关键元器件零部件和基础材料、油气勘探开发等领域关键核心技术。

专栏2 科技前沿领域攻关	
01	新一代人工智能 前沿基础理论突破,专用芯片研发,深度学习框架等开源算法平台构建,学习推理与决策、图像图形、语音视频、自然语言识别处理等领域创新。
02	量子信息 城域、城际、自由空间量子通信技术研发,通用量子计算原型机和实用化量子模拟机研制,量子精密测量技术突破。
03	集成电路 集成电路设计工具、重点装备和高纯靶材等关键材料研发,集成电路先进工艺和绝缘栅双极型晶体管(IGBT)、微机电系统(MEMS)等特色工艺突破,先进存储技术升级,碳化硅、氮化镓等宽禁带半导体发展。
04	脑科学与类脑研究 脑认知原理解析,脑介观神经联接图谱绘制,脑重大疾病机理与干预研究,儿童青少年脑智发育,类脑计算与脑机融合技术研发。
05	基因与生物技术 基因组学研究应用,遗传细胞和遗传育种、合成生物、生物药等技术创新,创新疫苗、体外诊断、抗体药物等研发,农作物、畜禽水产、农业微生物等重大新品种创制,生物安全关键技术研究。
06	临床医学与健康 癌症和心脑血管、呼吸、代谢性疾病等发病机制基础研究,主动健康干预技术研发,再生医学、微生物组、新型治疗等前沿技术研发,重大传染病、重大慢性非传染性疾病防治关键技术研究。

（续表）

07	深空深地深海和极地探测 宇宙起源与演化、透视地球等基础科学研究，火星环绕、小行星巡视等星际探测，新一代重型运载火箭和重复使用航天运输系统、地球深部探测装备、深海运维保障和装备试验船、极地立体观监测平台和重型破冰船等研制，探月工程四期、蛟龙探海二期、雪龙探极二期建设。

第三节　持之以恒加强基础研究

强化应用研究带动，鼓励自由探索，制定实施基础研究十年行动方案，重点布局一批基础学科研究中心。加大基础研究财政投入力度、优化支出结构，对企业投入基础研究实行税收优惠，鼓励社会以捐赠和建立基金等方式多渠道投入，形成持续稳定投入机制，基础研究经费投入占研发经费投入比重提高到8%以上。建立健全符合科学规律的评价体系和激励机制，对基础研究探索实行长周期评价，创造有利于基础研究的良好科研生态。

第四节　建设重大科技创新平台

支持北京、上海、粤港澳大湾区形成国际科技创新中心，建设北京怀柔、上海张江、大湾区、安徽合肥综合性国家科学中心，支持有条件的地方建设区域科技创新中心。强化国家自主创新示范区、高新技术产业开发区、经济技术开发区等创新功能。适度超前布局国家重大科技基础设施，提高共享水平和使用效率。集约化建设自然科技资源库、国家野外科学观测研究站(网)和科学大数据中心。加强高端科研仪器设备研发制造。构建国家科研论文和科技信息高端交流平台。

专栏3　国家重大科技基础设施	
01	战略导向型 建设空间环境地基监测网、高精度地基授时系统、大型低速风洞、海底科学观测网、空间环境地面模拟装置、聚变堆主机关键系统综合研究设施等。
02	应用支撑型 建设高能同步辐射光源、高效低碳燃气轮机试验装置、超重力离心模拟与试验装置、加速器驱动嬗变研究装置、未来网络试验设施等。
03	前瞻引领型 建设硬X射线自由电子激光装置、高海拔宇宙线观测站、综合极端条件实验装置、极深地下极低辐射本底前沿物理实验设施、精密重力测量研究设施、强流重离子加速器装置等。
04	民生改善型 建设转化医学研究设施、多模态跨尺度生物医学成像设施、模式动物表型与遗传研究设施、地震科学实验场、地球系统数值模拟器等。

第五章　提升企业技术创新能力

完善技术创新市场导向机制,强化企业创新主体地位,促进各类创新要素向企业集聚,形成以企业为主体、市场为导向、产学研用深度融合的技术创新体系。

第一节　激励企业加大研发投入

实施更大力度的研发费用加计扣除、高新技术企业税收优惠等普惠性政策。拓展优化首台(套)重大技术装备保险补偿和激励政策,发挥重大工程牵引示范作用,运用政府采购政策支持创新产品和服务。通过完善标准、质量和竞争规制等措施,增强企业创新动力。健全鼓励国有企业研发的考核制度,设立独立核算、免于增值保值考核、容错纠错的研发准备金制度,确保中央国有工业企业研发支出年增长率明显超过全国平均水平。完善激励科技型中小企业创新的税收优惠政策。

第二节　支持产业共性基础技术研发

集中力量整合提升一批关键共性技术平台,支持行业龙头企业联合高等院校、科研院所和行业上下游企业共建国家产业创新中心,承担国家重大科技项目。支持有条件企业联合转制科研院所组建行业研究院,提供公益性共性技术服务。打造新型共性技术平台,解决跨行业跨领域关键共性技术问题。发挥大企业引领支撑作用,支持创新型中小微企业成长为创新重要发源地,推动产业链上中下游、大中小企业融通创新。鼓励有条件地方依托产业集群创办混合所有制产业技术研究院,服务区域关键共性技术研发。

第三节　完善企业创新服务体系

推动国家科研平台、科技报告、科研数据进一步向企业开放,创新科技成果转化机制,鼓励将符合条件的由财政资金支持形成的科技成果许可给中小企业使用。推进创新创业机构改革,建设专业化市场化技术转移机构和技术经理人队伍。完善金融支持创新体系,鼓励金融机构发展知识产权质押融资、科技保险等科技金融产品,开展科技成果转化贷款风险补偿试点。畅通科技型企业国内上市融资渠道,增强科创板“硬科技”特色,提升创业板服务成长型创新创业企业功能,鼓励发展天使投资、创业投资,更好发挥创业投资引导基金和私募股权基金作用。

第六章　激发人才创新活力

贯彻尊重劳动、尊重知识、尊重人才、尊重创造方针,深化人才发展体制机制改革,全方位培养、引进、用好人才,充分发挥人才第一资源的作用。

第一节　培养造就高水平人才队伍

遵循人才成长规律和科研活动规律,培养造就更多国际一流的战略科技人才、科技领军人才和创新团队,培养具有国际竞争力的青年科技人才后备军,注重依托重大科技任务和重大创新基地培养发现人才,支持设立博士后创新岗位。加强创新型、应用型、技能型人才培养,实施知识更新工程、技能提升行动,壮大高水平工程师和高技能人才队伍。加强基础学科拔尖学生培养,建设数理化生等基础学科基地和前沿科学中心。实行更加开放的人才政策,构筑集聚国内外优秀人才的科研创新高地。完善外籍高端人才和专业人才来华工作、科研、交流的停居留政策,完善外国人在华永久居留制度,探索建立技术移民制度。健全薪酬福利、子女教育、社会保障、税收优惠等制度,为海外科学家在华工作提供具有国际竞争力和吸引力的环境。

第二节　激励人才更好发挥作用

完善人才评价和激励机制,健全以创新能力、质量、实效、贡献为导向的科技人才评价体系,构建充分体现知识、技术等创新要素价值的收益分配机制。选好用好领军人才和拔尖人才,赋予更大技术路线决定权和经费使用权。全方位为科研人员松绑,拓展科研管理"绿色通道"。实行以增加知识价值为导向的分配政策,完善科研人员职务发明成果权益分享机制,探索赋予科研人员职务科技成果所有权或长期使用权,提高科研人员收益分享比例。深化院士制度改革。

第三节　优化创新创业创造生态

大力弘扬新时代科学家精神,强化科研诚信建设,健全科技伦理体系。依法保护企业家的财产权和创新收益,发挥企业家在把握创新方向、凝聚人才、筹措资金等方面重要作用。推进创新创业创造向纵深发展,优化双创示范基地建设布局。倡导敬业、精益、专注、宽容失败的创新创业文化,完善试错容错纠错机制。弘扬科学精神和工匠精神,广泛开展科学普及活动,加强青少年科学兴趣引导和培养,形成热爱科学、崇尚创新的社会氛围,提高全民科学素质。

第七章　完善科技创新体制机制

深入推进科技体制改革,完善国家科技治理体系,优化国家科技计划体系和运行机制,推动重点领域项目、基地、人才、资金一体化配置。

第一节　深化科技管理体制改革

加快科技管理职能转变,强化规划政策引导和创新环境营造,减少分钱分物定项目等直接干预。整合财政科研投入体制,重点投向战略性关键性领域,改变部门分割、小而散的状态。改革重大科技项目立项和组织管理方式,给予科研单位和科研人员更多自主权,推行技术总师负责制,实行“揭榜挂帅”、“赛马”等制度,健全奖补结合的资金支持机制。健全科技评价机制,完善自由探索型和任务导向型科技项目分类评价制度,建立非共识科技项目的评价机制,优化科技奖励项目。建立健全科研机构现代院所制度，支持科研事业单位试行更灵活的编制、岗位、薪酬等管理制度。建立健全高等院校、科研机构、企业间创新资源自由有序流动机制。深入推进全面创新改革试验。

第二节　健全知识产权保护运用体制

实施知识产权强国战略，实行严格的知识产权保护制度，完善知识产权相关法律法规，加快新领域新业态知识产权立法。加强知识产权司法保护和行政执法，健全仲裁、调解、公证和维权援助体系，健全知识产权侵权惩罚性赔偿制度，加大损害赔偿力度。优化专利资助奖励政策和考核评价机制，更好保护和激励高价值专利，培育专利密集型产业。改革国有知识产权归属和权益分配机制，扩大科研机构和高等院校知识产权处置自主权。完善无形资产评估制度，形成激励与监管相协调的管理机制。构建知识产权保护运用公共服务平台。

第三节　积极促进科技开放合作

实施更加开放包容、互惠共享的国际科技合作战略，更加主动融入全球创新网络。务实推进全球疫情防控和公共卫生等领域国际科技合作，聚焦气候变化、人类健康等问题加强同各国科研人员联合研发。主动设计和牵头发起国际大科学计划和大科学工程，发挥科学基金独特作用。加大国家科技计划对外开放力度，启动一批重大科技合作项目，研究设立面向全球的科学研究基金，实施科学家交流计划。支持在我国境内设立国际科技组织、外籍科学家在我国科技学术组织任职。

第 三 篇

加快发展现代产业体系 巩固壮大实体经济根基

坚持把发展经济着力点放在实体经济上，加快推进制造强国、质量强国建设，促进先进制造业和现代服务业深度融合，强化基础设施支撑引领作用，构建实体经济、科技创新、现代金融、人力资源协同发展的现代产业体系。

第八章　深入实施制造强国战略

坚持自主可控、安全高效，推进产业基础高级化、产业链现代化，保持制造业比重基本稳定，增强制造业竞争优势，推动制造业高质量发展。

第一节　加强产业基础能力建设

实施产业基础再造工程，加快补齐基础零部件及元器件、基础软件、基础材料、基础工艺和产业技术基础等瓶颈短板。依托行业龙头企业，加大重要产品和关键核心技术攻关力度，加快工程化产业化突破。实施重大技术装备攻关工程，完善激励和风险补偿机制，推动首台（套）装备、首批次材料、首版次软件示范应用。健全产业基础支撑体系，在重点领域布局一批国家制造业创新中心，完善国家质量基础设施，建设生产应用示范平台和标准计量、认证认可、检验检测、试验验证等产业技术基础公共服务平台，完善技术、工艺等工业基础数据库。

第二节　提升产业链供应链现代化水平

坚持经济性和安全性相结合，补齐短板、锻造长板，分行业做好供应链战略设计和精准施策，形成具有更强创新力、更高附加值、更安全可靠的产业链供应链。推进制造业补链强链，强化资源、技术、装备支撑，加强国际产业安全合作，推动产业链供应链多元化。立足产业规模优势、配套优势和部分领域先发优势，巩固提升高铁、电力装备、新能源、船舶等领域全产业链竞争力，从符合未来产业变革方向的整机产品入手打造战略性全局性产业链。优化区域产业链布局，引导产业链关键环节留在国内，强化中西部和东北地区承接产业转移能力建设。实施应急产品生产能力储备工程，建设区域性应急物资生产保障基地。实施领航企业培育工程，培育一批具有生态主导力和核心竞争力的龙头企业。推动中小企业提升专业化优势，培育专精特新“小巨人”企业和制造业单项冠军企业。加强技术经济安全评估，实施产业竞争力调查和评价工程。

第三节　推动制造业优化升级

深入实施智能制造和绿色制造工程，发展服务型制造新模式，推动制造业高端化智能化绿色化。培育先进制造业集群，推动集成电路、航空航天、船舶与海洋工程装备、机器人、先进轨道交通装备、先进电力装备、工程机械、高端数控机床、医药及医疗设备等产业创新发展。改造提升传统产业，推动石化、钢铁、有色、建材等原材料产业布局优化和结构调整，扩大轻工、纺织等优质产品供给，加快化工、造纸等重点行业企业改造升级，完善绿色制造体系。深入实施增强制造业核心竞争力和技术改造专项，鼓励企业应用先进适用技术、加强设备更新和新产品规模化应用。建设智能制造示范工厂，完善智能制造标准体系。深入实施质量提升行动，推动制造业产品"增品种、提品质、创品牌"。

第四节　实施制造业降本减负行动

强化要素保障和高效服务，巩固拓展减税降费成果，降低企业生产经营成本，提升制造业根植性和竞争力。推动工业用地提容增效，推广新型产业用地模式。扩大制造业中长期贷款、信用贷款规模，增加技改贷款，推动股权投资、债券融资等向制造业倾斜。允许制造业企业全部参与电力市场化交易，规范和降低港口航运、公路铁路运输等物流收费，全面清理规范涉企收费。建立制造业重大项目全周期服务机制和企业家参与涉企政策制定制度，支持建设中小企业信息、技术、进出口和数字化转型综合性服务平台。

专栏4　制造业核心竞争力提升	
01	高端新材料 推动高端稀土功能材料、高品质特殊钢材、高性能合金、高温合金、高纯稀有金属材料、高性能陶瓷、电子玻璃等先进金属和无机非金属材料取得突破，加强碳纤维、芳纶等高性能纤维及其复合材料、生物基和生物医用材料研发应用，加快茂金属聚乙烯等高性能树脂和集成电路用光刻胶等电子高纯材料关键技术突破。
02	重大技术装备 推进CR450高速度等级中国标准动车组、谱系化中国标准地铁列车、高端机床装备、先进工程机械、核电机组关键部件、邮轮、大型LNG船舶和深海油气生产平台等研发应用，推动C919大型客机示范运营和ARJ21支线客机系列化发展。
03	智能制造与机器人技术 重点研制分散式控制系统、可编程逻辑控制器、数据采集和视频监控系统等工业控制装备，突破先进控制器、高精度伺服驱动系统、高性能减速器等智能机器人关键技术。发展增材制造。
04	航空发动机及燃气轮机 加快先进航空发动机关键材料等技术研发验证，推进民用大涵道比涡扇发动机CJ1000产品研制，突破宽体客机发动机关键技术，实现先进民用涡轴发动机产业化。建设上海重型燃气轮机试验电站。
05	北斗产业化应用 突破通信导航一体化融合等技术，建设北斗应用产业创新平台，在通信、金融、能源、民航等行业开展典型示范，推动北斗在车载导航、智能手机、穿戴设备等消费领域市场化规模化应用。
06	新能源汽车和智能（网联）汽车 突破新能源汽车高安全动力电池、高效驱动电机、高性能动力系统等关键技术，加快研发智能（网联）汽车基础技术平台及软硬件系统、线控底盘和智能终端等关键部件。

（续表）

07	高端医疗装备和创新药 突破腔镜手术机器人、体外膜肺氧合机等核心技术，研制高端影像、放射治疗等大型医疗设备及关键零部件。发展脑起搏器、全降解血管支架等植入介入产品，推动康复辅助器具提质升级。研发重大传染性疾病所需疫苗，开发治疗恶性肿瘤、心脑血管等疾病特效药。加强中医药关键技术装备研发。
08	农业机械装备 开发智能型大马力拖拉机、精量(免耕)播种机、喷杆喷雾机、开沟施肥机、高效联合收割机、果蔬采收机、甘蔗收获机、采棉机等先进适用农业机械，发展丘陵山区农业生产高效专用农机。推动先进粮油加工装备研发和产业化。研发绿色智能养殖饲喂、环控、采集、粪污利用等装备。研发造林种草等机械装备。

第九章　发展壮大战略性新兴产业

着眼于抢占未来产业发展先机，培育先导性和支柱性产业，推动战略性新兴产业融合化、集群化、生态化发展，战略性新兴产业增加值占 GDP 比重超过 17%。

第一节　构筑产业体系新支柱

聚焦新一代信息技术、生物技术、新能源、新材料、高端装备、新能源汽车、绿色环保以及航空航天、海洋装备等战略性新兴产业，加快关键核心技术创新应用，增强要素保障能力，培育壮大产业发展新动能。推动生物技术和信息技术融合创新，加快发展生物医药、生物育种、生物材料、生物能源等产业,做大做强生物经济。深化北斗系统推广应用,推动北斗产业高质量发展。深入推进国家战略性新兴产业集群发展工程,健全产业集群组织管理和专业化推进机制,建设创新和公共服务综合体,构建一批各具特色、优势互补、结构合理的战略性新兴产业增长引擎。鼓励技术创新和企业兼并重组,防止低水平重复建设。发挥产业投资基金引导作用,加大融资担保和风险补偿力度。

第二节 前瞻谋划未来产业

在类脑智能、量子信息、基因技术、未来网络、深海空天开发、氢能与储能等前沿科技和产业变革领域,组织实施未来产业孵化与加速计划,谋划布局一批未来产业。在科教资源优势突出、产业基础雄厚的地区,布局一批国家未来产业技术研究院,加强前沿技术多路径探索、交叉融合和颠覆性技术供给。实施产业跨界融合示范工程,打造未来技术应用场景,加速形成若干未来产业。

第十章 促进服务业繁荣发展

聚焦产业转型升级和居民消费升级需要,扩大服务业有效供给,提高服务效率和服务品质,构建优质高效、结构优化、竞争力强的服务产业新体系。

第一节　推动生产性服务业融合化发展

以服务制造业高质量发展为导向，推动生产性服务业向专业化和价值链高端延伸。聚焦提高产业创新力，加快发展研发设计、工业设计、商务咨询、检验检测认证等服务。聚焦提高要素配置效率，推动供应链金融、信息数据、人力资源等服务创新发展。聚焦增强全产业链优势，提高现代物流、采购分销、生产控制、运营管理、售后服务等发展水平。推动现代服务业与先进制造业、现代农业深度融合，深化业务关联、链条延伸、技术渗透，支持智能制造系统解决方案、流程再造等新型专业化服务机构发展。培育具有国际竞争力的服务企业。

第二节　加快生活性服务业品质化发展

以提升便利度和改善服务体验为导向，推动生活性服务业向高品质和多样化升级。加快发展健康、养老、托育、文化、旅游、体育、物业等服务业，加强公益性、基础性服务业供给，扩大覆盖全生命期的各类服务供给。持续推动家政服务业提质扩容，与智慧社区、养老托育等融合发展。鼓励商贸流通业态与模式创新，推进数字化智能化改造和跨界融合，线上线下全渠道满足消费需求。加快完善养老、家政等服务标准，健全生活性服务业认证认可制度，推动生活性服务业诚信化职业化发展。

第三节　深化服务领域改革开放

扩大服务业对内对外开放,进一步放宽市场准入,全面清理不合理的限制条件,鼓励社会力量扩大多元化多层次服务供给。完善支持服务业发展的政策体系,创新适应服务新业态新模式和产业融合发展需要的土地、财税、金融、价格等政策。健全服务质量标准体系,强化标准贯彻执行和推广。加快制定重点服务领域监管目录、流程和标准,构建高效协同的服务业监管体系。完善服务领域人才职称评定制度,鼓励从业人员参加职业技能培训和鉴定。深入推进服务业综合改革试点和扩大开放。

第十一章　建设现代化基础设施体系

统筹推进传统基础设施和新型基础设施建设,打造系统完备、高效实用、智能绿色、安全可靠的现代化基础设施体系。

第一节　加快建设新型基础设施

围绕强化数字转型、智能升级、融合创新支撑,布局建设信息基础设施、融合基础设施、创新基础设施等新型基础设施。建设高速泛在、天地一体、集成互联、安全高效的信息基础设施,增强数据感知、传输、存储和运算能力。加快 5G 网络规模化部署，用户普及率提高到56%，推广升级千兆光纤网络。前瞻布局6G网络技术储备。扩容骨干网互联节点，新设一批国际通信出入口，全面推进互联网协议第六版（IPv6）商用部署。实施中西部地区中小城市基础网络完善工程。推动物联网全面发展，打造支持固移融合、宽窄结合的物联接入能力。加快构建全国一体化大数据中心体系，强化算力统筹智能调度，建设若干国家枢纽节点和大数据中心集群，建设E级和10E级超级计算中心。积极稳妥发展工业互联网和车联网。打造全球覆盖、高效运行的通信、导航、遥感空间基础设施体系，建设商业航天发射场。加快交通、能源、市政等传统基础设施数字化改造，加强泛在感知、终端联网、智能调度体系建设。发挥市场主导作用，打通多元化投资渠道，构建新型基础设施标准体系。

第二节　加快建设交通强国

建设现代化综合交通运输体系，推进各种运输方式一体化融合发展，提高网络效应和运营效率。完善综合运输大通道，加强出疆入藏、中西部地区、沿江沿海沿边战略骨干通道建设，有序推进能力紧张通道升级扩容，加强与周边国家互联互通。构建快速网，基本贯通"八纵八横"高速铁路，提升国家高速公路网络质量，加快建设世界级港口群和机场群。完善干线网，加快普速铁路建设和既有铁路电气化改造，优化铁路客货布局，推进普通国省道瓶颈路段贯通升级，推动内河高等级航道扩能升级，稳步建设支线机场、通用机场和货运机场，积极发展通用航空。加强邮政设施建设，实施快递“进村进厂出海”工程。推进城市群都市圈交通一体化，加快城际铁路、市域（郊）铁路建设，构建高速公路环线系统，有序推进城市轨道交通发展。提高交通通达深度，推动区域性铁路建设，加快沿边抵边公路建设，继续推进“四好农村路”建设，完善道路安全设施。构建多层级、一体化综合交通枢纽体系，优化枢纽场站布局、促进集约综合开发，完善集疏运系统，发展旅客联程运输和货物多式联运，推广全程“一站式”、“一单制”服务。推进中欧班列集结中心建设。深入推进铁路企业改革，全面深化空管体制改革，推动公路收费制度和养护体制改革。

专栏 5　交通强国建设工程	
01	战略骨干通道 建设川藏铁路雅安至林芝段和伊宁至阿克苏、酒泉至额济纳、若羌至罗布泊等铁路，推进日喀则至吉隆、和田至日喀则铁路前期工作，打通沿边公路 G219 和 G331 线，提质改造川藏公路 G318 线。
02	高速铁路 建设成都重庆至上海沿江高铁、上海经宁波至合浦沿海高铁、京沪高铁辅助通道天津至新沂段和北京经雄安新区至商丘、西安至重庆、长沙至赣州、包头至银川等高铁。
03	普速铁路 建设西部陆海新通道黄桶至百色、黔桂增建二线铁路和瑞金至梅州、中卫经平凉至庆阳、柳州至广州铁路，推进玉溪至磨憨、大理至瑞丽等与周边互联互通铁路建设。提升铁路集装箱运输能力，推进中欧班列运输通道和口岸扩能改造，建设大型工矿企业、物流园区和重点港口铁路专用线，全面实现长江干线主要港口铁路进港。
04	城市群和都市圈轨道交通 新增城际铁路和市域（郊）铁路运营里程 3000 公里，基本建成京津冀、长三角、粤港澳大湾区轨道交通网。新增城市轨道交通运营里程 3000 公里。

（续表）

05	高速公路 实施京沪、京港澳、长深、沪昆、连霍等国家高速公路主线拥挤路段扩容改造，加快建设国家高速公路主线并行线、联络线，推进京雄等雄安新区高速公路建设。规划布局建设充换电设施。新改建高速公路里程2.5万公里。
06	港航设施 建设京津冀、长三角、粤港澳大湾区世界级港口群，建设洋山港区小洋山北侧、天津北疆港区C段、广州南沙港五期、深圳盐田港东区等集装箱码头。推进曹妃甸港煤炭运能扩容、舟山江海联运服务中心和北部湾国际门户港、洋浦枢纽港建设。深化三峡水运新通道前期论证，研究平陆运河等跨水系运河连通工程。
07	现代化机场 建设京津冀、长三角、粤港澳大湾区、成渝世界级机场群，实施广州、深圳、昆明、西安、重庆、乌鲁木齐、哈尔滨等国际枢纽机场和杭州、合肥、济南、长沙、南宁等区域枢纽机场改扩建工程，建设厦门、大连、三亚新机场。建成鄂州专业性货运机场，建设朔州、嘉兴、瑞金、黔北、阿拉尔等支线机场，新增民用运输机场30个以上。
08	综合交通和物流枢纽 推进既有客运枢纽一体化智能化升级改造和站城融合，实施枢纽机场引入轨道交通工程。推进120个左右国家物流枢纽建设。加快邮政国际寄递中心建设。

第三节　构建现代能源体系

推进能源革命，建设清洁低碳、安全高效的能源体系，提高能源供给保障能力。加快发展非化石能源，坚持集中式和分布式并举，大力提升风电、光伏发电规模，加快发展东中部分布式能源，有序发展海上风电，加快西南水电基地建设，安全稳妥推动沿海核电建设，建设一批多能互补的清洁能源基地，非化石能源占能源消费总量比重提高到20%左右。推动

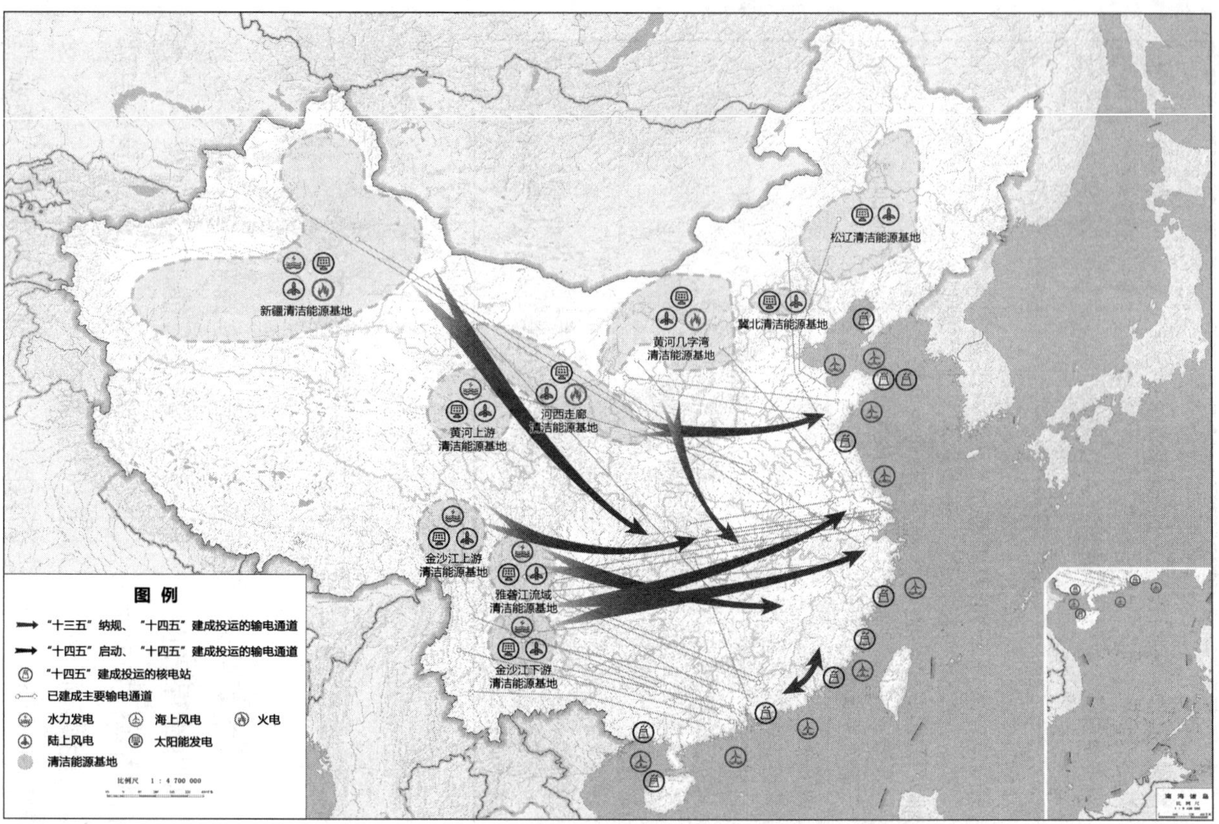

图 1 “十四五”大型清洁能源基地布局示意图

煤炭生产向资源富集地区集中，合理控制煤电建设规模和发展节奏，推进以电代煤。有序放开油气勘探开发市场准入，加快深海、深层和非常规油气资源利用，推动油气增储上产。因地制宜开发利用地热能。提高特高压输电通道利用率。加快电网基础设施智能化改造和智能微电网建设，提高电力系统互补互济和智能调节能力，加强源网荷储衔接，提升清洁能源消纳和存储能力，提升向边远地区输配电能力，推进煤电灵活性改造，加快抽水蓄能电站建设和新型储能技术规模化应用。完善煤炭跨区域运输通道和集疏运体系，加快建设天然气主干管道，完善油气互联互通网络。

专栏 6　现代能源体系建设工程
01　大型清洁能源基地 建设雅鲁藏布江下游水电基地。建设金沙江上下游、雅砻江流域、黄河上游和几字湾、河西走廊、新疆、冀北、松辽等清洁能源基地，建设广东、福建、浙江、江苏、山东等海上风电基地。
02　沿海核电 建成华龙一号、国和一号、高温气冷堆示范工程，积极有序推进沿海三代核电建设。推动模块式小型堆、60 万千瓦级商用高温气冷堆、海上浮动式核动力平台等先进堆型示范。建设核电站中低放废物处置场，建设乏燃料后处理厂。开展山东海阳等核能综合利用示范。核电运行装机容量达到 7000 万千瓦。
03　电力外送通道 建设白鹤滩至华东、金沙江上游外送等特高压输电通道，实施闽粤联网、川渝特高压交流工程。研究论证陇东至山东、哈密至重庆等特高压输电通道。
04　电力系统调节 建设桐城、磐安、泰安二期、浑源、庄河、安化、贵阳、南宁等抽水蓄能电站，实施电化学、压缩空气、飞轮等储能示范项目。开展黄河梯级电站大型储能项目研究。

（续表）

05　油气储运能力 新建中俄东线境内段、川气东送二线等油气管道。建设石油储备重大工程。加快中原文23、辽河储气库群等地下储气库建设。

第四节　加强水利基础设施建设

立足流域整体和水资源空间均衡配置，加强跨行政区河流水系治理保护和骨干工程建设，强化大中小微水利设施协调配套，提升水资源优化配置和水旱灾害防御能力。坚持节水优先，完善水资源配置体系，建设水资源配置骨干项目，加强重点水源和城市应急备用水源工程建设。实施防洪提升工程，解决防汛薄弱环节，加快防洪控制性枢纽工程建设和中小河流治理、病险水库除险加固，全面推进堤防和蓄滞洪区建设。加强水源涵养区保护修复，加大重点河湖保护和综合治理力度，恢复水清岸绿的水生态体系。

专栏7　国家水网骨干工程
01　重大引调水 推动南水北调东中线后续工程建设，深化南水北调西线工程方案比选论证。建设珠三角水资源配置、渝西水资源配置、引江济淮、滇中引水、引汉济渭、新疆奎屯河引水、河北雄安干渠供水、海南琼西北水资源配置等工程。加快引黄济宁、黑龙江三江连通、环北部湾水资源配置工程前期论证。
02　供水灌溉 推进新疆库尔干、黑龙江关门嘴子、贵州观音、湖南犬木塘、浙江开化、广西长塘等大型水库建设。实施黄河河套、四川都江堰、安徽淠史杭等大型灌区续建配套和现代化改造，推进四川向家坝、云南耿马、安徽怀洪新河、海南牛路岭、江西大坳等大型灌区建设。

（续表）

03	防洪减灾 建设雄安新区防洪工程、长江中下游崩岸治理和重要蓄滞洪区、黄河干流河道和滩区综合治理、淮河入海水道二期、海河河道治理、西江干流堤防、太湖吴淞江、海南迈湾水利枢纽等工程。加强黄河古贤水利枢纽、福建上白石水库等工程前期论证。

第四篇

形成强大国内市场　构建新发展格局

坚持扩大内需这个战略基点，加快培育完整内需体系，把实施扩大内需战略同深化供给侧结构性改革有机结合起来，以创新驱动、高质量供给引领和创造新需求，加快构建以国内大循环为主体、国内国际双循环相互促进的新发展格局。

第十二章　畅通国内大循环

依托强大国内市场，贯通生产、分配、流通、消费各环节，形成需求牵引供给、供给创造需求的更高水平动态平衡，促进国民经济良性循环。

第一节 提升供给体系适配性

深化供给侧结构性改革，提高供给适应引领创造新需求能力。适应个性化、差异化、品质化消费需求，推动生产模式和产业组织方式创新，持续扩大优质消费品、中高端产品供给和教育、医疗、养老等服务供给，提升产品服务质量和客户满意度，推动供需协调匹配。优化提升供给结构，促进农业、制造业、服务业、能源资源等产业协调发展。完善产业配套体系，加快自然垄断行业竞争性环节市场化，实现上下游、产供销有效衔接。健全市场化法治化化解过剩产能长效机制，完善企业兼并重组法律法规和配套政策。建立健全质量分级制度，加快标准升级迭代和国际标准转化应用。开展中国品牌创建行动，保护发展中华老字号，提升自主品牌影响力和竞争力，率先在化妆品、服装、家纺、电子产品等消费品领域培育一批高端品牌。

第二节 促进资源要素顺畅流动

破除制约要素合理流动的堵点，矫正资源要素失衡错配，从源头上畅通国民经济循环。提高金融服务实体经济能力，健全实体经济中长期资金供给制度安排，创新直达实体经济的金融产品和服务，增强多层次资本市场融资功能。实施房地产市场平稳健康发展长效机制，促进房地产与实体经济均衡发展。有效提升劳动者技能，提高就业质量和收入水平，形成人力资本提升和产业转型升级良性循环。健全城乡要素自由流动机制，构建区域产业梯度转移格局，促进城乡区域良性互动。

第三节 强化流通体系支撑作用

深化流通体制改革，畅通商品服务流通渠道，提升流通效率，降低全社会交易成本。加快构建国内统一大市场，对标国际先进规则和最佳实践优化市场环境，促进不同地区和行业标准、规则、政策协调统一，有效破除地方保护、行业垄断和市场分割。建设现代物流体系，加快发展冷链物流，统筹物流枢纽设施、骨干线路、区域分拨中心和末端配送节点建设，完善国家物流枢纽、骨干冷链物流基地设施条件，健全县乡村三级物流配送体系，发展高铁快运等铁路快捷货运产品，加强国际航空货运能力建设，提升国际海运竞争力。优化国际物流通道，加快形成内外联通、安全高效的物流网络。完善现代商贸流通体系，培育一批具有全球竞争力的现代流通企业，支持便利店、农贸市场等商贸流通设施改造升级，发展无接触交易服务，加强商贸流通标准化建设和绿色发展。加快建立储备充足、反应迅速、抗冲击能力强的应急物流体系。

第四节 完善促进国内大循环的政策体系

保持合理的财政支出力度和赤字率水平，完善减税降费政策,构建有利于企业扩大投资、增加研发投入、调节收入分配、减轻消费者负担的税收制度。保持流动性合理充裕,保持货币供应量和社会融资规模增速同名义经济增速基本匹配,创新结构性政策工具,引导金融机构加大对重点领域和薄弱环节支持力度,规范发展消费信贷。推动产业政策向普惠化和功能性转型,强化竞争政策基础性地位,支持技术创新和结构升级。健全与经济发展水平相适应的收入分配、社会保障和公共服务制度。

第十三章　促进国内国际双循环

立足国内大循环,协同推进强大国内市场和贸易强国建设,形成全球资源要素强大引力场,促进内需和外需、进口和出口、引进外资和对外投资协调发展,加快培育参与国际合作和竞争新优势。

第一节　推动进出口协同发展

完善内外贸一体化调控体系,促进内外贸法律法规、监管体制、经营资质、质量标准、检验检疫、认证认可等相衔接,推进同线同标同质。降低进口关税和制度性成本,扩大优质消费品、先进技术、重要设备、能源资源等进口,促进进口来源多元化。完善出口政策,优化出口商品质量和结构,稳步提高出口附加值。优化国际市场布局,引导企业深耕传统出口市场、拓展新兴市场，扩大与周边国家贸易规模，稳定国际市场份额。推动加工贸易转型升级，深化外贸转型升级基地、海关特殊监管区域、贸易促进平台、国际营销服务网络建设，加快发展跨境电商、市场采购贸易等新模式，鼓励建设海外仓，保障外贸产业链供应链畅通运转。创新发展服务贸易，推进服务贸易创新发展试点开放平台建设，提升贸易数字化水平。实施贸易投资融合工程。办好中国国际进口博览会、中国进出口商品交易会、中国国际服务贸易交易会等展会。

第二节 提高国际双向投资水平

坚持引进来和走出去并重，以高水平双向投资高效利用全球资源要素和市场空间，完善产业链供应链保障机制，推动产业竞争力提升。更大力度吸引和利用外资，有序推进电信、互联网、教育、文化、医疗等领域相关业务开放。全面优化外商投资服务，加强外商投资促进和保护，发挥重大外资项目示范效应，支持外资加大中高端制造、高新技术、传统制造转型升级、现代服务等领域和中西部地区投资，支持外资企业设立研发中心和参与承担国家科技计划项目。鼓励外资企业利润再投资。坚持企业主体，创新境外投资方式，优化境外投资结构和布局，提升风险防范能力和收益水平。完善境外生产服务网络和流通体系，加快金融、咨询、会计、法律等生产性服务业国际化发展，推动中国产品、服务、技术、品牌、标准走出去。支持企业融入全球产业链供应链，提高跨国经营能力和水平。

引导企业加强合规管理，防范化解境外政治、经济、安全等各类风险。推进多双边投资合作机制建设，健全促进和保障境外投资政策和服务体系，推动境外投资立法。

第十四章　加快培育完整内需体系

深入实施扩大内需战略，增强消费对经济发展的基础性作用和投资对优化供给结构的关键性作用，建设消费和投资需求旺盛的强大国内市场。

第一节　全面促进消费

顺应居民消费升级趋势，把扩大消费同改善人民生活品质结合起来，促进消费向绿色、健康、安全发展，稳步提高居民消费水平。提升传统消费，加快推动汽车等消费品由购买管理向使用管理转变，健全强制报废制度和废旧家电、消费电子等耐用消费品回收处理体系，促进住房消费健康发展。培育新型消费，发展信息消费、数字消费、绿色消费，鼓励定制、体验、智能、时尚消费等新模式新业态发展。发展服务消费，放宽服务消费领域市场准入，推动教育培训、医疗健康、养老托育、文旅体育等消费提质扩容，加快线上线下融合发展。适当增加公共消费，提高公共服务支出效率。扩大节假日消费，完善节假日制度，全面落实带薪休假制度。培育建设国际消费中心城市，打造一批区域消费中心。完善城乡融合消费网络，扩大电子商务进农村覆盖面，改善县域消费环境，推动农村消费梯次升级。完善市内免税店政策，规划建设一批中国特色市内免税店。采取增加居民收入与减负并举等措施，不断扩大中等收入群体，持续释放消费潜力。强化消费者权益保护，完善质量标准和后评价体系，健全缺陷产品召回、产品伤害监测、产品质量担保等制度，完善多元化消费维权机制和纠纷解决机制。

第二节　拓展投资空间

优化投资结构，提高投资效率，保持投资合理增长。加快补齐基础设施、市政工程、农业农村、公共安全、生态环保、公共卫生、物资储备、防灾减灾、民生保障等领域短板，推动企业设备更新和技术改造，扩大战略性新兴产业投资。推进既促消费惠民生又调结构增后劲的新型基础设施、新型城镇化、交通水利等重大工程建设。面向服务国家重大战略，实施川藏铁路、西部陆海新通道、国家水网、雅鲁藏布江下游水电开发、星际探测、北斗产业化等重大工程，推进重大科研设施、重大生态系统保护修复、公共卫生应急保障、重大引调水、防洪减灾、送电输气、沿边沿江沿海交通等一批强基础、增功能、利长远的重大项目建设。深化投融资体制改革，发挥政府投资撬动作用，激发民间投资活力，形成市场主导的投资内生增长机制。健全项目谋划、储备、推进机制，加大资金、用地等要素保障力度，加快投资项目落地见效。规范有序推进政府和社会资本合作（PPP），推动基础设施领域不动产投资信托基金

(REITs)健康发展,有效盘活存量资产,形成存量资产和新增投资的良性循环。

第五篇

加快数字化发展　建设数字中国

迎接数字时代,激活数据要素潜能,推进网络强国建设,加快建设数字经济、数字社会、数字政府,以数字化转型整体驱动生产方式、生活方式和治理方式变革。

第十五章　打造数字经济新优势

充分发挥海量数据和丰富应用场景优势,促进数字技术与实体经济深度融合,赋能传统产业转型升级,催生新产业新业态新模式,壮大经济发展新引擎。

第一节　加强关键数字技术创新应用

聚焦高端芯片、操作系统、人工智能关键算法、传感器等关键领域,加快推进基础理论、基础算法、装备材料等研发突破与迭代应用。加强通用处理器、云计算系统和软件核心技术一体化研发。加快布局量子计算、量子通信、神经芯片、

DNA 存储等前沿技术，加强信息科学与生命科学、材料等基础学科的交叉创新，支持数字技术开源社区等创新联合体发展，完善开源知识产权和法律体系，鼓励企业开放软件源代码、硬件设计和应用服务。

第二节　加快推动数字产业化

培育壮大人工智能、大数据、区块链、云计算、网络安全等新兴数字产业，提升通信设备、核心电子元器件、关键软件等产业水平。构建基于 5G 的应用场景和产业生态，在智能交通、智慧物流、智慧能源、智慧医疗等重点领域开展试点示范。鼓励企业开放搜索、电商、社交等数据，发展第三方大数据服务产业。促进共享经济、平台经济健康发展。

第三节　推进产业数字化转型

实施"上云用数赋智"行动，推动数据赋能全产业链协同转型。在重点行业和区域建设若干国际水准的工业互联网平台和数字化转型促进中心，深化研发设计、生产制造、经营管理、市场服务等环节的数字化应用，培育发展个性定制、柔性制造等新模式，加快产业园区数字化改造。深入推进服务业数字化转型，培育众包设计、智慧物流、新零售等新增长点。加快发展智慧农业，推进农业生产经营和管理服务数字化改造。

专栏8　数字经济重点产业	
01	云计算 加快云操作系统迭代升级,推动超大规模分布式存储、弹性计算、数据虚拟隔离等技术创新,提高云安全水平。以混合云为重点培育行业解决方案、系统集成、运维管理等云服务产业。
02	大数据 推动大数据采集、清洗、存储、挖掘、分析、可视化算法等技术创新,培育数据采集、标注、存储、传输、管理、应用等全生命周期产业体系,完善大数据标准体系。
03	物联网 推动传感器、网络切片、高精度定位等技术创新,协同发展云服务与边缘计算服务,培育车联网、医疗物联网、家居物联网产业。
04	工业互联网 打造自主可控的标识解析体系、标准体系、安全管理体系,加强工业软件研发应用,培育形成具有国际影响力的工业互联网平台,推进“工业互联网+智能制造”产业生态建设。
05	区块链 推动智能合约、共识算法、加密算法、分布式系统等区块链技术创新,以联盟链为重点发展区块链服务平台和金融科技、供应链管理、政务服务等领域应用方案,完善监管机制。
06	人工智能 建设重点行业人工智能数据集,发展算法推理训练场景,推进智能医疗装备、智能运载工具、智能识别系统等智能产品设计与制造,推动通用化和行业性人工智能开放平台建设。
07	虚拟现实和增强现实 推动三维图形生成、动态环境建模、实时动作捕捉、快速渲染处理等技术创新,发展虚拟现实整机、感知交互、内容采集制作等设备和开发工具软件、行业解决方案。

第十六章　加快数字社会建设步伐

适应数字技术全面融入社会交往和日常生活新趋势，促进公共服务和社会运行方式创新，构筑全民畅享的数字生活。

第一节　提供智慧便捷的公共服务

聚焦教育、医疗、养老、抚幼、就业、文体、助残等重点领域，推动数字化服务普惠应用，持续提升群众获得感。推进学校、医院、养老院等公共服务机构资源数字化，加大开放共享和应用力度。推进线上线下公共服务共同发展、深度融合，积极发展在线课堂、互联网医院、智慧图书馆等，支持高水平公共服务机构对接基层、边远和欠发达地区，扩大优质公共服务资源辐射覆盖范围。加强智慧法院建设。鼓励社会力量参与"互联网+公共服务"，创新提供服务模式和产品。

第二节　建设智慧城市和数字乡村

以数字化助推城乡发展和治理模式创新，全面提高运行效率和宜居度。分级分类推进新型智慧城市建设，将物联网感知设施、通信系统等纳入公共基础设施统一规划建设，推进市政公用设施、建筑等物联网应用和智能化改造。完善城市信息模型平台和运行管理服务平台，构建城市数据资源体系，推进城市数据大脑建设。探索建设数字孪生城市。加快推进数字乡村建设，构建面向农业农村的综合信息服务体系，建立涉农信息普惠服务机制，推动乡村管理服务数字化。

第三节　构筑美好数字生活新图景

推动购物消费、居家生活、旅游休闲、交通出行等各类场景数字化，打造智慧共享、和睦共治的新型数字生活。推进智慧社区建设，依托社区数字化平台和线下社区服务机构，建设便民惠民智慧服务圈，提供线上线下融合的社区生活服务、社区治理及公共服务、智能小区等服务。丰富数字生活体验，发展数字家庭。加强全民数字技能教育和培训，普及提升公民数字素养。加快信息无障碍建设，帮助老年人、残疾人等共享数字生活。

第十七章　提高数字政府建设水平

将数字技术广泛应用于政府管理服务，推动政府治理流程再造和模式优化，不断提高决策科学性和服务效率。

第一节　加强公共数据开放共享

建立健全国家公共数据资源体系，确保公共数据安全，推进数据跨部门、跨层级、跨地区汇聚融合和深度利用。健全数据资源目录和责任清单制度，提升国家数据共享交换平台功能，深化国家人口、法人、空间地理等基础信息资源共享利用。扩大基础公共信息数据安全有序开放，探索将公共数据服务纳入公共服务体系，构建统一的国家公共数据开放平台和开发利用端口，优先推动企业登记监管、卫生、交通、气象等高价值数据集向社会开放。开展政府数据授权运营试点，鼓励第三方深化对公共数据的挖掘利用。

第二节 推动政务信息化共建共用

加大政务信息化建设统筹力度，健全政务信息化项目清单，持续深化政务信息系统整合，布局建设执政能力、依法治国、经济治理、市场监管、公共安全、生态环境等重大信息系统，提升跨部门协同治理能力。完善国家电子政务网络，集约建设政务云平台和数据中心体系，推进政务信息系统云迁移。加强政务信息化建设快速迭代，增强政务信息系统快速部署能力和弹性扩展能力。

第三节 提高数字化政务服务效能

全面推进政府运行方式、业务流程和服务模式数字化智能化。深化“互联网+政务服务”，提升全流程一体化在线服务平台功能。加快构建数字技术辅助政府决策机制，提高基于高频大数据精准动态监测预测预警水平。强化数字技术在公共卫生、自然灾害、事故灾难、社会安全等突发公共事件应对中的运用,全面提升预警和应急处置能力。

第十八章 营造良好数字生态

坚持放管并重,促进发展与规范管理相统一,构建数字规则体系,营造开放、健康、安全的数字生态。

第一节 建立健全数据要素市场规则

统筹数据开发利用、隐私保护和公共安全,加快建立数据资源产权、交易流通、跨境传输和安全保护等基础制度和标准规范。建立健全数据产权交易和行业自律机制,培育规范的数据交易平台和市场主体,发展数据资产评估、登记结算、交易撮合、争议仲裁等市场运营体系。加强涉及国家利益、商业秘密、个人隐私的数据保护,加快推进数据安全、个人信息保护等领域基础性立法,强化数据资源全生命周期安全保护。完善适用于大数据环境下的数据分类分级保护制度。加强数据安全评估,推动数据跨境安全有序流动。

第二节 营造规范有序的政策环境

构建与数字经济发展相适应的政策法规体系。健全共享经济、平台经济和新个体经济管理规范,清理不合理的行政许可、资质资格事项,支持平台企业创新发展、增强国际竞争力。

依法依规加强互联网平台经济监管，明确平台企业定位和监管规则，完善垄断认定法律规范，打击垄断和不正当竞争行为。探索建立无人驾驶、在线医疗、金融科技、智能配送等监管框架，完善相关法律法规和伦理审查规则。健全数字经济统计监测体系。

第三节　加强网络安全保护

健全国家网络安全法律法规和制度标准，加强重要领域数据资源、重要网络和信息系统安全保障。建立健全关键信息基础设施保护体系，提升安全防护和维护政治安全能力。加强网络安全风险评估和审查。加强网络安全基础设施建设，强化跨领域网络安全信息共享和工作协同，提升网络安全威胁发现、监测预警、应急指挥、攻击溯源能力。加强网络安全关键技术研发，加快人工智能安全技术创新，提升网络安全产业综合竞争力。加强网络安全宣传教育和人才培养。

第四节　推动构建网络空间命运共同体

推进网络空间国际交流与合作，推动以联合国为主渠道、以联合国宪章为基本原则制定数字和网络空间国际规则。推动建立多边、民主、透明的全球互联网治理体系，建立更加公平合理的网络基础设施和资源治理机制。积极参与数据安全、数字货币、数字税等国际规则和数字技术标准制定。推动全球网络安全保障合作机制建设，构建保护数据要素、处置网络安全事件、打击网络犯罪的国际协调合作机制。向欠发达国家提供技术、设备、服务等数字援助，使各国共享数字时代红利。积极推进网络文化交流互鉴。

专栏9　数字化应用场景	
01	智能交通 发展自动驾驶和车路协同的出行服务。推广公路智能管理、交通信号联动、公交优先通行控制。建设智能铁路、智慧民航、智慧港口、数字航道、智慧停车场。
02	智慧能源 推动煤矿、油气田、电厂等智能化升级，开展用能信息广泛采集、能效在线分析，实现源网荷储互动、多能协同互补、用能需求智能调控。
03	智能制造 促进设备联网、生产环节数字化连接和供应链协同响应，推进生产数据贯通化、制造柔性化、产品个性化、管理智能化。
04	智慧农业及水利 推广大田作物精准播种、精准施肥施药、精准收获，推动设施园艺、畜禽水产养殖智能化应用。构建智慧水利体系，以流域为单元提升水情测报和智能调度能力。
05	智慧教育 推动社会化高质量在线课程资源纳入公共教学体系，推进优质教育资源在线辐射农村和边远地区薄弱学校，发展场景式、体验式学习和智能化教育管理评价。
06	智慧医疗 完善电子健康档案和病历、电子处方等数据库，加快医疗卫生机构数据共享。推广远程医疗，推进医学影像辅助判读、临床辅助诊断等应用。运用大数据提升对医疗机构和医疗行为的监管能力。
07	智慧文旅 推动景区、博物馆等发展线上数字化体验产品，建设景区监测设施和大数据平台，发展沉浸式体验、虚拟展厅、高清直播等新型文旅服务。

（续表）

08	智慧社区 推动政务服务平台、社区感知设施和家庭终端联通，发展智能预警、应急救援救护和智慧养老等社区惠民服务，建立无人物流配送体系。
09	智慧家居 应用感应控制、语音控制、远程控制等技术手段，发展智能家电、智能照明、智能安防监控、智能音箱、新型穿戴设备、服务机器人等。
10	智慧政务 推进政务服务一网通办，推广应用电子证照、电子合同、电子签章、电子发票、电子档案，健全政务服务“好差评”评价体系。

第六篇

全面深化改革
构建高水平社会主义市场经济体制

坚持和完善社会主义基本经济制度，充分发挥市场在资源配置中的决定性作用，更好发挥政府作用，推动有效市场和有为政府更好结合。

第十九章　激发各类市场主体活力

毫不动摇巩固和发展公有制经济，毫不动摇鼓励、支持、引导非公有制经济发展，培育更有活力、创造力和竞争力的市场主体。

第一节　加快国有经济布局优化和结构调整

围绕服务国家战略，坚持有进有退、有所为有所不为，加快国有经济布局优化、结构调整和战略性重组，增强国有经济竞争力、创新力、控制力、影响力、抗风险能力，做强做优做大国有资本和国有企业。发挥国有经济战略支撑作用，推动国有经济进一步聚焦战略安全、产业引领、国计民生、公共服务等功能，调整盘活存量资产，优化增量资本配置，向关系国家安全、国民经济命脉的重要行业集中，向提供公共服务、应急能力建设和公益性等关系国计民生的重要行业集中，向前瞻性战略性新兴产业集中。对充分竞争领域的国有经济，强化资本收益目标和财务硬约束，增强流动性，完善国有资本优化配置机制。建立布局结构调整长效机制，动态发布国有经济布局优化和结构调整指引。

第二节　推动国有企业完善中国特色现代企业制度

坚持党对国有企业的全面领导，促进加强党的领导和完善公司治理相统一，加快建立权责法定、权责透明、协调运转、有效制衡的公司治理机制。加强董事会建设，落实董事会职权，使董事会成为企业经营决策主体。按照完善治理、强化激励、突出主业、提高效率的要求，深化国有企业混合所有制改革，深度转换经营机制，对混合所有制企业探索实行有别于国有独资、全资公司的治理机制和监管制度。推行经理层成员任期制和契约化管理,完善市场化薪酬分配机制,灵活开展多种形式的中长期激励。

第三节　健全管资本为主的国有资产监管体制

坚持授权与监管相结合、放活与管好相统一,大力推进国资监管理念、重点、方式等多方位转变。优化管资本方式,全面实行清单管理,深入开展分类授权放权,注重通过法人治理结构履职,加强事中事后监管。深化国有资本投资、运营公司改革,科学合理界定政府及国资监管机构,国有资本投资、运营公司和所持股企业的权利边界。健全协同高效的监督机制,严格责任追究,切实防止国有资产流失。加快推进经营性国有资产集中统一监管。

第四节　优化民营企业发展环境

健全支持民营企业发展的法治环境、政策环境和市场环境,依法平等保护民营企业产权和企业家权益。保障民营企业依法平等使用资源要素、公开公平公正参与竞争、同等受到法律保护。进一步放宽民营企业市场准入,破除招投标等领域各种壁垒。创新金融支持民营企业政策工具,健全融资增信支持体系,对民营企业信用评级、发债一视同仁,降低综合融资成本。完善促进中小微企业和个体工商户发展的政策体系，加大税费优惠和信贷支持力度。构建亲清政商关系，建立规范化政企沟通渠道。健全防范和化解拖欠中小企业账款长效机制。

第五节　促进民营企业高质量发展

鼓励民营企业改革创新，提升经营能力和管理水平。引导有条件的民营企业建立现代企业制度。支持民营企业开展基础研究和科技创新、参与关键核心技术研发和国家重大科技项目攻关。完善民营企业参与国家重大战略实施机制。推动民营企业守法合规经营，鼓励民营企业积极履行社会责任、参与社会公益和慈善事业。弘扬企业家精神，实施年轻一代民营企业家健康成长促进计划。

第二十章　建设高标准市场体系

实施高标准市场体系建设行动，健全市场体系基础制度，坚持平等准入、公正监管、开放有序、诚信守法，形成高效规范、公平竞争的国内统一市场。

第一节　全面完善产权制度

健全归属清晰、权责明确、保护严格、流转顺畅的现代产权制度。实施民法典，制修订物权、债权、股权等产权法律法规，明晰产权归属、完善产权权能。健全以公平为原则的产权保护制度，依法平等保护国有、民营、外资等各种所有制企业产权。健全产权执法司法保护制度，完善涉企产权案件申诉、复核、重审等保护机制，推动涉企冤错案件依法甄别纠正常态化机制化，畅通涉政府产权纠纷反映和处理渠道。加强数据、知识、环境等领域产权制度建设，健全自然资源资产产权制度和法律法规。

第二节　推进要素市场化配置改革

建立健全城乡统一的建设用地市场，统筹推进农村土地征收、集体经营性建设用地入市、宅基地制度改革。改革土地计划管理方式，赋予省级政府更大用地自主权，探索建立全国性的建设用地、补充耕地指标跨区域交易机制。建立不同产业用地类型合理转换机制，增加混合产业用地供给。健全统一规范的人力资源市场体系，破除劳动力和人才在城乡、区域和不同所有制单位间的流动障碍，减少人事档案管理中的不合理限制。发展技术和数据要素市场。健全要素市场运行机制，完善交易规则和服务体系。深化公共资源交易平台整合共享。

第三节　强化竞争政策基础地位

坚持鼓励竞争、反对垄断，完善竞争政策框架，构建覆盖事前、事中、事后全环节的竞争政策实施机制。统筹做好增量审查与存量清理,强化公平竞争审查制度的刚性约束,完善公平竞争审查细则,持续清理废除妨碍全国统一市场和公平竞争的规定及做法。完善市场竞争状况评估制度,建立投诉举报和处理回应机制。加大反垄断和反不正当竞争执法司法力度,防止资本无序扩张。推进能源、铁路、电信、公用事业等行业竞争性环节市场化改革,放开竞争性业务准入,进一步引入市场竞争机制,加强对自然垄断业务的监管。

第四节　健全社会信用体系

建立健全信用法律法规和标准体系,制定公共信用信息目录和失信惩戒措施清单,完善失信主体信用修复机制。推广信用承诺制度。加强信用信息归集、共享、公开和应用,推广惠民便企信用产品与服务。建立公共信用信息和金融信息的共享整合机制。培育具有国际竞争力的企业征信机构和信用评级机构,加强征信监管,推动信用服务市场健康发展。加强信用信息安全管理,保障信用主体合法权益。建立健全政府失信责任追究制度。

第二十一章　建立现代财税金融体制

更好发挥财政在国家治理中的基础和重要支柱作用,增强金融服务实体经济能力,健全符合高质量发展要求的财税金融制度。

第一节　加快建立现代财政制度

深化预算管理制度改革,强化对预算编制的宏观指导和审查监督。加强财政资源统筹,推进财政支出标准化,强化预算约束和绩效管理。完善跨年度预算平衡机制,加强中期财政规划管理,增强国家重大战略任务财力保障。建立权责清晰、财力协调、区域均衡的中央和地方财政关系,适当加强中央在知识产权保护、养老保险、跨区域生态环境保护等方面事权,减少并规范中央和地方共同事权。健全省以下财政体制,增强基层公共服务保障能力。完善财政转移支付制度,优化转移支付结构,规范转移支付项目。完善权责发生制政府综合财务报告制度。建立健全规范的政府举债融资机制。

第二节　完善现代税收制度

优化税制结构,健全直接税体系,适当提高直接税比重。完善个人所得税制度,推进扩大综合征收范围,优化税率结构。聚焦支持稳定制造业、巩固产业链供应链,进一步优化增值税制度。调整优化消费税征收范围和税率,推进征收环节后移并稳步下划地方。规范完善税收优惠。推进房地产税立法,健全地方税体系,逐步扩大地方税政管理权。深化税收征管制度改革,建设智慧税务,推动税收征管现代化。

第三节　深化金融供给侧结构性改革

健全具有高度适应性、竞争力、普惠性的现代金融体系，构建金融有效支持实体经济的体制机制。建设现代中央银行制度，完善货币供应调控机制。稳妥推进数字货币研发。健全市场化利率形成和传导机制，完善央行政策利率体系，更好发挥贷款市场报价利率基准作用。优化金融体系结构，深化国有商业银行改革，加快完善中小银行和农村信用社治理结构，规范发展非银行金融机构，增强金融普惠性。改革优化政策性金融，强化服务国家战略和规划能力。深化保险公司改革，提高商业保险保障能力。健全金融机构公司治理，强化股东股权和关联交易监管。完善资本市场基础制度，健全多层次资本市场体系，大力发展机构投资者，提高直接融资特别是股权融资比重。全面实行股票发行注册制，建立常态化退市机制，提高上市公司质量。深化新三板改革。完善市场化债券发行机制，稳步扩大债券市场规模，丰富债券品种，发行长期国债和基础设施长期债券。完善投资者保护制度和存款保险制度。完善现代金融监管体系，补齐监管制度短板，在审慎监管前提下有序推进金融创新，健全风险全覆盖监管框架，提高金融监管透明度和法治化水平。稳妥发展金融科技，加快金融机构数字化转型。强化监管科技运用和金融创新风险评估，探索建立创新产品纠偏和暂停机制。

第二十二章　提升政府经济治理能力

加快转变政府职能，建设职责明确、依法行政的政府治理体系，创新和完善宏观调控，提高政府治理效能。

第一节　完善宏观经济治理

健全以国家发展规划为战略导向，以财政政策和货币政策为主要手段，就业、产业、投资、消费、环保、区域等政策紧密配合，目标优化、分工合理、高效协同的宏观经济治理体系。增强国家发展规划对公共预算、国土开发、资源配置等政策的宏观引导、统筹协调功能，健全宏观政策制定和执行机制，重视预期管理和引导，合理把握经济增长、就业、价格、国际收支等调控目标，在区间调控基础上加强定向调控、相机调控和精准调控。完善宏观调控政策体系，搞好跨周期政策设计，提高逆周期调节能力，促进经济总量平衡、结构优化、内外均衡。加强宏观经济治理数据库等建设，提升大数据等现代技术手段辅助治理能力，推进统计现代化改革。健全宏观经济政策评估评价制度和重大风险识别预警机制，畅通政策制定参与渠道，提高决策科学化、民主化、法治化水平。

第二节　构建一流营商环境

深化简政放权、放管结合、优化服务改革，全面实行政府权责清单制度，持续优化市场化法治化国际化营商环境。实施全国统一的市场准入负面清单制度，破除清单之外隐性准入壁垒，以服务业为重点进一步放宽准入限制。精简行政许可事项，减少归并资质资格许可，取消不必要的备案登记和年检认定，规范涉企检查。全面推行“证照分离”、“照后减证”改革，全面开展工程建设项目审批制度改革。改革生产许可制度，简化工业产品审批程序，实施涉企经营许可事项清单管理。建立便利、高效、有序的市场主体退出制度，简化普通注销程序，建立健全企业破产和自然人破产制度。创新政务服务方式，推进审批服务便民化。深化国际贸易“单一窗口”建设。完善营商环境评价体系。

第三节　推进监管能力现代化

健全以“双随机、一公开”监管和“互联网+监管”为基本手段、以重点监管为补充、以信用监管为基础的新型监管机制，推进线上线下一体化监管。严格市场监管、质量监管、安全监管，加强对食品药品、特种设备和网络交易、旅游、广告、中介、物业等的监管，强化要素市场交易监管，对新产业新业态实施包容审慎监管。深化市场监管综合行政执法改革，完善跨领域跨部门联动执法、协同监管机制。深化行业协会、商会和中介机构改革。加强社会公众、新闻媒体监督。

第 七 篇

坚持农业农村优先发展
全面推进乡村振兴

走中国特色社会主义乡村振兴道路，全面实施乡村振兴战略，强化以工补农、以城带乡，推动形成工农互促、城乡互补、协调发展、共同繁荣的新型工农城乡关系，加快农业农村现代化。

第二十三章　提高农业质量效益和竞争力

持续强化农业基础地位，深化农业供给侧结构性改革，强化质量导向，推动乡村产业振兴。

第一节　增强农业综合生产能力

夯实粮食生产能力基础，保障粮、棉、油、糖、肉、奶等重要农产品供给安全。坚持最严格的耕地保护制度，强化耕地数量保护和质量提升，严守 18 亿亩耕地红线，遏制耕地“非农化”、防止“非粮化”，规范耕地占补平衡，严禁占优补劣、占水田补旱地。以粮食生产功能区和重要农产品生产保护区为重

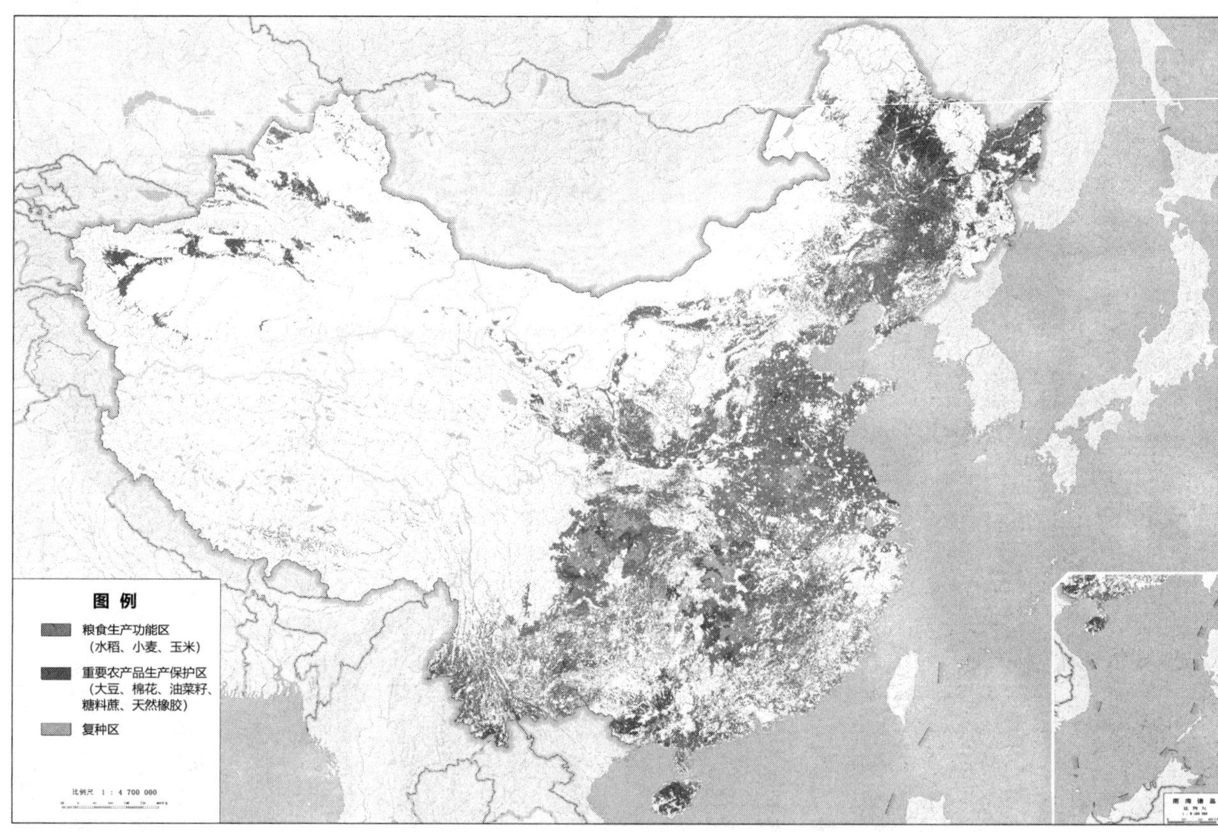

图 2　粮食生产功能区和重要农产品生产保护区布局示意图

点，建设国家粮食安全产业带，实施高标准农田建设工程，建成 10.75 亿亩集中连片高标准农田。实施黑土地保护工程，加强东北黑土地保护和地力恢复。推进大中型灌区节水改造和精细化管理，建设节水灌溉骨干工程，同步推进水价综合改革。加强大中型、智能化、复合型农业机械研发应用，农作物耕种收综合机械化率提高到 75%。加强种质资源保护利用和种子库建设，确保种源安全。加强农业良种技术攻关，有序推进生物育种产业化应用，培育具有国际竞争力的种业龙头企业。完善农业科技创新体系，创新农技推广服务方式，建设智慧农业。加强动物防疫和农作物病虫害防治，强化农业气象服务。

第二节　深化农业结构调整

优化农业生产布局，建设优势农产品产业带和特色农产品优势区。推进粮经饲统筹、农林牧渔协调，优化种植业结构，大力发展现代畜牧业，促进水产生态健康养殖。积极发展设施农业，因地制宜发展林果业。深入推进优质粮食工程。推进农业绿色转型，加强产地环境保护治理，发展节水农业和旱作农业，深入实施农药化肥减量行动，治理农膜污染，提升农膜回收利用率，推进秸秆综合利用和畜禽粪污资源化利用。完善绿色农业标准体系，加强绿色食品、有机农产品和地理标志农产品认证管理。强化全过程农产品质量安全监管，健全追溯体系。建设现代农业产业园区和农业现代化示范区。

第三节　丰富乡村经济业态

发展县域经济，推进农村一二三产业融合发展，延长农业产业链条，发展各具特色的现代乡村富民产业。推动种养加结合和产业链再造，提高农产品加工业和农业生产性服务业发展水平，壮大休闲农业、乡村旅游、民宿经济等特色产业。加强农产品仓储保鲜和冷链物流设施建设，健全农村产权交易、商贸流通、检验检测认证等平台和智能标准厂房等设施，引导农村二三产业集聚发展。完善利益联结机制，通过"资源变资产、资金变股金、农民变股东"，让农民更多分享产业增值收益。

第二十四章　实施乡村建设行动

把乡村建设摆在社会主义现代化建设的重要位置，优化生产生活生态空间，持续改善村容村貌和人居环境，建设美丽宜居乡村。

第一节　强化乡村建设的规划引领

统筹县域城镇和村庄规划建设，通盘考虑土地利用、产业发展、居民点建设、人居环境整治、生态保护、防灾减灾和历史文化传承。科学编制县域村庄布局规划，因地制宜、分类推进村庄建设,规范开展全域土地综合整治,保护传统村落、民族村寨和乡村风貌,严禁随意撤并村庄搞大社区、违背农民意愿大拆大建。优化布局乡村生活空间,严格保护农业生产空间和乡村生态空间,科学划定养殖业适养、限养、禁养区域。鼓励有条件地区编制实用性村庄规划。

第二节　提升乡村基础设施和公共服务水平

以县域为基本单元推进城乡融合发展,强化县城综合服务能力和乡镇服务农民功能。健全城乡基础设施统一规划、统一建设、统一管护机制,推动市政公用设施向郊区乡村和规模较大中心镇延伸,完善乡村水、电、路、气、邮政通信、广播电视、物流等基础设施,提升农房建设质量。推进城乡基本公共服务标准统一、制度并轨,增加农村教育、医疗、养老、文化等服务供给,推进县域内教师医生交流轮岗,鼓励社会力量兴办农村公益事业。提高农民科技文化素质,推动乡村人才振兴。

第三节　改善农村人居环境

开展农村人居环境整治提升行动,稳步解决“垃圾围村”和乡村黑臭水体等突出环境问题。推进农村生活垃圾就地分类和资源化利用,以乡镇政府驻地和中心村为重点梯次推进农村生活污水治理。支持因地制宜推进农村厕所革命。推进农村水系综合整治。深入开展村庄清洁和绿化行动,实现村庄公共空间及庭院房屋、村庄周边干净整洁。

专栏 10　现代农业农村建设工程
01　高标准农田 新建高标准农田 2.75 亿亩，其中新增高效节水灌溉面积 0.6 亿亩。实施东北地区 1.4 亿亩黑土地保护性耕作。
02　现代种业 建设国家农作物种质资源长期库、种质资源中期库圃，提升海南、甘肃、四川等国家级育制种基地水平，建设黑龙江大豆等区域性育制种基地。新建、改扩建国家畜禽和水产品种质资源库、保种场（区）、基因库，推进国家级畜禽核心育种场建设。
03　农业机械化 创建 300 个农作物生产全程机械化示范县，建设 300 个设施农业和规模养殖全程机械化示范县，推进农机深松整地和丘陵山区农田宜机化改造。
04　动物防疫和农作物病虫害防治 提升动物疫病国家参考实验室和病原学监测区域中心设施条件，改善牧区动物防疫专用设施和基层动物疫苗冷藏设施，建设动物防疫指定通道和病死动物无害化处理场。分级建设农作物病虫疫情监测中心和病虫害应急防治中心、农药风险监控中心。建设林草病虫害防治中心。
05　农业面源污染治理 在长江、黄河等重点流域环境敏感区建设 200 个农业面源污染综合治理示范县，继续推进畜禽养殖粪污资源化利用，在水产养殖主产区推进养殖尾水治理。
06　农产品冷链物流设施 建设 30 个全国性和 70 个区域性农产品骨干冷链物流基地，提升田头市场仓储保鲜设施，改造畜禽定点屠宰加工厂冷链储藏和运输设施。
07　乡村基础设施 因地制宜推动自然村通硬化路，加强村组连通和村内道路建设，推进农村水源保护和供水保障工程建设，升级改造农村电网，提升农村宽带网络水平，强化运行管护。
08　农村人居环境整治提升 有序推进经济欠发达地区以及高海拔、寒冷、缺水地区的农村改厕。支持 600 个县整县推进人居环境整治，建设农村生活垃圾和污水处理设施。

第二十五章　健全城乡融合发展体制机制

建立健全城乡要素平等交换、双向流动政策体系，促进要素更多向乡村流动，增强农业农村发展活力。

第一节　深化农业农村改革

巩固完善农村基本经营制度，落实第二轮土地承包到期后再延长30年政策，完善农村承包地所有权、承包权、经营权分置制度，进一步放活经营权。发展多种形式适度规模经营，加快培育家庭农场、农民合作社等新型农业经营主体，健全农业专业化社会化服务体系，实现小农户和现代农业有机衔接。深化农村宅基地制度改革试点，加快房地一体的宅基地确权颁证，探索宅基地所有权、资格权、使用权分置实现形式。积极探索实施农村集体经营性建设用地入市制度。允许农村集体在农民自愿前提下，依法把有偿收回的闲置宅基地、废弃的集体公益性建设用地转变为集体经营性建设用地入市。建立土地征收公共利益认定机制，缩小土地征收范围。深化农村集体产权制度改革，完善产权权能，将经营性资产量化到集体经济组织成员，发展壮大新型农村集体经济。切实减轻村级组织负担。发挥国家城乡融合发展试验区、农村改革试验区示范带动作用。

第二节　加强农业农村发展要素保障

健全农业农村投入保障制度,加大中央财政转移支付、土地出让收入、地方政府债券支持农业农村力度。健全农业支持保护制度,完善粮食主产区利益补偿机制,构建新型农业补贴政策体系,完善粮食最低收购价政策。深化供销合作社改革。完善农村用地保障机制,保障设施农业和乡村产业发展合理用地需求。健全农村金融服务体系,完善金融支农激励机制,扩大农村资产抵押担保融资范围,发展农业保险。允许入乡就业创业人员在原籍地或就业创业地落户并享受相关权益,建立科研人员入乡兼职兼薪和离岗创业制度。

第二十六章　实现巩固拓展脱贫攻坚成果同乡村振兴有效衔接

建立完善农村低收入人口和欠发达地区帮扶机制,保持主要帮扶政策和财政投入力度总体稳定,接续推进脱贫地区发展。

第一节　巩固提升脱贫攻坚成果

严格落实"摘帽不摘责任、摘帽不摘政策、摘帽不摘帮扶、摘帽不摘监管"要求,建立健全巩固拓展脱贫攻坚成果长效机制。健全防止返贫动态监测和精准帮扶机制,对易返贫致贫人口实施常态化监测，建立健全快速发现和响应机制，分层分类及时纳入帮扶政策范围。完善农村社会保障和救助制度，健全农村低收入人口常态化帮扶机制。对脱贫地区继续实施城乡建设用地增减挂钩节余指标省内交易政策、调整完善跨省域交易政策。加强扶贫项目资金资产管理和监督，推动特色产业可持续发展。推广以工代赈方式，带动低收入人口就地就近就业。做好易地扶贫搬迁后续帮扶，加强大型搬迁安置区新型城镇化建设。

第二节　提升脱贫地区整体发展水平

实施脱贫地区特色种养业提升行动，广泛开展农产品产销对接活动，深化拓展消费帮扶。在西部地区脱贫县中集中支持一批乡村振兴重点帮扶县，从财政、金融、土地、人才、基础设施、公共服务等方面给予集中支持，增强其巩固脱贫成果及内生发展能力。坚持和完善东西部协作和对口支援、中央单位定点帮扶、社会力量参与帮扶等机制，调整优化东西部协作结对帮扶关系和帮扶方式，强化产业合作和劳务协作。

第 八 篇

完善新型城镇化战略
提升城镇化发展质量

坚持走中国特色新型城镇化道路，深入推进以人为核心的新型城镇化战略，以城市群、都市圈为依托促进大中小城市和小城镇协调联动、特色化发展，使更多人民群众享有更高品质的城市生活。

第二十七章　加快农业转移人口市民化

坚持存量优先、带动增量，统筹推进户籍制度改革和城镇基本公共服务常住人口全覆盖，健全农业转移人口市民化配套政策体系，加快推动农业转移人口全面融入城市。

第一节　深化户籍制度改革

放开放宽除个别超大城市外的落户限制，试行以经常居住地登记户口制度。全面取消城区常住人口 300 万以下的城市落户限制，确保外地与本地农业转移人口进城落户标准一视同仁。全面放宽城区常住人口 300 万至 500 万的 I 型大城市落户条件。完善城区常住人口 500 万以上的超大特大城市积分落户政策，精简积分项目，确保社会保险缴纳年限和居住年限分数占主要比例，鼓励取消年度落户名额限制。健全以居住证为载体、与居住年限等条件相挂钩的基本公共服务提供机制，鼓励地方政府提供更多基本公共服务和办事便利，提高居住证持有人城镇义务教育、住房保障等服务的实际享有水平。

第二节　健全农业转移人口市民化机制

完善财政转移支付与农业转移人口市民化挂钩相关政策，提高均衡性转移支付分配中常住人口折算比例，中央财政市民化奖励资金分配主要依据跨省落户人口数量确定。建立财政性建设资金对吸纳落户较多城市的基础设施投资补助机制，加大中央预算内投资支持力度。调整城镇建设用地年度指标分配依据，建立同吸纳农业转移人口落户数量和提供保障性住房规模挂钩机制。根据人口流动实际调整人口流入流出地区教师、医生等编制定额和基本公共服务设施布局。依法保障进城落户农民农村土地承包权、宅基地使用权、集体收益分配权，建立农村产权流转市场体系，健全农户“三权”市场化退出机制和配套政策。

第二十八章　完善城镇化空间布局

发展壮大城市群和都市圈，分类引导大中小城市发展方向和建设重点，形成疏密有致、分工协作、功能完善的城镇化空间格局。

第一节　推动城市群一体化发展

以促进城市群发展为抓手，全面形成“两横三纵”城镇化战略格局。优化提升京津冀、长三角、珠三角、成渝、长江中游等城市群，发展壮大山东半岛、粤闽浙沿海、中原、关中平原、北部湾等城市群，培育发展哈长、辽中南、山西中部、黔中、滇中、呼包鄂榆、兰州—西宁、宁夏沿黄、天山北坡等城市群。建立健全城市群一体化协调发展机制和成本共担、利益共享机制，统筹推进基础设施协调布局、产业分工协作、公共服务共享、生态共建环境共治。优化城市群内部空间结构，构筑生态和安全屏障，形成多中心、多层级、多节点的网络型城市群。

第二节　建设现代化都市圈

依托辐射带动能力较强的中心城市，提高 1 小时通勤圈协同发展水平，培育发展一批同城化程度高的现代化都市圈。以城际铁路和市域(郊)铁路等轨道交通为骨干，打通各类“断头路”、“瓶颈路”，推动市内市外交通有效衔接和轨道交通“四网融合”，提高都市圈基础设施连接性贯通性。鼓励都市圈社保和落户积分互认、教育和医疗资源共享，推动科技创新券通兑通用、产业园区和科研平台合作共建。鼓励有条件的都市圈建立统一的规划委员会，实现规划统一编制、统一实施，探索推进土地、人口等统一管理。

第三节　优化提升超大特大城市中心城区功能

统筹兼顾经济、生活、生态、安全等多元需要，转变超大特大城市开发建设方式，加强超大特大城市治理中的风险防控，促进高质量、可持续发展。有序疏解中心城区一般性制造业、区域性物流基地、专业市场等功能和设施，以及过度集中的医疗和高等教育等公共服务资源，合理降低开发强度和人口密度。增强全球资源配置、科技创新策源、高端产业引领功能，率先形成以现代服务业为主体、先进制造业为支撑的产业结构，提升综合能级与国际竞争力。坚持产城融合，完善郊区新城功能，实现多中心、组团式发展。

第四节　完善大中城市宜居宜业功能

充分利用综合成本相对较低的优势，主动承接超大特大城市产业转移和功能疏解，夯实实体经济发展基础。立足特色资源和产业基础，确立制造业差异化定位，推动制造业规模化集群化发展，因地制宜建设先进制造业基地、商贸物流中心和区域专业服务中心。优化市政公用设施布局和功能，支持三级医院和高等院校在大中城市布局，增加文化体育资源供给，营造现代时尚的消费场景，提升城市生活品质。

第五节　推进以县城为重要载体的城镇化建设

加快县城补短板强弱项，推进公共服务、环境卫生、市政公用、产业配套等设施提级扩能，增强综合承载能力和治理能力。支持东部地区基础较好的县城建设，重点支持中西部和

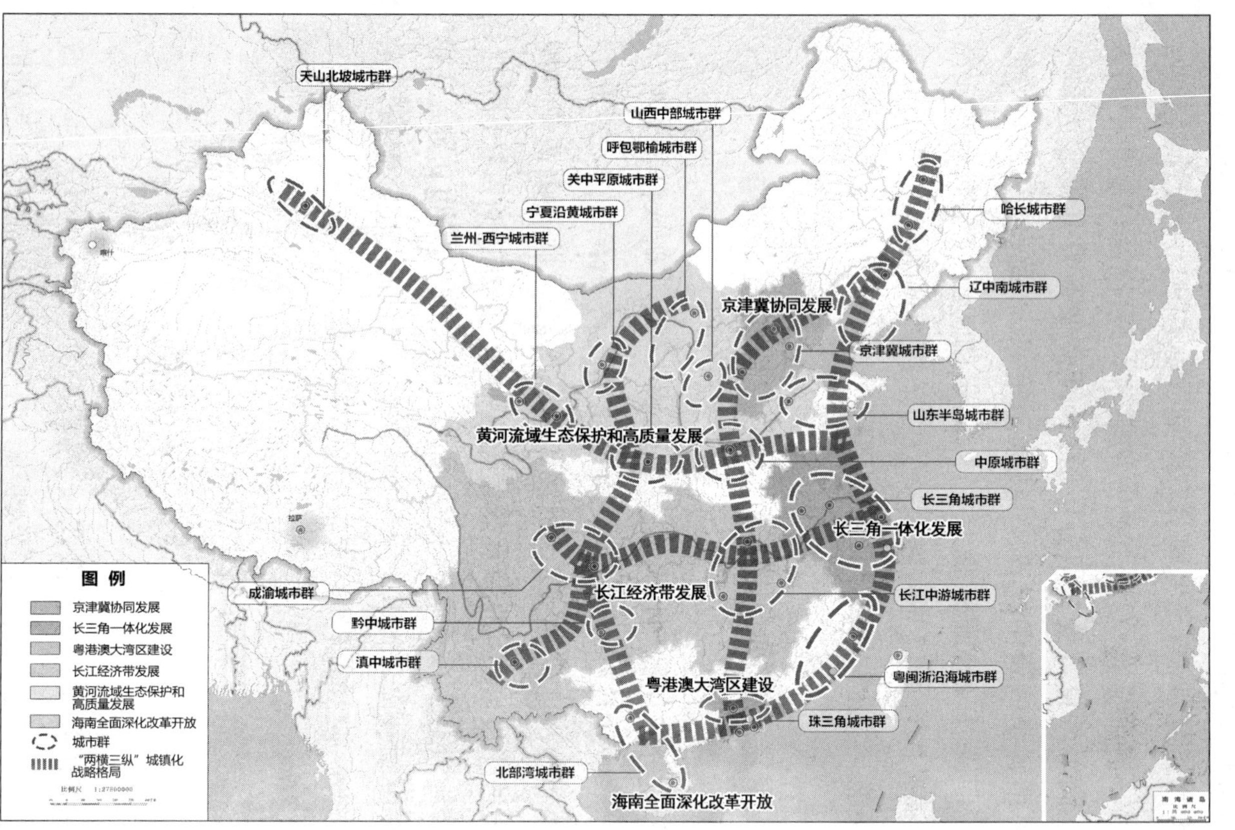

图 3　城镇化空间格局示意图

东北城镇化地区县城建设，合理支持农产品主产区、重点生态功能区县城建设。健全县城建设投融资机制，更好发挥财政性资金作用，引导金融资本和社会资本加大投入力度。稳步有序推动符合条件的县和镇区常住人口20万以上的特大镇设市。按照区位条件、资源禀赋和发展基础，因地制宜发展小城镇，促进特色小镇规范健康发展。

第二十九章　全面提升城市品质

加快转变城市发展方式，统筹城市规划建设管理，实施城市更新行动，推动城市空间结构优化和品质提升。

第一节　转变城市发展方式

按照资源环境承载能力合理确定城市规模和空间结构，统筹安排城市建设、产业发展、生态涵养、基础设施和公共服务。推行功能复合、立体开发、公交导向的集约紧凑型发展模式，统筹地上地下空间利用，增加绿化节点和公共开敞空间，新建住宅推广街区制。推行城市设计和风貌管控，落实适用、经济、绿色、美观的新时期建筑方针，加强新建高层建筑管控。加快推进城市更新，改造提升老旧小区、老旧厂区、老旧街区和城中村等存量片区功能，推进老旧楼宇改造，积极扩建新建停车场、充电桩。

第二节　推进新型城市建设

顺应城市发展新理念新趋势，开展城市现代化试点示范，建设宜居、创新、智慧、绿色、人文、韧性城市。提升城市智慧化水平，推行城市楼宇、公共空间、地下管网等"一张图"数字化管理和城市运行一网统管。科学规划布局城市绿环绿廊绿楔绿道，推进生态修复和功能完善工程，优先发展城市公共交通，建设自行车道、步行道等慢行网络，发展智能建造，推广绿色建材、装配式建筑和钢结构住宅，建设低碳城市。保护和延续城市文脉，杜绝大拆大建，让城市留下记忆、让居民记住乡愁。建设源头减排、蓄排结合、排涝除险、超标应急的城市防洪排涝体系，推动城市内涝治理取得明显成效。增强公共设施应对风暴、干旱和地质灾害的能力，完善公共设施和建筑应急避难功能。加强无障碍环境建设。拓展城市建设资金来源渠道，建立期限匹配、渠道多元、财务可持续的融资机制。

第三节　提高城市治理水平

坚持党建引领、重心下移、科技赋能，不断提升城市治理科学化精细化智能化水平，推进市域社会治理现代化。改革完善城市管理体制。推广"街乡吹哨、部门报到、接诉即办"等基层管理机制经验，推动资源、管理、服务向街道社区下沉，加快建设现代社区。运用数字技术推动城市管理手段、管理模式、管理理念创新，精准高效满足群众需求。

加强物业服务监管，提高物业服务覆盖率、服务质量和标准化水平。

第四节　完善住房市场体系和住房保障体系

坚持房子是用来住的、不是用来炒的定位，加快建立多主体供给、多渠道保障、租购并举的住房制度，让全体人民住有所居、职住平衡。坚持因地制宜、多策并举，夯实城市政府主体责任，稳定地价、房价和预期。建立住房和土地联动机制，加强房地产金融调控，发挥住房税收调节作用，支持合理自住需求，遏制投资投机性需求。加快培育和发展住房租赁市场，有效盘活存量住房资源，有力有序扩大城市租赁住房供给，完善长租房政策，逐步使租购住房在享受公共服务上具有同等权利。加快住房租赁法规建设，加强租赁市场监管，保障承租人和出租人合法权益。有效增加保障性住房供给，完善住房保障基础性制度和支持政策。以人口流入多、房价高的城市为重点，扩大保障性租赁住房供给，着力解决困难群体和新市民住房问题。单列租赁住房用地计划，探索利用集体建设用地和企事业单位自有闲置土地建设租赁住房，支持将非住宅房屋改建为保障性租赁住房。完善土地出让收入分配机制，加大财税、金融支持力度。因地制宜发展共有产权住房。处理好基本保障和非基本保障的关系，完善住房保障方式，健全保障对象、准入门槛、退出管理等政策。改革完善住房公积金制度，健全缴存、使用、管理和运行机制。

专栏 11 新型城镇化建设工程	
01	都市圈建设 在中心城市辐射带动作用强、与周边城市同城化程度高的地区，培育发展一批现代化都市圈，推进基础设施互联互通、公共服务互认共享。
02	城市更新 完成 2000 年底前建成的 21.9 万个城镇老旧小区改造，基本完成大城市老旧厂区改造，改造一批大型老旧街区，因地制宜改造一批城中村。
03	城市防洪排涝 以 31 个重点防洪城市和大江大河沿岸沿线城市为重点，提升改造城市蓄滞洪空间、堤防、护岸、河道、防洪工程、排水管网等防洪排涝设施，因地制宜建设海绵城市，全部消除城市严重易涝积水区段。
04	县城补短板 推进县城、县级市城区及特大镇补短板，完善综合医院、疾控中心、养老中心、幼儿园、市政管网、市政交通、停车场、充电桩、污水垃圾处理设施和产业平台配套设施。高质量完成 120 个县城补短板示范任务。
05	现代社区培育 完善社区养老托育、医疗卫生、文化体育、物流配送、便民商超、家政物业等服务网络和线上平台，城市社区综合服务设施实现全覆盖。实施大学生社工计划，每万城镇常住人口拥有社区工作者 18 人。
06	城乡融合发展 建设嘉兴湖州、福州东部、广州清远、南京无锡常州、济南青岛、成都西部、重庆西部、西安咸阳、长春吉林、许昌、鹰潭等国家城乡融合发展试验区，加强改革授权和政策集成。

第九篇

优化区域经济布局　促进区域协调发展

深入实施区域重大战略、区域协调发展战略、主体功能区战略，健全区域协调发展体制机制，构建高质量发展的区域经济布局和国土空间支撑体系。

第三十章　优化国土空间开发保护格局

立足资源环境承载能力，发挥各地区比较优势，促进各类要素合理流动和高效集聚，推动形成主体功能明显、优势互补、高质量发展的国土空间开发保护新格局。

第一节　完善和落实主体功能区制度

顺应空间结构变化趋势，优化重大基础设施、重大生产力和公共资源布局，分类提高城市化地区发展水平，推动农业生产向粮食生产功能区、重要农产品生产保护区和特色农产品优势区集聚，优化生态安全屏障体系，逐步形成城市化地区、农产品主产区、生态功能区三大空间格局。细化主体功能区划分，按照主体功能定位划分政策单元，对重点开发地区、生态脆弱地区、能源资源富集地区等制定差异化政策，分类精准施策。加强空间发展统筹协调，保障国家重大发展战略落地实施。

第二节　开拓高质量发展的重要动力源

以中心城市和城市群等经济发展优势区域为重点，增强经济和人口承载能力，带动全国经济效率整体提升。以京津冀、长三角、粤港澳大湾区为重点，提升创新策源能力和全球资源配置能力，加快打造引领高质量发展的第一梯队。在中西部有条件的地区，以中心城市为引领，提升城市群功能，加快工业化城镇化进程，形成高质量发展的重要区域。破除资源流动障碍，优化行政区划设置，提高中心城市综合承载能力和资源优化配置能力，强化对区域发展的辐射带动作用。

第三节　提升重要功能性区域的保障能力

以农产品主产区、重点生态功能区、能源资源富集地区和边境地区等承担战略功能的区域为支撑，切实维护国家粮食安全、生态安全、能源安全和边疆安全，与动力源地区共同打造高质量发展的动力系统。支持农产品主产区增强农业生产能力，支持生态功能区把发展重点放到保护生态环境、提供生态产品上，支持生态功能区人口逐步有序向城市化地区转移并定居落户。优化能源开发布局和运输格局，加强能源资源综合开发利用基地建设，提升国内能源供给保障水平。增强边疆地区发展能力，强化人口和经济支撑，促进民族团结和边疆稳定。健全公共资源配置机制，对重点生态功能区、农产品主产区、边境地区等提供有效转移支付。

第三十一章　深入实施区域重大战略

聚焦实现战略目标和提升引领带动能力，推动区域重大

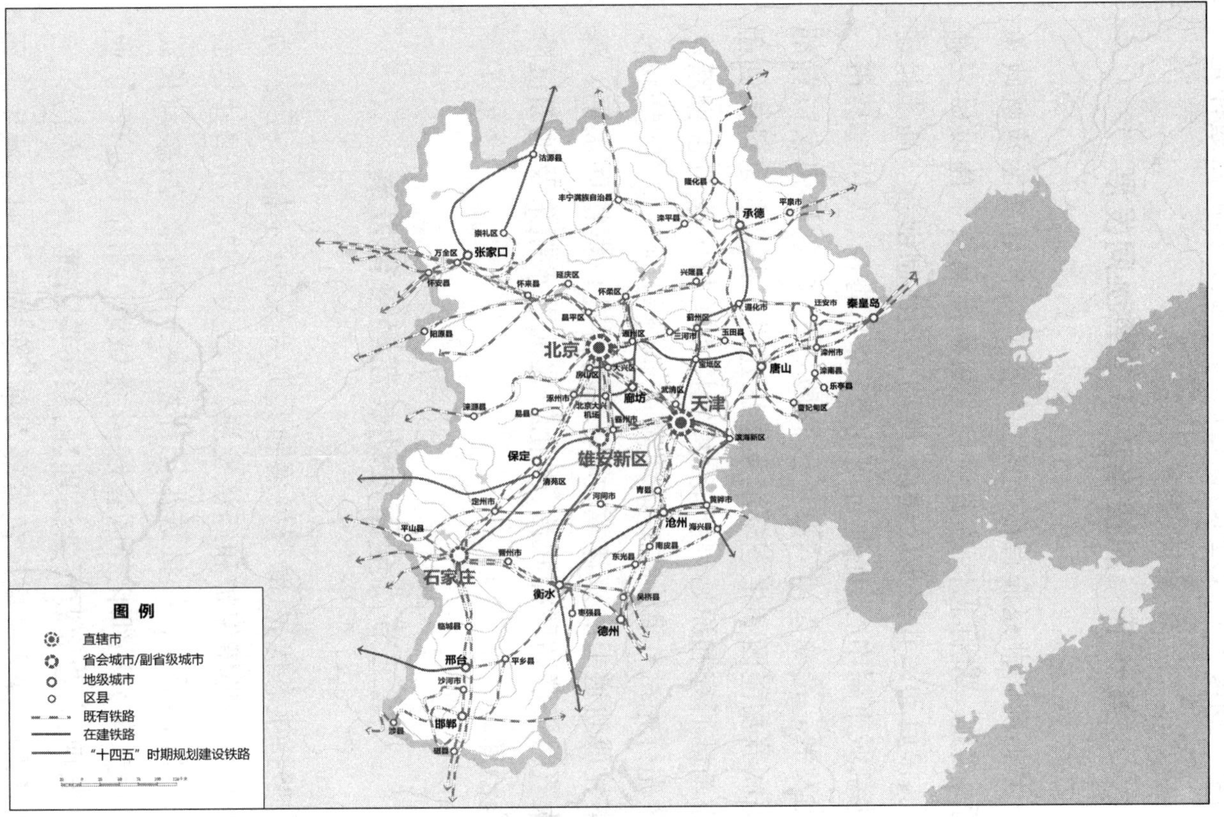

图 4　京津冀地区轨道交通规划图

战略取得新的突破性进展,促进区域间融合互动、融通补充。

第一节　加快推动京津冀协同发展

紧抓疏解北京非首都功能"牛鼻子",构建功能疏解政策体系,实施一批标志性疏解项目。高标准高质量建设雄安新区,加快启动区和起步区建设,推动管理体制创新。高质量建设北京城市副中心,促进与河北省三河、香河、大厂三县市一体化发展。推动天津滨海新区高质量发展,支持张家口首都水源涵养功能区和生态环境支撑区建设。提高北京科技创新中心基础研究和原始创新能力,发挥中关村国家自主创新示范区先行先试作用,推动京津冀产业链与创新链深度融合。基本建成轨道上的京津冀,提高机场群港口群协同水平。深化大气污染联防联控联治,强化华北地下水超采及地面沉降综合治理。

第二节　全面推动长江经济带发展

坚持生态优先、绿色发展和共抓大保护、不搞大开发,协同推动生态环境保护和经济发展,打造人与自然和谐共生的美丽中国样板。持续推进生态环境突出问题整改,推动长江全流域按单元精细化分区管控,实施城镇污水垃圾处理、工业污染治理、农业面源污染治理、船舶污染治理、尾矿库污染治理等工程。深入开展绿色发展示范,推进赤水河流域生态环境保护。实施长江十年禁渔。围绕建设长江大动脉,整体设

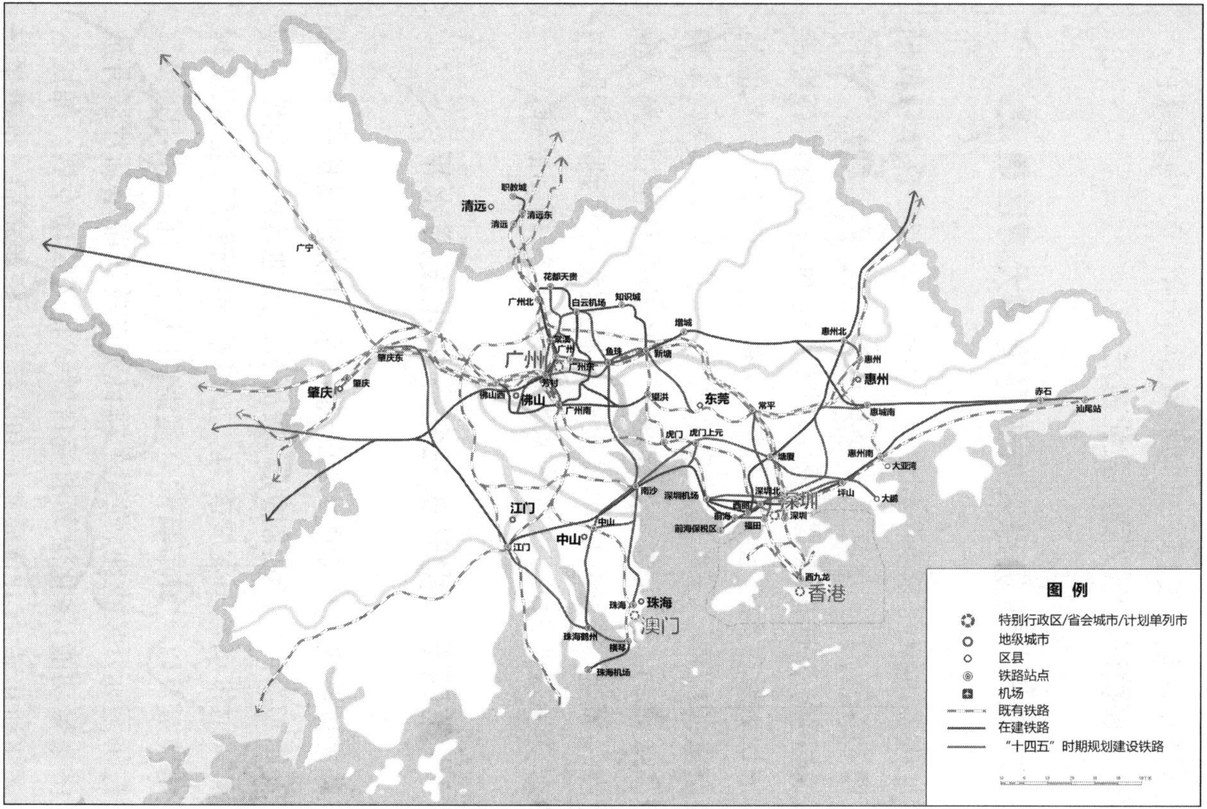

图 5　粤港澳大湾区轨道交通规划图

计综合交通运输体系，疏解三峡枢纽瓶颈制约，加快沿江高铁和货运铁路建设。发挥产业协同联动整体优势，构建绿色产业体系。保护好长江文物和文化遗产。

第三节　积极稳妥推进粤港澳大湾区建设

加强粤港澳产学研协同发展，完善广深港、广珠澳科技创新走廊和深港河套、粤澳横琴科技创新极点“两廊两点”架构体系，推进综合性国家科学中心建设，便利创新要素跨境流动。加快城际铁路建设，统筹港口和机场功能布局，优化航运和航空资源配置。深化通关模式改革，促进人员、货物、车辆便捷高效流动。扩大内地与港澳专业资格互认范围，深入推进重点领域规则衔接、机制对接。便利港澳青年到大湾区内地城市就学就业创业，打造粤港澳青少年交流精品品牌。

第四节　提升长三角一体化发展水平

瞄准国际先进科创能力和产业体系，加快建设长三角 G60 科创走廊和沿沪宁产业创新带，提高长三角地区配置全球资源能力和辐射带动全国发展能力。加快基础设施互联互通，实现长三角地级及以上城市高铁全覆盖，推进港口群一体化治理。打造虹桥国际开放枢纽，强化上海自贸试验区临港新片区开放型经济集聚功能，深化沪苏浙皖自贸试验区联动发展。加快公共服务便利共享，优化优质教育和医疗卫生资源布局。推进生态环境共保联治，高水平建设长三角生态绿色一体化发展示范区。

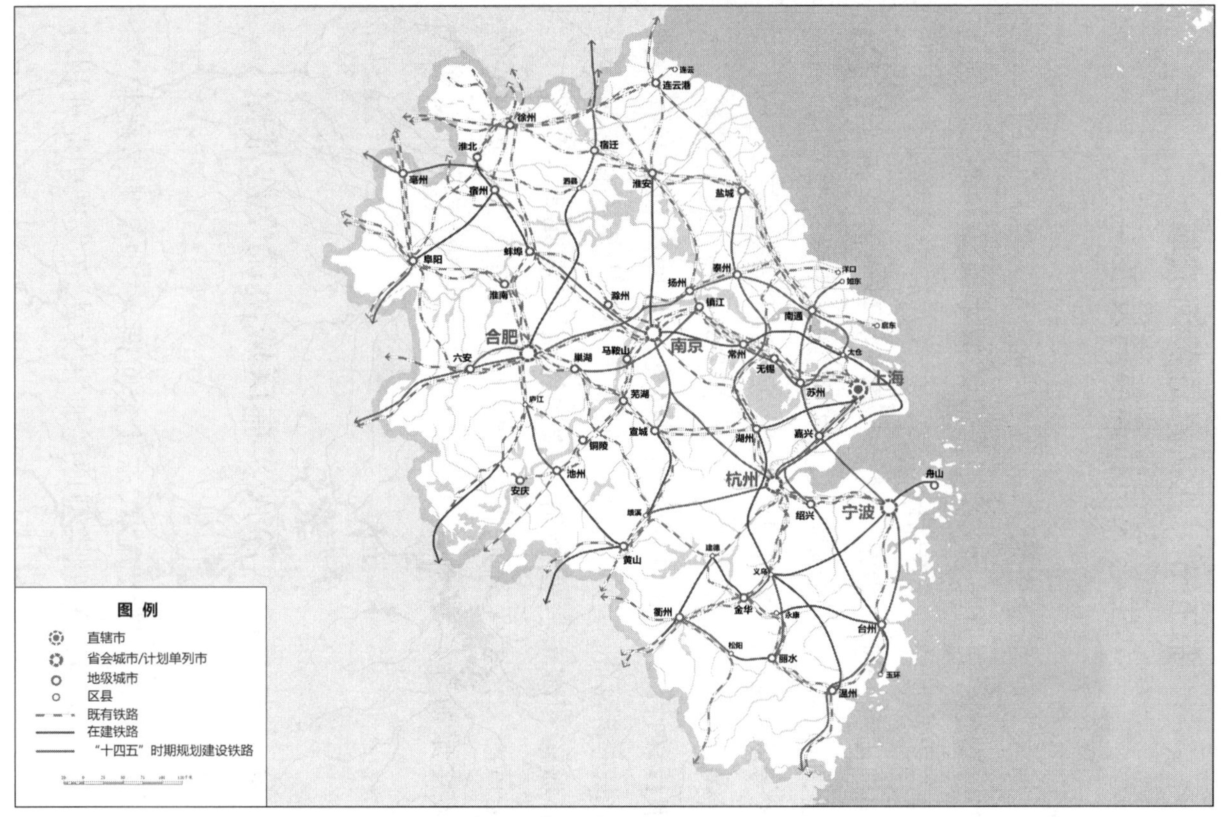

图 6　长三角地区轨道交通规划图

第五节　扎实推进黄河流域生态保护和高质量发展

加大上游重点生态系统保护和修复力度，筑牢三江源“中华水塔”，提升甘南、若尔盖等区域水源涵养能力。创新中游黄土高原水土流失治理模式，积极开展小流域综合治理、旱作梯田和淤地坝建设。推动下游二级悬河治理和滩区综合治理，加强黄河三角洲湿地保护和修复。开展汾渭平原、河套灌区等农业面源污染治理，清理整顿黄河岸线内工业企业，加强沿黄河城镇污水处理设施及配套管网建设。实施深度节水控水行动，降低水资源开发利用强度。合理控制煤炭开发强度，推进能源资源一体化开发利用，加强矿山生态修复。优化中心城市和城市群发展格局，统筹沿黄河县城和乡村建设。实施黄河文化遗产系统保护工程，打造具有国际影响力的黄河文化旅游带。建设黄河流域生态保护和高质量发展先行区。

第三十二章　深入实施区域协调发展战略

深入推进西部大开发、东北全面振兴、中部地区崛起、东部率先发展，支持特殊类型地区加快发展，在发展中促进相对平衡。

第一节　推进西部大开发形成新格局

强化举措推进西部大开发，切实提高政策精准性和有效性。深入实施一批重大生态工程，开展重点区域综合治理。积极融入“一带一路”建设，强化开放大通道建设，构建内陆多层次开放平台。加大西部地区基础设施投入，支持发展特色优势产业，集中力量巩固脱贫攻坚成果，补齐教育、医疗卫生等民生领域短板。推进成渝地区双城经济圈建设，打造具有全国影响力的重要经济中心、科技创新中心、改革开放新高地、高品质生活宜居地，提升关中平原城市群建设水平，促进西北地区与西南地区合作互动。支持新疆建设国家“三基地一通道”，支持西藏打造面向南亚开放的重要通道。促进400毫米降水线西侧区域保护发展。

第二节　推动东北振兴取得新突破

从维护国家国防、粮食、生态、能源、产业安全的战略高度，加强政策统筹，实现重点突破。加快转变政府职能，深化国有企业改革攻坚，着力优化营商环境，大力发展民营经济。打造辽宁沿海经济带，建设长吉图开发开放先导区，提升哈尔滨对俄合作开放能级。加快发展现代农业，打造保障国家粮食安全的“压舱石”。加大生态资源保护力度，筑牢祖国北疆生态安全屏障。改造提升装备制造等传统优势产业，培育发展新兴产业，大力发展寒地冰雪、生态旅游等特色产业，打造具有国际影响力的冰雪旅游带，形成新的均衡发展产业结构和竞争优势。实施更具吸引力的人才集聚措施。深化与东部地区对口合作。

第三节　开创中部地区崛起新局面

着力打造重要先进制造业基地、提高关键领域自主创新能力、建设内陆地区开放高地、巩固生态绿色发展格局，推动中部地区加快崛起。做大做强先进制造业，在长江、京广、陇海、京九等沿线建设一批中高端产业集群，积极承接新兴产业布局和转移。推动长江中游城市群协同发展，加快武汉、长株潭都市圈建设，打造全国重要增长极。夯实粮食生产基础，不断提高农业综合效益和竞争力，加快发展现代农业。加强生态环境共保联治，着力构筑生态安全屏障。支持淮河、汉江生态经济带上下游合作联动发展。加快对外开放通道建设，高标准高水平建设内陆地区开放平台。提升公共服务保障特别是应对公共卫生等重大突发事件能力。

第四节　鼓励东部地区加快推进现代化

发挥创新要素集聚优势，加快在创新引领上实现突破，推动东部地区率先实现高质量发展。加快培育世界级先进制造业集群，引领新兴产业和现代服务业发展，提升要素产出效率，率先实现产业升级。更高层次参与国际经济合作和竞争，打造对外开放新优势，率先建立全方位开放型经济体系。支持深圳建设中国特色社会主义先行示范区、浦东打造社会主义现代化建设引领区、浙江高质量发展建设共同富裕示范区。深入推进山东新旧动能转换综合试验区建设。

第五节　支持特殊类型地区发展

统筹推进革命老区振兴，因地制宜发展特色产业，传承弘扬红色文化，支持赣闽粤原中央苏区高质量发展示范，推进陕甘宁、大别山、左右江、川陕、沂蒙等革命老区绿色创新发展。推进生态退化地区综合治理和生态脆弱地区保护修复，支持毕节试验区建设。推动资源型地区可持续发展示范区和转型创新试验区建设，实施采煤沉陷区综合治理和独立工矿区改造提升工程。推进老工业基地制造业竞争优势重构，建设产业转型升级示范区。改善国有林场林区基础设施。多措并举解决高海拔地区群众生产生活困难。推进兴边富民、稳边固边，大力改善边境地区生产生活条件，完善沿边城镇体系，支持边境口岸建设，加快抵边村镇和抵边通道建设。推动边境贸易创新发展。加大对重点边境地区发展精准支持力度。

专栏 12　促进边境地区发展工程
01　边境城镇 完善边境城镇功能，重点支持满洲里、宽甸、珲春、绥芬河、东兴、腾冲、米林、塔城、可克达拉等边境城镇提升承载能力。
02　抵边村庄 完善边境村庄基础设施和公共服务设施，新建抵边新村 200 个左右，实现抵边自然村道路、电力、通信、邮政、广电普遍覆盖。

（续表）

03	沿边抵边公路 建设集安至桓仁、珲春至圈河、泸水至腾冲、墨脱经察隅至滇藏界、青河经富蕴至阿勒泰、布伦口至红其拉甫、巴里坤至老爷庙、二连浩特至赛罕塔拉等沿边抵边公路。
04	边境机场 建设塔什库尔干、隆子、绥芬河等机场，迁建延吉机场，建设20个左右边境通用机场。
05	边境口岸 建设里孜、黑河、同江、黑瞎子岛口岸，改造提升吉隆、樟木、磨憨、霍尔果斯、阿拉山口、满洲里、二连浩特、瑞丽、友谊关、红其拉甫、甘其毛都、策克、吐尔尕特、伊尔克什坦口岸。

第六节　健全区域协调发展体制机制

建立健全区域战略统筹、市场一体化发展、区域合作互助、区际利益补偿等机制，更好促进发达地区和欠发达地区、东中西部和东北地区共同发展。提升区域合作层次和水平，支持省际交界地区探索建立统一规划、统一管理、合作共建、利益共享的合作新机制。完善财政转移支付支持欠发达地区的机制，逐步实现基本公共服务均等化，引导人才向西部和艰苦边远地区流动。完善区域合作与利益调节机制，支持流域上下游、粮食主产区主销区、资源输出地输入地之间开展多种形式的利益补偿，鼓励探索共建园区、飞地经济等利益共享模式。聚焦铸牢中华民族共同体意识，加大对民族地区发展支持力度，全面深入持久开展民族团结进步宣传教育和创建，促进各民族交往交流交融。

第三十三章　积极拓展海洋经济发展空间

坚持陆海统筹、人海和谐、合作共赢，协同推进海洋生态保护、海洋经济发展和海洋权益维护，加快建设海洋强国。

第一节　建设现代海洋产业体系

围绕海洋工程、海洋资源、海洋环境等领域突破一批关键核心技术。培育壮大海洋工程装备、海洋生物医药产业，推进海水淡化和海洋能规模化利用，提高海洋文化旅游开发水平。优化近海绿色养殖布局，建设海洋牧场，发展可持续远洋渔业。建设一批高质量海洋经济发展示范区和特色化海洋产业集群，全面提高北部、东部、南部三大海洋经济圈发展水平。以沿海经济带为支撑，深化与周边国家涉海合作。

第二节　打造可持续海洋生态环境

探索建立沿海、流域、海域协同一体的综合治理体系。严格围填海管控，加强海岸带综合管理与滨海湿地保护。拓展入海污染物排放总量控制范围，保障入海河流断面水质。加快推进重点海域综合治理，构建流域—河口—近岸海域污染防治联动机制，推进美丽海湾保护与建设。防范海上溢油、危险化学品泄漏等重大环境风险，提升应对海洋自然灾害和突发环境事件能力。完善海岸线保护、海域和无居民海岛有偿使用制度，探索海岸建筑退缩线制度和海洋生态环境损害赔偿制度，自然岸线保有率不低于35%。

第三节　深度参与全球海洋治理

积极发展蓝色伙伴关系，深度参与国际海洋治理机制和相关规则制定与实施，推动建设公正合理的国际海洋秩序，推动构建海洋命运共同体。深化与沿海国家在海洋环境监测和保护、科学研究和海上搜救等领域务实合作，加强深海战略性资源和生物多样性调查评价。参与北极务实合作，建设“冰上丝绸之路”。提高参与南极保护和利用能力。加强形势研判、风险防范和法理斗争，加强海事司法建设，坚决维护国家海洋权益。有序推进海洋基本法立法。

第　十　篇

发展社会主义先进文化
提升国家文化软实力

坚持马克思主义在意识形态领域的指导地位，坚定文化自信，坚持以社会主义核心价值观引领文化建设，围绕举旗帜、聚民心、育新人、兴文化、展形象的使命任务，促进满足人民文化需求和增强人民精神力量相统一，推进社会主义文化强国建设。

第三十四章　提高社会文明程度

加强社会主义精神文明建设，培育和践行社会主义核心价值观，推动形成适应新时代要求的思想观念、精神面貌、文明风尚、行为规范。

第一节　推动理想信念教育常态化制度化

深入开展习近平新时代中国特色社会主义思想学习教育，健全用党的创新理论武装全党、教育人民的工作体系。建立健全“不忘初心、牢记使命”的制度和长效机制，加强和改进思想政治工作，持续开展中国特色社会主义和中国梦宣传教育，加强党史、新中国史、改革开放史、社会主义发展史教育，加强爱国主义、集体主义、社会主义教育，加强革命文化研究阐释和宣传教育，弘扬党和人民在各个历史时期奋斗中形成的伟大精神。完善弘扬社会主义核心价值观的法律政策体系，把社会主义核心价值观要求融入法治建设和社会治理，体现到国民教育、精神文明创建、文化产品创作生产全过程。完善青少年理想信念教育齐抓共管机制。

第二节　发展中国特色哲学社会科学

加强对习近平新时代中国特色社会主义思想的整体性系

统性研究、出版传播、宣传阐释,推进马克思主义中国化、时代化、大众化。深入实施马克思主义理论研究和建设工程,推进习近平新时代中国特色社会主义思想研究中心(院)、中国特色社会主义理论体系研究中心等建设,建好用好“学习强国”等学习平台。构建中国特色哲学社会科学学科体系、学术体系和话语体系,深入实施哲学社会科学创新工程,加强中国特色新型智库建设。

第三节 传承弘扬中华优秀传统文化

深入实施中华优秀传统文化传承发展工程,强化重要文化和自然遗产、非物质文化遗产系统性保护,推动中华优秀传统文化创造性转化、创新性发展。加强文物科技创新,实施中华文明探源和考古中国工程,开展中华文化资源普查,加强文物和古籍保护研究利用,推进革命文物和红色遗址保护,完善流失文物追索返还制度。建设长城、大运河、长征、黄河等国家文化公园,加强世界文化遗产、文物保护单位、考古遗址公园、历史文化名城名镇名村保护。健全非物质文化遗产保护传承体系,加强各民族优秀传统手工艺保护和传承。

第四节 持续提升公民文明素养

推进公民道德建设,大力开展社会公德、职业道德、家庭美德、个人品德建设。开展国家勋章、国家荣誉称号获得者和时代楷模、道德模范、最美人物、身边好人的宣传学习。实施文明创建工程,拓展新时代文明实践中心建设,科学规范做好文明城市、文明村镇、文明单位、文明校园、文明家庭评选表彰,深化未成年人思想道德建设。完善市民公约、乡规民约、学生守则、团体章程等社会规范,建立惩戒失德行为机制。弘扬诚信文化,建设诚信社会。广泛开展志愿服务关爱行动。提倡艰苦奋斗、勤俭节约,开展以劳动创造幸福为主题的宣传教育。加强网络文明建设,发展积极健康的网络文化。

第三十五章　提升公共文化服务水平

坚持为人民服务、为社会主义服务的方向,坚持百花齐放、百家争鸣的方针,加强公共文化服务体系建设和体制机制创新,强化中华文化传播推广和文明交流互鉴,更好保障人民文化权益。

第一节　加强优秀文化作品创作生产传播

把提高质量作为文艺作品的生命线,提高文艺原创能力。实施文艺作品质量提升工程,健全重大现实、重大革命、重大历史题材创作规划组织机制,加强农村、少儿等题材创作,不断推出反映时代新气象、讴歌人民新创造的文艺精品。建立健全文化产品创作生产、传播引导、宣传推广的激励机制和评价体系,推动形成健康清朗的文艺生态。加强文化队伍建设,培养造就高水平创作人才和德艺双馨的名家大师。

第二节 完善公共文化服务体系

优化城乡文化资源配置，推进城乡公共文化服务体系一体建设。创新实施文化惠民工程，提升基层综合性文化服务中心功能，广泛开展群众性文化活动。推进公共图书馆、文化馆、美术馆、博物馆等公共文化场馆免费开放和数字化发展。推进媒体深度融合，做强新型主流媒体。完善应急广播体系，实施智慧广电固边工程和乡村工程。发展档案事业。深入推进全民阅读，建设“书香中国”，推动农村电影放映优化升级。创新公共文化服务运行机制，鼓励社会力量参与公共文化服务供给和设施建设运营。

第三节 提升中华文化影响力

加强对外文化交流和多层次文明对话，创新推进国际传播，利用网上网下，讲好中国故事，传播好中国声音，促进民心相通。开展“感知中国”、“走读中国”、“视听中国”活动，办好中国文化年（节）、旅游年（节）。建设中文传播平台，构建中国语言文化全球传播体系和国际中文教育标准体系。

第三十六章 健全现代文化产业体系

坚持把社会效益放在首位、社会效益和经济效益相统一，健全现代文化产业体系和市场体系。

第一节　扩大优质文化产品供给

实施文化产业数字化战略，加快发展新型文化企业、文化业态、文化消费模式，壮大数字创意、网络视听、数字出版、数字娱乐、线上演播等产业。加快提升超高清电视节目制播能力，推进电视频道高清化改造，推进沉浸式视频、云转播等应用。实施文化品牌战略，打造一批有影响力、代表性的文化品牌。培育骨干文化企业，规范发展文化产业园区，推动区域文化产业带建设。积极发展对外文化贸易，开拓海外文化市场，鼓励优秀传统文化产品和影视剧、游戏等数字文化产品“走出去”，加强国家文化出口基地建设。

第二节　推动文化和旅游融合发展

坚持以文塑旅、以旅彰文，打造独具魅力的中华文化旅游体验。深入发展大众旅游、智慧旅游，创新旅游产品体系，改善旅游消费体验。加强区域旅游品牌和服务整合，建设一批富有文化底蕴的世界级旅游景区和度假区，打造一批文化特色鲜明的国家级旅游休闲城市和街区。推进红色旅游、文化遗产旅游、旅游演艺等创新发展，提升度假休闲、乡村旅游等服务品质，完善邮轮游艇、低空旅游等发展政策。健全旅游基础设施和集散体系，推进旅游厕所革命，强化智慧景区建设。建立旅游服务质量评价体系，规范在线旅游经营服务。

第三节　深化文化体制改革

完善文化管理体制和生产经营机制,提升文化治理效能。完善国有文化资产管理体制机制,深化公益性文化事业单位改革,推进公共文化机构法人治理结构改革。深化国有文化企业分类改革,推进国有文艺院团改革和院线制改革。完善文化市场综合执法体制,制定未成年人网络保护、信息网络传播视听等领域法律法规。

专栏 13　社会主义文化繁荣发展工程	
01	中国特色社会主义理论出版传播 编辑出版习近平谈治国理政、习近平新时代中国特色社会主义思想学习问答、分领域学习纲要等系列理论读物,编辑出版党史、新中国史、改革开放史、社会主义发展史经典教材,加强海外翻译出版和宣介推广。
02	文艺精品创作 开展精神文明建设"五个一"、舞台艺术、影视精品、优秀剧本、美术创作收藏、重大出版等工程,实施当代文学艺术创作、中华文化新媒体传播、纪录片创作传播、地方戏曲传承发展、网络文艺创作传播等重大项目。
03	全媒体传播和数字文化 推进国家、省、市、县四级融媒体中心(平台)建设。推进国家有线电视网络整合和 5G 一体化发展。分类采集梳理文化遗产数据,建设国家文化大数据体系。实施出版融合发展工程。
04	文化遗产保护传承 加强安阳殷墟、汉长安城、隋唐洛阳城和重要石窟寺等遗址保护,开展江西汉代海昏侯国、河南仰韶村、良渚古城、石峁、陶寺、三星堆、曲阜鲁国故城等国家考古遗址公园建设。建设 20 个国家重点区域考古标本库房、30 个国家级文化生态保护区和 20 个国家级非物质文化遗产馆。

（续表）

05	中华典籍整理出版 整理出版300种中华典籍，组织《永乐大典》、敦煌文献等重点古籍系统性保护整理出版，实施国家古籍数字化工程。推进点校本"二十四史"及清史稿修订等重大出版工程，推进复兴文库建设，启动新编中国通史纂修工程、中华民族交往交流交融史编纂工程。
06	重大文化设施建设 建设中国共产党历史展览馆、中央档案馆新馆、国家版本馆、国家文献储备库、故宫博物院北院区、国家美术馆、国家文化遗产科技创新中心。
07	旅游目的地质量提升 打造海南国际旅游消费中心、粤港澳大湾区世界级旅游目的地、长江国际黄金旅游带、黄河文化旅游带、杭黄自然生态和文化旅游廊道、巴蜀文化旅游走廊、桂林国际旅游胜地，健全游客服务、停车及充电、交通、流量监测管理等设施。

第十一篇

推动绿色发展
促进人与自然和谐共生

坚持绿水青山就是金山银山理念，坚持尊重自然、顺应自然、保护自然，坚持节约优先、保护优先、自然恢复为主，实施可持续发展战略，完善生态文明领域统筹协调机制，构建生态文明体系，推动经济社会发展全面绿色转型，建设美丽中国。

第三十七章　提升生态系统质量和稳定性

坚持山水林田湖草系统治理，着力提高生态系统自我修复能力和稳定性，守住自然生态安全边界，促进自然生态系统质量整体改善。

第一节　完善生态安全屏障体系

强化国土空间规划和用途管控，划定落实生态保护红线、永久基本农田、城镇开发边界以及各类海域保护线。以国家重点生态功能区、生态保护红线、国家级自然保护地等为重点，实施重要生态系统保护和修复重大工程，加快推进青藏高原生态屏障区、黄河重点生态区、长江重点生态区和东北森林带、北方防沙带、南方丘陵山地带、海岸带等生态屏障建设。加强长江、黄河等大江大河和重要湖泊湿地生态保护治理，加强重要生态廊道建设和保护。全面加强天然林和湿地保护，湿地保护率提高到55%。科学推进水土流失和荒漠化、石漠化综合治理，开展大规模国土绿化行动，推行林长制。科学开展人工影响天气活动。推行草原森林河流湖泊休养生息，健全耕地休耕轮作制度，巩固退耕还林还草、退田还湖还湿、退围还滩还海成果。

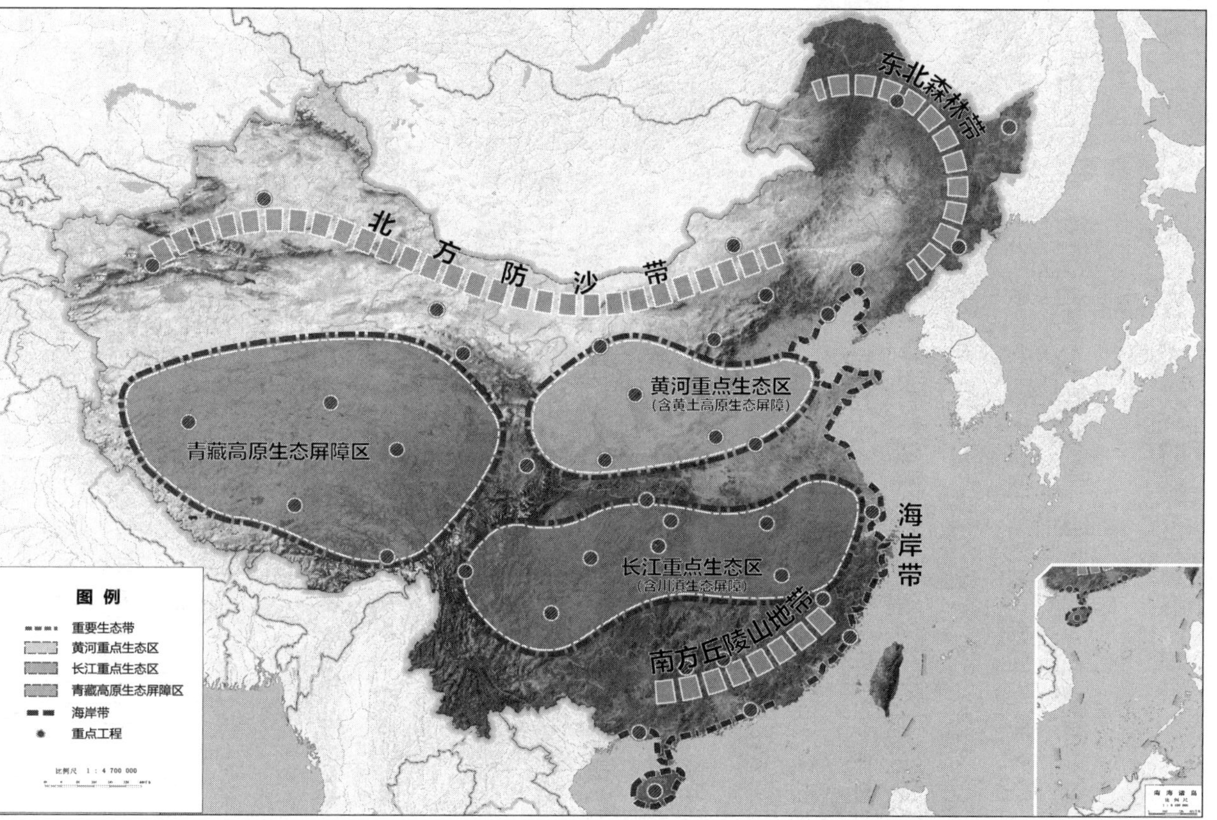

图7 重要生态系统保护和修复重大工程布局示意图

第二节 构建自然保护地体系

科学划定自然保护地保护范围及功能分区,加快整合归并优化各类保护地,构建以国家公园为主体、自然保护区为基础、各类自然公园为补充的自然保护地体系。严格管控自然保护地范围内非生态活动,稳妥推进核心区内居民、耕地、矿权有序退出。完善国家公园管理体制和运营机制,整合设立一批国家公园。实施生物多样性保护重大工程,构筑生物多样性保护网络,加强国家重点保护和珍稀濒危野生动植物及其栖息地的保护修复,加强外来物种管控。完善生态保护和修复用地用海等政策。完善自然保护地、生态保护红线监管制度,开展生态系统保护成效监测评估。

第三节 健全生态保护补偿机制

加大重点生态功能区、重要水系源头地区、自然保护地转移支付力度,鼓励受益地区和保护地区、流域上下游通过资金补偿、产业扶持等多种形式开展横向生态补偿。完善市场化多元化生态补偿,鼓励各类社会资本参与生态保护修复。完善森林、草原和湿地生态补偿制度。推动长江、黄河等重要流域建立全流域生态补偿机制。建立生态产品价值实现机制,在长江流域和三江源国家公园等开展试点。制定实施生态保护补偿条例。

专栏 14 重要生态系统保护和修复工程	
01	青藏高原生态屏障区 以三江源、祁连山、若尔盖、甘南黄河重要水源补给区等为重点，加强原生地带性植被、珍稀物种及其栖息地保护，新增沙化土地治理 100 万公顷、退化草原治理 320 万公顷，沙化土地封禁保护 20 万公顷。
02	黄河重点生态区（含黄土高原生态屏障） 以黄土高原、秦岭、贺兰山等为重点，加强“三化”草场治理和水土流失综合治理，保护修复黄河三角洲等湿地，保护修复林草植被 80 万公顷，新增水土流失治理 200 万公顷、沙化土地治理 80 万公顷。
03	长江重点生态区（含川滇生态屏障） 以横断山区、岩溶石漠化区、三峡库区、洞庭湖、鄱阳湖等为重点，开展森林质量精准提升、河湖湿地修复、石漠化综合治理等，加强珍稀濒危野生动植物保护恢复，完成营造林 110 万公顷，新增水土流失治理 500 万公顷、石漠化治理 100 万公顷。
04	东北森林带 以大小兴安岭、长白山及三江平原、松嫩平原重要湿地等为重点，实施天然林保护修复，保护重点沼泽湿地和珍稀候鸟迁徙地，培育天然林后备资源 70 万公顷，新增退化草原治理 30 万公顷。
05	北方防沙带 以内蒙古高原、河西走廊、塔里木河流域、京津冀地区等为重点，推进防护林体系建设及退化林修复、退化草原修复、京津风沙源治理等，完成营造林 220 万公顷，新增沙化土地治理 750 万公顷、退化草原治理 270 万公顷。
06	南方丘陵山地带 以南岭山地、武夷山区、湘桂岩溶石漠化区等为重点，实施森林质量精准提升行动，推进水土流失和石漠化综合治理，加强河湖生态保护修复，保护濒危物种及其栖息地，营造防护林 9 万公顷，新增石漠化治理 30 万公顷。
07	海岸带 以黄渤海、长三角、粤闽浙沿海、粤港澳大湾区、海南岛、北部湾等为重点，全面保护自然岸线，整治修复岸线长度 400 公里、滨海湿地 2 万公顷，营造防护林 11 万公顷。
08	自然保护地及野生动植物保护 推进三江源、东北虎豹、大熊猫和海南热带雨林等国家公园建设，新整合设立秦岭、黄河口等国家公园。建设珍稀濒危野生动植物基因保存库、救护繁育场所，专项拯救 48 种极度濒危野生动物和 50 种极小种群植物。

第三十八章　持续改善环境质量

深入打好污染防治攻坚战，建立健全环境治理体系，推进精准、科学、依法、系统治污，协同推进减污降碳，不断改善空气、水环境质量，有效管控土壤污染风险。

第一节　深入开展污染防治行动

坚持源头防治、综合施策，强化多污染物协同控制和区域协同治理。加强城市大气质量达标管理，推进细颗粒物（$PM_{2.5}$）和臭氧（O_3）协同控制，地级及以上城市 $PM_{2.5}$ 浓度下降10%，有效遏制 O_3 浓度增长趋势，基本消除重污染天气。持续改善京津冀及周边地区、汾渭平原、长三角地区空气质量，因地制宜推动北方地区清洁取暖、工业窑炉治理、非电行业超低排放改造，加快挥发性有机物排放综合整治，氮氧化物和挥发性有机物排放总量分别下降10%以上。完善水污染防治流域协同机制，加强重点流域、重点湖泊、城市水体和近岸海域综合治理，推进美丽河湖保护与建设，化学需氧量和氨氮排放总量分别下降8%，基本消除劣Ⅴ类国控断面和城市黑臭水体。开展城市饮用水水源地规范化建设，推进重点流域重污染企业搬迁改造。推进受污染耕地和建设用地管控修复，实施水土环境风险协同防控。加强塑料污染全链条防治。加强环境噪声污染治理。重视新污染物治理。

第二节 全面提升环境基础设施水平

构建集污水、垃圾、固废、危废、医废处理处置设施和监测监管能力于一体的环境基础设施体系，形成由城市向建制镇和乡村延伸覆盖的环境基础设施网络。推进城镇污水管网全覆盖，开展污水处理差别化精准提标，推广污泥集中焚烧无害化处理，城市污泥无害化处置率达到 90%，地级及以上缺水城市污水资源化利用率超过 25%。建设分类投放、分类收集、分类运输、分类处理的生活垃圾处理系统。以主要产业基地为重点布局危险废弃物集中利用处置设施。加快建设地级及以上城市医疗废弃物集中处理设施，健全县域医疗废弃物收集转运处置体系。

第三节 严密防控环境风险

建立健全重点风险源评估预警和应急处置机制。全面整治固体废物非法堆存，提升危险废弃物监管和风险防范能力。强化重点区域、重点行业重金属污染监控预警。健全有毒有害化学物质环境风险管理体制，完成重点地区危险化学品生产企业搬迁改造。严格核与辐射安全监管，推进放射性污染防治。建立生态环境突发事件后评估机制和公众健康影响评估制度。在高风险领域推行环境污染强制责任保险。

第四节　积极应对气候变化

落实 2030 年应对气候变化国家自主贡献目标，制定 2030 年前碳排放达峰行动方案。完善能源消费总量和强度双控制度，重点控制化石能源消费。实施以碳强度控制为主、碳排放总量控制为辅的制度，支持有条件的地方和重点行业、重点企业率先达到碳排放峰值。推动能源清洁低碳安全高效利用，深入推进工业、建筑、交通等领域低碳转型。加大甲烷、氢氟碳化物、全氟化碳等其他温室气体控制力度。提升生态系统碳汇能力。锚定努力争取 2060 年前实现碳中和，采取更加有力的政策和措施。加强全球气候变暖对我国承受力脆弱地区影响的观测和评估，提升城乡建设、农业生产、基础设施适应气候变化能力。加强青藏高原综合科学考察研究。坚持公平、共同但有区别的责任及各自能力原则，建设性参与和引领应对气候变化国际合作，推动落实联合国气候变化框架公约及其巴黎协定，积极开展气候变化南南合作。

第五节　健全现代环境治理体系

建立地上地下、陆海统筹的生态环境治理制度。全面实行排污许可制，实现所有固定污染源排污许可证核发，推动工业污染源限期达标排放，推进排污权、用能权、用水权、碳排放权市场化交易。完善环境保护、节能减排约束性指标管理。完善河湖管理保护机制，强化河长制、湖长制。加强领导干部自然资源资产离任审计。完善中央生态环境保护督察制度。完善省以下生态环境机构监测监察执法垂直管理制度，推进生态环境保护综合执法改革，完善生态环境公益诉讼制度。加大环保信息公开力度，加强企业环境治理责任制度建设，完善公众监督和举报反馈机制，引导社会组织和公众共同参与环境治理。

第三十九章　加快发展方式绿色转型

坚持生态优先、绿色发展，推进资源总量管理、科学配置、全面节约、循环利用，协同推进经济高质量发展和生态环境高水平保护。

第一节　全面提高资源利用效率

坚持节能优先方针，深化工业、建筑、交通等领域和公共机构节能，推动5G、大数据中心等新兴领域能效提升，强化重点用能单位节能管理，实施能量系统优化、节能技术改造等重点工程，加快能耗限额、产品设备能效强制性国家标准制修订。实施国家节水行动，建立水资源刚性约束制度，强化农业节水增效、工业节水减排和城镇节水降损，鼓励再生水利用，单位GDP用水量下降16%左右。加强土地节约集约利用，加大批而未供和闲置土地处置力度，盘活城镇低效用地，支持工矿废弃土地恢复利用，完善土地复合利用、立体开发支持政策，新增建设用地规模控制在2950万亩以内，推动单位GDP建设用地使用面积稳步下降。提高矿产资源开发保护水平，发展绿色矿业，建设绿色矿山。

第二节　构建资源循环利用体系

全面推行循环经济理念，构建多层次资源高效循环利用体系。深入推进园区循环化改造，补齐和延伸产业链，推进能源资源梯级利用、废物循环利用和污染物集中处置。加强大宗固体废弃物综合利用，规范发展再制造产业。加快发展种养有机结合的循环农业。加强废旧物品回收设施规划建设，完善城市废旧物品回收分拣体系。推行生产企业"逆向回收"等模式，建立健全线上线下融合、流向可控的资源回收体系。拓展生产者责任延伸制度覆盖范围。推进快递包装减量化、标准化、循环化。

第三节　大力发展绿色经济

坚决遏制高耗能、高排放项目盲目发展，推动绿色转型实现积极发展。壮大节能环保、清洁生产、清洁能源、生态环境、基础设施绿色升级、绿色服务等产业，推广合同能源管理、合同节水管理、环境污染第三方治理等服务模式。推动煤炭等化石能源清洁高效利用，推进钢铁、石化、建材等行业绿色化改造，加快大宗货物和中长途货物运输"公转铁"、"公转水"。推动城市公交和物流配送车辆电动化。构建市场导向的绿色技术创新体系，实施绿色技术创新攻关行动，开展重点行业和重点产品资源效率对标提升行动。建立统一的绿色产品标准、认证、标识体系，完善节能家电、高效照明产品、节水器具推广机制。深入开展绿色生活创建行动。

第四节 构建绿色发展政策体系

强化绿色发展的法律和政策保障。实施有利于节能环保和资源综合利用的税收政策。大力发展绿色金融。健全自然资源有偿使用制度，创新完善自然资源、污水垃圾处理、用水用能等领域价格形成机制。推进固定资产投资项目节能审查、节能监察、重点用能单位管理制度改革。完善能效、水效"领跑者"制度。强化高耗水行业用水定额管理。深化生态文明试验区建设。深入推进山西国家资源型经济转型综合配套改革试验区建设和能源革命综合改革试点。

专栏 15 环境保护和资源节约工程	
01	大气污染物减排 实施 8.5 亿吨水泥熟料、4.6 亿吨焦化产能和 4000 台左右有色行业炉窑清洁生产改造，完成 5.3 亿吨钢铁产能超低排放改造，开展石化、化工、涂装、医药、包装印刷等重点行业挥发性有机物治理改造，推进大气污染防治重点区域散煤清零。
02	水污染防治和水生态修复 巩固地级及以上城市黑臭水体治理成效，推进 363 个县级城市建成区 1500 段黑臭水体综合治理。加强太湖、巢湖、滇池、丹江口水库、洱海、白洋淀、鄱阳湖、洞庭湖、查干湖、乌梁素海等重点湖库污染防治和生态修复，实施永定河、木兰溪等综合治理，加快华北地区及其他重点区域地下水超采综合治理和黄河河口综合治理。

（续表）

03	土壤污染防治与安全利用 在土壤污染面积较大的100个县推进农用地安全利用示范。以化工、有色金属行业为重点，实施100个土壤污染源头管控项目。
04	城镇污水垃圾处理设施 新增和改造污水收集管网8万公里，新增污水处理能力2000万立方米/日。加快垃圾焚烧设施建设，城市生活垃圾日清运量超过300吨地区实现原生垃圾零填埋，开展小型生活垃圾焚烧设施建设试点。
05	医废危废处置和固废综合利用 补齐医疗废弃物处置设施短板，建设国家和6个区域性危废风险防控技术中心、20个区域性特殊危废集中处置中心。以尾矿和共伴生矿、煤矸石、粉煤灰、建筑垃圾等为重点，开展100个大宗固体废弃物综合利用示范。
06	资源节约利用 实施重大节能低碳技术产业化示范工程，开展近零能耗建筑、近零碳排放、碳捕集利用与封存（CCUS）等重大项目示范。开展60个大中城市废旧物资循环利用体系建设。

第十二篇

实行高水平对外开放
开拓合作共赢新局面

坚持实施更大范围、更宽领域、更深层次对外开放，依托我国超大规模市场优势，促进国际合作，实现互利共赢，推动共建“一带一路”行稳致远，推动构建人类命运共同体。

第四十章　建设更高水平开放型经济新体制

全面提高对外开放水平，推进贸易和投资自由化便利化，持续深化商品和要素流动型开放，稳步拓展规则、规制、管理、标准等制度型开放。

第一节　加快推进制度型开放

构建与国际通行规则相衔接的制度体系和监管模式。健全外商投资准入前国民待遇加负面清单管理制度，进一步缩减外资准入负面清单，落实准入后国民待遇，促进内外资企业公平竞争。建立健全跨境服务贸易负面清单管理制度，健全技术贸易促进体系。稳妥推进银行、证券、保险、基金、期货等金融领域开放，深化境内外资本市场互联互通，健全合格境外投资者制度。稳慎推进人民币国际化，坚持市场驱动和企业自主选择，营造以人民币自由使用为基础的新型互利合作关系。完善出入境、海关、外汇、税收等环节管理服务。

第二节　提升对外开放平台功能

统筹推进各类开放平台建设，打造开放层次更高、营商环境更优、辐射作用更强的开放新高地。完善自由贸易试验区布局，赋予其更大改革自主权，深化首创性、集成化、差别化改革探索，积极复制推广制度创新成果。稳步推进海南自由贸易港建设，以货物贸易“零关税”、服务贸易“既准入又准营”为方向推进贸易自由化便利化，大幅放宽市场准入，全面推行“极简审批”投资制度，开展跨境证券投融资改革试点和数据跨境传输安全管理试点，实施更加开放的人才、出入境、运输等政策，制定出台海南自由贸易港法，初步建立中国特色自由贸易港政策和制度体系。创新提升国家级新区和开发区，促进综合保税区高水平开放，完善沿边重点开发开放试验区、边境经济合作区、跨境经济合作区功能，支持宁夏、贵州、江西建设内陆开放型经济试验区。

第三节　优化区域开放布局

鼓励各地立足比较优势扩大开放，强化区域间开放联动，构建陆海内外联动、东西双向互济的开放格局。巩固东部沿海地区和超大特大城市开放先导地位，率先推动全方位高水平开放。加快中西部和东北地区开放步伐，支持承接国内外产业转移，培育全球重要加工制造基地和新增长极，研究在内陆地区增设国家一类口岸，助推内陆地区成为开放前沿。推动沿边开发开放高质量发展，加快边境贸易创新发展，更好发挥重点口岸和边境城市内外联通作用。支持广西建设面向东盟的开放合作高地、云南建设面向南亚东南亚和环印度洋地区开放的辐射中心。

第四节 健全开放安全保障体系

构筑与更高水平开放相匹配的监管和风险防控体系。健全产业损害预警体系,丰富贸易调整援助、贸易救济等政策工具,妥善应对经贸摩擦。健全外商投资国家安全审查、反垄断审查和国家技术安全清单管理、不可靠实体清单等制度。建立重要资源和产品全球供应链风险预警系统,加强国际供应链保障合作。加强国际收支监测,保持国际收支基本平衡和外汇储备基本稳定。加强对外资产负债监测,建立健全全口径外债监管体系。完善境外投资分类分级监管体系。构建海外利益保护和风险预警防范体系。优化提升驻外外交机构基础设施保障能力,完善领事保护工作体制机制,维护海外中国公民、机构安全和正当权益。

第四十一章 推动共建"一带一路"高质量发展

坚持共商共建共享原则,秉持绿色、开放、廉洁理念,深化务实合作,加强安全保障,促进共同发展。

第一节 加强发展战略和政策对接

推进战略、规划、机制对接,加强政策、规则、标准联通。

创新对接方式，推进已签文件落实见效，推动与更多国家商签投资保护协定、避免双重征税协定等，加强海关、税收、监管等合作，推动实施更高水平的通关一体化。拓展规则对接领域，加强融资、贸易、能源、数字信息、农业等领域规则对接合作。促进共建“一带一路”倡议同区域和国际发展议程有效对接、协同增效。

第二节　推进基础设施互联互通

推动陆海天网四位一体联通，以“六廊六路多国多港”为基本框架，构建以新亚欧大陆桥等经济走廊为引领，以中欧班列、陆海新通道等大通道和信息高速路为骨架，以铁路、港口、管网等为依托的互联互通网络，打造国际陆海贸易新通道。聚焦关键通道和关键城市，有序推动重大合作项目建设，将高质量、可持续、抗风险、价格合理、包容可及目标融入项目建设全过程。提高中欧班列开行质量，推动国际陆运贸易规则制定。扩大“丝路海运”品牌影响。推进福建、新疆建设“一带一路”核心区。推进“一带一路”空间信息走廊建设。建设“空中丝绸之路”。

第三节　深化经贸投资务实合作

推动与共建“一带一路”国家贸易投资合作优化升级，积极发展丝路电商。深化国际产能合作，拓展第三方市场合作，构筑互利共赢的产业链供应链合作体系，扩大双向贸易和投资。坚持以企业为主体、市场为导向，遵循国际惯例和债务可持续原则，健全多元化投融资体系。创新融资合作框架，发挥共建“一带一路”专项贷款、丝路基金等作用。建立健全“一带一路”金融合作网络，推动金融基础设施互联互通，支持多边和各国金融机构共同参与投融资。完善“一带一路”风险防控和安全保障体系，强化法律服务保障，有效防范化解各类风险。

第四节　架设文明互学互鉴桥梁

深化公共卫生、数字经济、绿色发展、科技教育、文化艺术等领域人文合作，加强议会、政党、民间组织往来，密切妇女、青年、残疾人等群体交流，形成多元互动的人文交流格局。推进实施共建“一带一路”科技创新行动计划，建设数字丝绸之路、创新丝绸之路。加强应对气候变化、海洋合作、野生动物保护、荒漠化防治等交流合作，推动建设绿色丝绸之路。积极与共建“一带一路”国家开展医疗卫生和传染病防控合作，建设健康丝绸之路。

第四十二章　积极参与全球治理体系改革和建设

高举和平、发展、合作、共赢旗帜，坚持独立自主的和平外交政策，推动构建新型国际关系，推动全球治理体系朝着更加公正合理的方向发展。

第一节 维护和完善多边经济治理机制

维护多边贸易体制，积极参与世界贸易组织改革，坚决维护发展中成员地位。推动二十国集团等发挥国际经济合作功能，建设性参与亚太经合组织、金砖国家等机制经济治理合作，提出更多中国倡议、中国方案。推动主要多边金融机构深化治理改革，支持亚洲基础设施投资银行和新开发银行更好发挥作用，提高参与国际金融治理能力。推动国际宏观经济政策沟通协调，搭建国际合作平台，共同维护全球产业链供应链稳定畅通、全球金融市场稳定，合力促进世界经济增长。推动新兴领域经济治理规则制定。

第二节 构建高标准自由贸易区网络

实施自由贸易区提升战略，构建面向全球的高标准自由贸易区网络。优化自由贸易区布局，推动区域全面经济伙伴关系协定实施，加快中日韩自由贸易协定谈判进程，稳步推进亚太自贸区建设。提升自由贸易区建设水平，积极考虑加入全面与进步跨太平洋伙伴关系协定，推动商签更多高标准自由贸易协定和区域贸易协定。

第三节 积极营造良好外部环境

积极发展全球伙伴关系，推进大国协调和合作，深化同周边国家关系，加强同发展中国家团结合作。坚持多边主义和共商共建共享原则，维护以联合国为核心的国际体系和以国际法为基础的国际秩序，共同应对全球性挑战。积极参与重大传染病防控国际合作，推动构建人类卫生健康共同体。深化对外援助体制机制改革，优化对外援助布局，向发展中国家特别是最不发达国家提供力所能及的帮助，加强医疗卫生、科技教育、绿色发展、减贫、人力资源开发、紧急人道主义等领域对外合作和援助。积极落实联合国2030年可持续发展议程。

第十三篇

提升国民素质　促进人的全面发展

把提升国民素质放在突出重要位置，构建高质量的教育体系和全方位全周期的健康体系，优化人口结构，拓展人口质量红利，提升人力资本水平和人的全面发展能力。

第四十三章　建设高质量教育体系

全面贯彻党的教育方针，坚持优先发展教育事业，坚持立德树人，增强学生文明素养、社会责任意识、实践本领，培养德智体美劳全面发展的社会主义建设者和接班人。

第一节　推进基本公共教育均等化

巩固义务教育基本均衡成果，完善办学标准，推动义务教育优质均衡发展和城乡一体化。加快城镇学校扩容增位，保障农业转移人口随迁子女平等享有基本公共教育服务。改善乡村小规模学校和乡镇寄宿制学校条件，加强乡村教师队伍建设，提高乡村教师素质能力，完善留守儿童关爱体系，巩固义务教育控辍保学成果。巩固提升高中阶段教育普及水平，鼓励高中阶段学校多样化发展，高中阶段教育毛入学率提高到92%以上。规范校外培训。完善普惠性学前教育和特殊教育、专门教育保障机制，学前教育毛入园率提高到90%以上。提高民族地区教育质量和水平，加大国家通用语言文字推广力度。

第二节　增强职业技术教育适应性

突出职业技术（技工）教育类型特色，深入推进改革创新，优化结构与布局，大力培养技术技能人才。完善职业技术教育国家标准，推行“学历证书+职业技能等级证书”制度。创新办学模式，深化产教融合、校企合作，鼓励企业举办高质量职业技术教育，探索中国特色学徒制。实施现代职业技术教育质量提升计划，建设一批高水平职业技术院校和专业，稳步发展职业本科教育。深化职普融通，实现职业技术教育与普通教育双向互认、纵向流动。

第三节　提高高等教育质量

推进高等教育分类管理和高等学校综合改革，构建更加多元的高等教育体系，高等教育毛入学率提高到60%。分类建设一流大学和一流学科，支持发展高水平研究型大学。建设高质量本科教育，推进部分普通本科高校向应用型转变。建立学科专业动态调整机制和特色发展引导机制，增强高校学科设置针对性，推进基础学科高层次人才培养模式改革，加快培养理工农医类专业紧缺人才。加强研究生培养管理，提升研究生教育质量，稳步扩大专业学位研究生规模。优化区域高等教育资源布局，推进中西部地区高等教育振兴。

第四节　建设高素质专业化教师队伍

建立高水平现代教师教育体系，加强师德师风建设，完善教师管理和发展政策体系，提升教师教书育人能力素质。重点建设一批师范教育基地，支持高水平综合大学开展教师教育，健全师范生公费教育制度，推进教育类研究生和公费师范生免试认定教师资格改革。支持高水平工科大学举办职业技术师范专业，建立高等学校、职业学校与行业企业联合培养“双师型”教师机制。深化中小学、幼儿园教师管理综合改革，统筹教师编制配置和跨区调整，推进义务教育教师“县管校聘”管理改革，适当提高中高级教师岗位比例。

第五节　深化教育改革

深化新时代教育评价改革,建立健全教育评价制度和机制,发展素质教育,更加注重学生爱国情怀、创新精神和健康人格培养。坚持教育公益性原则,加大教育经费投入,改革完善经费使用管理制度,提高经费使用效益。落实和扩大学校办学自主权,完善学校内部治理结构,有序引导社会参与学校治理。深化考试招生综合改革。支持和规范民办教育发展,开展高水平中外合作办学。发挥在线教育优势,完善终身学习体系,建设学习型社会。推进高水平大学开放教育资源,完善注册学习和弹性学习制度,畅通不同类型学习成果的互认和转换渠道。

专栏 16　教育提质扩容工程	
01	普惠性幼儿园 以人口集中流入地、农村地区和“三区三州”为重点,新建、改扩建 2 万所幼儿园,增加普惠学位 400 万个以上。
02	基础教育 以教育基础薄弱县和人口流入地为重点,新建、改扩建中小学校 4000 所以上。在边境县(团场)建设 100 所“国门学校”。
03	职业技术教育 支持建设 200 所以上高水平高职学校和 600 个以上高水平专业,支持建设一批优秀中职学校和优质专业。
04	高等教育 加强“双一流”建设高校基础研究和协同创新能力建设,提升 100 所中西部本科高校办学条件,布局建设一批高水平公共卫生学院和高水平师范院校。

（续表）

05	产教融合平台 围绕集成电路、人工智能、工业互联网、储能等重点领域，布局建设一批国家产教融合创新平台和研究生联合培养基地。建设 100 个高水平、专业化、开放型产教融合实训基地。

第四十四章　全面推进健康中国建设

把保障人民健康放在优先发展的战略位置，坚持预防为主的方针，深入实施健康中国行动，完善国民健康促进政策，织牢国家公共卫生防护网，为人民提供全方位全生命期健康服务。

第一节　构建强大公共卫生体系

改革疾病预防控制体系，强化监测预警、风险评估、流行病学调查、检验检测、应急处置等职能。建立稳定的公共卫生事业投入机制，改善疾控基础条件，强化基层公共卫生体系。落实医疗机构公共卫生责任，创新医防协同机制。完善突发公共卫生事件监测预警处置机制，加强实验室检测网络建设，健全医疗救治、科技支撑、物资保障体系，提高应对突发公共卫生事件能力。建立分级分层分流的传染病救治网络，建立健全统一的国家公共卫生应急物资储备体系，大型公共建筑预设平疫结合改造接口。筑牢口岸防疫防线。加强公共卫生学院和人才队伍建设。完善公共卫生服务项目,扩大国家免疫规划,强化慢性病预防、早期筛查和综合干预。完善心理健康和精神卫生服务体系。

第二节　深化医药卫生体制改革

坚持基本医疗卫生事业公益属性,以提高医疗质量和效率为导向,以公立医疗机构为主体、非公立医疗机构为补充,扩大医疗服务资源供给。加强公立医院建设,加快建立现代医院管理制度,深入推进治理结构、人事薪酬、编制管理和绩效考核改革。加快优质医疗资源扩容和区域均衡布局,建设国家医学中心和区域医疗中心。加强基层医疗卫生队伍建设,以城市社区和农村基层、边境口岸城市、县级医院为重点,完善城乡医疗服务网络。加快建设分级诊疗体系,积极发展医疗联合体。加强预防、治疗、护理、康复有机衔接。推进国家组织药品和耗材集中带量采购使用改革,发展高端医疗设备。完善创新药物、疫苗、医疗器械等快速审评审批机制,加快临床急需和罕见病治疗药品、医疗器械审评审批,促进临床急需境外已上市新药和医疗器械尽快在境内上市。提升医护人员培养质量与规模,扩大儿科、全科等短缺医师规模,每千人口拥有注册护士数提高到 3.8 人。实施医师区域注册,推动医师多机构执业。稳步扩大城乡家庭医生签约服务覆盖范围,提高签约服务质量。支持社会办医,鼓励有经验的执业医师开办诊所。

第三节　健全全民医保制度

健全基本医疗保险稳定可持续筹资和待遇调整机制，完善医保缴费参保政策，实行医疗保障待遇清单制度。做实基本医疗保险市级统筹，推动省级统筹。完善基本医疗保险门诊共济保障机制，健全重大疾病医疗保险和救助制度。完善医保目录动态调整机制。推行以按病种付费为主的多元复合式医保支付方式。将符合条件的互联网医疗服务纳入医保支付范围，落实异地就医结算。扎实推进医保标准化、信息化建设，提升经办服务水平。健全医保基金监管机制。稳步建立长期护理保险制度。积极发展商业医疗保险。

第四节　推动中医药传承创新

坚持中西医并重和优势互补，大力发展中医药事业。健全中医药服务体系，发挥中医药在疾病预防、治疗、康复中的独特优势。加强中西医结合，促进少数民族医药发展。加强古典医籍精华的梳理和挖掘，建设中医药科技支撑平台，改革完善中药审评审批机制，促进中药新药研发保护和产业发展。强化中药质量监管，促进中药质量提升。强化中医药特色人才培养，加强中医药文化传承与创新发展，推动中医药走向世界。

第五节　建设体育强国

广泛开展全民健身运动，增强人民体质。推动健康关口前移，深化体教融合、体卫融合、体旅融合。完善全民健身公共服务体系，推进社会体育场地设施建设和学校场馆开放共享，提高健身步道等便民健身场所覆盖面，因地制宜发展体育公园，支持在不妨碍防洪安全前提下利用河滩地等建设公共体育设施。保障学校体育课和课外锻炼时间，以青少年为重点开展国民体质监测和干预。坚持文化教育和专业训练并重，加强竞技体育后备人才培养，提升重点项目竞技水平，巩固传统项目优势，探索中国特色足球篮球排球发展路径，持续推进冰雪运动发展，发展具有世界影响力的职业体育赛事。扩大体育消费，发展健身休闲、户外运动等体育产业。办好北京冬奥会、冬残奥会及杭州亚运会等。

第六节　深入开展爱国卫生运动

丰富爱国卫生工作内涵，促进全民养成文明健康生活方式。加强公共卫生环境基础设施建设，推进城乡环境卫生整治，强化病媒生物防制。深入推进卫生城镇创建。加强健康教育和健康知识普及，树立良好饮食风尚，制止餐饮浪费行为，开展控烟限酒行动，坚决革除滥食野生动物等陋习，推广分餐公筷、垃圾分类投放等生活习惯。

专栏 17　全民健康保障工程	
01	疾病预防控制 启动中国疾病预防控制中心二期项目，依托现有疾控机构建设 15 个左右区域公共卫生中心，升级改造 20 个左右国家重大传染病防控救治基地、20 个左右国家紧急医学救援基地。
02	国家医学中心 加强国家心血管、呼吸、肿瘤、创伤、儿科等医学中心建设。聚焦重大病种，打造若干引领国内、具有全球影响力的高水平医学中心和医学创新转化中心。
03	区域医疗中心 支持高水平医疗机构在外出就医多、医疗资源薄弱的省份建设一批区域医疗中心，建成河北、河南、山西、辽宁、安徽、福建、云南、新疆等区域医疗中心。
04	县级医院 推动省市优质医疗资源支持县级医院发展，力争新增 500 个县级医院（含中医院）达到三级医院设施条件和服务能力。
05	中医药发展 打造 20 个左右国家中医药传承创新中心，20 个左右中西医协同旗舰医院，20 个左右中医疫病防治基地，100 个左右中医特色重点医院，形成一批中医优势专科。
06	全民健身场地设施 新建、改扩建 1000 个左右体育公园，建设户外运动、健身休闲等配套公共基础设施。推进社会足球场地和体育健身步道建设。

第四十五章　实施积极应对人口老龄化国家战略

制定人口长期发展战略，优化生育政策，以“一老一小”为重点完善人口服务体系，促进人口长期均衡发展。

第一节　推动实现适度生育水平

增强生育政策包容性，推动生育政策与经济社会政策配套衔接，减轻家庭生育、养育、教育负担，释放生育政策潜力。完善幼儿养育、青少年发展、老人赡养、病残照料等政策和产假制度，探索实施父母育儿假。改善优生优育全程服务，加强孕前孕产期健康服务，提高出生人口质量。建立健全计划生育特殊困难家庭全方位帮扶保障制度。改革完善人口统计和监测体系，密切监测生育形势。深化人口发展战略研究，健全人口与发展综合决策机制。

第二节　健全婴幼儿发展政策

发展普惠托育服务体系，健全支持婴幼儿照护服务和早期发展的政策体系。加强对家庭照护和社区服务的支持指导，增强家庭科学育儿能力。严格落实城镇小区配套园政策，积极发展多种形式的婴幼儿照护服务机构，鼓励有条件的用人单位提供婴幼儿照护服务，支持企事业单位和社会组织等社会力量提供普惠托育服务，鼓励幼儿园发展托幼一体化服务。推进婴幼儿照护服务专业化、规范化发展，提高保育保教质量和水平。

第三节　完善养老服务体系

推动养老事业和养老产业协同发展，健全基本养老服务体系，大力发展普惠型养老服务，支持家庭承担养老功能，构建居家社区机构相协调、医养康养相结合的养老服务体系。完善社区居家养老服务网络，推进公共设施适老化改造，推动专业机构服务向社区延伸，整合利用存量资源发展社区嵌入式养老。强化对失能、部分失能特困老年人的兜底保障，积极发展农村互助幸福院等互助性养老。深化公办养老机构改革，提升服务能力和水平，完善公建民营管理机制，支持培训疗养资源转型发展养老，加强对护理型民办养老机构的政策扶持，开展普惠养老城企联动专项行动。加强老年健康服务，深入推进医养康养结合。加大养老护理型人才培养力度，扩大养老机构护理型床位供给，养老机构护理型床位占比提高到55%，更好满足高龄失能失智老年人护理服务需求。逐步提升老年人福利水平，完善经济困难高龄失能老年人补贴制度和特殊困难失能留守老年人探访关爱制度。健全养老服务综合监管制度。构建养老、孝老、敬老的社会环境，强化老年人权益保障。综合考虑人均预期寿命提高、人口老龄化趋势加快、受教育年限增加、劳动力结构变化等因素，按照小步调整、弹性实施、分类推进、统筹兼顾等原则，逐步延迟法定退休年龄，促进人力资源充分利用。发展银发经济，开发适老化技术和产品，培育智慧养老等新业态。

专栏18 “一老一小”服务项目
01 特殊困难家庭适老化改造 支持200万户特殊困难高龄、失能、残疾老年人家庭实施适老化改造，配备辅助器具和防走失装置等设施。

（续表）

02	社区居家养老服务网络建设 支持500个区县建设连锁化运营、标准化管理的示范性社区居家养老服务网络，提供失能护理、日间照料以及助餐助浴助洁助医助行等服务。
03	养老机构服务提升 支持300个左右培训疗养机构转型为普惠养老机构、1000个左右公办养老机构增加护理型床位，支持城市依托基层医疗卫生资源建设医养结合设施。
04	普惠托育服务扩容 支持150个城市利用社会力量发展综合托育服务机构和社区托育服务设施，新增示范性普惠托位50万个以上。
05	儿童友好城市建设 开展100个儿童友好城市示范，加强校外活动场所、社区儿童之家建设和公共空间适儿化改造，完善儿童公共服务设施。

第十四篇

增进民生福祉提升共建共治共享水平

坚持尽力而为、量力而行，健全基本公共服务体系，加强普惠性、基础性、兜底性民生建设，完善共建共治共享的社会治理制度，制定促进共同富裕行动纲要，自觉主动缩小地区、城乡和收入差距，让发展成果更多更公平惠及全体人民，不断增强人民群众获得感、幸福感、安全感。

第四十六章　健全国家公共服务制度体系

加快补齐基本公共服务短板，着力增强非基本公共服务弱项，努力提升公共服务质量和水平。

第一节　提高基本公共服务均等化水平

推动城乡区域基本公共服务制度统一、质量水平有效衔接。围绕公共教育、就业创业、社会保险、医疗卫生、社会服务、住房保障、公共文化体育、优抚安置、残疾人服务等领域，建立健全基本公共服务标准体系，明确国家标准并建立动态调整机制，推动标准水平城乡区域间衔接平衡。按照常住人口规模和服务半径统筹基本公共服务设施布局和共建共享，促进基本公共服务资源向基层延伸、向农村覆盖、向边远地区和生活困难群众倾斜。

第二节　创新公共服务提供方式

区分基本与非基本，突出政府在基本公共服务供给保障中的主体地位，推动非基本公共服务提供主体多元化、提供方式多样化。在育幼、养老等供需矛盾突出的服务领域，支持社会力量扩大普惠性规范性服务供给，保障提供普惠性规范性服务的各类机构平等享受优惠政策。鼓励社会力量通过公建民营、政府购买服务、政府和社会资本合作等方式参与公共服务供给。深化公共服务领域事业单位改革,营造事业单位与社会力量公平竞争的市场环境。

第三节　完善公共服务政策保障体系

优化财政支出结构,优先保障基本公共服务补短板。明确中央和地方在公共服务领域事权和支出责任,加大中央和省级财政对基层政府提供基本公共服务的财力支持。将更多公共服务项目纳入政府购买服务指导性目录,加大政府购买力度,完善财政、融资和土地等优惠政策。在资格准入、职称评定、土地供给、财政支持、政府采购、监督管理等方面公平对待民办与公办机构。

第四十七章　实施就业优先战略

健全有利于更充分更高质量就业的促进机制,扩大就业容量,提升就业质量,缓解结构性就业矛盾。

第一节　强化就业优先政策

坚持经济发展就业导向,健全就业目标责任考核机制和就业影响评估机制。完善高校毕业生、退役军人、农民工等重点群体就业支持体系。完善与就业容量挂钩的产业政策,支持吸纳就业能力强的服务业、中小微企业和劳动密集型企业发展，稳定拓展社区超市、便利店和社区服务岗位。促进平等就业，增加高质量就业，注重发展技能密集型产业，支持和规范发展新就业形态，扩大政府购买基层教育、医疗和专业化社会服务规模。建立促进创业带动就业、多渠道灵活就业机制，全面清理各类限制性政策，增强劳动力市场包容性。统筹城乡就业政策，积极引导农村劳动力就业。扩大公益性岗位安置，着力帮扶残疾人、零就业家庭成员等困难人员就业。

第二节　健全就业公共服务体系

健全覆盖城乡的就业公共服务体系，加强基层公共就业创业服务平台建设，为劳动者和企业免费提供政策咨询、职业介绍、用工指导等服务。构建常态化援企稳岗帮扶机制，统筹用好就业补助资金和失业保险基金。健全劳务输入集中区域与劳务输出省份对接协调机制，加强劳动力跨区域精准对接。加强劳动者权益保障，健全劳动合同制度和劳动关系协调机制，完善欠薪治理长效机制和劳动争议调解仲裁制度，探索建立新业态从业人员劳动权益保障机制。健全就业需求调查和失业监测预警机制。

第三节　全面提升劳动者就业创业能力

健全终身技能培训制度，持续大规模开展职业技能培训。深入实施职业技能提升行动和重点群体专项培训计划，广泛开展新业态新模式从业人员技能培训,有效提高培训质量。统筹各级各类职业技能培训资金,创新使用方式,畅通培训补贴直达企业和培训者渠道。健全培训经费税前扣除政策,鼓励企业开展岗位技能提升培训。支持开展订单式、套餐制培训。建设一批公共实训基地和产教融合基地,推动培训资源共建共享。办好全国职业技能大赛。

第四十八章　优化收入分配结构

坚持居民收入增长和经济增长基本同步、劳动报酬提高和劳动生产率提高基本同步,持续提高低收入群体收入,扩大中等收入群体,更加积极有为地促进共同富裕。

第一节　拓展居民收入增长渠道

坚持按劳分配为主体、多种分配方式并存,提高劳动报酬在初次分配中的比重。健全工资决定、合理增长和支付保障机制,完善最低工资标准和工资指导线形成机制,积极推行工资集体协商制度。完善按要素分配政策制度,健全各类生产要素由市场决定报酬的机制,探索通过土地、资本等要素使用权、收益权增加中低收入群体要素收入。完善国有企业市场化薪酬分配机制,普遍实行全员绩效管理。改革完善体现岗位绩效和分级分类管理的事业单位薪酬制度。规范劳务派遣用工行为,保障劳动者同工同酬。多渠道增加城乡居民财产性收入，提高农民土地增值收益分享比例，完善上市公司分红制度，创新更多适应家庭财富管理需求的金融产品。完善国有资本收益上缴公共财政制度，加大公共财政支出用于民生保障力度。

第二节　扩大中等收入群体

实施扩大中等收入群体行动计划，以高校和职业院校毕业生、技能型劳动者、农民工等为重点，不断提高中等收入群体比重。提高高校、职业院校毕业生就业匹配度和劳动参与率。拓宽技术工人上升通道，畅通非公有制经济组织、社会组织、自由职业专业技术人员职称申报和技能等级认定渠道，提高技能型人才待遇水平和社会地位。实施高素质农民培育计划，运用农业农村资源和现代经营方式增加收入。完善小微创业者扶持政策，支持个体工商户、灵活就业人员等群体勤劳致富。

第三节　完善再分配机制

加大税收、社会保障、转移支付等调节力度和精准性，发挥慈善等第三次分配作用，改善收入和财富分配格局。健全直接税体系，完善综合与分类相结合的个人所得税制度，加强对高收入者的税收调节和监管。增强社会保障待遇和服务的公平性可及性，完善兜底保障标准动态调整机制。规范收入分配秩序，保护合法收入，合理调节过高收入，取缔非法收入，遏制以垄断和不正当竞争行为获取收入。建立完善个人收入和财产信息系统。健全现代支付和收入监测体系。

第四十九章　健全多层次社会保障体系

坚持应保尽保原则，按照兜底线、织密网、建机制的要求，加快健全覆盖全民、统筹城乡、公平统一、可持续的多层次社会保障体系。

第一节　改革完善社会保险制度

健全养老保险制度体系，促进基本养老保险基金长期平衡。实现基本养老保险全国统筹，放宽灵活就业人员参保条件，实现社会保险法定人群全覆盖。完善划转国有资本充实社保基金制度，优化做强社会保障战略储备基金。完善城镇职工基本养老金合理调整机制，逐步提高城乡居民基础养老金标准。发展多层次、多支柱养老保险体系，提高企业年金覆盖率，规范发展第三支柱养老保险。推进失业保险、工伤保险向职业劳动者广覆盖，实现省级统筹。推进社保转移接续，完善全国统一的社会保险公共服务平台。

第二节　优化社会救助和慈善制度

以城乡低保对象、特殊困难人员、低收入家庭为重点，健全分层分类的社会救助体系，构建综合救助格局。健全基本生活救助制度和医疗、教育、住房、就业、受灾人员等专项救助制度，完善救助标准和救助对象动态调整机制。健全临时救助政策措施，强化急难社会救助功能。加强城乡救助体系统筹，逐步实现常住地救助申领。积极发展服务类社会救助，推进政府购买社会救助服务。促进慈善事业发展，完善财税等激励政策。规范发展网络慈善平台，加强彩票和公益金管理。

第三节　健全退役军人工作体系和保障制度

完善退役军人事务组织管理体系、工作运行体系和政策制度体系，提升退役军人服务保障水平。深化退役军人安置制度改革，加大教育培训和就业扶持力度，拓展就业领域，提升安置质量。建立健全新型待遇保障体系，完善和落实优抚政策，合理提高退役军人和其他优抚对象待遇标准，做好随调配偶子女工作安排、落户和教育等工作。完善离退休军人和伤病残退役军人移交安置、收治休养制度，加强退役军人服务中心（站）建设，提升优抚医院、光荣院、军供站等建设服务水平。加强退役军人保险制度衔接。大力弘扬英烈精神，加强烈士纪念设施建设和管护，建设军人公墓。深入推动双拥模范城（县）创建。

第五十章　保障妇女未成年人和残疾人基本权益

坚持男女平等基本国策，坚持儿童优先发展，提升残疾人关爱服务水平，切实保障妇女、未成年人、残疾人等群体发展权利和机会。

第一节　促进男女平等和妇女全面发展

深入实施妇女发展纲要，持续改善妇女发展环境，促进妇女平等依法行使权利、参与经济社会发展、共享发展成果。保障妇女享有卫生健康服务，完善宫颈癌、乳腺癌综合防治体系和救助政策。保障妇女平等享有受教育权利，持续提高受教育年限和综合能力素质。保障妇女平等享有经济权益，消除就业性别歧视，依法享有产假和生育津贴，保障农村妇女土地权益。保障妇女平等享有政治权利，推动妇女广泛参与社会事务和民主管理。落实法规政策性别平等评估机制，完善分性别统计制度。提高留守妇女关爱服务水平。严厉打击侵害妇女和女童人身权利的违法犯罪行为。

第二节　提升未成年人关爱服务水平

深入实施儿童发展纲要，优化儿童发展环境，切实保障儿童生存权、发展权、受保护权和参与权。完善儿童健康服务体系，预防和控制儿童疾病，减少儿童死亡和严重出生缺陷发生，有效控制儿童肥胖和近视，实施学龄前儿童营养改善计划。保障儿童公平受教育权利，加强儿童心理健康教育和服务。加强困境儿童分类保障，完善农村留守儿童关爱服务体系，健全孤儿和事实无人抚养儿童保障机制。完善落实未成年人监护制度，严厉打击侵害未成年人权益的违法犯罪行为，完善未成年人综合保护体系。深入实施青年发展规划，促进青年全面发展，搭建青年成长成才和建功立业的平台，激发青年创新创业活力。

第三节　加强家庭建设

以建设文明家庭、实施科学家教、传承优良家风为重点，深入实施家家幸福安康工程。构建支持家庭发展的法律政策体系，推进家庭教育立法进程，加大反家庭暴力法实施力度，加强婚姻家庭辅导服务，预防和化解婚姻家庭矛盾纠纷。构建覆盖城乡的家庭教育指导服务体系，健全学校家庭社会协同育人机制。促进家庭服务多元化发展。充分发挥家庭家教家风在基层社会治理中的作用。

第四节　提升残疾人保障和发展能力

健全残疾人帮扶制度，帮助残疾人普遍参加基本医疗和基本养老保险，动态调整困难残疾人生活补贴和重度残疾人护理补贴标准。完善残疾人就业支持体系，加强残疾人劳动权益保障，优先为残疾人提供职业技能培训，扶持残疾人自主创业。推进适龄残疾儿童和少年教育全覆盖，提升特殊教育质量。建成康复大学，促进康复服务市场化发展，提高康复辅助器具适配率，提升康复服务质量。开展重度残疾人托养照护服务。加强残疾人服务设施和综合服务能力建设，完善无障碍环境建设和维护政策体系，支持困难残疾人家庭无障碍设施改造。

专栏 19　社会关爱服务行动	
01	残疾人服务 加强专业化残疾人康复、托养和综合服务设施建设，补贴 110 万户困难重度残疾人家庭无障碍设施改造，提升社区无障碍建设水平。
02	困难儿童关爱 支持儿童福利机构建设，提升孤弃儿童集中养治教康水平。加强留守儿童数量较多的欠发达地区未成年人保护设施建设。建设残疾儿童康复救助定点机构，推动残疾儿童普遍享有基本康复服务。
03	流浪乞讨人员救助 充分利用现有社会福利设施建设流浪乞讨人员救助设施或救助站，实现救助服务网络覆盖全部县市。
04	精神卫生福利设施 在精神卫生服务能力不足的地区建设 100 个左右精神卫生福利设施，为困难精神障碍患者提供集中养护、康复服务。
05	公益性殡葬服务 加强殡仪馆、公益性骨灰安葬（放）设施建设，推动老旧殡仪馆改造，推动基本殡葬服务设施覆盖全部县市。推进农村公墓建设。加大生态殡葬奖补力度。

第五十一章　构建基层社会治理新格局

健全党组织领导的自治、法治、德治相结合的城乡基层社会治理体系，完善基层民主协商制度，建设人人有责、人人尽责、人人享有的社会治理共同体。

第一节　夯实基层社会治理基础

健全党组织领导、村（居）委会主导、人民群众为主体的基层社会治理框架。依法厘清基层政府与基层群众性自治组织的权责边界，制定县（区）职能部门、乡镇（街道）在城乡社区治理方面的权责清单制度，实行工作事项准入制度，减轻基层特别是村级组织负担。加强基层群众性自治组织规范化建设，合理确定其功能、规模和事务范围。加强基层群众自治机制建设，完善村（居）民议事会、理事会、监督委员会等自治载体，健全村（居）民参与社会治理的组织形式和制度化渠道。

第二节　健全社区管理和服务机制

推动社会治理和服务重心下移、资源下沉，提高城乡社区精准化精细化服务管理能力。推进审批权限和公共服务事项向基层延伸，构建网格化管理、精细化服务、信息化支撑、开放共享的基层管理服务平台，推动就业社保、养老托育、扶残助残、医疗卫生、家政服务、物流商超、治安执法、纠纷调处、心理援助等便民服务场景有机集成和精准对接。完善城市社区居委会职能，督促业委会和物业服务企业履行职责，改进社区物业服务管理。构建专职化、专业化的城乡社区工作者队伍。

第三节　积极引导社会力量参与基层治理

发挥群团组织和社会组织在社会治理中的作用，畅通和规范市场主体、新社会阶层、社会工作者和志愿者等参与社会治理的途径，全面激发基层社会治理活力。培育规范化行业协会商会、公益慈善组织、城乡社区社会组织，加强财政补助、购买服务、税收优惠、人才保障等政策支持和事中事后监管。支持和发展社会工作服务机构和志愿服务组织，壮大志愿者队伍，搭建更多志愿服务平台，健全志愿服务体系。

第十五篇

统筹发展和安全
建设更高水平的平安中国

坚持总体国家安全观，实施国家安全战略，维护和塑造国家安全，统筹传统安全和非传统安全，把安全发展贯穿国家发展各领域和全过程，防范和化解影响我国现代化进程的各种风险，筑牢国家安全屏障。

第五十二章　加强国家安全体系和能力建设

坚持政治安全、人民安全、国家利益至上有机统一，以人民安全为宗旨，以政治安全为根本，以经济安全为基础，以军事、科技、文化、社会安全为保障，不断增强国家安全能力。完善集中统一、高效权威的国家安全领导体制，健全国家安全法治体系、战略体系、政策体系、人才体系和运行机制，完善重要领域国家安全立法、制度、政策。巩固国家安全人民防线，加强国家安全宣传教育，增强全民国家安全意识，建立健全国家安全风险研判、防控协同、防范化解机制。健全国家安全审查和监管制度，加强国家安全执法。坚定维护国家政权安全、制度安全、意识形态安全，全面加强网络安全保障体系和能力建设，切实维护新型领域安全，严密防范和严厉打击敌对势力渗透、破坏、颠覆、分裂活动。

第五十三章　强化国家经济安全保障

强化经济安全风险预警、防控机制和能力建设，实现重要产业、基础设施、战略资源、重大科技等关键领域安全可控，着力提升粮食、能源、金融等领域安全发展能力。

第一节　实施粮食安全战略

实施分品种保障策略，完善重要农产品供给保障体系和粮食产购储加销体系，确保口粮绝对安全、谷物基本自给、重要农副产品供应充足。毫不放松抓好粮食生产，深入实施藏粮于地、藏粮于技战略，开展种源“卡脖子”技术攻关，提高良种自主可控能力。严守耕地红线和永久基本农田控制线，稳定并增加粮食播种面积和产量，合理布局区域性农产品应急保供基地。深化农产品收储制度改革，加快培育多元市场购销主体，改革完善中央储备粮管理体制，提高粮食储备调控能力。强化粮食安全省长责任制和“菜篮子”市长负责制，实行党政同责。有效降低粮食生产、储存、运输、加工环节损耗，开展粮食节约行动。积极开展重要农产品国际合作，健全农产品进口管理机制，推动进口来源多元化，培育国际大粮商和农业企业集团。制定粮食安全保障法。

第二节 实施能源资源安全战略

坚持立足国内、补齐短板、多元保障、强化储备，完善产供储销体系，增强能源持续稳定供应和风险管控能力，实现煤炭供应安全兜底、油气核心需求依靠自保、电力供应稳定可靠。夯实国内产量基础，保持原油和天然气稳产增产，做好煤制油气战略基地规划布局和管控。扩大油气储备规模，健全政府储备和企业社会责任储备有机结合、互为补充的油气储备体系。加强煤炭储备能力建设。完善能源风险应急管控体系，加强重点城市和用户电力供应保障，强化重要能源设施、能源网络安全防护。多元拓展油气进口来源，维护战略通道和关键节点安全。培育以我为主的交易中心和定价机制，积极推进本币结算。加强战略性矿产资源规划管控，提升储备安全保障能力，实施新一轮找矿突破战略行动。

第三节　实施金融安全战略

健全金融风险预防、预警、处置、问责制度体系，落实监管责任和属地责任，对违法违规行为零容忍，守住不发生系统性风险的底线。完善宏观审慎管理体系，保持宏观杠杆率以稳为主、稳中有降。加强系统重要性金融机构和金融控股公司监管，强化不良资产认定和处置，防范化解影子银行风险，有序处置高风险金融机构，严厉打击非法金融活动，健全互联网金融监管长效机制。完善债务风险识别、评估预警和有效防控机制，健全债券市场违约处置机制，推动债券市场统一执法，稳妥化解地方政府隐性债务，严惩逃废债行为。完善跨境资本流动管理框架，加强监管合作，提高开放条件下风险防控和应对能力。加强人民币跨境支付系统建设，推进金融业信息化核心技术安全可控，维护金融基础设施安全。

专栏 20　经济安全保障工程	
01	粮食储备设施 建设高标准粮仓，实施粮食绿色仓储提升工程，整合布局一批大型粮食物流枢纽和园区，提高应急分拨集散和通道衔接能力。
02	油气勘探开发 加强四川、鄂尔多斯、塔里木、准噶尔等重点盆地油气勘探开发，稳定渤海湾、松辽盆地老油区产量，建设川渝天然气生产基地。推进山西沁水盆地、鄂尔多斯东缘煤层气和川南、鄂西、云贵地区页岩气勘探开发，推进页岩油勘探开发。开展南海等地区天然气水合物试采。
03	煤制油气基地 稳妥推进内蒙古鄂尔多斯、陕西榆林、山西晋北、新疆准东、新疆哈密等煤制油气战略基地建设，建立产能和技术储备。

（续表）

04	电力安全保障 布局一批坚强局部电网，建设本地支撑电源和重要用户应急保安电源。建设电力应急指挥系统、大型水电站安全和应急管理平台。构建电力行业网络安全仿真验证环境和网络安全态势感知平台。
05	新一轮找矿突破战略行动 开展基础性地质调查，优选油气、铀、铜、铝等100~200个找矿远景区，提交可供商业勘查的靶区200~300处。
06	应急处置能力提升 建设6个区域应急救援中心和综合应急实训演练基地。推动救援装备现代化，升级完善中央和地方综合应急物资储备库，建设一批应急物资物流基地。建设3座区域核与辐射应急监测物资储备库。

第五十四章　全面提高公共安全保障能力

坚持人民至上、生命至上，健全公共安全体制机制，严格落实公共安全责任和管理制度，保障人民生命安全。

第一节　提高安全生产水平

完善和落实安全生产责任制，建立公共安全隐患排查和安全预防控制体系。建立企业全员安全生产责任制度，压实企业安全生产主体责任。加强安全生产监测预警和监管监察执法，深入推进危险化学品、矿山、建筑施工、交通、消防、民爆、特种设备等重点领域安全整治，实行重大隐患治理逐级挂牌督办和整改效果评价。推进企业安全生产标准化建设，加强工业园区等重点区域安全管理。加强矿山深部开采与重大灾害防治等领域先进技术装备创新应用,推进危险岗位机器人替代。在重点领域推进安全生产责任保险全覆盖。

第二节　严格食品药品安全监管

加强和改进食品药品安全监管制度,完善食品药品安全法律法规和标准体系,探索建立食品安全民事公益诉讼惩罚性赔偿制度。深入实施食品安全战略,加强食品全链条质量安全监管,推进食品安全放心工程建设攻坚行动,加大重点领域食品安全问题联合整治力度。严防严控药品安全风险,构建药品和疫苗全生命周期管理机制,完善药品电子追溯体系,实现重点类别药品全过程来源可溯、去向可追。稳步推进医疗器械唯一标识制度。加强食品药品安全风险监测、抽检和监管执法,强化快速通报和快速反应。

第三节　加强生物安全风险防控

建立健全生物安全风险防控和治理体系,全面提高国家生物安全治理能力。完善国家生物安全风险监测预警体系和防控应急预案制度,健全重大生物安全事件信息统一发布机制。加强动植物疫情和外来入侵物种口岸防控。统筹布局生物安全基础设施,构建国家生物数据中心体系,加强高级别生物安全实验室体系建设和运行管理。强化生物安全资源监管,制定完善人类遗传资源和生物资源目录,建立健全生物技术研究开发风险评估机制。推进生物安全法实施。加强生物安全领域国际合作,积极参与生物安全国际规则制定。

第四节　完善国家应急管理体系

构建统一指挥、专常兼备、反应灵敏、上下联动的应急管理体制,优化国家应急管理能力体系建设,提高防灾减灾抗灾救灾能力。坚持分级负责、属地为主,健全中央与地方分级响应机制,强化跨区域、跨流域灾害事故应急协同联动。开展灾害事故风险隐患排查治理,实施公共基础设施安全加固和自然灾害防治能力提升工程,提升洪涝干旱、森林草原火灾、地质灾害、气象灾害、地震等自然灾害防御工程标准。加强国家综合性消防救援队伍建设,增强全灾种救援能力。加强和完善航空应急救援体系与能力。科学调整应急物资储备品类、规模和结构,提高快速调配和紧急运输能力。构建应急指挥信息和综合监测预警网络体系,加强极端条件应急救援通信保障能力建设。发展巨灾保险。

第五十五章　维护社会稳定和安全

正确处理新形势下人民内部矛盾,加强社会治安防控,编织全方位、立体化、智能化社会安全网。

第一节　健全社会矛盾综合治理机制

坚持和发展新时代“枫桥经验”，构建源头防控、排查梳理、纠纷化解、应急处置的社会矛盾综合治理机制。畅通和规范群众诉求表达、利益协调、权益保障通道，完善人民调解、行政调解、司法调解联动工作体系。健全矛盾纠纷多元化解机制，充分发挥调解、仲裁、行政裁决、行政复议、诉讼等防范化解社会矛盾的作用。完善和落实信访制度，依法及时就地解决群众合理诉求。健全社会矛盾风险防控协同机制。健全社会心理服务体系和危机干预机制。

第二节　推进社会治安防控体系现代化

坚持专群结合、群防群治，提高社会治安立体化、法治化、专业化、智能化水平，形成问题联治、工作联动、平安联创的工作机制，健全社会治安防控体系。继续开展好禁毒人民战争和反恐怖斗争，推动扫黑除恶常态化，严厉打击各类违法犯罪活动，提升打击新型网络犯罪和跨国跨区域犯罪能力。坚持打防结合、整体防控，强化社会治安重点地区排查整治，健全社会治安协调联动机制。推进公安大数据智能化平台建设。完善执法司法权力运行监督和制约机制，健全执法司法人员权益保障机制。建设国门安全防控体系。深化国际执法安全务实合作。

第十六篇

加快国防和军队现代化
实现富国和强军相统一

贯彻习近平强军思想，贯彻新时代军事战略方针，坚持党对人民军队的绝对领导，坚持政治建军、改革强军、科技强军、人才强军、依法治军，加快机械化信息化智能化融合发展，全面加强练兵备战，提高捍卫国家主权、安全、发展利益的战略能力，确保2027年实现建军百年奋斗目标。

第五十六章　提高国防和军队现代化质量效益

加快军事理论现代化，与时俱进创新战争和战略指导，健全新时代军事战略体系，发展先进作战理论。加快军队组织形态现代化，深化国防和军队改革，推进军事管理革命，加快军兵种和武警部队转型建设，壮大战略力量和新域新质作战力量，打造高水平战略威慑和联合作战体系，加强军事力量联合训练、联合保障、联合运用。加快军事人员现代化，贯彻新时代军事教育方针，完善三位一体新型军事人才培养体系，锻造高素质专业化新型军事人才方阵。加快武器装备现代化，聚力国防科技自主创新、原始创新，加速战略性前沿性颠覆性技术发展，加速武器装备升级换代和智能化武器装备发展。

第五十七章　促进国防实力和经济实力同步提升

同国家现代化发展相协调，搞好战略层面筹划，深化资源要素共享，强化政策制度协调，完善组织管理、工作运行、政策制度、人才队伍、风险防控体系，构建一体化国家战略体系和能力。推动重点区域、重点领域、新兴领域协调发展，集中力量实施国防领域重大工程。促进军事建设布局与区域经济发展布局有机结合，更好服务国家安全发展战略需要。深化军民科技协同创新，加强海洋、空天、网络空间、生物、新能源、人工智能、量子科技等领域军民统筹发展，推动军地科研设施资源共享，推进军地科研成果双向转化应用和重点产业发展。强化基础设施共建共用，加强新型基础设施统筹建设，加大经济建设项目贯彻国防要求力度。加快建设现代军事物流体系和资产管理体系。加强军地人才联合培养，健全军地人才交流使用、资格认证等制度。优化国防科技工业布局，加快标准化通用化进程。推进武器装备市场准入、空中交通管理等改革。完善国防动员体系，加强应急应战协同，健全强边固防机制，强化全民国防教育，巩固军政军民团结。维护军人军属合法权益，让军人成为全社会尊崇的职业。

第十七篇

加强社会主义民主法治建设
健全党和国家监督制度

坚持中国共产党领导、人民当家作主、依法治国有机统一,推进中国特色社会主义政治制度自我完善和发展。

第五十八章　发展社会主义民主

坚持和完善党总揽全局、协调各方的领导制度体系,把党的领导落实到国家发展各领域各方面各环节。坚持和完善人民代表大会制度,加强人大对“一府一委两院”的监督,保障人民依法通过各种途径和形式管理国家事务、管理经济文化事业、管理社会事务。坚持和完善中国共产党领导的多党合作和政治协商制度,提高中国特色社会主义参政党建设水平,加强人民政协专门协商机构建设,发挥社会主义协商民主独特优势,提高建言资政和凝聚共识水平。全面贯彻党的民族政策,坚持和完善民族区域自治制度,铸牢中华民族共同体意识,促进各民族共同团结奋斗、共同繁荣发展。全面贯彻党的宗教工作基本方针,坚持我国宗教中国化方向,积极引导宗教与社会主义社会相适应。健全基层群众自治制度,增强群众自我管理、自我服务、自我教育、自我监督实效。发挥工会、共青团、妇联等人民团体作用,把各自联系的群众紧紧凝聚在党的周围。完善大统战工作格局,促进政党关系、民族关系、宗教关系、阶层关系、海内外同胞关系和谐,巩固和发展大团结大联合局面。全面贯彻党的侨务政策,凝聚侨心、服务大局。

第五十九章 全面推进依法治国

坚定不移走中国特色社会主义法治道路,坚持依法治国、依法执政、依法行政共同推进,一体建设法治国家、法治政府、法治社会,实施法治中国建设规划。健全保障宪法全面实施的体制机制,加强宪法实施和监督,落实宪法解释程序机制,推进合宪性审查。完善立法体制机制,加强重点领域、新兴领域、涉外领域立法,立改废释纂并举,完善以宪法为核心的中国特色社会主义法律体系。实施法治政府建设实施纲要,坚持和完善重大行政决策程序制度,深化行政执法体制改革,严格规范公正文明执法,规范执法自由裁量权,推进行政复议体制改革。深化司法体制综合配套改革,完善审判制度、检察制度、刑罚执行制度、律师制度,全面落实司法责任制,加强对司法活动监督,深化执行体制改革,促进司法公正。实施法治社会建设实施纲要,加强社会主义法治文化建设,深入开展法治宣传教育,实施“八五”普法规划,完善公共法律服务体系、法律援助和国家司法救助制度。全面加强人权司法保护,促进人权事业全面发展。加强涉外法治体系建设，加强涉外法律人才培养。

第六十章　完善党和国家监督体系

健全党统一领导、全面覆盖、权威高效的监督体系，形成决策科学、执行坚决、监督有力的权力运行机制。落实全面从严治党主体责任、监督责任，强化政治监督，深化政治巡视并强化整改落实。推进纪律监督、监察监督、派驻监督、巡视监督统筹衔接，以党内监督为主导、推动各类监督贯通协调，形成常态长效的监督合力，使监督体系更好融入国家治理体系。深化纪检监察体制改革，加强上级纪委监委对下级纪委监委的领导，推进纪检监察工作规范化、法治化，发挥监督保障执行、促进完善发展作用。完善权力配置和运行制约机制，健全分事行权、分岗设权、分级授权、定期轮岗制度，完善党务、政务、司法和各领域办事公开制度，健全发现问题、纠正偏差、精准问责有效机制，构建全覆盖的责任制度和监督制度。坚持无禁区、全覆盖、零容忍，一体推进不敢腐、不能腐、不想腐，营造风清气正的良好政治生态和发展环境。深化反腐败国际合作。锲而不舍落实中央八项规定精神，完善作风建设长效机制，持续纠治形式主义、官僚主义，切实防止享乐主义、奢靡之风反弹回潮，坚决整治群众身边的腐败和不正之风。

第十八篇

坚持"一国两制"　推进祖国统一

保持香港、澳门长期繁荣稳定，推进两岸关系和平发展和祖国统一，共创中华民族伟大复兴的美好未来。

第六十一章　保持香港、澳门长期繁荣稳定

全面准确贯彻"一国两制"、"港人治港"、"澳人治澳"、高度自治的方针，坚持依法治港治澳，维护宪法和基本法确定的特别行政区宪制秩序，落实中央对特别行政区全面管治权，落实特别行政区维护国家安全的法律制度和执行机制，维护国家主权、安全、发展利益和特别行政区社会大局稳定，坚决防范和遏制外部势力干预港澳事务，支持港澳巩固提升竞争优势，更好融入国家发展大局。

第一节　支持港澳巩固提升竞争优势

支持香港提升国际金融、航运、贸易中心和国际航空枢纽地位，强化全球离岸人民币业务枢纽、国际资产管理中心及风险管理中心功能。支持香港建设国际创新科技中心、亚太区

国际法律及解决争议服务中心、区域知识产权贸易中心，支持香港服务业向高端高增值方向发展，支持香港发展中外文化艺术交流中心。支持澳门丰富世界旅游休闲中心内涵，支持粤澳合作共建横琴，扩展中国与葡语国家商贸合作服务平台功能，打造以中华文化为主流、多元文化共存的交流合作基地，支持澳门发展中医药研发制造、特色金融、高新技术和会展商贸等产业，促进经济适度多元发展。

第二节　支持港澳更好融入国家发展大局

完善港澳融入国家发展大局、同内地优势互补、协同发展机制。支持港澳参与、助力国家全面开放和现代化经济体系建设，打造共建“一带一路”功能平台。深化内地与港澳经贸、科创合作关系，深化并扩大内地与港澳金融市场互联互通。高质量建设粤港澳大湾区，深化粤港澳合作、泛珠三角区域合作，推进深圳前海、珠海横琴、广州南沙、深港河套等粤港澳重大合作平台建设。加强内地与港澳各领域交流合作，完善便利港澳居民在内地发展和生活居住的政策措施，加强宪法和基本法教育、国情教育，增强港澳同胞国家意识和爱国精神。支持港澳同各国各地区开展交流合作。

第六十二章　推进两岸关系和平发展和祖国统一

坚持一个中国原则和“九二共识”，以两岸同胞福祉为依归，推动两岸关系和平发展、融合发展，高度警惕和坚决遏制“台独”分裂活动。

第一节　深化两岸融合发展

完善保障台湾同胞福祉和在大陆享受同等待遇的制度和政策，持续出台实施惠台利民政策措施，让台湾同胞分享发展机遇，参与大陆经济社会发展进程。支持台商台企参与“一带一路”建设和国家区域协调发展战略。推进两岸金融合作，支持符合条件的台资企业在大陆上市。推进海峡两岸产业合作区、平潭综合实验区、昆山深化两岸产业合作试验区等两岸合作平台建设。支持福建探索海峡两岸融合发展新路，加快两岸融合发展示范区建设。加强两岸产业合作，打造两岸共同市场，壮大中华民族经济。

第二节　加强两岸人文交流

积极促进两岸交流合作和人员往来，加深相互理解，增进互信认同。推动两岸文化教育、医疗卫生等领域交流合作，促进社会保障和公共资源共享，支持两岸邻近或条件相当地区基本公共服务均等化、普惠化、便捷化，促进两岸同胞共同传承和创新发展中华优秀传统文化。加强两岸基层和青少年交流，鼓励台湾青年来大陆追梦、筑梦、圆梦。团结广大台湾同胞共同反对“台独”分裂活动，维护和推动两岸关系和平发展，致力中华民族伟大复兴。

第十九篇

加强规划实施保障

坚持党的全面领导，健全规划实施保障机制，更好履行政府职责，最大程度激发各类主体的活力和创造力，形成全面建设社会主义现代化国家的强大合力。

第六十三章　加强党中央集中统一领导

贯彻党把方向、谋大局、定政策、促改革的要求，深入学习贯彻习近平新时代中国特色社会主义思想，增强“四个意识”、坚定“四个自信”、做到“两个维护”，不断提高政治判断力、政治领悟力、政治执行力，把党的领导贯穿到规划实施的各领域和全过程，确保党中央重大决策部署贯彻落实。充分发挥全面从严治党引领保障作用，把完善党和国家监督体系融入规划实施之中。完善上下贯通、执行有力的组织体系，提高各级领导班子和干部适应新时代新要求抓改革、促发展、保稳定的政治能力和专业化水平。

激发全社会参与规划实施的积极性，注重发挥工会、共青团、妇联等作用，充分发挥民主党派、工商联和无党派人士作用，最大限度凝聚全社会共识和力量。构建适应高质量发展要求的内生激励机制，健全激励导向的绩效评价考核机制和尽职免责机制，调动广大干部特别是基层干部的积极性、主动性、创造性。

第六十四章　健全统一规划体系

加快建立健全以国家发展规划为统领，以空间规划为基础，以专项规划、区域规划为支撑，由国家、省、市县级规划共同组成，定位准确、边界清晰、功能互补、统一衔接的国家规划体系。

第一节　强化国家发展规划的统领作用

更好发挥国家发展规划战略导向作用，强化空间规划、专项规划、区域规划对本规划实施的支撑。按照本规划确定的国土空间开发保护要求和重点任务，制定实施国家级空间规划，为重大战略任务落地提供空间保障。聚焦本规划确定的战略重点和主要任务，在科技创新、数字经济、绿色生态、民生保障等领域，制定实施一批国家级重点专项规划，明确细化落实发展任务的时间表和路线图。根据本规划确定的区域发展战略任务，制定实施一批国家级区域规划实施方案。加强地方规划对本规划提出的发展战略、主要目标、重点任务、重大工程项目的贯彻落实。

第二节　加强规划衔接协调

健全目录清单、编制备案、衔接协调等规划管理制度，制定“十四五”国家级专项规划等目录清单，依托国家规划综合管理信息平台推进规划备案，将各类规划纳入统一管理。建立健全规划衔接协调机制，报请党中央、国务院批准的规划及省级发展规划报批前须与本规划进行衔接，确保国家级空间规划、专项规划、区域规划等各级各类规划与本规划在主要目标、发展方向、总体布局、重大政策、重大工程、风险防控等方面协调一致。

第六十五章　完善规划实施机制

加强对本规划实施的组织、协调和督导，建立健全规划实施监测评估、政策保障、考核监督机制。

第一节　落实规划实施责任

各地区、各部门要根据职责分工，制定本规划涉及本地区、本部门的主要目标任务实施方案。本规划确定的约束性指标、重大工程项目和公共服务、生态环保、安全保障等领域任务，要明确责任主体和进度要求，合理配置公共资源，引导调控社会资源，确保如期完成。本规划提出的预期性指标和产业发展、结构调整等领域任务，主要依靠发挥市场主体作用实现，各级政府要创造良好的政策环境、体制环境和法治环境。年度计划要贯彻本规划提出的发展目标和重点任务，将本规划确定的主要指标分解纳入年度计划指标体系，设置年度目标并做好年度间综合平衡，合理确定年度工作重点。

第二节　加强规划实施监测评估

开展规划实施情况动态监测、中期评估和总结评估，中期评估和总结评估情况按程序提请中央政治局常委会审议，并依法向全国人民代表大会常务委员会报告规划实施情况，自觉接受人大监督。发挥国家监察机关和审计机关对推进规划实施的监督作用。规划实施情况纳入各有关部门、地方领导班子和干部评价体系，作为改进政府工作的重要依据。需要对本规划进行调整时，由国务院提出调整方案，报全国人民代表大会常务委员会批准。

第三节　强化政策协同保障

坚持规划定方向、财政作保障、金融为支撑、其他政策相协调，着力构建规划与宏观政策协调联动机制。按照本规划目标任务、结合经济发展形势，合理确定宏观政策取向。坚持公共财政服从和服务于公共政策，增强国家重大战略任务财力保障，加强中期财政规划和年度预算、政府投资计划与本规划实施的衔接协调，中央财政性资金优先投向本规划确定的重大任务和重大工程项目。坚持项目跟着规划走、资金和要素跟着项目走，依据本规划制定重大工程项目清单，对清单内工程项目简化审批核准程序，优先保障规划选址、土地供应和资金需求，单体重大工程项目用地需求由国家统一保障。

第四节　加快发展规划立法

坚持依法制定规划、依法实施规划的原则，将党中央、国务院关于统一规划体系建设和国家发展规划的规定、要求和行之有效的经验做法以法律形式固定下来，加快出台发展规划法，强化规划编制实施的法治保障。

第十三届全国人民代表大会财政经济委员会关于国民经济和社会发展第十四个五年规划和2035年远景目标纲要草案的审查结果报告

（2021年3月9日第十三届全国人民代表大会第四次会议主席团第二次会议通过）

十三届全国人大四次会议主席团：

第十三届全国人民代表大会第四次会议审查了国务院提出的《中华人民共和国国民经济和社会发展第十四个五年规划和2035年远景目标纲要（草案）》（以下简称《纲要草案》）。全国人民代表大会财政经济委员会在对《纲要草案》进行初步审查的基础上，根据各代表团和有关专门委员会的审查意见，又作了进一步审查。国务院根据审查意见对《纲要草案》作了修改。现将审查结果报告如下。

一、“十三五”规划目标任务胜利完成

财政经济委员会认为，“十三五”时期我国经济社会发展取得新的历史性成就。面对错综复杂的国际形势、艰巨

繁重的国内改革发展稳定任务特别是新冠肺炎疫情严重冲击，以习近平同志为核心的党中央团结带领全党全国各族人民砥砺前行、开拓创新，奋发有为推进党和国家各项事业，胜利完成了“十三五”规划目标任务，交出一份人民满意、世界瞩目、可以载入史册的答卷。总体来看，经济运行总体平稳，经济结构持续优化，科技创新取得重大进展，改革开放实现重要突破，脱贫攻坚成果举世瞩目，生态环境明显改善，民生得到有力保障，社会事业全面发展。经过五年持续奋斗，我国经济实力、科技实力、综合国力和人民生活水平跃上新的大台阶，决胜全面建成小康社会取得决定性成就，中华民族伟大复兴向前迈出了新的一大步。这充分彰显了中国共产党领导和中国特色社会主义制度优势，将激励全党全国各族人民再接再厉，向实现第二个百年奋斗目标继续奋勇前进。

当前和今后一个时期，我国仍处于重要战略机遇期，机遇和挑战都有新的发展变化。国际环境日趋复杂，不稳定性不确定性明显增加。我国发展不平衡不充分问题仍然比较突出，重点领域关键环节改革任务仍然艰巨，创新能力亟待增强，农业基础还不稳固，城乡区域发展不够平衡，收入分配差距较大，生态环保任重道远，民生保障尚存短板，社会治理还有弱项。要增强忧患意识，保持战略定力，坚定必胜信心，集中力量办好自己的事情，善于在危机中育先机、于变局中开新局，推动经济社会高质量发展。

二、《纲要草案》总体可行

财政经济委员会认为，国务院提出的《纲要草案》以习近平新时代中国特色社会主义思想为指导，深入贯彻落实习近平总书记在党的十九届五中全会上的重要讲话精神，符合《中共中央关于制定国民经济和社会发展第十四个五年规划和二〇三五年远景目标的建议》提出的目标和要求，体现了立足新发展阶段、贯彻新发展理念、构建新发展格局、推动高质量发展的要求，符合经济社会发展实际，安排总体可行。建议第十三届全国人民代表大会第四次会议批准国务院提出的《中华人民共和国国民经济和社会发展第十四个五年规划和2035年远景目标纲要（草案）》。

三、做好"十四五"时期经济社会发展工作的建议

"十四五"时期是我国全面建成小康社会、实现第一个百年奋斗目标之后，乘势而上开启全面建设社会主义现代化国家新征程、向第二个百年奋斗目标进军的第一个五年，做好"十四五"时期经济社会发展工作意义重大。要高举中国特色社会主义伟大旗帜，深入贯彻党的十九大和十九届二中、三中、四中、五中全会精神，坚持以马克思列宁主义、毛泽东思想、邓小平理论、"三个代表"重要思想、科学发展观、习近平新时代中国特色社会主义思想为指导，全面贯彻党的基本理

论、基本路线、基本方略，统筹推进经济建设、政治建设、文化建设、社会建设、生态文明建设的总体布局，协调推进全面建设社会主义现代化国家、全面深化改革、全面依法治国、全面从严治党的战略布局，增强“四个意识”、坚定“四个自信”、做到“两个维护”，坚定不移贯彻创新、协调、绿色、开放、共享的新发展理念，坚持稳中求进工作总基调，以推动高质量发展为主题，以深化供给侧结构性改革为主线，以改革创新为根本动力，以满足人民日益增长的美好生活需要为根本目的，统筹发展和安全，加快建设现代化经济体系，加快构建以国内大循环为主体、国内国际双循环相互促进的新发展格局，推进国家治理体系和治理能力现代化，实现经济行稳致远、社会安定和谐，为全面建设社会主义现代化国家开好局起好步。为此，财政经济委员会提出以下建议：

（一）坚持创新驱动发展战略，发展现代产业体系。强化国家战略科技力量，把科技自立自强作为国家发展的战略支撑。健全新型举国体制，打好关键核心技术攻坚战。加强基础研究，注重原始创新。完善科技创新体制机制，加强知识产权保护，激发人才创新活力，调动全社会特别是企业创新积极性，加大研发投入，完善稳定支持机制和创新服务体系，提高科技成果转化率和资金使用效益。推进产业基础高级化、产业链现代化，提高经济质量效益和核心竞争力。保持制造业比重基本稳定，发展壮大战略性新兴产业，促进先进制造业和现代服务业深度融合。加快数字化和智能化发展，推动产业数字化转型。

（二）形成强大国内市场，加快构建新发展格局。坚持扩大内需这个战略基点，深化供给侧结构性改革，加强需求侧管理，培育完整内需体系。优化供给结构，改善供给质量，提升供给体系的韧性和对国内需求的适配性。打破行业垄断和地方保护，贯通生产、分配、流通、消费各环节。依托国内大循环吸引全球资源要素，充分利用国内国际两个市场两种资源，强化国内大循环主导作用，以国际循环提升国内大循环效率和水平，实现国内国际双循环相互促进。

（三）促进城乡区域协调发展，提升新型城镇化质量。全面推进乡村振兴，加快农业农村现代化。强化以工补农、以城带乡，推动形成工农互促、城乡互补、协调发展、共同繁荣的新型工农城乡关系。巩固提升脱贫攻坚成果，健全防止返贫监测和帮扶机制。深入实施区域重大战略、区域协调发展战略、主体功能区战略，健全区域战略统筹、市场一体化发展、区域合作互助、区际利益补偿等机制，更好地促进发达地区和欠发达地区、东中西部和东北地区共同发展。坚持陆海统筹，发展海洋经济。扎实推进以人为核心的新型城镇化，健全农业转移人口市民化机制，完善城镇化空间布局，开展城市更新行动，全面提升城市品质。

（四）推动绿色低碳发展，加强生态文明建设。坚持山水林田湖草系统治理，推进生态系统保护和修复。深入打好污染防治攻坚战，强化多污染物协同控制和区域协同治理，完善市场化、多元化生态补偿，持续改善环境质量。积极应对气候变化，抓紧制定 2030 年前碳排放达峰行动方案，完善能源消费总量和强度双控制度，加快发展方式绿色转型。积极参与和引领应对气候变化等生态环保国际合作。健全现代生态环境治理体系,建立地上地下、陆海统筹的生态环境治理制度。

（五）全面深化改革,推进高水平对外开放。发挥全面深化改革在构建新发展格局中的关键作用。坚持和完善社会主义基本经济制度,建设高标准市场体系,强化竞争政策基础地位。加快转变政府职能,构建市场化、法治化、国际化营商环境。深化国资国企改革,加快国有经济布局优化和结构调整。优化民营经济发展环境,依法平等保护民营企业产权和企业家权益,完善促进中小微企业和个体工商户发展的法律环境和政策体系。加快完善现代财税体制,健全政府债务管理,优化税制结构,落实税收法定原则。推动建立现代金融体系,构建金融有效支持实体经济的体制机制,完善资本市场基础制度,提高直接融资比重,坚持金融创新必须在审慎监管前提下有序进行。全面提高对外开放水平,推动贸易和投资自由化便利化,稳妥推进金融领域开放,推动共建"一带一路"高质量发展。高举构建人类命运共同体旗帜,积极参与全球治理体系改革和建设。

（六）增进民生福祉,扎实推动共同富裕。提高基本公共服务均等化水平,推动城乡、区域基本公共服务有效衔接。强化就业优先政策,扩大就业容量,提高就业质量,缓解结构性就业矛盾,保障劳动者权益。保持居民收入增长和经济增长基本同步,提高劳动报酬在初次分配中的比重,持续提高低收入群体收入,扩大中等收入群体,缩小收入差距。建设高质量教育体系,办好让人民满意的教育。繁荣发展文化事业和文化产业。健全覆盖全民、统筹城乡、公平统一、可持续的多层次社会保障体系,加快实现基本养老保险全国统筹,推动基本医疗、失业、工伤保险省级统筹，稳步建立长期护理保险制度。积极应对人口老龄化，优化生育政策，以“一老一小”为重点完善人口服务体系，健全普惠性学前教育和托育服务保障机制。构建强大公共卫生体系，完善基层医疗卫生保障，提高应对突发公共卫生事件和防治重大疾病能力，推动中医药传承创新，全面推进健康中国建设。

（七）统筹发展和安全，实现安全发展。坚持总体国家安全观，加强国家安全体系和能力建设。确保国家经济安全，增强产业体系抗冲击能力。确保粮食安全，提高良种自主可控能力。保障能源资源安全，加强战略性矿产资源规划管控。维护财政金融安全，压实监管责任，守住不发生系统性风险底线。确保生态安全，严密防控环境风险。维护新型领域安全，全面加强网络安全保障体系和能力建设。保障人民生命安全，强化安全生产和食品药品安全责任制，完善国家应急管理体系，提升灾害防治能力。维护社会稳定和安全，加强和创新社会治理，提升国家治理效能。

以上报告，请审议。

第十三届全国人民代表大会财政经济委员会

2021 年 3 月 9 日

第十三届全国人民代表大会第四次会议关于2020年国民经济和社会发展计划执行情况与2021年国民经济和社会发展计划的决议

（2021年3月11日第十三届全国人民代表大会第四次会议通过）

第十三届全国人民代表大会第四次会议审查了国务院提出的《关于2020年国民经济和社会发展计划执行情况与2021年国民经济和社会发展计划草案的报告》及2021年国民经济和社会发展计划草案，同意全国人民代表大会财政经济委员会的审查结果报告。会议决定，批准《关于2020年国民经济和社会发展计划执行情况与2021年国民经济和社会发展计划草案的报告》，批准2021年国民经济和社会发展计划。

关于2020年国民经济和社会发展计划执行情况与2021年国民经济和社会发展计划草案的报告

——2021年3月5日在第十三届全国人民代表大会第四次会议上

国家发展和改革委员会

各位代表：

受国务院委托，现将2020年国民经济和社会发展计划执行情况与2021年国民经济和社会发展计划草案提请十三届全国人大四次会议审查，并请全国政协各位委员提出意见。

一、2020年国民经济和社会发展计划执行情况

2020年是新中国历史上极不平凡的一年。面对严峻复杂的国际形势、艰巨繁重的国内改革发展稳定任务特别是新冠肺炎疫情的严重冲击，以习近平同志为核心的党中央统揽全局，保持战略定力，准确判断形势，精心谋划部署，果断采取行动，付出艰苦努力，及时作出统筹疫情防控和经济社会发展

的重大决策。各地区各部门坚持以习近平新时代中国特色社会主义思想为指导，全面贯彻党的十九大和十九届二中、三中、四中、五中全会精神，按照党中央、国务院决策部署，认真执行十三届全国人大三次会议审议批准的《政府工作报告》、2020 年国民经济和社会发展计划，落实全国人大财政经济委员会审查意见，沉着冷静应对风险挑战，坚持高质量发展方向不动摇，统筹疫情防控和经济社会发展，扎实做好“六稳”工作，全面落实“六保”任务，我国经济运行逐季改善、逐步恢复常态，在全球主要经济体中唯一实现经济正增长，脱贫攻坚战取得全面胜利，决胜全面建成小康社会取得决定性成就，交出一份人民满意、世界瞩目、可以载入史册的答卷。

（一）坚持把人民生命安全和身体健康放在第一位，抗疫斗争取得重大战略成果。面对突如其来的新冠肺炎疫情带来的严峻考验，习近平总书记亲自指挥、亲自部署，团结带领全国各族人民迅速打响疫情防控的人民战争、总体战、阻击战，用 1 个多月的时间初步遏制疫情蔓延势头，用 2 个月左右的时间将本土每日新增病例控制在个位数以内，用 3 个月左右的时间取得武汉保卫战、湖北保卫战的决定性成果，此后又有效处置多起局部地区聚集性或散发疫情。

一是全力以赴做好疫情防控救治工作。按照坚定信心、同舟共济、科学防治、精准施策的总要求，坚持全国一盘棋，迅速成立中央应对疫情工作领导小组，向湖北派出中央指导组，充分发挥国务院联防联控机制作用，举全国之力开展武汉保卫战、湖北保卫战，快速阻断本土疫情传播。明确“四早”、“四集中”要求，费用全部由国家承担，着力提高收治率和治愈率、降低感染率和病亡率。开展联防联控和群防群控，各省（区、市）相继启动重大突发卫生事件一级响应，组织干部力量下沉抓好社区防控，引导各类社会组织、专业社会工作者和志愿服务力量依法有序参与疫情防控和社会服务。扎实做好医疗物资保障和生活必需品保供稳价工作，快速实现口罩等医疗防护物资、医疗救治设备、医治床位从严重短缺到基本满足疫情防控需要；千方百计协调解决重点物资生产核心岗位用工，保障粮油与肉禽蛋菜奶等食品的市场供应和价格基本稳定，多措并举确保能源供应安全稳定，有效保障医疗废物、废水安全处置。注重科研攻关和临床救治、防控实践相协同，第一时间研发出核酸检测试剂盒，加快有效药物筛选和疫苗研发，国产疫苗接种正式启动，充分发挥科技对疫情防控的支撑作用。针对境外疫情扩散蔓延，加强输入性风险防控，做好对境外我国公民关心关爱，开辟临时航班有序接回我国在外困难人员。

二是毫不放松抓好常态化疫情防控。适时将全国总体防控策略调整为“外防输入、内防反弹”，推动防控工作由应急性超常规防控向常态化防控转变，健全及时发现、快速处置、精准管控、有效救治的常态化防控机制。充分利用现代信息技术，广泛应用健康码识别，持续提升常态化疫情防控精准性，有效保障企业正常生产和居民正常生活。面对局部点状疫情反弹，坚持分区分级防控，有针对性调整区域疫情风险等级，及时开展流行病学调查和大数据追踪溯源。着力查补薄弱环节，持续提升新冠病毒核酸检测能力，盯紧冷链物流等重点行业加强防控。

专栏1:统筹疫情防控和经济社会发展工作	
分区分级精准防控	◊ 制定分区分级差异化防控策略,低风险地区全面恢复生产生活秩序,中风险地区依据防控形势有序复工复产,高风险地区集中精力抓好疫情防控工作。
医疗物资统一调配	◊ 建立口罩等重点医疗物资全国统一调配机制,实时跟踪督促调配落实情况,确保武汉等重点地区医疗物资供应,口罩产能、产量以及出口均大幅提升。全国口罩日产能2月底突破1亿只,3月底突破2亿只,4月底突破10亿只。
全力保障物资供应	◊ 综合采取增供应、增库存、保生产、保运输、稳市场、稳预期等措施,全力保障武汉等重点地区粮油菜、肉蛋奶等生活物资供应。严格落实粮食安全省长责任制和“菜篮子”市长负责制,保障主副食品供应,防止物价过快上涨,强化困难群众兜底保障。积极推进电力天然气煤炭等能源的联保联供,保障抗疫和民生领域用能安全。
补齐公共卫生短板	◊ 印发《关于健全公共卫生应急物资保障体系的实施方案》和《公共卫生防控救治能力建设方案》。下达近400亿元中央投资直接用于防控救治一线,有力地支持了各地常态化疫情防控工作。
精准有序复工复产	◊ 打通人流、物流堵点,推动产业链各环节协同复工复产,出台8个方面90项助企纾困政策措施,加强政策效果评估和经验推广。
着力抓好农业生产	◊ 开展重点磷复肥企业生产日调度,协调建立农资运输绿色通道,适时开展春播,精心组织秋粮收购,促进畜牧水产养殖业全面发展。

三是深入推进疫情防控国际合作。本着公开、透明、负责任的态度,认真履行国际义务,最早向世界通报疫情,第一时间发布新冠病毒基因序列等信息,第一时间公布诊疗方案和防控方案,坚定支持世界卫生组织发挥领导作用。开设疫情防控网上知识中心并向所有国家开放,公开发布8版诊疗方案、7版防控方案,毫无保留同各方分享防控和救治经验。发起新中国成立以来规模最大的全球人道主义行动,向世界卫生组织和联合国全球人道主义应对计划提供支持,为有需要

的 34 个国家派出 36 支医疗专家组，向 150 个国家和 13 个国际组织提供抗疫援助。发挥抗疫物资最大供应国优势，全年向 200 多个国家提供了超过 2200 亿只口罩、23 亿件防护服、10 亿人份检测试剂盒。积极推进药物、疫苗研发合作和国际联防联控，帮助发展中国家克服疫情带来的困难。

（二）围绕市场主体的急需制定和实施宏观政策，经济运行持续稳定恢复。面对历史罕见的冲击，我们在“六稳”工作基础上，明确提出“六保”任务，特别是保就业保民生保市场主体，以保促稳、稳中求进。立足国情实际，既及时果断又保持定力，坚持不搞“大水漫灌”，科学把握规模性政策的平衡点，加大宏观政策应对力度，经济发展的内生动力、平衡性和可持续性进一步增强。

一是主要指标好于预期。2020 年，国内生产总值达 101.6 万亿元，增长 2.3%。城镇新增就业 1186 万人，年末城镇调查失业率为 5.2%。居民消费价格指数上涨 2.5%。国际收支基本平衡，外汇储备保持在 3 万亿美元以上。

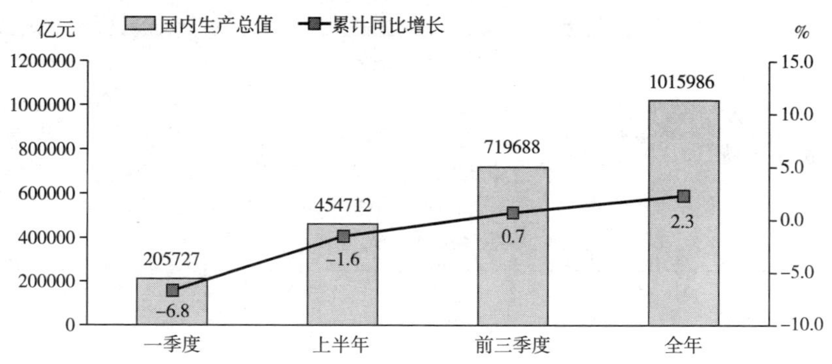

图 1：2020 年国内生产总值及增长速度走势

二是助企纾困政策有效实施。减税降费红利深度释放，实施阶段性大规模减税降费，阶段性减免小规模纳税人增值税，阶段性减免养老、失业、工伤三项社会保险单位缴费部分，减半征收职工医疗保险单位缴费部分，落实住房公积金阶段性支持政策，全年为市场主体减负超过 2.6 万亿元。创新宏观政策实施方式，中央财政对新增 2 万亿元资金建立直达机制，省级财政加大资金下沉力度，共同为市县基层落实惠企利民政策及时补充财力。通过降低存款准备金率、中期借贷便利、公开市场操作、再贷款再贴现、创新直达实体经济的货币政策工具等方式，共推出 9 万多亿元的货币支持措施。通过贷款市场报价利率(LPR)改革推动社会融资成本下降。大型商业银行普惠小微企业贷款增长 50%以上，全年金融系统向实体经济让利 1.5 万亿元。阶段性对部分服务业小微企业和个体工商户减免缓收房屋租金。

专栏 2:助企纾困政策落实的主要成效	
减税降费	◇在实施降低增值税税率、降低企业养老保险费率等制度性政策的基础上，根据应对疫情的需要，新出台实施 7 批 28 项减税降费政策，及时推出免征中小微企业社保费、减免小规模纳税人和部分行业增值税等阶段性措施，延缓小微企业、个体工商户所得税缴纳，对于保住上亿市场主体、激发市场活力、促进企业利润恢复增长发挥了关键作用。

（续表）

降低融资成本	◇创设普惠小微企业贷款延期支持工具和信用贷款支持计划两项直达实体经济的货币政策工具。2020 年银行业累计对 7.3 万亿元贷款实施延期还本付息，累计发放普惠小微信用贷款 3.9 万亿元。小微企业融资“量增、价降、面扩”，2020 年末普惠小微贷款余额 15.1 万亿元，增长 30.3%，支持小微经营主体 3228 万户，12 月新发放普惠小微企业贷款利率 5.08%，比上年同期下降 0.8 个百分点。2020 年末，制造业中长期贷款余额约 5.26 万亿元，增长 35.2%。
降低物流成本	◇实施应对疫情影响支持物流业发展的 6 方面 12 条措施。国务院转发国家发展改革委、交通运输部《关于进一步降低物流成本的实施意见》，推出降低制度成本、要素成本、税费成本、信息成本、联运成本、综合成本等 6 方面 24 条政策措施。印发实施《关于进一步优化发展环境促进生鲜农产品流通的实施意见》，从经营成本、金融支持、用地用房、营商环境、企业做大做强等 5 方面提出 12 条具体政策措施，解决生鲜农产品流通领域制约企业尤其是民营企业发展的突出问题。
阶段性降成本政策	◇企业用电成本：印发实施《关于疫情防控期间采取支持性两部制电价政策降低企业用电成本的通知》和《关于阶段性降低企业用电成本支持企业复工复产的通知》，明确 2020 年 6 月 30 日前实施支持性两部制电价政策；自 2 月 1 日至 6 月 30 日，将除高耗能行业外的工商业用户电价降低 5%，随后又延长至年底。 ◇企业用气成本：印发实施《关于阶段性降低非居民用气成本支持企业复工复产的通知》，自 2 月 22 日至 6 月 30 日，执行政府指导价的非居民用气，上游供气企业以基准门站价格为基础适当下浮；对化肥等涉农生产且受疫情影响大的行业给予更优惠气价；对价格已放开的，鼓励上游供气企业与下游用气企业协商降低价格。上述措施降低企业用气成本 80 亿元以上。 ◇交通运输成本：出台降低疫情期间机场、空管收费标准，阶段性免征航空公司应缴民航发展基金，阶段性减免收费公路通行费，降低或减免港口环节收费和基金，减半核收铁路货运保价费、集装箱延期使用费、货车滞留费等。 ◇征信服务收费：印发实施《关于阶段性减免部分征信服务收费的通知》和《关于延长阶段性减免部分征信服务收费的通知》，明确从 3 月 1 日到年底，减免部分涉企征信服务收费。

（续表）

减免缓降社保费	◊先后出台《关于阶段性减免企业社会保险费的通知》、《关于阶段性减征职工基本医疗保险费的指导意见》和《关于延长阶段性减免企业社会保险费实施期限等问题的通知》等政策文件。全年共为企业减免养老、失业、工伤等社会保险费1.7万亿元。

三是市场主体预期稳定向好。迅速建立并不断完善全国疫情信息发布机制，实事求是、公开透明发布疫情权威信息，有效保障企业正常生产和居民正常生活。充分发挥宏观政策协调机制和重点省市“六稳”、“六保”会商机制作用，中央与地方之间、部门之间的政策联动协调不断增强，宏观经济治理体系更加完善，政策稳定性、可预期性和透明度进一步提升。解读形势和政策更加及时，回应社会关切更加积极，有效稳定市场主体发展信心。

（三）坚决打好三大攻坚战，主要目标任务如期完成。瞄准突出问题和薄弱环节狠抓政策落实，脱贫攻坚战取得了全面胜利，污染防治力度不断加大，重大风险得到有效防控。

一是脱贫攻坚战取得了全面胜利。实施挂牌督战，项目资金向“三区三州”等深度贫困地区倾斜。针对疫情、汛情对脱贫攻坚带来的不利影响，优先支持贫困劳动力务工就业，多渠道扩大以工代赈实施规模，加大产业扶贫和就业扶贫力度，强化产销对接和科技帮扶，开展消费扶贫行动，及时落实兜底保障等帮扶措施。出台易地扶贫搬迁后续扶持若干政策措施，“十三五”960多万人易地扶贫搬迁建设任务全面完成。着力巩固“三保障”成果，统筹运用基本医保、大病保险和医疗救助等制度保障，有效减轻贫困人口就医费用负担，脱贫攻坚农村危房改造扫尾工程按期完成，全面解决现行标准下的贫困人口饮水安全问题。开展国家脱贫攻坚普查，建立防止返贫监测和帮扶机制。现行标准下9899万农村贫困人口全部脱贫，全国832个贫困县全部摘帽，12.8万个贫困村全部出列，绝对贫困和区域性整体贫困得到解决。

专栏3："十三五"易地扶贫搬迁建设任务全面完成	
安置住房建设情况	累计建成集中安置区约3.5万个，建成安置住房266万余套，总建筑面积2.1亿平方米，人均住房面积20.8平方米。
配套设施建设情况	新建或改扩建中小学和幼儿园6100多所、医院和社区卫生服务中心1.2万多所、养老服务设施3400余个、文化活动场所4万余个。
搬迁群众就业情况	易地扶贫搬迁群众劳动力就业率达到92%，有劳动能力的搬迁家庭全部实现至少1人就业目标。
城乡总体安置情况	城镇安置区安置人口500多万人，西南地区部分省份城镇安置率超过90%。农业安置人口460万人，各地涌现出一批具有乡村振兴示范作用的集中安置区。

二是污染防治攻坚战圆满完成阶段性目标。扎实推进节能减排，单位国内生产总值能耗和单位国内生产总值二氧化碳排放量继续下降，非化石能源占能源消费总量比重达15.9%。继续打好蓝天、碧水、净土保卫战，持续实施重点区域秋冬季大气污染综合治理，开展夏季臭氧（O_3）污染防治攻坚，积极稳妥推进北方地区冬季清洁取暖，有序推进钢铁行业超低排放改造，扎实推进柴油货车污染治理，积极推进"公转铁"、"公转水"，全国地级及以上城市空气质量优良天数比率达87%。长江、黄河等大江大河重点流域及渤海等重点海域环境质量加快改善，饮用水水源保护和城市黑臭水体治理力

度加大，地表水质量达到或好于Ⅲ类水体比例达 83.4%，劣Ⅴ类水体比例降至 0.6%。深入实施国家节水行动，万元国内生产总值用水量预计下降 1.9%。推动受污染耕地和污染地块安全利用。持续实施农业农村污染治理攻坚，全面开展“无废城市”建设试点，扎实推进污水资源化利用、塑料污染治理、医疗废物处置，推动资源循环利用基地和大宗固体废弃物综合利用基地建设，基本实现固体废物零进口目标。加快构建现代环境治理体系，实现全国固定污染源排污许可全覆盖。扎实推进国家生态文明试验区建设。强化生态保护修复，持续开展大规模国土绿化行动，深入推进三江源、祁连山等重点区域综合治理，森林草原防灭火、湿地保护等重要生态系统保护管理能力有效提升。深入推进生态保护红线监管工作。创建绿色产业示范基地，推广先进绿色技术。积极应对气候变化，提高国家自主贡献目标，参与和引领全球气候治理。开展全国碳排放权交易市场第一个履约周期配额分配。

三是防范化解重大风险取得良好成效。稳妥化解地方政府债务风险，持续推进结构性去杠杆，坚决遏制地方政府隐性债务增长。及时处置一批重大金融风险隐患，各类高风险金融机构得到有序处置，影子银行风险持续收敛，“精准拆弹”有力有效，互联网金融风险有效防控，逐步建立多元化的债券违约处置机制，初步建立系统重要性金融机构、金融控股公司、金融基础设施等统筹监管框架，防范化解重大金融风险攻坚战取得重要阶段性成果，金融市场运行平稳有序。提升重要材料、关键零部件、核心元器件和关键软件的稳定供应水平，着力保持产业链供应链稳定。

（四）深入推进创新驱动发展，科技实力进一步提升。创新在我国现代化建设全局中的核心地位不断增强，全国研究与试验发展经费投入强度为 2.4%，科技进步贡献率提高至 60%以上。

一是创新能力建设进一步加强。重大科技成果持续涌现，“嫦娥五号”任务首次实现我国地外天体采样返回，我国首次火星探测任务“天问一号”探测器成功发射，500 米口径球面射电望远镜（FAST）正式开放运行，“北斗三号”全球卫星导航系统正式开通，量子计算原型系统“九章”成功研制，全海深载人潜水器“奋斗者”号完成万米深潜。国家实验室相继挂牌，新一代人工智能、量子通信与量子计算机、脑科学和类脑研究等“科技创新 2030—重大项目”加快部署实施，深度参与热核聚变实验堆计划等国际大科学计划。创新平台建设加速推进，在新一代信息技术、生物医药、新能源等战略性领域高水平建设一批国家产业创新中心、工程研究中心、技术创新中心、制造业创新中心和企业技术中心，高能同步辐射光源、硬 X 射线自由电子激光、未来网络试验设施等国家重大科技基础设施加快建设。

二是关键核心技术攻关深入推进。实施“揭榜挂帅”等机制，积极探索完善社会主义市场经济条件下关键核心技术攻关新型举国体制，打好关键核心技术攻坚战，加快解决“卡脖子”问题。不断创新支持方式，强化企业创新主体地位，激励企业加大研发投入，支持企业联合科研院所和上下游企业开展技术研发。

三是新产业新业态逆势成长。国家战略性新兴产业集群发展工程深入实施，推动民用空间基础设施加快建设，5G、数据中心、工业互联网等新型基础设施建设稳步推进，集成电路产业有序发展。推动产业数字化智能化改造，推进国家数字经济创新发展试验区建设，开展数字化转型伙伴行动、中小企业数字化赋能专项行动、数字经济新业态培育行动，带动更多中小微企业"上云用数赋智"。传统产业数字化转型持续推进，电商扶贫力度不断加强。

四是重点区域创新高地建设加快推进。北京、上海、粤港澳大湾区国际科技创新中心建设整体格局初步形成，综合性国家科学中心建设成效显著，产业创新高地建设深入推进，国家自主创新示范区和国家高新技术产业开发区加快建设，生产力布局和创新力量布局实现进一步融合。

五是创新创业创造新生态持续构建。全国复制推广第三批 20 项全面创新改革经验。采取线上线下相结合的方式举办 2020 年全国双创活动周，布局建设第三批双创示范基地。聚焦创业带动就业，开展社会服务领域创业就业示范。加大创业担保贷款政策实施力度。全年日均净增市场主体 4.1 万户，其中企业 1.3 万户。

（五）坚定实施扩大内需战略，强大国内市场加快形成。着力畅通供需循环，深入挖掘和激发国内市场需求潜力，内需对经济增长的拉动力稳步提升。

一是消费基础作用进一步增强。积极支持以新业态新模式引领新型消费加快发展，加快培育建设国际消费中心城市，文化和旅游消费、信息消费试点示范有序推进，养老托育等服务消费扩容提质，电子商务进农村综合示范深入实施。稳定和扩大汽车等大宗消费，提振餐饮消费，农村消费潜力进一步释放。加快废旧家电回收体系建设，推动家电更新消费。全年社会消费品零售总额达39.2万亿元。全国网上零售额达11.8万亿元，增长10.9%，其中实物商品网上零售额增长14.8%，占社会消费品零售总额的24.9%。

二是投资关键作用进一步发挥。出台推动基础设施高质量发展的意见、推动都市圈市域（郊）铁路加快发展的意见，加大“两新一重”领域投资力度，开工建设川藏铁路等一批重大工程。加快下达中央预算内投资计划，及时调整优化结构，进一步集中力量办好国家层面的大事、难事、急事。重点支持公共卫生等疫情暴露的短板弱项和铁路、公路、水运、机场、重大水利、重大科技和能源基础设施、城镇老旧小区改造等领域建设。扩大地方政府专项债券使用范围，支持国家重大战略项目建设。用好向民间资本推介项目长效机制，支持民间投资参与重大工程建设。启动基础设施领域不动产投资信托基金（REITs）试点，盘活基础设施存量资产。深化投资审批制度改革，积极探索投资项目承诺制，多个审批环节统一受理、同步评估、并联审批有序推进。全年固定资产投资（不含农户）增长2.9%，对经济恢复增长发挥了重要作用。

专栏4：重大基础设施建设主要进展情况	
重大铁路项目	◇川藏铁路雅安至林芝段“两隧一桥”开工建设。沿江高铁成都至达州至万州段、重庆至万州段、武汉至宜昌段开工建设，14个长江铁水联运项目加快建设。京津冀、长三角、粤港澳大湾区等重点城市群城际铁路加快推进。全年完成铁路固定资产投资7819亿元，投产铁路营业里程4933公里。

（续表）

重大公路项目	◇积极推动京沪、京台、沈海、兰海等拥挤路段扩容改造，加快推动G5515张家界至南充、G0611张掖至汶川、G4012溧阳至宁德、G59呼和浩特至北海、G3W德州至上饶、G4216成都至丽江、G7611都匀至香格里拉、G6911安康至来凤等国家高速公路待贯通路段建设。
重大水运项目	◇持续加大内河水运基础设施补短板力度，长江干线武汉至安庆段6米水深航道整治工程、引江济淮航运工程、京杭运河浙江段三级航道整治工程等稳步推进，长江上游朝天门至涪陵河段航道整治工程等开工建设，长江口南槽航道治理一期工程试运行。加快推动沿海港口基础设施建设，连云港30万吨级航道二期工程、湛江港30万吨级航道改扩建工程有序推进，广州港深水航道拓宽工程全线完工。
重大机场项目	◇玉林、武隆、于田等3个机场建成投运，全国民用运输机场数量达到241个。成都天府机场新建以及贵阳、乌鲁木齐等机场改扩建工程抓紧推进。广州、深圳、西安、兰州、西宁等枢纽机场改扩建工程以及邢台、瑞金等一批支线机场项目开工建设。
重大邮政电信项目	◇在全面实现建制村直接通邮基础上，西部和农村地区邮政普遍服务基础设施建设稳步推进，21个省（市、区）1025个邮政网点得到整修、翻建。组织实施新型基础设施建设工程，累计开通5G基站超过70万个，行政村通4G和光纤比例均超过98%。
重大水利工程	◇积极推进防洪减灾工程、水资源优化配置工程、灌溉节水和供水工程、水生态保护修复工程、智慧水利工程等150项重大水利工程。新开工四川亭子口灌区一期、重庆渝西水资源配置等45项重大水利工程，在建项目总投资超过1万亿元。
重大能源工程	◇乌东德水电站、田湾5号核电站等机组投产发电，福清5号“华龙一号”全球首堆首次并网。乌东德送广东广西、青海至河南特高压直流等重点输电工程建成投运。中俄东线中段、青宁管道等建成投产通气，中俄东线南段全线开工。新疆呼图壁等重点储气库工程2020年实现工作气量143亿立方米。

三是现代流通体系加快建设。推动现代物流业高质量发展，新布局建设22个国家物流枢纽。优化发展环境促进生鲜农产品流通，面向特色农产品优势产地、集散地布局建设17个国家骨干冷链物流基地，“通道+枢纽+网络”的现代物流运

行体系加快形成。创新物流服务模式,鼓励“互联网+”货运物流新业态健康规范发展,促进物流业制造业深度融合、创新发展。统筹降低流通领域制度性交易成本、技术性成本,积极推动物流降本增效。

(六)持续深化供给侧结构性改革,产业结构调整迈出新步伐。坚持把发展经济着力点放在实体经济上,经济质量效益和核心竞争力不断提高。

一是制造业高质量发展扎实推进。实施增强制造业核心竞争力工程。开展先进制造业集群培育试点示范,发挥好先进制造产业投资基金作用。深化新一代信息技术与制造业融合发展,进一步完善工业互联网平台赋能体系。引导企业开展智能化、绿色化、服务化改造,建成一批高水平智能制造示范工厂和绿色制造示范项目,促进传统产业安全、绿色、集聚、高效发展。持续巩固去产能成果,优化重大生产力布局。坚持“上大压小、增优汰劣”,优化煤炭产能结构,全年淘汰落后产能1亿吨以上。完善钢铁项目产能置换和备案办法,全面完成“十三五”期间压减粗钢产能目标任务,积极推进钢铁企业兼并重组。进一步优化石化产业布局,推动重大石化项目建设和城镇人口密集区危险化学品生产企业搬迁改造。促进稀土等战略性矿产资源产业高质量发展,规范资源开发秩序。推动智能汽车创新发展。成功举办云上2020年中国品牌日系列活动。

二是现代服务业发展迈出坚实步伐。积极构建优质高效、竞争力强的服务产业体系。出台进一步推进服务业改革开放发展的指导意见,组织首批先进制造业和现代服务业融合发展试点，积极推动产业共性技术研发、工业设计、总集成总承包、全生命周期管理、检验检测认证等生产性服务业发展。

三是粮食安全和农副产品市场供应得到有力保障。稳定粮食生产，粮食产量连续 6 年保持在 1.3 万亿斤以上，实现谷物基本自给、口粮绝对安全。加强粮食供需形势分析研判，进一步完善粮食储备调控体系。完善粮食“产购储加销”协同保障机制，优化储备品种结构和区域布局，建立政府储备规模动态调整机制，支持建设 234 个粮食仓储物流和应急项目，不断提升粮食仓储能力、提高粮食流通效率，多环节全链条系统化减少粮食产后损失。及时跟踪研判生猪市场形势变化，加强动物防疫基础设施建设，做好非洲猪瘟常态化防控，生猪生产加快恢复，聚焦重要时段投放中央冻猪肉储备，有效保障了猪肉等重要民生商品的供应。“菜篮子”、“果盘子”等产品数量充足，均衡供应能力明显增强。

四是能源安全保障能力持续提升。积极推进煤电油气产供储销体系建设，进一步增强紧缺矿产资源自主保障能力，推动国内油气增储上产，加强油气储备能力和重大电力工程建设。全国大电网基本实现联通，西电东送能力达到 2.6 亿千瓦。风电、太阳能、水电装机规模保持世界第一，非化石能源发电装机规模增长到 9.8 亿千瓦。持续开展电力系统灵活性改造，风电、光伏发电和水能利用率均提高到 96%以上。

专栏5：扎实推进能源产供储销体系建设	
提高"产"的能力	◇全面提高煤炭供给体系质量，加快优质产能释放；积极推动国内油气稳产增产，原油产量连续2年企稳回升，天然气产量连续4年增产超过100亿立方米；构建多元化电力生产格局，充分发挥煤电调峰和兜底保供作用，大力发展和消纳可再生能源。
统筹"供"的途径	◇建立稳定可靠清洁的煤炭供给体系，提升浩吉铁路集疏运系统配套能力，深入推进煤炭清洁运输；提升石油天然气进口供应保障水平和管输能力，构筑多元化境外资源供应格局，加快天然气管道互联互通重大工程建设；统筹推进电网建设，不断增强电网互济和保供能力。
补齐"储"的短板	◇持续增强煤炭储备能力，建立健全以企业社会责任为主体、地方政府储备为补充，产品储备与产能储备有机结合的煤炭储备体系；支持石油储备项目建设；严格落实上游供气企业、管道企业、城镇燃气企业和地方政府储气责任，推进储气设施集约、规模建设，供暖季可动用的储气量比上年增加约50亿立方米；加强电力系统调峰能力和调峰机制建设，大力发展储能产业。
破除"销"的障碍	◇建立健全市场交易体系，更好发挥全国煤炭交易中心作用，进一步完善电力市场化交易政策，完善国内成品油主体多元、公平竞争的市场格局，有序推进天然气基础设施公平开放；完善中长期合同制度，提升中长期合同签约履约水平。深化需求侧管理，引导和激励电力、天然气用户参与调峰，细化完善应急保供预案。

（七）深入实施乡村振兴战略，农业农村发展势头持续向好。统筹推进"三农"工作，不断优化现代农业产业体系、生产体系、经营体系，农业农村发展水平明显提高。

一是农业供给侧结构性改革进一步深化。实施藏粮于地、藏粮于技战略。农业基础设施条件不断改善，完成8000万亩高标准农田年度建设任务。农业科技支撑不断加强，农作物耕种收综合机械化率达到71%。动植物保护能力提升工程深入实施，农业防灾减灾能力不断增强。区域化布局、规模化经营、标准化生产、社会化服务、品牌化营销成为农业发展的新趋势，有效提高了土地生产率、劳动生产率。积极推进土地托管、代耕代种、生产服务外包等规模经营方式，全国农村承包耕地流转达到5.55亿亩。金融支农投入稳步增加，年末涉农贷款余额38.95万亿元，增长10.7%。

二是农村产业融合发展深入推进。已认定两批共200个国家农村产业融合发展示范园，探索创新融合发展的有效路径。农产品加工流通业加快发展，农业产业链、价值链不断延伸，农产品产加销一体化进程明显加快。农业农村多种功能得到释放，农村电商、休闲观光农业、乡村旅游等新业态蓬勃发展。

三是美丽宜居乡村建设全力推进。深入实施村庄清洁行动，制定完善农村厕所革命、生活污水和生活垃圾治理相关标准规范，农村人居环境整治三年行动方案目标任务顺利完成，农村卫生厕所普及率超过68%，农村生活垃圾进行收运处理的行政村比例超过90%。强化水电路等农村基础设施短板领域和薄弱环节建设，推动农村公共基础设施管护体制改革。完成新一轮农网改造，能源普遍服务水平大幅提升。

（八）加快构建区域协调发展新机制，区域发展格局进一步优化。更加注重发挥区域比较优势，着力促进城乡融合发展，区域优势互补、协调发展的格局持续优化，主体功能区战略稳步推进，“多规合一”的国土空间规划体系正在形成。

一是以人为核心的新型城镇化扎实推进。户籍制度改革深入推进,城区常住人口 300 万以下城市基本取消落户限制,1 亿非户籍人口落户城镇目标顺利实现。城镇化空间格局持续优化,成渝地区双城经济圈建设规划纲要编制实施,关中平原、兰州—西宁等城市群建立协调推进机制,南京、广佛、长株潭等都市圈同城化水平持续提升。县城补短板强弱项工作稳步推进,国家新型城镇化综合试点顺利收官,一批有效经验在全国复制推广。特色小镇逐步走上规范健康发展轨道。国家城乡融合发展试验区全面启动探索试验。

二是区域重大战略深入实施。纵深推进京津冀协同发展,积极稳妥疏解北京非首都功能,高标准高质量推进雄安新区规划建设,加快北京城市副中心建设,持续实施协同发展重大项目,加大京津冀地区城际铁路规划建设力度。扎实推进长江经济带生态环境系统性保护修复,大力实施城镇污水垃圾、化工污染、农业面源污染、船舶污染以及尾矿库治理“4+1”工程,长江流域重点水域“十年禁渔”全面启动,深入开展绿色发展试点示范,长江保护法正式出台。稳步推进粤港澳大湾区建设,加大科技创新和产业协同力度,深入推进重大合作平台建设,实施粤港澳大湾区城际铁路建设规划,基础设施和规则机制互联互通取得新进展,《深圳建设中国特色社会主义先行示范区综合改革试点实施方案(2020—2025年)》出台实施。扎实推进长三角一体化发展,推进重大平台建设和跨区域合作,积极构建协同创新网络体系,持续深化生态环境共保联治,提升基础设施互联互通水平,加快公共服务便利共享。黄河流域生态保护和高质量发展规划纲要印发实施。

三是区域协调发展战略落细落实。持续推进西部大开发形成新格局，支持东北地区全面振兴，促进中部地区加快崛起，出台实施支持湖北省经济社会发展一揽子政策，继续推动东部地区率先发展。有力推进重点领域重点平台建设，支持国家级新区和承接产业转移示范区重点项目建设。革命老区、民族地区、边境地区、生态退化地区、资源型地区、老工业地区振兴发展迈出新步伐。坚持陆海统筹，稳步推进海洋经济发展。

（九）全面深化改革推向纵深，市场主体信心和活力进一步增强。社会主义市场经济体制加快完善，全面深化改革取得新的突破，发展活力和内生动力进一步增强。

一是要素市场化配置体制机制进一步完善。深化土地计划管理方式改革，赋予省级人民政府更多自主权，启动新一轮农村宅基地制度改革试点，调整完善土地出让收入使用范围，优先支持乡村振兴。加快完善技能人才评价制度，民营企业职称评审渠道逐渐打通，区域一体化人才资格互认机制稳步推进。深化科技成果使用权、处置权和收益权改革，开展赋予科研人员职务科技成果所有权或长期使用权试点。开展公共数据资源开发利用试点，推进政务数据有序共享。制定建设高标准市场体系行动方案。

专栏6:要素市场化配置改革主要进展

土地要素	◇审批权改革:将永久基本农田以外农用地转为建设用地审批事项授权省级政府批准,部分省试点将永久基本农田转为建设用地和国务院批准土地征收审批事项委托批准。 ◇计划管理方式改革:以真实有效的项目落地作为配置计划指标的依据,深化增量安排与消化存量挂钩机制,加大批而未供、闲置土地处置力度。 ◇宅基地改革:落实宅基地集体所有权,保障农户资格权和农民房屋财产权,适度放活使用权,全国104个县(市、区)以及3个地级市纳入新一轮试点。
劳动力要素	◇住房公积金制度改革:粤港澳、长三角、成渝等区域积极推进住房公积金区域协同发展。 ◇区域互认:京津冀、粤港澳、长三角区域等探索推出人才职业资格、职称、继续教育学时等跨域互认与共享办法。 ◇国际人才引进:允许具有境外职业资格的金融、建筑、规划、设计等领域符合条件的专业人才经备案后,在自贸试验区内提供服务。
资本要素	◇基础制度改革:创业板注册制改革顺利实施,新三板全面改革稳步推进,再融资规则优化,汇率市场化改革持续深化,浮动汇率制度进一步完善。 ◇基础设施建设:银行间与交易所债券市场相关基础设施打通,实现投资者"一点接入"购买全市场债券,促进债券市场自由高效顺畅运转。 ◇金融业对外开放:外商投资准入负面清单金融业领域限制措施清零,外资投资境内资本市场更加便利。
技术要素	◇科研人员职务科技成果所有权或长期使用权:分领域选择40家高等院校和科研机构开展为期三年的试点,可赋予科研人员不低于10年的职务科技成果长期使用权。 ◇技术转移机构与人才:全国范围内建设11家国家技术转移区域中心,40余家技术交易市场,453家国家技术转移机构,36家技术转移人才培养基地,促进技术转移市场与能力建设。
技术要素	◇技术与资本对接:设立创业投资子基金支持科技成果转化,鼓励商业银行采用知识产权质押、预期收益质押等融资方式,深入推进首台(套)重大技术装备保险补偿机制、新材料首批次应用保险试点工作。

（续表）

数据要素	◇ 政策立法:《数据安全法》、《个人信息保护法》草案完成公开征求意见,《网络数据安全管理办法》加快制定,数据分类分级管理不断推进。 ◇ 数据采集标准化:研究制定网上购物、人脸识别等个人信息保护国家标准。 ◇ 数据资源整合与保护:建设国家公共数据开放平台,推进政务数据有序共享。

二是国有企业改革深入推进。大力实施国企改革三年行动,剥离办社会职能和解决历史遗留问题主体任务基本完成,国有企业混合所有制改革积极稳妥深化,国有资产监管的系统性针对性有效性显著增强,市场化经营机制建设迈出新步伐。深化重点行业改革,推动电网企业剥离装备制造等竞争性业务。国家石油天然气管网集团有限公司完成油气管网资产、人员、业务交接,实现并网运行,推动油气管网向社会资本、市场主体公平开放。

三是民营企业发展环境持续改善。在放宽市场准入、加强金融支持、营造公平竞争环境、保护企业和企业家合法权益等方面出台一系列政策举措。民营企业进入油气勘探开采的准入限制逐步放开,支持民营企业参与交通基础设施建设发展。商业银行对民营企业"敢贷、愿贷、能贷"的长效机制加快建立,清理拖欠民营企业中小企业账款行动取得重要成果,妨碍统一市场和公平竞争的政策措施清理工作深入推进,涉政府产权纠纷问题专项治理取得积极成效。

四是营商环境不断优化。"放管服"改革深入推进,全面实施优化营商环境条例,在部分城市开展营商环境评价,《中国营商环境报告2020》正式发布。深入开展工程建设项目审批制度改革,基本建成全国统一的审批和管理体系。招标投标和政府采购领域营商环境持续优化,公共资源全流程电子化交易全面推行。修订印发《市场准入负面清单(2020年版)》,清单事项由131项压减至123项,市场准入限制持续放宽。

五是财税、金融、价格等重点领域改革步伐加快。生态环境、公共文化、自然资源、应急救援等领域中央与地方财政事权和支出责任划分改革方案印发实施。公开发行企业债券、公司债券全面实施注册制,资本市场韧性增强并延续总体平稳态势,金融业的适应性、竞争力和普惠性稳步提升。修订《中央定价目录》,定价项目缩减近30%,电力、油气、公用事业、农产品等重点领域价格改革不断深化。服务业改革开放发展力度进一步加大,电力、油气体制改革持续深化。

(十)持续拓展对外开放范围、领域和层次,开放型经济新体制加快构建。有力克服新冠肺炎疫情和外部环境诸多不确定性,坚持实施更大范围、更宽领域、更深层次对外开放。

一是稳外贸稳外资力度加大。全年货物进出口额达32.2万亿元,吸引外资1444亿美元。扩大出口信用保险覆盖范围,增加出口信贷投放,完善出口退税政策,稳定加工贸易,支持边境贸易创新发展。贸易新业态新模式加快发展,增设46个跨境电子商务综合试验区,跨境电商零售进口试点扩大至86个城市和海南全岛,新增17个市场采购贸易方式试点,积极探索保税维修、离岸贸易等新业务。第三届中国国际进口博览会、中国国际服务贸易交易会成功举办,在网上举办第127、128届广交会。共同落实中美第一阶段经贸协议工作稳步推进。全国和自贸试验区外资准入负面清单分别缩减至33条和30条，进一步放宽服务业、制造业、农业领域外资准入。出台2020年版鼓励外商投资产业目录，扩大鼓励外商投资范围。制定海南自由贸易港外资准入负面清单，海南投资自由化便利化水平进一步提高。北京新一轮服务业扩大开放综合试点继续深化。

二是共建“一带一路”稳步推进。统筹推进疫情防控和“一带一路”境外项目建设，境外投资保持总体平稳。与非洲联盟签署共建“一带一路”合作规划。国际产能合作和第三方市场合作不断深化。中巴经济走廊成功统筹防疫与生产，成为“一带一路”重大项目“两手抓”、“两不误”的标杆。缅甸皎漂经济特区、中阿（联酋）产能合作示范园等取得积极进展，雅万高铁和匈塞、中老、中泰铁路等互联互通项目扎实推进。健康丝绸之路、绿色丝绸之路、数字丝绸之路建设深入推进。中欧班列保持安全稳定畅通运行，开行数量超1.2万列，逆势增长50%，综合重箱率达98.4%。

三是对外开放高地建设取得新成效。海南自由贸易港建设总体方案出台实施，政策制度框架加快建立。增设北京等3个自贸试验区，推动浙江自贸试验区扩区。向全国复制推广自贸试验区37项制度创新成果，累计复制推广260项。新设12个综合保税区，将7个其他形式的海关特殊监管区整合优化为综合保税区。设立广西百色、新疆塔城重点开发开放试验区。

四是参与全球经济治理迈出新步伐。在联合国、二十国集团、亚太经合组织、金砖国家等重要多边平台积极提出中国主张和中国方案。推动区域全面经济伙伴关系协定、中柬自贸协定、中欧地理标志协定等正式签署，中国—毛里求斯自贸协定按时生效实施。中欧投资协定谈判如期完成，中国—挪威、中国—摩尔多瓦自贸协定谈判加快推进。提出《全球数据安全倡议》，推动数字经济国际合作与交流。积极发展全球伙伴关系，推进大国协调合作，深化同周边国家关系，加强同发展中国家团结合作。

（十一）强化民生兜底，人民群众基本生活得到切实保障。针对疫情带来的民生问题，通过加大投入、落实政策、织密扎牢社会保障网，不断提升人民群众获得感幸福感安全感。全国居民人均可支配收入实际增长 2.1%。

一是就业优先政策落细落实。就业是最大的民生，保市场主体也是为稳就业保民生。加大减负、稳岗、扩就业支持力度，帮扶受疫情影响的重点行业、中小微企业和个体工商户等市场主体纾困，扩大有效投资增加就业。多渠道做好重点群体就业工作，支持大众创业万众创新带动就业，在家政服务、养老托育、乡村旅游、家电回收等社会服务领域开展双创带动就业示范行动，推进返乡入乡创业高质量发展。支持多渠道灵活就业，扩大个体经营、国有企事业单位招聘、基层项目招聘、升学入伍、就业见习等吸纳就业规模，促进高校毕业生市场化社会化就业。统筹做好退役军人、农民工等重点群体就业工作。支持建设 53 个区域性公共实训基地，提升重点群体就业技能。

二是健康中国建设扎实推进。健康中国行动启动实施，深入开展爱国卫生运动，综合防控儿童青少年近视，积极推进“一老一小”健康服务，居民健康素养水平明显提升。区域医疗中心建设启动，医联体建设和县域综合医改稳步推进，84%的县级医院达到二级及以上医院水平。每千人口医疗卫生机构床位数预计6.5张。现代医院管理制度建设持续推进，公立医院耗材加成全面取消。医教协同不断深化，医师区域注册制度建立完善，每千人口执业（助理）医师数预计2.9人，每万人口全科医生数预计2.83人。药品、医用耗材集中采购和使用改革协同推进，短缺药品保供稳价扎实推动，基本药物数量由520种增加到685种。

三是社会保障体系进一步完善。参加城镇职工基本养老保险和城乡居民基本养老保险人数达9.99亿人。企业职工基本养老保险基金中央调剂比例从3.5%提高到4.0%，实现省级统收统支，退休人员基本养老金稳步提高。职工基本医疗保险、城乡居民基本医疗保险和大病保险制度更趋完善，医保扶贫成效显著，医保药品目录动态调整有序推进。通过工伤保险为185万工伤职工及供养亲属提供待遇保障。失业保险保障范围进一步扩大，阶段性实施失业补助资金政策、阶段性扩大失业农民工保障范围，全年共有1337万人领取到不同项目的失业保险。全年向608万户企业发放失业保险稳岗返还1042亿元，惠及职工1.56亿人。加强困难群众兜底保障，适度扩大低保覆盖范围，做到“应保尽保”；出台救助“扩围”政策，及时启动社会救助和保障标准与物价上涨挂钩联动机制，对因疫致困、未参保失业人员加大救助帮扶，实现“应救尽救”，因疫情新纳入低保、特困供养近600万人，实施临时救助超过800万人次。城镇老旧小区改造全面推进，已开工改造城镇老旧小区4.03万个，涉及居民736万户。保障性安居工程建设持续推进，棚户区改造新开工209万套；大中城市公租房继续发展，城镇困难群众住房保障不断加强。有力有序做好防汛抢险救援工作。

四是公共服务补短板强弱项提质量深入推进。推动出台国家基本公共服务标准。学前教育毛入学率、九年义务教育巩固率、高中阶段教育毛入学率分别达到85.2%、95.2%、91.2%，普通高等教育本专科招生967.5万人，研究生招生110.7万人。基本实现每个县办好1—2所县级公立医院，每个乡镇有1所乡镇卫生院，每个行政村有1所村卫生室。长城、大运河、长征等国家文化公园标志性项目建设统筹推进。预计人均体育场地面积2.2平方米，增长4.8%。城乡社区综合服务设施覆盖率分别达到96.4%和83.7%，每百户居民拥有城乡社区综合服务设施达34.7平方米。继续实施残疾人两项补贴制度，惠及1153万困难残疾人和1433万重度残疾人，为残疾人提供服务设施数预计4403个。家政服务提质扩容深入推进。修订未成年人保护法，妇女儿童权益保障工作不断加强。支持特困人员供养服务设施建设。促进养老托育服务健康发展的意见、建立健全养老服务综合监管制度促进养老服务高质量发展的意见出台，普惠养老专项行动继续实施，各类养老床位数达到823.8万张。普惠托育服务设施建设持续推进。

综合来看，2020年经济实现正增长，就业物价预期目标较好完成，国际收支保持基本平衡，创新驱动、资源节约、环境保护、民生保障等领域指标继续改善，全年经济社会发展主要目标任务较好完成。

经过五年持续奋斗，“十三五”规划目标任务胜利完成，经济发展方式实现重大转型，经济总量越过100万亿元大关，居民收入基本同步增长。人均国内生产总值超过1万美元，165项重大工程项目基本完成，国家发展物质基础更加雄厚。覆盖城乡居民的社会保障体系基本建成，教育公平和质量较大提升，生态文明建设取得重大进展。我国经济实力、科技实力、综合国力和人民生活水平又跃上新的大台阶，全面建成小康社会取得伟大历史性成就，中华民族伟大复兴向前迈出了新的一大步。这是以习近平同志为核心的党中央坚强领导的结果，是习近平新时代中国特色社会主义思想科学指引的结果，是各地区各部门贯彻落实党中央决策部署、勇于担当、善于作为的结果，是广大人民群众团结奋进、开拓进取的结果。

同时也要看到，2021年国内外环境面临深刻复杂变化。世界百年未有之大变局进入加速演变期，新冠肺炎疫情又增添了新的变数；长期存在的结构性矛盾依然凸显，在外部冲击下又出现了一些新问题。一是疫情走势不确定性对经济进一步恢复构成掣肘。新冠肺炎疫情仍在全球蔓延，疫情反弹和长期持续的风险客观存在，国际上推动复工复产和防止疫情扩散面临“两难”。国内疫情防控仍有薄弱环节，我国外防输入和内防反弹的压力始终存在。二是外部环境复杂严峻可能影响我国内经济平稳运行。世界经济有望出现恢复性增长，但复苏不稳定不平衡，主要经济体量化宽松等宏观政策造成外溢效应，全球产业链供应链区域化、本地化特征更趋明显，单边主义、保护主义持续演化，影响我国经济稳定恢复的外部变数依然较多。三是经济恢复基础尚不牢固。国内外市场有效需求仍显疲弱，居民消费仍受制约，投资增长后劲不足，出口持续回稳基础不牢。中小微企业和个体工商户困难较多。不少行业企业还处在疫后恢复期，生产经营还面临不少压力，影响供需良性循环。四是经济动能接续转换面临不少障碍。推动经济转型升级和创新发展仍受到一些制约，保持产业链供应链稳定运行面临挑战，“卡脖子”问题依然突出，传统行业转型升级面临挑战，国内统一大市场仍需完善，要素资源配置、生产力布局等仍需优化。五是重点领域安全风险不容忽视。稳就业压力仍然较大，一些地方财政收支矛盾突出，基层保基本民生、保工资、保运转支出和地方政府债务还本付息压力较大，防范化解金融等领域风险任务依然艰巨，企业债务违约压力加大，保障粮食能源安全面临新的挑战，生态环境质量改善成效并不稳固，教育、医疗、养老、托育等民生领域还有不少薄弱环节。同时，我们在工作中也还存在一些不足，比如，推动经济高质量发展、构建新发展格局的能力和水平还需进一步提升，政策间的协调配合还有待加强，有的政策实施效果还有待提高。

总的看，虽然挑战前所未有，更具有复杂性、全局性，但机遇也前所未有，更具有战略性、可塑性，机遇大于挑战，我国有中国共产党领导和中国特色社会主义制度的显著优势，经济长期向好的趋势没有改变，我国发展仍处于重要战略机遇期。我们有信心、有底气、有能力危中寻机、化危为机，不断开创我国经济社会发展的新局面。

二、2021 年经济社会发展总体要求、主要目标和政策取向

2021 年是我国现代化建设进程中具有特殊重要性的一年,“十四五”开局,全面建设社会主义现代化国家新征程开启,做好经济工作意义重大。

(一)总体要求。

做好 2021 年经济社会发展工作,要在以习近平同志为核心的党中央坚强领导下,以习近平新时代中国特色社会主义思想为指导,全面贯彻党的十九大和十九届二中、三中、四中、五中全会精神,坚持稳中求进工作总基调,立足新发展阶段,贯彻新发展理念,构建新发展格局,以推动高质量发展为主题,以深化供给侧结构性改革为主线,以改革创新为根本动力,以满足人民日益增长的美好生活需要为根本目的,坚持系统观念,巩固拓展疫情防控和经济社会发展成果,更好统筹发展和安全,扎实做好“六稳”工作、全面落实“六保”任务,科学精准实施宏观政策,努力保持经济运行在合理区间,坚持扩大内需战略,强化科技战略支撑,扩大高水平对外开放,保持社会和谐稳定,确保“十四五”开好局起好步,以优异成绩庆祝中国共产党成立 100 周年。

在具体工作中,要把握好五个重点方面。一是坚持稳中求进。保持战略定力,保持经济运行在合理区间,为保障民生、增强人民群众获得感幸福感安全感提供支撑,为“十四五”开好局创造良好条件。二是坚持做好新冠肺炎疫情防控

工作。确保不出现规模性输入和反弹，适应在常态化疫情防控中谋划经济社会发展，巩固拓展疫情防控成果。三是坚持新发展理念构建新发展格局。以编制实施“十四五”规划纲要为抓手，把新发展理念贯穿发展全过程和各领域。把实施扩大内需战略同深化供给侧结构性改革有机结合起来，强化科技自立自强，坚定推进结构调整和产业优化升级，坚持推动经济社会发展全面绿色转型，加快构建以国内大循环为主体、国内国际双循环相互促进的新发展格局。四是坚持深化改革开放。大力破除体制机制障碍，坚定实施高水平对外开放。五是坚持系统观念。统筹国内国际两个大局、办好发展安全两件大事，注重防范化解重大风险挑战，实现发展质量、结构、规模、速度、效益、安全相统一。

（二）主要预期目标。

按照上述总体要求，坚持立足当前、着眼长远，尽力而为、量力而行，在综合平衡基础上兼顾需要与可能，提出2021年经济社会发展主要预期目标：

——国内生产总值增长6%以上。主要考虑：一是按照“十四五”时期经济发展的目标要求，并考虑到2020年基数较低的影响，坚持底线思维，稳定市场预期，有利于实现平稳可持续增长。二是考虑到2021年是“十四五”开局之年，为应对疫情冲击采取的各项政策措施逐步回归常态，将经济增速设为6%以上，有利于引导各方面集中精力推进改革创新、推动高质量发展。三是考虑了经济运行恢复情况，随着经济运行逐步恢复常态、保持在合理区间，实现这一目标有条件有支撑。

——城镇新增就业 1100 万人以上，城镇调查失业率 5.5%左右。关于城镇新增就业总量：随着经济规模扩大、服务业发展，经济增长对就业的吸纳能力不断增强，特别是优化营商环境、支持灵活就业等政策落地见效，实现 1100 万人以上的城镇新增就业有较好支撑。关于城镇调查失业率：比 2020 年预期目标下调 0.5 个百分点，主要是更好体现稳就业的决心以及实施就业优先、强化就业保障的政策导向。同时，在经济运行持续恢复的条件下，随着稳就业工作的深入开展，2021 年城镇调查失业率可以控制在 5.5%左右。从这两年的实践看，城镇调查失业率逐步运行成熟，能够准确反映就业形势，实现与城镇登记失业率的平稳过渡，2021 年不再把城镇登记失业率作为国家宏观调控目标，地方是否保留可根据实际情况自主确定。

——居民消费价格涨幅 3%左右。主要考虑：综合翘尾因素和新涨价因素，预计 2021 年居民消费价格上涨压力总体小于 2020 年；同时，考虑到国际粮食和能源等大宗商品价格存在上涨可能性，从稳定市场预期等角度出发，将居民消费价格涨幅设为 3%左右。

——居民收入稳步增长。主要考虑：这是逐步实现共同富裕的必然要求，有利于更好满足人民日益增长的美好生活需要，更好体现以人民为中心的发展思想。随着企业经营效益逐步改善、促进低收入群体增收、再分配调节不断加力等政策措施持续推进，2021 年居民收入增长具有较好支撑。

——进出口量稳质升，国际收支基本平衡。主要考虑：促进外贸进出口量稳质升、保持国际收支基本平衡是应对错综复杂国际形势变化的需要，是推动构建新发展格局、实现高水平对外开放的需要。我国产业链供应链稳步恢复，出口产品综合竞争优势不断增强，跨境电商等新业态蓬勃发展，这都为外贸量稳质升提供了有力支撑。

——单位国内生产总值能耗降低3%左右，主要污染物排放量继续下降。主要考虑：为确保实现2030年前二氧化碳排放达到峰值，结合需要与可能，并与"十四五"规划目标相衔接，将2021年能耗强度目标设为下降3%左右。

——粮食产量保持在1.3万亿斤以上。主要考虑：粮食安全事关国计民生，事关发展全局。为稳定市场预期，夯实粮食安全基础，统筹考虑国内粮食消费需求、综合生产能力、全球粮食市场变化和粮食自给率目标等因素，2021年新增粮食产量指标，将预期目标设为保持在1.3万亿斤以上，同时保持粮食播种面积稳定并努力提高单产。

（三）主要宏观政策取向和重点。

为实现上述目标，要保持宏观政策连续性稳定性可持续性，促进经济运行在合理区间。在区间调控基础上加强定向调控、相机调控、精准调控。宏观政策要继续为市场主体纾困，保持必要支持力度，不急转弯，根据形势变化适时调整完善，进一步巩固经济基本盘，继续实施积极的财政政策、稳健的货币政策和就业优先政策，用好改革政策，根据实际情况不断完善宏观政策组合，把握好政策时度效，以高质量发展为"十四五"开好局。

——积极的财政政策要提质增效、更可持续。考虑到疫情得到有效控制和经济逐步恢复，今年赤字率拟按3.2%左右安排、比去年有所下调，不再发行抗疫特别国债。因财政收入恢复性增长，财政支出总规模比去年增加，重点仍是加大对保就业保民生保市场主体的支持力度。中央本级支出继续安排负增长，进一步大幅压减非急需非刚性支出，对地方一般性转移支付增长 7.8%、增幅明显高于去年，其中均衡性转移支付、县级基本财力保障机制奖补资金等增幅均超过 10%。建立常态化财政资金直达机制并扩大范围，将 2.8 万亿元中央财政资金纳入直达机制，为基层提供更加及时有力的财力支持。要节用为民、坚持过紧日子，确保基本民生支出只增不减，助力市场主体焕发生机。优化和落实减税政策，继续执行制度性减税政策，延长小规模纳税人增值税优惠等部分阶段性政策执行期限，实施新的结构性减税举措，对冲部分政策调整带来的影响。将小规模纳税人增值税起征点从月销售额 10 万元提高到 15 万元。对小微企业和个体工商户年应纳税所得额不到 100 万元的部分，在现行优惠政策基础上，再减半征收所得税。

——稳健的货币政策要灵活精准、合理适度。把服务实体经济放到更加突出的位置，处理好恢复经济与防范风险的关系。货币供应量和社会融资规模增速与名义经济增速基本匹配，保持流动性合理充裕，保持宏观杠杆率基本稳定。保持人民币汇率在合理均衡水平上的基本稳定。进一步解决小微企业融资难题。延续普惠小微企业贷款延期还本付息政策，加大再贷款再贴现支持普惠金融力度。延长小微企业融资担保降费奖补政策，完善贷款风险分担补偿机制。加快信用信息共享步伐。完善金融机构考核、评价和尽职免责制度。引导银行扩大信用贷款、持续增加首贷户，推广随借随还贷款，使资金更多流向科技创新、绿色发展，更多流向小微企业、个体工商户、新型农业经营主体，对受疫情持续影响行业企业给予定向支持。大型商业银行普惠小微企业贷款增长30%以上。创新供应链金融服务模式。适当降低小微企业支付手续费。优化存款利率监管，推动实际贷款利率进一步降低，继续引导金融系统向实体经济让利。今年务必做到小微企业融资更便利、综合融资成本稳中有降。

——就业优先政策要继续强化、聚力增效。着力稳定现有岗位，对不裁员少裁员的企业，继续给予必要的财税、金融等政策支持。继续降低失业和工伤保险费率，扩大失业保险返还等阶段性稳岗政策惠及范围，延长以工代训政策实施期限。拓宽市场化就业渠道，促进创业带动就业。推动降低就业门槛，动态优化国家职业资格目录，降低或取消部分准入类职业资格考试工作年限要求。支持和规范发展新就业形态，加快推进职业伤害保障试点。继续对灵活就业人员给予社保补贴，放开在就业地参保的户籍限制。做好高校毕业生、退役军人、农民工等重点群体就业工作，完善残疾人、零就业家庭成员等困难人员就业帮扶政策，促进失业人员再就业。拓宽职业技能培训资金使用范围，开展大规模、多层次职业技能培训，完成职业技能提升和高职扩招“三年行动”目标，建设一批高技能人才培训基地。实施提升就业服务质量工程。运用就业补助资金等，支持各类劳动力市场、人才市场、零工市场建设，广开就业门路，为有意愿有能力的人创造更多公平就业机会。

同时，进一步加强宏观政策协同配合，促进财政、货币、就业、产业、投资、消费、环保、区域、改革等政策形成系统集成效应，着力发挥有效投资的关键作用，强化预期管理，增强市场信心，汇聚起集中力量办大事、难事、急事的合力。改革政策要着力激发市场活力，聚焦实现有效市场和有为政府更好结合，加快推进有利于提高资源配置效率、有利于调动各方积极性、有利于提高发展质量和效益的改革，坚持问题导向，围绕增强创新能力、推动平衡发展、改善生态环境、提高开放水平、促进共享发展等重点领域和关键环节，继续把改革推向深入。

三、2021 年国民经济和社会发展计划的主要任务

2021 年，要全面贯彻党中央确定的“十四五”时期经济社会发展指导方针和决策部署，深入落实中央经济工作会议精神和《政府工作报告》任务要求，准确把握新发展阶段，深入贯彻新发展理念，加快构建新发展格局，统筹发展和安全，着力做好以下方面工作。

（一）抓紧抓实“外防输入、内防反弹”，科学有效做好常态化疫情防控。坚持常态化精准防控与局部应急处置有机结合，提高应对突发情况的能力。

一是持续优化常态化疫情防控举措。将“外防输入”作为重中之重，严格实施远端防控措施，健全口岸公共卫生体系，对入境人员境外核酸检测全覆盖。加强冷链食品等进口商品预防性全面消毒，加大对重点场所人员、环境、物品等检测排查力度，完善全国进口冷链食品追溯管理平台和省级平

台。加强核酸检测能力建设，保障常态化疫情防控需求。科学推进疫苗研制生产、接种使用工作，确保安全有效。落实“四早”要求，进一步改进救治工作。及时主动向社会发布疫情信息，确保公开透明。

二是加快健全国家公共卫生应急管理体系。落实健全公共卫生应急物资保障体系实施方案、公共卫生防控救治能力建设方案，加强防控物资和技术储备。加强公共卫生设施建设，健全突发公共卫生事件应对预案体系。改革完善疾病预防控制体系运行机制，完善传染病疫情和突发公共卫生事件监测系统。优化医疗资源和救治力量布局，构建分层次、分区域的重大疫情医疗救治体系，着力提高重大突发公共卫生事件应对能力。支持医疗废物处置设施建设。

三是积极推进疫情国际联防联控。支持世界卫生组织协调整合资源，公平有效分配疫苗。继续向应对疫情能力薄弱的国家和地区提供帮助，发挥全球抗疫物资最大供应国作用，推动构建人类卫生健康共同体。

（二）加快科技自立自强，推进产业基础高级化、产业链现代化。强化国家战略科技力量，继续加强基础研究、应用研究和科技成果转移转化，进一步提高我国产业核心竞争力。全社会研发经费投入增长7%以上。

一是大力提升科技创新能力。加快推动国家实验室建设和国家重点实验室体系重组，抓紧制定实施基础研究十年行动方案，重点布局一批基础学科研究中心。加强关键核心技术攻关，深入谋划推进“科技创新2030—重大项目”，改革科技重大专项实施方式，推广“揭榜挂帅”等机制。制定实施国家中长期科学和技术发展规划(2021—2035年)。组织实施新型基础设施建设,加快推进人工智能、量子信息、脑科学、生物育种等科技创新。加快北京、上海、粤港澳大湾区国际科技创新中心建设,大力推进怀柔、张江、合肥、粤港澳大湾区综合性国家科学中心建设,高质量谋划推进成渝地区具有全国影响力的科技创新中心建设,增强国家自主创新示范区、高新技术产业开发区、经济技术开发区等创新发展能力。优化国家产业创新中心、技术创新中心、制造业创新中心、工程研究中心、企业技术中心布局。组织实施融通创新示范工程,鼓励大企业向中小企业开放资源、开放场景、开放应用、开放创新需求,打造基于产业链供应链的创新创业生态。用税收优惠机制激励企业加大研发投入,延续执行企业研发费用加计扣除75%政策,将制造业企业加计扣除比例进一步提高到100%。持续推进大众创业万众创新,支持双创示范基地建设,办好全国双创活动周、双创主题日。倡导敬业、精益、专注、宽容失败的创新创业文化,完善试错容错纠错机制。深入推进科技体制改革,加强项目、基地、人才、资金一体化配置,强化国家科普能力建设,完善科技人才激励机制和科技评价机制,支持青年人才加快成为科研主力军。深入推进全面创新改革。健全基础研究稳定支持机制,大幅增加投入,中央本级基础研究支出增长10.6%。完善金融支持创新体系,引导更多资金进入基础研究、自主研发、成果转化等领域。

二是着力振兴和发展实体经济。实施新一轮制造业核心竞争力提升五年行动计划,开展先进制造业集群发展专项行动,创建国家制造业高质量发展试验区。对先进制造业企业按月全额退还增值税增量留抵税额，提高制造业贷款比重，扩大制造业设备更新和技术改造投资。加快重点行业结构调整和绿色化改造，持续推进国家战略性新兴产业集群发展工程，强化技术创新和公共服务。落实新时期促进集成电路产业和软件产业高质量发展的若干政策。加强产业管理，促进新能源汽车健康有序发展，加快构建智能汽车基础设施、产业生态等支撑体系。加快壮大新能源等产业，提升新能源消纳和存储能力。培育壮大生物经济，推动生物技术融合发展。加快临床急需用药和高端医疗装备开发及产业化。推动北斗大规模应用及产业化发展。稳步提升航空产业链现代化和国际化水平。继续推动先进制造业和现代服务业融合试点。依托工业互联网、工业软件等新一代信息技术，加快制造服务业发展。进一步完善废旧家电回收处理体系，畅通家电生产、消费、回收、处理全链条。实施中华老字号保护发展工程。办好2021年中国品牌日活动。

专栏7：振兴发展实体经济重要举措	
增强制造业核心竞争力	◇推动高端新材料、工业母机、重大技术装备、智能制造与机器人技术、新能源汽车和智能汽车、高端医疗装备和创新药、农业机械装备、工业软件等领域关键核心技术攻关和产业化。
推动传统产业优化升级	◇发展先进适用技术和独门绝技，扩大制造业设备更新和技术改造投资，推动传统产业高端化、智能化、绿色化，促进全产业链优化升级，锻造产业链供应链长板。
深化重点行业结构调整	◇持续推进钢铁行业供给侧结构性改革，推动行业兼并重组、转型升级。推动石化产业集聚发展、布局优化，增强重点化工产品供给保障能力。加强汽车产业宏观指导，避免盲目投资和重复建设。

（续表）

加快制造服务业发展	◇围绕提升创新能力、优化供给质量、提高生产效率、支撑绿色发展、增强发展活力、推动供应链创新应用等方面，提升面向制造业的专业化、社会化、综合性服务能力。

三是加力推动数字化发展。发展数字经济，推进数字产业化和产业数字化，打造具有国际竞争力的数字产业集群。培育数据要素市场，发挥好数据要素关键作用。推动数字政府建设，持续推进实施国家政务信息化重大工程，加快打造数字化一流营商环境。深入推进全国一体化大数据中心体系建设，做好数据中心建设布局，促进数据资源有序流通和创新应用。积极参与数字领域国际规则和标准制定。

专栏8：支持数字经济发展举措	
建立健全政策体系	◇编制《"十四五"数字经济规划》。研究出台新时期推动"互联网+"政策文件，强化对数字经济与实体经济融合重点发展方向的政策引导，进一步调动社会积极性。
激活数据要素价值	◇研究建立数据资源产权、交易流通等基础制度和标准规范，加快激活数据作为新型生产要素作用。推动数据要素市场化改革，促进数据资源安全高效开发利用。建立健全数据共享协调机制，加快推进数据有效共享，推动政务数据共享对接更加精准顺畅。
推动产业数字化	◇制定促进产业数字化智能化绿色化行动方案，推进工业互联网创新发展，带动先进制造业集群发展。大力发展电子商务，全面提升数字化、网络化、智能化水平。支持在全国布局建设若干数字化转型促进中心。
推动数字产业化	◇大力培育壮大人工智能、大数据、云计算、区块链等新产业新业态。营造公平有序的发展环境，深化线上线下融合发展，引导共享经济、平台经济等健康有序发展。
统筹推进试点示范	◇总结数字化转型伙伴行动成效，组织实施好新一批数字化转型伙伴行动，推动解决数字化转型突出问题。推动数字经济创新发展试验区建设，积极推广发展数字经济的好做法、好经验。

（续表）

持续深化国际合作	◇推动数字丝绸之路建设，拓展数字领域合作伙伴，支持和鼓励在智慧城市、电子商务等数字经济领域的国际合作。积极参与数据安全、数字货币、数字经济相关国际税收规则等国际标准制定。

四是增强产业链供应链自主可控能力。推进产学研用深度融合，支持企业牵头组建创新联合体，承担国家重大科技项目。统筹推进补齐短板和锻造长板，开展制造业强链补链行动，针对产业薄弱环节，实施好关键核心技术攻关工程，尽快解决一批“卡脖子”问题。实施好产业基础再造工程，提升关键基础材料、基础零部件、先进基础工艺、产业技术基础、工业基础软件等方面自主创新能力。实施产业链合作伙伴提升计划。加强顶层设计、应用牵引、整机带动，强化共性技术供给，深入实施质量提升行动。加强国际产业安全合作。推动搭建国际产业链供应链合作平台，促进全球产业链稳定性和多元化。

（三）坚定实施扩大内需战略，加快形成强大国内市场。紧紧扭住供给侧结构性改革这条主线，注重需求侧管理，形成需求牵引供给、供给创造需求的更高水平动态平衡。

一是激发国内消费潜力。健全工资合理增长机制，提高居民消费能力。有序取消一些行政性限制消费购买的规定，推动汽车等消费品由购买管理向使用管理转变，取消对二手车交易不合理限制，扩大新能源汽车消费占比，增加停车场、充电桩、换电站等设施，加快建设动力电池回收利用体系，鼓励开展汽车下乡和汽车、家电、家具以旧换新，促进家装消费。

发展健康、文化、旅游、体育等服务消费，推动互联网诊疗、在线教学、体外诊断、远程办公、通用航空、智能体育等消费新业态新模式加快发展，促进线上线下消费融合发展。引导平台企业合理降低商户服务费。充分挖掘县乡消费潜力，大力提升电商快递进农村综合水平和农产品流通现代化水平，着力畅通工业品下乡、农产品进城双向流通渠道，补齐农产品冷链物流设施短板，开展农商互联农产品供应链建设，推动农村产品和服务品牌化、标准化、数字化、产业化改造，吸引城市居民下乡消费。完善节能环保产品推广机制，提高绿色产品市场占有率。培育国际消费中心城市，建设一批区域消费中心。高质量推进步行街改造提升。以信用体系建设为抓手，强化消费者权益保护，营造良好消费环境。

二是增强投资增长后劲。坚持“项目跟着规划走，资金要素跟着项目走”，加快国家重大战略项目实施步伐，加强重大项目资金、用地等要素保障。发挥中央预算内投资在外溢性强、社会效益高领域的引导和撬动作用，安排中央预算内投资 6100 亿元，比上年增加 100 亿元。新增地方政府专项债券规模为 3. 65 万亿元，优先支持在建工程，合理扩大使用范围。激发全社会投资活力，形成市场主导的投资内生增长机制。协同推进投资审批制度改革、开展投资领域专项执法检查，着力深化在线平台建设应用。加大新型基础设施投资力度，谋划布局 5G、数据中心、基础软件、空间基础设施等建设。支持城市防洪排涝设施建设，加强城市内涝治理。稳步推进川藏铁路、西部陆海新通道等重大项目建设，完善机场布局，加快推进三峡枢纽水运新通道建设前期工作，实施国家水网、航道网工程，有序推进油气和电力等重大能源工程。稳妥推进基础设施领域不动产投资信托基金试点，推动盘活存量资产，形成投资良性循环。规范推广政府和社会资本合作模式，吸引民间资本参与。

三是加快构建现代流通体系。加快推进流通体系软硬件建设，优化提升流通基础设施网络，发展流通新技术新业态新模式，完善流通领域规范和标准，推动形成全国统一大市场。持续加强国家物流枢纽、国家骨干冷链物流基地等重大物流基础设施建设，开展商贸物流高质量发展专项行动，建设现代物流体系。巩固物流减税降费成果，完善铁路、水运干线物流通道，优化货物运输结构，积极发展多式联运、智慧物流，加快推进"快递进村"工程。培育壮大现代流通企业，加强国际航空货运能力建设，拓展全球流通服务网络，构建安全可靠的现代国际物流供应链体系，建设覆盖线上线下的重要产品追溯体系。

（四）深化重点领域和关键环节改革，推动有效市场和有为政府更好结合。紧盯解决突出问题，提高改革的战略性、前瞻性、针对性，使改革更好对接发展所需、基层所盼、民心所向。

一是加快建设高标准市场体系。实施建设高标准市场体系行动方案。修订印发《市场准入负面清单（2021 年版）》，巩固维护"全国一张清单"管理模式，开展市场准入效能评估，加快推进放宽市场准入试点，制定出台海南、深圳等放宽市场准入特别措施。完善竞争政策框架，健全公平竞争审查机制，加强反垄断和反不正当竞争执法，防止资本无序扩张，着力营造一视同仁、公平竞争的公正市场环境。开展要素市场化配置综合改革试点，推进要素市场制度建设。开展招标投标领域改革创新试点，加大地方招标投标制度规则清理整合力度。深化土地管理制度改革，积极探索实施农村集体经营性建设用地入市制度，推动不同产业用地类型合理转换，建立健全省级人民政府用地审批工作评价机制。畅通劳动力和人才社会性流动渠道，深化人才评价、职业资格职称评定等人事人才管理制度改革。健全多层次资本市场体系。强化产权和知识产权保护，健全职务科技成果产权制度，深化科技成果使用权、处置权、收益权改革，持续做好赋予科技人员职务科技成果所有权或长期使用权试点工作，设立知识产权和科技成果产权交易机构。制定出台加快培育数据要素市场的意见，研究制定《网络数据处理安全规范》等国家标准，推动出台《数据安全法》和《个人信息保护法》。

二是进一步转变政府职能。持续优化市场化法治化国际化营商环境。将行政许可事项全部纳入清单管理。深化"证照分离"改革，大力推进涉企审批减条件、减环节、减材料、减时限。完善中小微企业简易注销制度。实施工业产品准入制度改革，推进汽车、电子电器等行业生产准入和流通管理全流程改革。推动工程建设项目全流程审批制度化，进一步精减规范工程建设项目审批事项和条件。深化行业协会、商会改革。完善以信用为基础的新型监管机制，进一步健全守信联合激励和失信联合惩戒机制。建立公共信用信息同金融信息共享整合机制，完善全国"信易贷"平台，扩大信用贷款规模，全面推行信用承诺制度，提升社会信用体系建设法治化水平。

推进政务服务标准化、规范化、便利化，建立健全政务数据共享协调机制，推动电子证照扩大应用领域和全国互通互认，实现更多政务服务事项网上办、掌上办、一次办。压缩企业开办时间，支持省级层面统筹开展住所与经营场所分离登记试点。全面实现公共资源全流程电子化交易。进一步完善中国营商环境评价机制，开展营商环境评价和动态监测，编制发布中国营商环境报告（2021 年版）。

三是用改革办法降低企业生产经营成本。推进能源、交通、电信等基础性行业改革，提高服务效率，降低收费水平。允许所有制造业企业参与电力市场化交易，进一步清理用电不合理加价，继续推动降低一般工商业电价。中小企业宽带和专线平均资费再降 10%。推行高速公路货车分时段分路段差异化收费。取消港口建设费，将民航发展基金航空公司征收标准再降低 20%。鼓励受疫情影响较大的地方，对承租国有房屋的服务业小微企业和个体工商户减免租金。推动各类中介机构公开服务条件、流程、时限和收费标准。严控非税收入不合理增长，严厉整治乱收费、乱罚款、乱摊派。

四是着力激发市场主体活力。深入实施国企改革三年行动，加快推进国有经济布局优化和结构调整，积极稳妥深化国有企业混合所有制改革，健全管资本为主的国有资产监管体制。构建亲清政商关系，依法平等保护民营企业产权和企业家权益，弘扬企业家精神，加快建设世界一流企业，实施中小企业创新能力和专业化水平提升工程，培育一批“专精特新”中小企业。加强小微企业普惠金融服务，落实保障中小企业款项支付条例，切实维护中小微企业合法权益。推进能源、铁路、电信等行业竞争性环节市场化改革，深入推进自然垄断业务监管体制改革，加快构建全国统一电力市场，开展铁路市场化改革综合试点。

五是深化财税、金融、价格等体制改革。完善预算管理制度，强化预算约束和绩效管理，加大预算公开力度，精简享受税费优惠政策的办理流程和手续。落实中央与地方政府事权和支出责任划分改革方案。加快推进后移消费税征收环节并稳步下划地方。建设现代中央银行制度，完善货币供应调控机制，稳妥推进数字货币研发。健全金融机构公司治理，深化国有商业银行改革，支持中小银行和农村信用社持续健康发展，改革优化政策性金融。提高直接融资比重，稳步推进主板（中小板）、新三板注册制改革，完善常态化退市机制，提高上市公司质量，促进资本市场健康发展。纵深推进能源、资源等重点领域价格改革，加强和完善垄断环节成本监审，持续深化电价改革，建立健全油气管网运输价格机制，积极推进水资源价格改革。

（五）深入推进高水平对外开放，建设更高水平开放型经济新体制。推动贸易和投资自由化便利化，依托我国大市场优势，促进国际合作，实现互利共赢。

一是稳住外贸外资基本盘。加强外贸政策支持保障，稳住贸易规模和市场主体。持续推进贸易创新发展，优化国内国际市场布局、商品结构、贸易方式，提升出口质量，增加优质产品进口。全面落实外商投资法及其实施条例，保护外商投资合法权益，健全准入前国民待遇加负面清单管理制度和外商投资国家安全审查制度。进一步缩减外商投资准入负面清单，落实2020年版鼓励外商投资产业目录，积极引导外资投向先进制造、高新技术、节能环保等领域和中西部地区。完善对人民币使用的支持体系，继续推动金融市场高质量双向开放。

二是推动共建“一带一路”高质量发展。坚持共商共建共享原则，秉持绿色、开放、廉洁理念，深化务实合作。严格做好境外项目疫情防控，大力推进健康、绿色、数字丝绸之路建设。提升境外投资质量效益，促进对外投融资基金健康发展。深入推进与重点国家和地区规划对接，加强产能合作。有序推进境外经贸合作区建设。推动铁路、港口、能源等互联互通重大项目取得积极进展，高标准推进中巴经济走廊建设，稳妥有序推动中蒙俄经济走廊等重大项目建设。积极推进中国与欧盟、新加坡、韩国、日本等第三方市场合作，推动与相关国家签署第三方市场合作重点项目清单。继续深化与国际组织共建“一带一路”合作。积极做好风险防范和处置应对，有效维护境外投资经营合法权益。拓展“丝路电商”合作。加强中欧班列通道能力、枢纽节点、口岸扩能及海外仓建设，推进中欧班列集结中心示范工程建设和政府间合作机制建设。商签中新共建国际陆海贸易新通道合作规划，推动国际陆海贸易新通道与澜湄合作对接发展。突出特色做好新疆、福建“一带一路”核心区建设，推进长江经济带发展等区域重大战略与共建“一带一路”深度融合。讲好共建“一带一路”故事。

三是加快对外开放高地建设。赋予自贸试验区更大改革自主权，狠抓改革试点任务落实，推动形成更多可复制可推广的制度创新成果。推动海关特殊监管区域与自贸试验区统筹发展。稳步推进海南自由贸易港建设，推动各项早期政策安排落地实施，推动出台海南自由贸易港法，积极推进国际旅游消费中心建设。提高沿边开发开放水平，支持沿边重点开发开放试验区建设。全面深化服务贸易创新发展试点，新增一批服务外包示范城市。

四是积极参与全球经济治理。坚定维护多边贸易体制，推动二十国集团发挥国际经济合作功能，积极参与世界贸易组织改革，推动国际金融体系改革。实施自由贸易区提升战略，构建面向全球的高标准自由贸易区网络，推动区域全面经济伙伴关系协定尽早生效实施，签署落实中欧投资协定，加快中日韩等自贸区谈判进程，加大力度支持非洲自贸区建设。积极考虑加入全面与进步跨太平洋伙伴关系协定。

（六）全面推进乡村振兴，稳步推进农业农村现代化。坚决巩固脱贫攻坚成果，坚持农业农村优先发展方针，实行农业现代化与农村现代化一体设计、一并推进。

一是做好巩固拓展脱贫攻坚成果同乡村振兴有效衔接。对脱贫县从脱贫之日起设立 5 年过渡期，过渡期内保持现有主要帮扶政策总体稳定。健全防止返贫动态监测和帮扶机制，对易返贫致贫人口及时发现、及时帮扶。扎实做好易地搬迁后续帮扶工作，继续完善易地扶贫搬迁集中安置区配套基础设施，持续加大就业和产业扶持力度。加大对脱贫县乡村振兴支持力度，实施脱贫地区特色种养业提升行动，深化拓展消费帮扶。在农业农村基础设施建设领域大力推广以工代赈方式，吸纳更多脱贫人口和低收入人口就地就近就业。坚持和完善东西部协作和对口支援、社会力量参与帮扶等机制。

加强农村低收入人口常态化帮扶。

二是深入实施藏粮于地、藏粮于技战略。落实新一轮高标准农田建设规划，充分考虑水资源条件和水资源刚性约束，建设1亿亩旱涝保收、高产稳产高标准农田。实施国家黑土地保护工程，推广保护性耕作模式。加强农业种质资源保护开发利用，实施现代种业提升工程，有序推进生物育种产业化应用，强化制种基地和良种繁育体系建设。实施农业关键核心技术攻关工程，深入开展乡村振兴科技支撑行动，支持高端智能、丘陵山区农机装备研发制造，大力推进农业机械化。强化动物防疫和农作物病虫害防治体系建设。继续支持大中型灌区续建配套和现代化改造，推进病险水库除险加固。

三是加快发展乡村产业。依托乡村特色优势资源，打造农业全产业链，把产业链主体留在县域，建设农村一二三产业融合发展示范园、科技示范园区、现代农业产业园、农业产业强镇、优势特色产业集群，完善利益联结机制，让农民更多分享产业增值收益。完善农村产权制度和要素市场化配置机制，鼓励发展多种形式适度规模经营。支持农村产业化龙头企业创新发展、做大做强。加大对农产品分拣、加工、包装、预冷等一体化集配设施建设支持力度。加快完善县乡村三级节点农村物流体系，实施农产品仓储保鲜冷链物流设施建设工程，推进公益性农产品市场和农产品流通骨干网络建设。发展乡村旅游等多元业态，培育农产品电商品牌。完善农村生活性服务业支持政策。

四是实施乡村建设行动。大力提升农房设计和建设质量，提高农房现代化水平。加强畜禽粪污资源化利用，全面实施秸秆综合利用、农膜、农药包装物回收行动。因地制宜扎实推进农村厕所革命,加快推进农村生活污水治理,健全农村生活垃圾收运处置体系,推进农村生活垃圾分类减量与处理利用,开展美丽宜居村庄创建行动。统筹县域城镇和村庄规划建设,完善乡村水电路气、通信、广播电视、邮政等基础设施。实施农村供水保障工程,加强中小型水库等稳定水源工程建设和水源保护。实施农村水系综合治理。实施农村道路畅通、乡村清洁能源建设和数字乡村建设发展等工程,全面巩固提升农村电力保障水平。提升农村基本公共服务水平,建立城乡公共资源均衡配置机制。加快县域内城乡融合发展,实现县乡村功能衔接互补。

专栏9:推进农业农村现代化重要举措	
农业现代化	◇加强种质资源调查收集和种质资源库建设,实施农业生物育种重大科技项目,开展种源"卡脖子"技术攻关,实施新一轮畜禽遗传改良计划和现代种业提升工程。 ◇坚决守住18亿亩耕地红线,遏制耕地"非农化"、防止"非粮化"。明确耕地利用优先序。加强和改进建设占用耕地占补平衡管理。 ◇健全现代农业全产业链标准体系,构建现代乡村产业体系。
乡村建设	◇加快村庄规划工作,2021年基本完成县级国土空间规划编制,明确村庄分类布局。 ◇继续把公共基础设施建设的重点放在农村。实施农村供水保障工程。开展"四好农村路"、城乡交通运输一体化示范创建,实施村级综合服务设施提升等工程。
乡村建设	◇深入开展农房建设试点,推广绿色建材、装配式建筑和钢结构住宅。以推广卫生厕所为重点,提升农房现代化水平。 ◇实施农村人居环境整治提升五年行动。 ◇强化农村基本公共服务供给县乡村统筹,逐步实现标准统一、制度并轨。

（续表）

农村改革	◇有序开展第二轮土地承包到期后再延长30年试点。探索实施农村集体经营性建设用地入市制度。优先保障乡村产业发展、乡村建设用地。稳慎推进农村宅基地制度改革试点，规范开展房地一体宅基地日常登记颁证工作。2021年基本完成农村集体产权制度改革任务。深入推进农业水价综合改革。
乡村治理	◇加快构建党组织领导的乡村治理体系，创新乡村治理方式，提高乡村善治水平。 ◇深入推进平安乡村建设，建立健全农村地区扫黑除恶常态化机制。加强新时代农村精神文明建设，挖掘、继承、创新优秀传统乡土文化。 ◇ 持续推进农村移风易俗。

（七）大力推进区域协调发展，优化国土空间布局和支撑体系。纵深推进新型城镇化战略，坚持实施区域重大战略、区域协调发展战略、主体功能区战略，健全区域协调发展体制机制，着力打造带动全国高质量发展的新动力源。

一是着力推动新型城镇化高质量发展。研究出台《国家新型城镇化规划（2021—2035年）》。深化户籍制度改革，完善财政转移支付和城镇新增建设用地规模与农业转移人口市民化挂钩政策，依法坚决维护进城落户农民农村权益，提高农业转移人口享有的保障性住房、职业技能培训、子女义务教育等城镇基本公共服务水平。建立健全城市群规划实施机制和一体化发展机制。支持重点都市圈加快轨道交通网络建设。更好发挥中心城市对城市群和都市圈建设的带动作用，加强超大特大城市治理中的风险防控，提升大中城市功能品质，推进县城补短板强弱项，强化县城综合服务能力。促进特色小镇规范健康发展。因地制宜实施城市更新行动，推进老旧小区、老旧厂区、老旧街区、城中村等改造，新开工改造城镇老旧小区5.3万个。开展城市现代化试点示范，推动城市结构优化、功能完善和品质提升，加快建设宜居、绿色、韧性、智慧、人文城市。推进城市生态恢复、功能完善工程，强化历史文化保护，塑造城市风貌，强化社区管理服务功能。支持有条件的城市推进海绵城市建设。推动城市治理科学化精细化智能化。健全城乡融合发展体制机制，支持国家城乡融合发展试验区率先改革突破。

二是深入实施区域重大战略。以“十四五”规划实施方案为引领，统筹支持区域重大战略实施。持续推进京津冀协同发展，完善北京非首都功能疏解政策体系，推进雄安新区高标准高质量建设，推动北京城市副中心高质量发展，落实支持天津滨海新区高质量发展的意见，继续实施一批协同发展重大项目、重大改革、重大政策。推进长江经济带高质量发展，加强生态环境综合治理、系统治理、源头治理，深入推进污染治理“4+1”工程，持续巩固长江禁捕退捕成效，开展长江生物多样性保护工程。打造若干生态产品价值实现机制示范基地，加快完善长江经济带综合运输体系。深入推进粤港澳大湾区建设，完善国际科技创新中心“两廊”、“两点”空间布局，促进要素高效便捷流动，深入推进深圳建设中国特色社会主义先行示范区综合改革试点，推进前海深港现代服务业合作区、横琴粤澳深度合作区和河套深港科技创新合作区发展。大力推进长三角一体化发展，出台支持浦东新区高水平改革开放打造社会主义现代化建设引领区的意见，支持浦东探索开展综合性改革试点，鼓励长三角地区推进新型基础设施建设，总结推广长三角生态绿色一体化发展示范区制度创新经验，统筹推进上海自贸试验区临港新片区规划建设和发展。稳步推进黄河流域生态保护和高质量发展，加快制定形成“1+N+X”规划和政策体系。

专栏 10：落实区域重大战略的重要举措	
京津冀协同发展	◇牢牢把握北京非首都功能疏解这个“牛鼻子”，加快建立完善北京非首都功能疏解激励约束政策体系，谋划实施一批具有较强影响力和带动性的疏解项目。聚焦启动区重大工程项目和公共服务配套建设，高标准高质量建设雄安新区。推动天津北方国际航运枢纽建设。加快建设“轨道上的京津冀”，完善区域一体化综合交通网络体系，持续加强生态环境联防联治，推进产业链与创新链深度融合，推动公共服务共建共享。
长江经济带发展	◇持续抓好生态环境突出问题整改，强化追根溯源、系统治理。深入实施城镇污水垃圾处理、化工污染治理、农业面源污染治理、船舶污染治理以及尾矿库污染治理等生态环境污染治理“4+1”工程。全面推进沿江高铁建设，加快推进长江航道整治工程，大力发展多式联运、江海联运。统筹推进长江经济带沿海、沿江与内陆开放。推动长江沿线城市绿色转型发展，推进历史文化保护与旅游发展。做好长江保护法宣传教育和贯彻实施工作。
粤港澳大湾区建设	◇以国际科创中心和综合性国家科学中心建设为抓手，大力推进科技创新和产业升级；以前海、南沙、河套、横琴等重点平台为载体，推动规则衔接贯通；加快城际铁路建设，促进大湾区基础设施互联互通；以鼓励同等享受教育、医疗、社保、交通等民生政策，进一步便利出入境为重点，提升大湾区居民获得感、幸福感、安全感。
长三角一体化发展	◇深耕长三角生态绿色一体化发展示范区制度创新“试验田”，推进临港新片区、虹桥国际开放枢纽、沿沪宁产业创新带、皖北承接产业转移集聚区建设。推动长三角城市高质量发展。加快一体化发展重大战略项目建设，加大基础设施互联互通、科创产业融合、太湖水环境综合治理、生态环境共保联治、公共服务便利共享等重点领域投入力度，积极推进多层次轨道交通网络规划建设。

（续表）

黄河流域生态保护和高质量发展	◇坚持以水定城、以水定地、以水定人、以水定产，上下游、干支流、左右岸统筹谋划，共同抓好大保护，协同推进大治理，完善水沙调控体系。以黄河上游水源涵养区、中游黄土高原水土流失区、下游黄河三角洲等为重点，实施重大生态环境保护工程、河道和滩区综合治理提升工程，推进重点区域地下水超采综合治理，加大对汾河等污染严重支流的治理力度。系统保护黄河文化遗产。

三是扎实落实区域协调发展战略。推动构建更加有效的区域协调发展新机制。研究出台西部大开发“十四五”实施方案和重点地区规划，继续实施西部大开发企业所得税优惠政策，执行新修订的《西部地区鼓励类产业目录》，推进成渝地区双城经济圈建设，打造带动全国高质量发展的重要增长极和新的动力源，提升关中平原城市群建设水平，促进西北地区与西南地区合作互动，积极推动西部大开发形成新格局。研究出台东北振兴“十四五”实施方案，着力推动东北地区产业结构调整优化，支持东北地区加大开放合作，推动东北振兴取得新突破。研究出台《关于新时代推动中部地区高质量发展的指导意见》，继续支持湖北省经济社会发展，促进中部地区加快崛起。大力推进山东新旧动能转换，支持福建高质量发展及平潭综合实验区建设，有力促进环渤海地区合作加快发展，深入推进淮河生态经济带建设，鼓励东部地区加快推进现代化。支持革命老区加快发展，贯彻落实《关于新时代支持革命老区振兴发展的意见》，促进民族地区经济社会发展，加强边境地区建设，加快推进资源型地区转型升级，支持老工业基地转型发展、承接产业转移。支持国家级新区、经济开发

区、高新区创新发展。完善推进海洋经济高质量发展的政策体系，培育壮大海洋战略性新兴产业。

（八）加快推动绿色低碳发展，持续加强生态文明建设。建立完善生态文明领域统筹协调机制，紧盯目标任务，持续精准发力，进一步改善生态环境质量，促进经济社会发展全面绿色转型。

专栏11：落实区域协调发展战略的重要举措	
西部开发	◇延续西部大开发企业所得税优惠政策并扩大政策受益范围。推动实施一批重大项目，加强交通基础设施建设，补齐教育、医疗等民生领域短板。加快推进云南面向南亚东南亚辐射中心、珠江—西江经济带和北部湾经济区、毕节试验区建设。促进400毫米降水线西侧区域保护发展。
东北振兴	◇深化国有企业改革、优化营商环境，持续推动产业结构转型升级，完善政策保护好利用好黑土地，推进辽宁沿海经济带、长吉图开发开放先导区等重点区域建设，推动《东北振兴重点项目三年滚动方案（2020—2022年）》重点项目加快建设。促进400毫米降水线西侧区域保护发展。
中部崛起	◇指导省际交界地区深化合作，重点推进先进制造业发展、科技创新与产业融合、城乡区域协调发展、生态环境保护、内陆地区开放、公共服务水平提升。支持湖北省经济社会加快恢复发展。
东部率先	◇鼓励东部地区进一步提升创新能力，提高要素产出效率，增强参与国际竞争水平，率先带动全国经济现代化。推动环渤海地区深入开展区域合作。建设济南新旧动能转换起步区。

一是扎实开展碳达峰、碳中和工作。加强顶层设计和统筹谋划，研究出台做好碳达峰碳中和工作指导意见。坚持推进节能减排，完善能源消费总量和强度双控制度，实施“十四五”节能减排综合工作方案，加强重点领域节能，加快建设全国用能权交易市场。坚决遏制高耗能高排放项目盲目发展。

实施积极应对气候变化国家战略，制定2030年前碳排放达峰行动方案和应对气候变化中长期目标保障措施。建设并运行全国碳排放权注册登记结算系统和交易系统，完善温室气体自愿减排交易机制。深化应对气候变化试点示范，启动气候投融资地方试点。积极推进应对气候变化多边进程和国际合作，推进气候变化南南合作。研究制定中长期能源发展规划纲要，出台构建清洁能源增长消纳和储能协调有序发展体制机制的指导意见。加强西部能源基地外送电力通道建设，科学有序推进水电发展，积极有效推进风电、光伏发电、垃圾发电及氢能等能源发展，在确保安全的前提下积极有序发展核电，提高非化石能源消费占比，加大抽水蓄能和储能发展支撑力度，大力提升电力系统调节能力。

二是深入打好污染防治攻坚战。巩固蓝天、碧水、净土保卫战成果，加强细颗粒物（$PM_{2.5}$）、臭氧（O_3）等多污染物协同控制，北方地区清洁取暖率达到70%，加快淘汰报废老旧柴油货车，强化区域大气污染防治协作，聚焦长江、黄河、粤港澳大湾区等重点流域和海湾，推进美丽河湖、美丽海湾保护和建设，持续推动城市和农村黑臭水体治理。深入开展土壤污染防治行动，严格农用地安全利用和建设用地风险管控，加强农业面源污染防治，推进化肥农药减量化。落实“精准治污、科学治污、依法治污”要求，制定实施构建现代环境治理体系三年工作方案，推进构建以排污许可制为核心的固定污染源监管制度体系。深入推进塑料污染全链条治理，统筹开展快递包装绿色转型，加快城镇环境基础设施发展，持续提升危险废物处理处置能力，构建污水资源化利用“1+N”政策体系，推进污水资源化利用重点工程建设，补齐城镇生活污水处理设施短板弱项，加快推进长江经济带、黄河流域污水处理和资源化利用。加强噪声污染综合防治。持续推动货物运输“公转铁”。

三是加快推动形成绿色生产生活方式。深入推进国家生态文明试验区建设。大力发展循环经济，加快构建废旧物资循环利用体系。扩大环境保护、节能节水等企业所得税优惠目录范围，促进新型节能环保技术、装备和产品研发应用，培育壮大节能环保产业。大力发展绿色金融。推进重点行业和重要领域绿色化改造，开展清洁生产评价与认证，提升重点行业和园区清洁生产水平。推动绿色建筑发展。大力促进资源节约集约高效利用，推动大宗固体废弃物资源综合利用，持续推进危险废弃物环境风险排查整治，强化环境风险评估与管控。推进垃圾分类和减量化、资源化，稳步推开“无废城市”建设。推动节水型城市建设，推进海水淡化规模化利用示范。开展绿色社区创建行动，提倡“厉行节约、反对浪费”的社会风尚。

四是提升生态系统质量。制定生态保护红线监管办法，出台生态保护补偿条例，统筹推进生态环境损害赔偿制度改革。优化国家生态安全屏障体系，坚持山水林田湖草系统治理，实施全国重要生态系统保护和修复重大工程，统筹开展大规模国土绿化行动，科学推进荒漠化、石漠化、水土流失综合治理，加强重大战略区域重要湿地保护，强化海岸带生态保护和修复。调整优化国家公园布局，加快构建以国家公园为主体的自然保护地体系，持续加强自然保护地生态环境监管。

加强生物多样性保护工作,举办《生物多样性公约》第十五次缔约方大会。

（九）进一步增进民生福祉,增强人民群众获得感、幸福感、安全感。把实现好、维护好、发展好最广大人民根本利益作为发展的出发点和落脚点,促进人的全面发展,扎实推动共同富裕。

一是持续提高居民收入水平。通过提升就业质量、强化人力资本、畅通社会流动、激发要素活力等方式,使各类社会群体依靠自身努力和智慧提高收入、创造财富。统筹推进收入分配重点领域改革,进一步健全工资指导线和企业薪酬调查制度,加大再分配调节力度和精准性。把促进全体人民共同富裕摆在更加重要的位置,精心谋划共同富裕顶层设计,研究开展共同富裕示范区建设,研究制定"十四五"时期扩大中等收入群体实施方案。

二是加快发展教育事业。多措并举扩大普惠性学前教育资源供给,完善普惠性学前教育保障机制。推动义务教育优质均衡发展和城乡一体化,提升高中阶段教育普及水平。分类推进"双一流"建设和应用型本科高校发展,全面振兴本科教育,推进新工科、新农科、新医科、新文科建设。加强教师队伍建设,加大中西部地区教师培训力度。健全教师工资保障长效机制,改善乡村教师待遇。保障进城务工人员随迁子女平等接受义务教育,进一步扩大城镇义务教育容量。纵深推进产教融合改革,推出首批国家产教融合型企业和试点城市。推动职业教育提质培优,完善高职院校"分类招考"制度,健全普职融通制度。开展多样化的在职培训和继续教育。

三是加大社会保障力度。提高退休人员基本养老金、优抚对象抚恤和生活补助标准。完善全国统一的社会保险公共服务平台。推进基本养老保险全国统筹。发展多层次、多支柱养老保险体系,支持第三支柱养老保险发展。推动失业保险、工伤保险省级统筹,全面做实基本医疗保险市地级统筹,鼓励有条件的省份推进省级统筹。居民医保和基本公共卫生服务经费人均财政补助标准分别再增加 30 元和 5 元。健全重大疾病医疗保险和救助制度,落实异地就医结算,稳步推进长期护理保险制度试点,积极发展商业医疗保险。建立健全门诊共济保障机制,逐步将门诊费用纳入统筹基金报销。建立健全医疗保障待遇清单制度,完善医保药品目录动态调整机制,推动药品集中采购常态化制度化。健全灵活就业人员社保制度,推进新就业形态人员职业伤害保障试点。健全退役军人工作体系和保障制度。健全分层分类的社会救助体系,建立完善社会救助主动发现机制,加大城镇困难群众脱困解困力度。保障妇女儿童合法权益,健全市、县、乡未成年人救助保护网络,完善残疾人、孤儿等社会福利制度。

四是保障好群众住房需求。坚持房子是用来住的、不是用来炒的定位,稳地价、稳房价、稳预期。解决好大城市住房突出问题,通过增加土地供应、安排专项资金、集中建设等办法,切实增加保障性租赁住房和共有产权住房供给,重视解决好新市民、青年人等住房困难群体的住房问题。加快完善长租房政策,逐步使租购住房在享受公共服务上具有同等权利,规范发展长租房市场,降低租赁住房税费负担。加大住房租赁市场金融支持,支持专业化、规模化住房租赁企业发展。

五是加强社会公共服务体系建设。推动出台“十四五”公共服务发展规划，完善均等化推进机制，推动国家基本公共服务标准落地落实。持续推进健康中国行动。启动实施优质高效医疗卫生服务体系建设工程，推进疾病预防控制体系现代化，加强心理健康服务体系建设和规范化管理，发展全方位全生命周期健康服务。推进国家医学中心建设，深入推进区域医疗中心建设试点，加快优质医疗资源扩容和均衡布局。启动实施医疗保障服务示范工程，推动医疗保障公共服务标准化、规范化、精细化。建立健全农村医疗卫生服务网络和城市社区卫生服务网络，提高医疗保障水平。坚持中西医并重，实施中医药振兴发展重大工程。实施积极应对人口老龄化国家战略，增强生育政策包容性，着力降低生育、养育、教育成本。发展普惠型养老服务和互助性养老，构建居家社区机构相协调、医养康养相结合的养老服务体系，健全养老服务综合监管制度，加快推进养老产业发展，统筹推进农村养老服务发展。发展普惠托育服务体系。深化家政服务业“领跑者”行动，培育员工制家政企业，推动家政进社区。推进长城、大运河、长征、黄河等国家文化公园建设，着力打造中华文化重要标志。实施文化保护传承利用工程，加强重要文化遗产和国家公园等重要自然遗产保护利用，推进故宫博物院北院区、国家美术馆等重大文化设施项目建设。繁荣发展哲学社会科学。促进文化和旅游融合发展，培育世界级旅游景区和度假区、国家级休闲城市和街区。出台实施国民休闲纲要（2021—2035 年），推动落实带薪休假制度。深入推进北京冬奥会、冬残奥会筹办工作。制定构建更高水平的全民健身服务体系的意见，打造贴近自然、便捷高效的群众健身场地。开展社会服务设施兜底线工程，支持儿童福利设施、残疾人康复和托养设施建设，进一步补上退役军人等领域基础设施短板，提升兜底保障能力。加强和创新社会治理，健全城乡社区治理和服务体系。深化公共法律服务体系建设。完善和落实安全生产责任制，加强安全生产监管执法。强化生物安全保护，加强国家生物数据中心体系和高级别生物安全实验室建设，提高食品药品安全保障水平，加强网络食品安全监督管理，启动建设食品安全风险评估与标准研制重点实验室。加强应急救援力量建设，提高防灾减灾抗灾救灾能力，切实做好洪涝干旱、森林草原火灾、地质灾害、地震等防御和气象服务。

专栏 12：加强社会公共服务体系建设	
公共教育	◇巩固拓展教育脱贫攻坚成果，补齐学前教育资源短板，深入推进义务教育薄弱环节改善与能力提升，扩大公办普通高中教育资源。推动职业教育产教融合、校企合作，加大产教融合实训基地支持力度。促进中西部高等教育发展。建设国家产教融合创新平台和研究生联合培养基地，加强重点领域专业学科建设和急需人才培养，持续提升教师素质。
医疗卫生	◇研究编制“十四五”国家医学中心建设工作方案，谋划推动若干高水平医院或专科进入世界一流行列。出台加快医学教育创新发展和中医药特色发展若干政策措施。加强公共卫生体系建设，完善疾病预防控制体系。加快发展健康产业。
残疾人服务	◇扩大残疾人康复、托养或综合服务设施覆盖面，提高残疾人服务机构康复辅助器具适配率，增强残疾人就业服务能力。
老年人服务	◇完善养老服务体系建设，加强基本养老服务补短板，持续开展普惠养老专项行动，推动养老事业和养老产业协同发展。开展积极应对老龄化综合创新试点和能力评价，持续推动充分兼顾老年人需要的智慧社会建设，切实解决老年人运用智能技术困难。

（续表）

托育和儿童服务	◇开展全国婴幼儿照护服务示范城市创建活动。实施专项行动支持各类主体发展普惠托育，建设一批示范性普惠托育服务机构，发展集中管理运营的社区托育服务网络，促进托育服务健康发展。推动儿童友好城市建设。
文化和旅游	◇推动文化和旅游融合与高质量发展，加强国家文化公园标志性项目建设，支持国家重点文物保护和考古发掘，提升边境和“三区三州”等重点地区广电公共服务水平。
全民健身	◇推动全民健身设施补短板，开展体育公园建设，编制户外运动发展规划纲要，建立国家步道体系，推动三亿人参与冰雪运动，加强社会足球场地等健身设施对外开放和运营管理。
居住社区	◇深入推进城市居住社区建设补短板行动，补齐基本公共服务设施、便民商业服务设施、市政配套基础设施和公共活动空间建设短板。

（十）统筹发展和安全，防范化解重点领域风险。坚持总体国家安全观，不断加强经济安全风险预警、防控机制和能力建设，实现关键领域安全可控，守住不发生系统性风险底线。

一是提升粮食和重要农产品供给保障能力。加快推动粮食安全保障立法。深入实施重要农产品保障战略，严格落实粮食安全省长责任制和“菜篮子”市长负责制，确保粮棉油糖肉等供给安全。落实最严格的耕地保护制度，支持利用撂荒地发展粮食生产，稳定粮食播种面积、提高单产水平。强化粮食“产购储加销”协同保障机制。完善粮食主产区利益补偿机制，加强粮食生产功能区和重要农产品生产保护区建设，建设国家粮食安全产业带。深入推进优质粮食工程，加快粮食产业高质量发展。适度提高稻谷、小麦最低收购价，完善玉米、大豆生产者补贴政策，完善产粮大县奖励政策，保护农民种粮积极性。深入推进农业结构调整，扩大玉米种植面积，稳定大豆生产，多措并举发展油菜、花生等油料作物，稳定棉花、糖料种植面积，集成推广绿色高质高效技术模式。持续抓好生猪生产恢复，积极发展牛羊产业，继续实施奶业振兴行动。健全粮食、生猪产业监测预警体系，充分发挥储备调节作用，提升收储调控和应急保障能力，推进粮食流通现代化。实施重要农产品进口多元化战略。加快培育大型跨国农业企业，加强粮食和重要农产品境外供应链建设。开展粮食节约行动，坚持不懈制止餐饮浪费。

二是保障能源资源安全。继续推进能源产供储销体系建设，加强网络布局、规划建设、运行管理、调配调度等方面有机衔接。优化煤炭生产开发布局和产能结构，系统提升煤炭供应保障能力。提升电力运行水平，推进风光水火核储一体化发展，充分发挥煤电调峰、应急、支持和兜底保供作用。大力提升油气勘探开发力度，实施天然气管网互联互通工程，强化油气供应保障基础。积极推进能源通道建设，增强能源储备能力，提升运输保障能力。完善应急保障预案，提升风险应对和应急调节能力，增强能源安全韧性。继续开展找矿突破战略行动，实施矿产地储备工程，全面推进矿业权竞争性出让，积极推进“净矿出让”，调动各类市场主体积极性。加强矿产资源开发管理和保护，提升战略性矿产资源储备安全保障能力。积极参与全球矿业治理，持续开展国际矿业合作。

三是维护金融等领域安全。严格落实地方政府债务风险防控相关规定，坚决遏制隐性债务增量、积极稳妥化解隐性债务存量。完善现代金融监管体系，提升金融监管能力，加强对金融创新的审慎监管。稳妥处置重点领域风险，健全金融风险预防、预警、处置、问责制度体系。完善存款保险制度，充分发挥早介入、早预警、早处置的作用。全面加强网络安全保障体系和能力建设。

全面准确贯彻“一国两制”、“港人治港”、“澳人治澳”、高度自治的方针，维护国家主权、安全、发展利益和特别行政区社会大局稳定。支持香港、澳门更好融入国家发展大局，建设国际创新科技中心，打造“一带一路”功能平台，实现经济多元可持续发展，完善便利港澳居民在内地发展政策措施。坚持一个中国原则和“九二共识”，坚决遏制“台独”分裂活动，推动两岸关系和平发展、融合发展，加强两岸产业合作，打造两岸共同市场，壮大中华民族经济，共同弘扬中华文化。

2021 年经济社会发展工作任务繁重，意义重大。我们要更加紧密地团结在以习近平同志为核心的党中央周围，高举中国特色社会主义伟大旗帜，以习近平新时代中国特色社会主义思想为指导，增强“四个意识”、坚定“四个自信”、做到“两个维护”，按照党中央、国务院决策部署，自觉接受全国人大的监督，认真听取全国政协的意见和建议，不忘初心、牢记使命，齐心协力、开拓进取，以钉钉子精神做实做细各项工作，努力在危机中育先机，于变局中开新局，确保全面建设社会主义现代化国家新征程开好局、起好步，以优异成绩庆祝中国共产党成立 100 周年。

第十三届全国人民代表大会财政经济委员会关于2020年国民经济和社会发展计划执行情况与2021年国民经济和社会发展计划草案的审查结果报告

（2021年3月9日第十三届全国
人民代表大会第四次会议主席团第二次会议通过）

十三届全国人大四次会议主席团：

第十三届全国人民代表大会第四次会议审查了国务院提出的《关于2020年国民经济和社会发展计划执行情况与2021年国民经济和社会发展计划草案的报告》和2021年国民经济和社会发展计划草案。全国人民代表大会财政经济委员会在对计划报告和计划草案初步审查的基础上，根据各代表团和有关专门委员会的审查意见，又作了进一步审查。国务院根据审查意见对计划报告作了修改。现将审查结果报告如下。

一、2020年计划执行情况总体良好

财政经济委员会认为，2020年国民经济和社会发展计划

执行情况总体良好。面对严峻复杂的国际形势、艰巨繁重的国内改革发展稳定任务特别是新冠肺炎疫情的严重冲击，以习近平同志为核心的党中央统筹疫情防控和经济社会发展，疫情防控取得重大战略成果，在全球主要经济体中唯一实现经济正增长，脱贫攻坚战取得全面胜利，决胜全面建成小康社会取得决定性成就，交出一份人民满意、世界瞩目、可以载入史册的答卷。国务院和地方各级人民政府以习近平新时代中国特色社会主义思想为指导，全面贯彻党的十九大和十九届二中、三中、四中、五中全会以及中央经济工作会议精神，按照党中央决策部署和十三届全国人大三次会议各项决议要求，扎实做好“六稳”工作，全面落实“六保”任务，着力推动高质量发展，经济运行逐步恢复常态，经济总量迈上 100 万亿元大台阶。十三届全国人大三次会议批准的 2020 年国民经济和社会发展计划确定的主要目标任务较好完成，我国改革开放和社会主义现代化建设又取得新的重大进展，为开启全面建设社会主义现代化国家新征程奠定了基础。

同时也要看到，当前国内外环境面临深刻复杂变化。国际形势中不稳定不确定因素增多，新冠肺炎疫情仍在全球蔓延，世界经济复苏乏力。我国经济恢复基础尚不牢固，新冠肺炎疫情“外防输入、内防反弹”任务艰巨，有效需求仍显疲弱，实体经济特别是民营和小微企业仍较困难，重点领域安全风险不容忽视，关键核心技术“卡脖子”问题仍然突出，民生领域还有薄弱环节。对于这些困难和问题，要按照中央经济工作会议要求，进一步坚持系统观念，加强全局谋划和统筹协调，尽快加以解决。

二、2021 年计划报告和计划草案总体可行

财政经济委员会认为，国务院提出的 2021 年计划报告和计划草案，符合《中共中央关于制定国民经济和社会发展第十四个五年规划和二〇三五年远景目标的建议》和中央经济工作会议精神，符合我国经济社会发展实际，主要指标和工作安排总体可行。建议第十三届全国人民代表大会第四次会议批准国务院提出的《关于 2020 年国民经济和社会发展计划执行情况与 2021 年国民经济和社会发展计划草案的报告》，批准 2021 年国民经济和社会发展计划草案。

三、做好 2021 年计划执行工作的建议

2021 年是中国共产党成立 100 周年，是实施"十四五"规划、开启全面建设社会主义现代化国家新征程的第一年，在党和国家事业发展进程中具有特殊重要性，做好经济社会发展工作意义重大。要在以习近平同志为核心的党中央坚强领导下，以习近平新时代中国特色社会主义思想为指导，全面贯彻党的十九大和十九届二中、三中、四中、五中全会以及中央经济工作会议精神，增强"四个意识"、坚定"四个自信"、做到"两个维护"，坚持稳中求进工作总基调，立足新发展阶段，贯彻新发展理念，构建新发展格局，以推动高质量发展为主题，以深化供给侧结构性改革为主线，以改革创新为根本动力，以满足人民日益增长的美好生活需要为根本目的，坚持系统观

念，巩固拓展疫情防控和经济社会发展成果，更好统筹发展和安全，扎实做好“六稳”工作、全面落实“六保”任务，科学精准实施宏观政策，努力保持经济运行在合理区间，坚持扩大内需战略，强化科技战略支撑，扩大高水平对外开放，保持社会和谐稳定，确保“十四五”开好局起好步，以优异成绩庆祝中国共产党成立 100 周年。为此，财政经济委员会提出以下建议：

（一）更好统筹疫情防控和经济社会发展，稳定预期提振信心。切实抓紧抓实“外防输入、内防反弹”，科学推进疫苗研制生产、接种使用工作。持续优化常态化疫情防控举措，积极构建统筹疫情防控和经济社会发展的中长期协调机制。保持宏观政策连续性、稳定性、可持续性，不急转弯，根据形势变化适时调整优化。继续为市场主体纾困，保持必要支持力度，进一步巩固经济基本盘。加强宏观政策协调配合，形成政策合力，稳定市场主体预期，提振信心。

（二）加快科技自立自强，强化国家战略科技力量。把科技自立自强作为国家发展的战略支撑，发挥新型举国体制优势，推进国家实验室建设，强化企业创新主体地位，促进产学研用深度融合，推动科技力量优化配置和资源共享。提高基础研究经费投入占研发经费投入比重，完善稳定支持机制。加快推进关键核心技术攻关。加大知识产权保护力度，完善创新激励机制和科技评价机制，提高科技成果转化率。加强重点产业链、供应链安全监测评估，统筹推进补短板和锻长板，增强产业链、供应链自主可控能力。

（三）坚持扩大内需这个战略基点，加快形成强大国内市场。加快培育完整内需体系，建设现代流通体系和全国统一大市场。适应居民消费多元化和结构升级趋势,推动线上线下融合发展,健全社会信用体系,营造良好消费环境,全面促进消费。依托强大国内市场,吸引全球资源要素,促进内外贸一体化。发挥政府投资引领作用,激发全社会投资活力,鼓励民间资本参与重大工程项目,推动重大项目落地实施,增强投资增长后劲。持续深化供给侧结构性改革,推动制造业高质量发展,统筹产业布局,避免重复建设,鼓励企业加快设备更新和技术改造。大力发展数字经济,加强顶层设计和法律规范,推动数字经济健康发展。深入推进以人为核心的新型城镇化,促进城乡融合发展、区域协调发展。

(四)持续激发市场主体活力,促进实体经济健康发展。帮助市场主体特别是中小微企业和个体工商户解决生产经营中遇到的难题。继续执行制度性减税政策,实施新的结构性减税举措,坚决制止涉企乱收费。认真落实《保障中小企业款项支付条例》,加大清理拖欠企业账款力度。保持流动性合理充裕,强化普惠金融服务,促进中小微企业融资更加便利,降低融资成本。支持各类企业包括平台企业创新规范发展,预防和规制平台经济垄断和不正当竞争行为,引导互联网经济健康发展。

(五)防范化解重点领域风险,统筹发展和安全。坚决遏制地方政府隐性债务增量、积极化解隐性债务存量,切实缓解基层“三保”困难。完善现代金融监管体系,保持宏观杠杆率基本稳定,完善债券市场基础制度,前瞻性研判金融风险,提升系统性金融风险防范化解能力。深入实施重要农产品保障战略,提高粮食和重要农产品供给保障能力,加强种质资源保护利用和技术攻关。深入开展节约粮食行动，坚持不懈制止餐饮浪费。保障能源资源安全，提升风险应对和应急调控能力。维护新型领域安全，加强网络安全能力建设。

（六）坚定不移深化改革扩大开放，持续增强发展内生动力。加快建设高标准市场体系，完善公平竞争制度，推进要素资源市场化配置。继续深化“放管服”改革，营造市场化、法治化、国际化营商环境。推进国有经济布局优化和结构调整，进一步放宽市场准入，依法平等保护民营企业产权和企业家权益。完善多层次、广覆盖、差异化金融机构体系，健全金融机构治理，促进资本市场健康发展，提升直接融资比重。多措并举稳定外贸外资基本盘，有序扩大服务业对外开放。发挥好自贸区（港）等各类开放平台作用，推动共建“一带一路”高质量发展。

（七）着力保障改善民生，促进社会事业全面发展。把促进共同富裕放在更加重要的位置，逐步健全基本公共服务体系。落实就业优先政策，扩大就业容量，提高劳动者技能素质和就业质量。持续提高居民收入水平，健全再分配机制。促进教育发展更加公平更高质量。建立健全巩固拓展脱贫攻坚成果同乡村振兴有效衔接机制，坚决防止规模性返贫。聚焦解决农民群众“急难愁盼”问题，大力实施乡村建设行动，推进农业农村现代化。坚持绿水青山就是金山银山理念，深入打好污染防治攻坚战，持续改善环境质量。繁荣发展文化事业和文化产业。健全多层次社会保障体系，加快实现基本养老保险全国统筹，推动基本医疗保险、失业保险、工伤保险省级统筹。加强医疗卫生机构建设，提高公共卫生治理能力。

积极应对人口老龄化,加快完善养老服务体系。解决好大城市住房突出问题。完善和落实安全生产责任制,提高防灾、减灾、抗灾、救灾能力。

以上报告,请审议。

第十三届全国人民代表大会财政经济委员会

2021 年 3 月 9 日

第十三届全国人民代表大会第四次会议关于2020年中央和地方预算执行情况与2021年中央和地方预算的决议

（2021年3月11日第十三届全国人民代表大会第四次会议通过）

第十三届全国人民代表大会第四次会议审查了国务院提出的《关于2020年中央和地方预算执行情况与2021年中央和地方预算草案的报告》及2021年中央和地方预算草案，同意全国人民代表大会财政经济委员会的审查结果报告。会议决定，批准《关于2020年中央和地方预算执行情况与2021年中央和地方预算草案的报告》，批准2021年中央预算。

关于2020年中央和地方预算执行情况与2021年中央和地方预算草案的报告

——2021年3月5日在第十三届全国人民代表大会第四次会议上

财　政　部

各位代表：

受国务院委托，现将2020年中央和地方预算执行情况与2021年中央和地方预算草案提请十三届全国人大四次会议审查，并请全国政协各位委员提出意见。

一、2020年中央和地方预算执行情况

2020年是新中国历史上极不平凡的一年。面对严峻复杂的国际形势、艰巨繁重的国内改革发展稳定任务特别是新冠肺炎疫情的严重冲击，以习近平同志为核心的党中央统揽全局，保持战略定力，准确判断形势，精心谋划部署，果断采取行动，付出艰苦努力，及时作出统筹疫情防控和经济社会发展的重大决策。各地区各部门坚持以习近平新时代中国特色社

会主义思想为指导，全面贯彻党的十九大和十九届二中、三中、四中、五中全会精神，按照党中央、国务院决策部署，沉着冷静应对风险挑战，坚持高质量发展方向不动摇，严格执行十三届全国人大三次会议审查批准的预算，统筹疫情防控和经济社会发展，扎实做好“六稳”工作、全面落实“六保”任务，我国经济运行逐季改善、逐步恢复常态，在全球主要经济体中唯一实现经济正增长，脱贫攻坚战取得全面胜利，决胜全面建成小康社会取得决定性成就，交出一份人民满意、世界瞩目、可以载入史册的答卷。

回顾过去一年，新冠肺炎疫情给财政运行带来的困难和挑战多年未有。一季度受疫情暴发蔓延影响，全国财政收入同比下降 14.3%，为 2009 年以来首次负增长，其中 2 月份下降 21.4%、3 月份下降 26.1%，31 个省份中有 30 个收入负增长，收支矛盾异常突出，地方财政运转尤为困难。严峻形势面前，财政部门坚决贯彻落实党中央、国务院关于积极的财政政策要更加积极有为的要求，在全力保障重点领域支出的同时，及时调整完善预算收支安排，加大逆周期调节力度，建立新增财政资金直达机制，挖掘增收节支潜力，保持预算平衡和财政稳定运行。经过艰苦努力，随着疫情防控形势好转和经济逐步恢复，财政运行情况逐季向好，二季度收入触底回升、降幅收窄至 7.4%，三季度由负转正、增长 4.7%，四季度持续向好、增长 5.5%，全年预算目标基本实现。中央和地方预算执行情况较好。

（一）2020 年一般公共预算收支情况。

1. 全国一般公共预算。

全国一般公共预算收入 182894.92 亿元，为预算的

101.5%，比2019年下降3.9%。其中，税收收入154310.06亿元，下降2.3%；非税收入28584.86亿元，下降11.7%。加上调入资金及使用结转结余26133.32亿元（包括中央和地方财政从预算稳定调节基金、政府性基金预算、国有资本经营预算调入资金，以及地方财政使用结转结余资金），收入总量为209028.24亿元。全国一般公共预算支出245588.03亿元，完成预算的99.1%，增长2.8%。加上补充中央预算稳定调节基金1040.21亿元，支出总量为246628.24亿元。收支总量相抵，赤字37600亿元，与预算持平。

2. **中央一般公共预算**。

中央一般公共预算收入82771.08亿元，为预算的100%，下降7.3%。加上从中央预算稳定调节基金调入5300亿元，从中央政府性基金预算、中央国有资本经营预算调入3580亿元，收入总量为91651.08亿元。中央一般公共预算支出118410.87亿元，完成预算的99.1%，增长8.2%，其中，本级支出35095.57亿元，完成预算的100.2%（主要是国债付息支出增加），下降0.1%；对地方转移支付83315.3亿元，完成预算的99.3%，增长12%。加上补充中央预算稳定调节基金1040.21亿元，支出总量为119451.08亿元。收支总量相抵，中央财政赤字27800亿元，与预算持平。

中央一般公共预算主要收入项目具体情况是：国内增值税28352.98亿元，为预算的98.8%。国内消费税12028.1亿元，为预算的96.1%。进口货物增值税、消费税14534.63亿元，为预算的109.2%。关税2564.2亿元，为预算的93.2%。企业所得税23257.57亿元，为预算的98.3%。个人所得税

6940.91 亿元，为预算的 109.3%。出口货物退增值税、消费税 13628.98 亿元，为预算的 112.3%。

中央一般公共预算本级主要支出项目具体情况是：一般公共服务支出 1735.21 亿元，完成预算的 100.8%，主要是海关防控新冠肺炎疫情经费增加。外交支出 514.06 亿元，完成预算的 94.7%。国防支出 12679.92 亿元，完成预算的 100%。公共安全支出 1835.9 亿元，完成预算的 100.2%。教育支出 1673.65 亿元，完成预算的 98.5%。科学技术支出 3216.48 亿元，完成预算的 100.6%。粮油物资储备支出 1224.57 亿元，完成预算的 100.7%。债务付息支出 5538.95 亿元，完成预算的 102.6%。

中央对地方转移支付具体情况是：一般性转移支付 69557.23 亿元，完成预算的 99.2%，其中，共同财政事权转移支付 32180.72 亿元，完成预算的 98.7%；专项转移支付 7765.92 亿元，完成预算的 100.1%，主要是据实安排的土地指标跨省域调剂收入安排的支出增加；特殊转移支付 5992.15 亿元，完成预算的 99%。

2020 年中央一般公共预算超收收入和支出结余 1040.21 亿元，全部转入中央预算稳定调节基金。中央预备费预算 500 亿元，实际支出 146.41 亿元，主要用于洪涝灾害灾后恢复重建等方面，剩余 353.59 亿元（已包含在上述结余 1040.21 亿元中）全部转入中央预算稳定调节基金。2020 年末，中央预算稳定调节基金余额 1131.31 亿元。

3. 地方一般公共预算。

地方一般公共预算收入 183439.14 亿元，其中，本级收入

100123.84 亿元，下降 0.9%；中央对地方转移支付收入 83315.3 亿元。加上从地方预算稳定调节基金、政府性基金预算、国有资本经营预算调入资金及使用结转结余 17253.32 亿元，收入总量为 200692.46 亿元。地方一般公共预算支出 210492.46 亿元，增长 3.3%。收支总量相抵，地方财政赤字 9800 亿元，与预算持平。

（二）**2020 年政府性基金预算收支情况**。

按照地方政府债务管理有关规定，地方政府专项债务收支纳入政府性基金预算管理。根据抗疫特别国债资金管理办法规定，抗疫特别国债收支纳入政府性基金预算管理。

全国政府性基金预算收入 93488.74 亿元，为预算的 114.8%，增长 10.6%，主要是地方国有土地使用权出让金收入增加较多。加上 2019 年结转收入 181.55 亿元、地方政府发行专项债券筹集收入 37500 亿元，以及抗疫特别国债收入 10000 亿元，全国政府性基金收入总量为 141170.29 亿元。全国政府性基金预算支出 117998.94 亿元，完成预算的 93.6%，增长 28.8%，主要是地方政府专项债券安排的支出增加较多。

中央政府性基金预算收入 3561.58 亿元，为预算的 98.6%，下降 11.8%，主要是受疫情影响部分基金减收较多，同时出台阶段性免征政策。加上 2019 年结转收入 181.55 亿元和抗疫特别国债收入 10000 亿元，中央政府性基金收入总量为 13743.13 亿元。中央政府性基金预算支出 10439.87 亿元，完成预算的 96.8%，其中，本级支出 2714.62 亿元，对地方转移支付 7725.25 亿元。调入一般公共预算 3002.5 亿元。

中央政府性基金预算收大于支300.76亿元，其中，结转下年继续使用240.12亿元；单项政府性基金项目结转超过当年收入30%的部分合计60.64亿元，按规定补充中央预算稳定调节基金。

地方政府性基金预算本级收入89927.16亿元，增长11.7%，其中，国有土地使用权出让收入84142.29亿元，增长15.9%。加上中央政府性基金预算对地方转移支付收入7725.25亿元和地方政府发行专项债券筹集收入37500亿元，地方政府性基金收入总量为135152.41亿元。地方政府性基金预算支出115284.32亿元，增长30.2%。

（三）**2020年国有资本经营预算收支情况**。

按照国有资本经营预算管理有关规定，国有资本经营预算收入主要根据国有企业上年实现净利润一定比例收取，同时按照收支平衡原则安排相关支出。

全国国有资本经营预算收入4777.82亿元，为预算的131.3%，增长20.3%，主要是加大国有企业利润上缴力度。全国国有资本经营预算支出2544.06亿元，完成预算的97.3%，增长10.8%。

中央国有资本经营预算收入1785.61亿元，为预算的105.6%，增长9.1%。加上2019年结转收入144.09亿元，收入总量为1929.7亿元。中央国有资本经营预算支出939.06亿元，完成预算的74.6%，下降15.3%，其中，本级支出873.69亿元，对地方转移支付65.37亿元。调入一般公共预算增加至577.5亿元。结转下年支出413.14亿元。

地方国有资本经营预算本级收入2992.21亿元，增长

28.1%。加上中央国有资本经营预算对地方转移支付收入65.37亿元，以及上年结转收入80.49亿元，收入总量为3138.07亿元。地方国有资本经营预算支出1670.37亿元，增长27.6%。调入一般公共预算增加至1148.2亿元。结转下年支出319.5亿元。

（四）**2020年社会保险基金预算收支情况**。

全国社会保险基金预算收入72115.65亿元，为预算的93.3%，下降13.3%，主要是出台阶段性减免社会保险费政策形成减收较多，其中，保险费收入46973.69亿元，财政补贴收入20946.94亿元。加上从全国社会保障基金调入用于弥补部分地方企业职工基本养老保险基金缺口的专项资金500亿元，收入总量为72615.65亿元。全国社会保险基金预算支出78834.82亿元，完成预算的95.8%，增长5.5%。当年收支缺口6219.17亿元，年末滚存结余90326.14亿元。

中央社会保险基金预算收入704.83亿元，为预算的50.9%，其中，保险费收入352亿元，财政补贴收入317.75亿元。加上地方上缴的基本养老保险中央调剂基金收入7379.55亿元和从全国社会保障基金调入的专项资金500亿元，收入总量为8584.38亿元。中央社会保险基金预算支出708.42亿元，完成预算的50.3%，加上安排给地方的基本养老保险中央调剂基金支出7370.05亿元和安排下达部分地方弥补企业职工基本养老保险基金缺口专项资金500亿元，支出总量为8578.47亿元。当年收支结余5.91亿元，年末滚存结余372.87亿元。中央社会保险基金收支预算执行率较低，主要是部分机关事业单位养老保险实施准备期清算工作尚未完成。中央调剂基金收支存在9.5亿元差额，主要是收支列入中央预算的新疆生产建设兵团参与地方调剂，以及分配以前年度中央调剂基金利息。

地方社会保险基金预算收入71410.82亿元，其中，保险费收入46621.69亿元，财政补贴收入20629.19亿元。加上基本养老保险中央调剂资金收入7370.05亿元和中央安排部分地方弥补企业职工基本养老保险基金缺口专项资金500亿元，收入总量为79280.87亿元。地方社会保险基金预算支出78126.40亿元，加上基本养老保险中央调剂资金支出7379.55亿元，支出总量为85505.95亿元。当年收支缺口6225.08亿元，年末滚存结余89953.27亿元。

2020年末，中央财政国债余额208905.87亿元，控制在全国人大批准的债务余额限额213008.35亿元以内；地方政府债务余额256614.65亿元，包括一般债务余额127395亿元、专项债务余额129219.65亿元，控制在全国人大批准的债务余额限额288074.3亿元以内。

（五）2020年主要财税政策落实和重点财政工作情况。

2020年，财政部门认真贯彻党中央、国务院决策部署，按照预算法及其实施条例和《关于人大预算审查监督重点向支出预算和政策拓展的指导意见》，落实全国人大预算决议和审议意见要求，及时研究出台对冲疫情影响的财税政策，支持做好“六稳”工作、落实“六保”任务，发挥稳定经济的关键作用，同时加快推进财税体制改革，有力维护经济发展和社会稳定大局。

全力支持抗击新冠肺炎疫情。**优先保障疫情防控经费。**

把疫情防控作为最重要、最紧迫的工作来抓，按照特事特办、急事急办原则，加快资金拨付使用，确保人民群众不因担心费用问题而不敢就诊，确保各地不因资金问题而影响医疗救治和疫情防控。加大对湖北等疫情严重地区支持力度。加强资金分配和使用监管，各级财政疫情防控资金支出超过 4000 亿元，为开展相关工作提供了坚实支撑。**强化应对疫情的财税支持政策**。对新冠肺炎患者实行财政兜底免费救治，不惜一切代价救治生命。对参加疫情防控的一线医务人员和防疫工作者给予临时性工作补助，疫情防控期间湖北省（含援鄂医疗队）补助标准再提高一倍。对疫情防控重点保障企业给予税费减免，通过优惠贷款贴息等方式提供资金支持。对紧缺的重点医疗物资实施政府兜底收储。积极支持疫情防控科研攻关，推进药物和疫苗研发等。同时，大力支持公共卫生体系、重大疫情防控救治体系和应急物资保障体系建设，提升重大突发公共卫生事件应急处置和救治、应急物资生产动员能力。

出台实施规模性纾困政策。**以更大的政策力度对冲疫情影响**。坚持积极的财政政策更加积极有为，特殊时期采取特殊举措，赤字率提高到 3.6% 以上，赤字规模增加 1 万亿元，发行 1 万亿元抗疫特别国债，上述 2 万亿元主要用于保就业、保基本民生、保市场主体，包括支持减税降费、减租降息、扩大消费和投资等。新增地方政府专项债券比上年增加 1.6 万亿元，适当拓宽使用范围，提高专项债券资金可用作项目资本金的比例，积极扩大有效投资。**加大减税降费力度支持纾解企业经营困难**。实施阶段性大规模减税降费，与制度性安排相结合，全年为市场主体减负超过2.6万亿元。在实施降低增值税税率、个人所得税专项附加扣除、降低企业养老保险费率等制度性政策的基础上，根据应对疫情的需要，新出台实施7批28项减税降费政策，及时推出免征中小微企业社保费、减免小规模纳税人和部分行业增值税等阶段性措施，延缓小微企业、个体工商户所得税缴纳，着力支持保市场主体，向中小微企业、个体工商户和困难行业企业倾斜。**加大转移支付力度缓解基层财政运行困难**。中央对地方转移支付达到8.33万亿元，比上年增加8955亿元，增长12%，增量和增幅为近年来最高，并重点向中西部和困难地区倾斜，确保基层财力增长。阶段性提高地方财政资金留用比例，实行差异化资金调度，地方“三保”（保基本民生、保工资、保运转）支出得到较好保障。

推动三大攻坚战取得决定性成就。**支持如期打赢脱贫攻坚战**。聚焦剩余贫困县和贫困人口，精准落实帮扶措施。中央财政专项扶贫资金连续第五年增加200亿元，达到1461亿元，并向受疫情影响较重地区、挂牌督战地区倾斜。一次性增加综合性财力补助资金300亿元，支持地方脱贫攻坚补短板。加大对产业扶贫、就业扶贫的支持，着力解决“两不愁三保障”突出问题。加强扶贫项目资金全过程绩效管理，健全部门协同、上下联动的资金监管机制。**推动生态环境明显改善**。支持打好蓝天、碧水、净土保卫战。深入实施山水林田湖草生态保护修复工程试点。持续推进林业草原生态保护修复，全面加强生物多样性保护。引导黄河全流域开展横向生态补偿机制试点，带动沿黄各省区共抓大保护大治理。推动国家绿色发展基金挂牌运营，支持长江经济带沿线省市开展环境保护、能源资源节约利用等。**防范化解重大风险取得积极成效**。完善债务常态化监控机制，强化政策协同，实施联合监管，地方政府隐性债务风险得到缓释。从新增地方政府专项债券额度中安排2000亿元，支持化解中小银行风险。

大力支持科技创新。创新财政资金管理机制，保障关键核心技术攻关，支持量子通信与量子计算机、脑科学与类脑研究等"科技创新2030—重大项目"启动实施。健全鼓励支持基础研究、原始创新的体制机制，强化财政对基础研究的支持，为自主创新提供源头动力。健全稳定支持和竞争性支持相协调的投入机制，加大对中央级科学事业单位基本运行、自主选题研究和科研条件建设等稳定支持力度。综合运用多种方式支持国家科技创新基地建设，发挥对科技创新的支撑作用。突出对高水平人才队伍建设的支持，推动造就更多国际一流的科技领军人才和创新团队。支持符合条件的企业承担中央财政科技计划（专项、基金等）科研任务，引导企业加大研发投入，真正成为技术创新的主体。

着力支持实体经济转型升级。**推动制造业高质量发展**。发挥财政资金"四两拨千斤"撬动作用，引导资本、资源向战略关键领域聚焦。整合设立专项资金，支持提升产业基础能力和产业链水平。加大对集成电路、软件等产业税收优惠力度，延长新能源汽车购置补贴和免征车辆购置税政策至2022年底。**大力支持中小企业发展**。引导社会资本共同支持种子期、初创期成长型中小企业创新发展。继续支持实体经济开发区打造创新创业特色载体，促进提高中小企业创新能力和

专业化水平。深入实施小微企业融资担保降费奖补政策，推动融资担保扩面降费。进一步做好清理拖欠民营企业、中小企业账款工作。**强化粮食能源安全保障**。增加产粮大县奖励，完善玉米、大豆生产者补贴和稻谷补贴政策。支持新建高标准农田8000万亩，实施东北黑土地保护性耕作4000万亩。支持统筹做好粮食库存消化和库存投放，优化储备结构。扩大生猪养殖临时贷款贴息补助范围，促进生猪稳产保供。完善可再生能源发电补贴政策，支持光伏、风电等实现平价上网。鼓励页岩气、煤层气等非常规天然气开采利用。支持提升能源储备能力。

持续保障和改善民生。**着力保居民就业**。拓宽就业相关资金保障渠道，支持就业创业扶持政策落实。加大失业保险稳岗返还和创业担保贷款贴息政策力度，助力稳企业保就业。扩大失业保险保障范围，加强失业人员基本生活保障和再就业服务。**推动教育公平发展和质量提升**。稳定教育投入，优化投入结构。统一全国义务教育生均公用经费基准定额，将中西部地区标准提高到与东部一致。支持深入实施义务教育薄弱环节改善与能力提升工作，基本消除城镇“大班额”，基本补齐乡村小规模学校和乡镇寄宿制学校短板。支持地方公办民办并举扩大普惠性学前教育资源，巩固完善幼儿资助制度。加快推进高中阶段教育普及攻坚，促进职业教育高质量发展，加大对中西部高校的支持力度。**提高社会保障水平**。居民医保、基本公共卫生服务经费人均财政补助标准分别提高到每人每年550元、74元。按照5%左右的幅度调整退休人员基本养老金水平，城乡居民基础养老金最低标准提高到

93 元。企业职工基本养老保险基金中央调剂比例进一步提高至 4%,22 个中西部和老工业基地省份净受益 1768.45 亿元。保障养老金按时足额发放,实现企业养老保险基金省级统收统支。提高优抚对象等人员抚恤和生活补助标准。中央层面划转部分国有资本充实社保基金工作全面完成,共划转 93 家中央企业和金融机构国有资本总额 1.68 万亿元。支持 24 个试点城市培育发展住房租赁市场,支持各地开工改造城镇老旧小区 4.03 万个。强化基层公共文化服务,支持 5 万余家博物馆、图书馆等公共文化设施免费开放。**做好民生兜底工作**。及时启动社会救助和保障标准与物价上涨挂钩联动机制,阶段性加大价格临时补贴力度,扩大低保、临时救助政策范围,保障困难群众基本生活。

创新实施新增财政资金直达机制。对新增财政赤字和抗疫特别国债 2 万亿元建立特殊转移支付机制,确保新增中央财政资金“一竿子插到底”,直达市县基层、直接惠企利民。**健全管理制度**。制定管理办法,明确直达资金分配、使用、拨付、监管要求,防范资金分散和截留。督促指导地方严格执行制度,省级财政既当好“过路财神”又不当“甩手掌柜”,加大资金下沉力度。**快速下达资金**。按照“中央切块、省级细化、备案同意、快速直达”的原则,推动资金高效精准投放到终端。与往年相比,纳入直达机制的资金使用进度整体上加快了一个季度以上。**严格资金监管**。开发建设联通中央、省、市、县各级财政的直达资金监控系统,建立资金台账,实现对每笔资金从源头到末端的全链条、全过程跟踪。加强部门协同联动,形成监管合力。直达机制运行有序有效,为基层落实

"六保"任务及时补充了财力,为市场主体克服困难及时提供了支持。

坚持政府过紧日子。中央部门带头,从严编制预算,执行中严把支出关口,除疫情防控、国债付息等必要增支外,其他支出总体上控制在批准的预算规模内,中央本级支出负增长,其中非急需非刚性支出压减50%以上。定期评估中央部门落实过紧日子情况,加强预算执行监控结果运用,推动及时堵塞漏洞、改进管理。督促地方厉行勤俭节约,可开可不开的会坚决不开,可办可不办的培训坚决不办,可暂缓实施的支出项目资金、各类沉淀资金及时缴回财政,可统筹整合的预算资金及时调整支出用途,将过紧日子的要求落到实处。

持续提升财政管理水平。**财税体制改革稳步推进**。修订后的预算法实施条例颁布施行,契税法、城市维护建设税法顺利出台。印花税法草案按程序提请全国人大常委会初次审议。生态环境、公共文化、自然资源、应急救援等领域中央与地方财政事权和支出责任划分改革方案印发实施。推进预算管理一体化建设,出台全国统一的业务规范和技术标准。**预算绩效管理持续深化**。进一步完善预算绩效管理制度体系,出台项目支出绩效评价管理办法。严格绩效目标管理,深入开展重点绩效评价。扩大向全国人大报送绩效信息范围,推动绩效信息向社会公开。**国有资产和财务管理不断加强**。向全国人大常委会报告国有资产管理情况。295户中央企业新纳入国有资本经营预算编制范围。政府财务报告编制范围扩大到108家中央部门,地方层面实现编制工作全覆盖。**进一步严肃财经纪律**。加强会计审计监管,深入开展会计师事务所审计质量提升专项工作，严厉打击财务造假。扎实开展脱贫攻坚、长江禁捕等财税政策落实和资金监管工作，督促问题整改、推动配套改革。**依法接受人大预算审查监督**。落实全国人大及其常委会有关预算决议，抓紧抓实审计查出问题整改，坚持解决具体问题与建立长效机制同步推进，及时向全国人大常委会报告整改情况。积极加强与人大代表沟通联络，充分听取意见建议，及时回应关切。

2020 年是“十三五”规划收官之年。五年来，我国经济社会发展取得新的历史性成就，“十三五”规划主要目标任务胜利完成，财政改革发展工作也取得了新的进展。**一是**财政实力进一步增强，为促进经济社会持续健康发展提供坚实物质基础。在实施大规模减税降费政策情况下，“十三五”时期财政收入总量达到 88.88 万亿元，比上一个五年增长 38%，实现高基数基础上的增长。**二是**财政支出保持较高强度，有力保障党和国家事业发展需要。坚持开源节流，盘活存量，用好增量，“十三五”时期财政支出总量达到 109.62 万亿元，比上一个五年增长 56%，重点领域支出得到有效保障。**三是**坚持实施积极的财政政策，促进经济运行保持在合理区间。坚持不搞“大水漫灌”式强刺激，根据形势变化灵活调整赤字率、政府债务规模，集成发挥各项财税政策工具作用，引导和改善市场预期，统筹好发展和安全。**四是**减税降费力度空前，有效促进市场主体和实体经济发展。坚持算政治账、长远账，税制改革与减税降费措施相结合，制度性安排与阶段性政策并举、普惠性减税与结构性减税并重，“十三五”时期减税降费累计 7.6 万亿元，在减轻企业负担、激发创新活力、优化经济结构、促进居民消费、扩大就业等方面发挥了重要作用。**五是**民生投入只增不减,改革发展成果更多更公平惠及全体人民。财政再困难,也没有在民生支出上退步。五年来中央财政专项扶贫资金年均增长25.9%。国家财政性教育经费支出占国内生产总值比例保持不低于4%。基本养老、基本医疗、城乡低保等保障水平逐年提高。**六是**供给侧结构性改革、国家重大战略任务支撑有力,持续提升经济发展质量和效益。支持实施创新驱动发展战略,五年来全国财政科技投入年均增长9%。落实乡村振兴战略,城乡、区域发展协调性不断增强。支持实施可持续发展战略,生态系统整体质量和稳定性显著提升。推动扩大高水平对外开放,五年来关税总水平从9.8%降至7.5%。**七是**财税体制改革纵深推进,基本确立现代财政制度框架。预算管理更加科学规范,绩效管理改革全面实施。增值税、个人所得税等税种改革取得重大进展,税收立法工作持续推进。分领域中央与地方财政事权和支出责任划分改革方案陆续出台。国有资产管理制度不断完善。

这些成绩的取得是以习近平同志为核心的党中央坚强领导的结果,是习近平新时代中国特色社会主义思想科学指引的结果,是全国人大、全国政协及代表委员们监督指导的结果,是各地区、各部门和全国各族人民共同努力的结果。

同时,预算执行和财政工作中还存在一些困难和问题。主要是:财政收入增长乏力,预算平衡难度加大,紧平衡特征进一步凸显。区域间财力不平衡,一些地方财政收支矛盾突出,部分市县财政收支运行紧张。一些地方项目储备不足、前期准备不充分不到位,影响了扩大有效投资等相关政策落实。

一些领域存量项目固化僵化问题依然突出，调整优化支出结构力度还需加大。部分部门和单位预算绩效管理不够到位，全过程预算绩效管理的质量有待提升。违法违规新增地方政府隐性债务情况仍然存在，有的地方政府债务负担较重。随着人口老龄化程度加深及保险待遇稳步提高，社会保险基金的长期平衡压力逐步增大。我们高度重视这些问题，将积极采取措施加以解决。

二、2021 年中央和地方预算草案

2021 年是我国现代化建设进程中具有特殊重要性的一年，“十四五”开局，全面建设社会主义现代化国家新征程开启，做好预算编制和财政工作意义重大。要按照党中央、国务院部署要求，合理研判财政收支形势，做好财政预算编制工作，积极发挥财政职能作用，推动构建新发展格局迈好第一步、见到新气象。

（一）**2021 年财政收支形势分析**。

当前和今后一个时期，我国发展仍然处于重要战略机遇期，我国已转向高质量发展阶段，制度优势显著，治理效能提升，经济长期向好，物质基础雄厚，人力资源丰富，市场空间广阔，发展韧性强劲，社会大局稳定，继续发展具有多方面优势和条件。同时，国际环境日趋复杂，不稳定性不确定性明显增加，新冠肺炎疫情影响广泛深远，经济全球化遭遇逆流，我国发展不平衡不充分问题仍然突出，重点领域关键环节改革任务仍然艰巨，经济稳定恢复的基础还不牢固，做好“六稳”工

作、落实“六保”任务，防范化解风险的任务依然艰巨。

从财政收入看，2020年国内生产总值增速和财政收入基数降低，预计2021年随着经济逐步恢复常态、价格指数反弹，财政收入将恢复性增长。但由于新增财政赤字、动用历年结转结余资金等一次性措施增加的收入大幅减少，不再发行抗疫特别国债，实际可用的财力总量增幅较低。从财政支出看，各领域资金需求加大，实施“十四五”规划、构建新发展格局，以及乡村振兴、污染防治、教育科技、应急救灾、基层“三保”、国防武警、债务付息等重点和刚性支出都需要加强保障，财政支出增长刚性较强。总体来看，2021年财政收支形势十分严峻，预算平衡难度进一步加大，债务等重点领域风险也不容忽视。必须加强财政资源统筹，大力优化支出结构，完善资金分配和使用机制，切实增强财政可持续性。

（二）2021年预算编制和财政工作的总体要求。

2021年预算编制和财政工作的总体要求是：**要在以习近平同志为核心的党中央坚强领导下，以习近平新时代中国特色社会主义思想为指导，全面贯彻党的十九大和十九届二中、三中、四中、五中全会以及中央经济工作会议精神，坚持稳中求进工作总基调，立足新发展阶段，贯彻新发展理念，构建新发展格局，以推动高质量发展为主题，以深化供给侧结构性改革为主线，以改革创新为根本动力，以满足人民日益增长的美好生活需要为根本目的，坚持系统观念，巩固拓展疫情防控和经济社会发展成果，更好统筹发展和安全，扎实做好“六稳”工作、全面落实“六保”任务，积极的财政政策要提质增效、更可持续，努力保持经济运行在合理区间；加大优化支出结构力**

度，坚持艰苦奋斗、勤俭节约、精打细算，全面落实政府过紧日子要求，增强国家重大战略任务财力保障，把宝贵的财政资金用在刀刃上；加强财政资源统筹，推进财政支出标准化，强化预算约束和绩效管理，努力提高财政支出效率；落实中央与地方财政事权和支出责任划分改革要求，深化预算管理制度改革，稳步推进税制改革，加快建立现代财税体制；加强地方政府债务管理，抓实化解地方政府隐性债务风险工作，促进财政可持续发展，确保“十四五”开好局起好步，以优异成绩庆祝中国共产党成立 100 周年。根据上述总体要求，要着重把握以下六项原则：

——*保持适度支出强度，增强财政可持续性。*统筹宏观调控需要和防范财政风险，合理安排赤字率。加大力度盘活存量资金，继续保持适度支出强度，增强国家重大战略任务财力保障，发挥财政资金在支持科技创新、加快经济结构调整、调节收入分配等方面的重要作用。科学安排地方政府专项债券规模，积极防范地方政府债务风险。

——*持续推进减税降费，激发市场主体活力。*综合考虑财政承受能力和实施助企纾困政策需要，保持一定的减税降费力度，继续向小微企业和个体工商户倾斜，加大对科技创新的政策扶持，进一步提升减税降费实施效果，努力减轻企业税费负担，激发市场主体活力。

——*建立常态化直达机制，提高财政资金效率。*认真总结直达机制经验，及时将好的做法上升为制度性安排，扩大直达资金范围。完善直达资金管理制度，优化资金分配流程，落实地方政府主体责任，充分调动地方积极性，提高资金分配的科学性。健全直达资金监控体系，细化监管措施，完善监控系统，加大监管力度，盯紧盯牢直达资金的分配、拨付和使用，进一步提高财政资金绩效。

——助力提升产业发展水平，加快发展现代产业体系。着重提升经济发展质量和效益，支持加快培育完整内需体系。大力推动科技创新，加强基础研究投入，推动关键核心技术攻关，支持提高自主创新能力，与经济发展紧密结合，推动加快发展现代产业体系，促进提升产业链供应链现代化水平。支持外资外贸发展。

——合理确定民生支出标准，着力保障和改善民生。坚持尽力而为、量力而行，结合财政状况和实际需要合理确定民生政策，推进民生支出清单管理，加强财政承受能力评估。建立健全激励约束机制，提高民生支出资金管理的科学性。完善再分配机制，强化对低收入群体的兜底保障。千方百计增加中央对地方转移支付规模，并向财政困难地区和欠发达地区倾斜，增强保基本民生的能力。

——坚持政府过紧日子，进一步优化财政支出结构。将艰苦奋斗、勤俭节约作为预算编制长期坚持的基本方针，推进党政机关过紧日子。下更大力气优化支出结构，把严把紧预算支出关口，进一步压减一般性支出，严格审核新增财政支出，大力削减或取消低效无效支出，深入挖掘节支潜力。加强财政资源统筹，增加资金有效供给，促进财政资源优化配置。

（三）2021 年财政政策。

2021 年积极的财政政策要提质增效、更可持续。一方面，保持宏观政策的连续性、稳定性，保持对经济恢复的必要支持力度,兼顾稳增长和防风险需要,合理安排赤字、债务、支出规模,不急转弯,把握好时度效。另一方面,政策操作上更加精准有效,以更大力度调整优化支出结构,进一步完善政策实施机制,切实提升政策效能和资金效益。重点包括:**一是保持适度支出强度**。加大资金统筹力度,强化四本预算衔接,今年全国一般公共预算支出安排超过 25 万亿元,增长 1.8%,财政支出总规模比去年增加,重点仍是加大对保就业保民生保市场主体的支持力度,着力保障国家重大战略任务资金需求,促进经济运行保持在合理区间。**二是优化和落实减税降费政策**。继续执行制度性减税政策,延长小规模纳税人增值税优惠等部分阶段性政策执行期限,实施新的结构性减税举措。将小规模纳税人增值税起征点从月销售额 10 万元提高到 15 万元。对小微企业和个体工商户年应纳税所得额不到 100 万元的部分,在现行优惠政策基础上,再减半征收所得税。取消港口建设费,将民航发展基金航空公司征收标准再降低 20%。**三是增加中央对地方转移支付规模**。在实际新增财力有限的情况下,中央财政压减本级、调整结构,增加对地方转移支付规模。对地方转移支付安排 83370 亿元,比 2020 年略有增加,其中一般性转移支付增长 7.8%,增幅明显高于去年。**四是合理确定赤字率**。考虑到疫情得到有效控制和经济逐步恢复,赤字率按 3.2%左右安排、比去年有所下调,赤字规模为 3.57 万亿元、比 2020 年减少 1900 亿元,其中中央和地方分别为 2.75 万亿元和 8200 亿元。这样安排,既体现了财政政策的积极取向,又释放出我国不搞“大水漫灌”式强刺激、推动高质量发展的明确信号,并为今后应对新的风险挑战留出政策空间。**五是适度减少新增地方政府专项债券规模**。新增专项债券安排3.65万亿元，比上年减少1000亿元。主要是已发行的专项债券规模较大，政策效应在今年仍会持续释放，适当减少新增专项债券规模也有利于防范地方政府法定债务风险。**六是不再发行抗疫特别国债**。发行抗疫特别国债是特殊时期的特殊举措，目前抗疫等一次性支出大幅减少，地方公共卫生等基础设施建设、保基本民生等支出可以通过正常渠道给予保障，因此不再发行抗疫特别国债。相应地，不再实行特殊转移支付，回归执行正常转移支付制度。**七是落实政府过紧日子要求**。节用为民，坚持过紧日子，确保基本民生支出只增不减。中央本级支出继续安排负增长，进一步大幅压减非急需非刚性支出，重点项目和政策性补贴也按照从严从紧、能压则压的原则审核安排。地方财政也要进一步压减一般性支出，把更多宝贵财政资源腾出来，用于改善基本民生和支持市场主体发展。**八是更加突出绩效导向**。进一步完善财政资金直达机制，使资金管得严、放得活、用得准，力求"精准滴灌"到需求终端。加快建立全方位全过程全覆盖的预算绩效管理体系，将绩效管理实质性嵌入预算管理流程，强化绩效目标管理，提高绩效评价质量，加强绩效结果应用，把有限的财政资金用好用到位。同时，促进财政、货币政策同就业、产业、区域等政策形成集成效应。2021年主要支出政策如下：

1. **推动创新发展和产业升级。**

支持加快科技自立自强。坚持把科技作为财政支出重点领域，聚焦国家战略需求优化支出结构。围绕强化国家战略科技力量，稳定支持国家实验室建设运行，支持国家重点实验室体系重组。加大基础研究投入，中央本级基础研究支出增长10.6%，重点用于国家自然科学基金，以及支持基础研究领域科研院所、科技创新基地、科研人才等。保障国家重大科技任务经费，支持实行“揭榜挂帅”等机制打好关键核心技术攻坚战，加快推进“科技创新2030—重大项目”。支持有条件的地方建设国际和区域科技创新中心。中央预算内投资安排资金支持科技创新和结构调整。落实税收、资产管理、政府采购和金融等支持科技创新政策。充分发挥国家科技成果转化引导基金作用，促进科技成果转移转化。支持开展国际科技合作。

推动产业链供应链优化升级。统筹相关资金，支持制造业高质量发展，深入实施产业基础再造工程，加快构建自主可控、安全稳定的产业链供应链。对先进制造业企业按月全额退还增值税增量留抵税额。优化首台（套）重大技术装备保险补偿政策，继续实施新材料首批次保险补偿试点。发挥政府投资基金引导作用，带动社会资本加大投入，推动集成电路、新材料、新一代信息技术等产业加快发展。

激发企业和人才创新活力。延续执行企业研发费用加计扣除75%政策，将制造业企业加计扣除比例进一步提高到100%，激励企业加大研发投入。积极引导金融机构支持企业技术创新，促进新技术产业化规模化应用。推进产学研深度融合，通过后补助等方式支持更多企业承担国家科研任务，引导企业成为技术创新的主体。启动支持中小企业“专精特新”发展奖补政策。加大国有资本经营预算资本性支出力度，支持国有企业提高自主创新能力，推进前瞻性战略性产业发展。推进普惠金融发展，延长小微企业融资担保降费奖补政策，发挥政府性融资担保机构作用，支持缓解小微企业等融资难融资贵。加强创新激励和保障，构建充分体现知识、技术等创新要素价值的收益分配机制，激发广大科技工作者创新创造积极性。

2. **支持实施扩大内需战略**。

稳定和扩大居民消费。加大税收、社保、转移支付等调节力度，着力优化收入分配结构，提高低收入群体收入，扩大中等收入群体，逐步改善城乡、区域、不同群体间分配关系。支持健全教育、养老、医疗、育幼等政策体系，促进解决居民消费后顾之忧，提升社会整体消费能力和意愿。推动政府购买服务管理规范化精细化，合理扩大购买范围和规模，更好满足人民群众公共服务需求。支持加快补齐农村流通体系短板，加强农产品仓储保鲜设施建设，畅通工业品下乡、农产品进城渠道，促进产销高效对接。完善新能源汽车购置补贴政策，支持充电基础设施建设和新能源公交车运营。

积极拓展投资空间。用好地方政府专项债券，加强高质量项目储备，按照“资金跟着项目走”的原则，适当放宽发行时间限制，优化债券发行期限结构，合理扩大使用范围，优先支持在建工程，不得盲目举债铺摊子。中央预算内投资安排6100亿元，增加100亿元，继续支持促进区域协调发展的重大工程，推进“两新一重”等重大工程建设。优化政府投资安排方式，通过资本金注入等发挥政府投资撬动作用，激发民间投资活力，形成市场主导的投资内生增长机制，增强投资增长后劲。

在扩大内需的同时，积极采取措施促进进出口稳定。调整优化关税结构和进口税收政策，增加优质产品和服务进口，作为国内供给的必要补充，满足国内消费升级和经济发展需要。完善跨境电商零售进口税收政策，引导跨境电商新业态健康发展。外经贸发展资金安排 117 亿元，增长 10. 2%，促进贸易创新发展。支持稳步推进海南自由贸易港建设。

3. **支持推进区域协调发展和新型城镇化**。

提升基本公共服务均等化水平。继续增加中央对地方一般性转移支付规模，向中西部地区倾斜，重点加大对欠发达地区的支持力度。其中，中央财政均衡性转移支付安排 19087 亿元，增长 11%；县级基本财力保障机制奖补资金安排 3379 亿元，增长 13. 4%；革命老区、民族地区、边境地区转移支付安排 1466 亿元，增长 10. 1%，促进地方加快经济社会发展。

支持推动区域协调发展。继续发挥好财税政策作用，支持推进京津冀协同发展、粤港澳大湾区建设、长三角一体化发展。加快出台长江经济带发展、黄河流域生态保护和高质量发展财政支持政策，研究制定“十四五”时期支持西藏、新疆经济社会发展财政政策体系。支持西部大开发形成新格局，东北振兴取得新突破，中部地区加快崛起，东部地区加快推进现代化。继续支持资源枯竭城市转型发展。深入实施兴边富民行动。

支持推进以人为核心的新型城镇化。中央财政农业转移人口市民化奖励资金安排 350 亿元，健全成本分担机制，保障农业转移人口基本公共服务需求。支持实施城市更新行动，推动城镇老旧小区改造和住房租赁市场发展，降低租赁住房税费负担。

4. **支持全面实施乡村振兴战略。**

保障国家粮食安全。落实藏粮于地、藏粮于技战略，支持耕地保护和地力提升，大力推进高标准农田和农田水利设施建设，深入实施东北黑土地保护性耕作行动计划。加快推进种业自主创新，支持农业良种培育和种业发展。稳定种粮农民补贴，适度提高稻谷、小麦收购价，完善粮食主产区利益补偿机制，增强国家粮食调控能力。落实好各项支持政策，巩固生猪生产恢复势头。

支持提高农业质量效益。加大农机购置补贴力度，支持高端智能、丘陵山区农机装备研发制造。积极支持培育家庭农场、农民合作社、高素质农民，推进适度规模经营，完善农业社会化服务体系，着力构建现代农业经营体系。深入推进现代农业产业园创建、农业产业强镇和优势特色产业集群建设，引领带动乡村产业发展壮大。加强基层农技推广体系建设，提高科技对农业的支撑能力。加强农业面源污染治理，支持畜禽粪污资源化利用、秸秆综合利用、有机肥替代和农膜回收等，提升农业绿色发展水平。

推动巩固拓展脱贫攻坚成果同乡村振兴有效衔接。保持财政支持政策和资金规模总体稳定，中央财政衔接推进乡村振兴补助资金（原中央财政专项扶贫资金）安排 1561 亿元，增加 100 亿元，重点向巩固拓展脱贫攻坚成果任务重、乡村振兴底子差的地区倾斜。在过渡期前 3 年继续支持脱贫县统筹整合使用财政涉农资金。强化乡村振兴投入保障。提高土地出让收入用于农业农村比例。加快推进乡村人才振兴。扶持壮大村级集体经济,加强村级组织运转经费保障。围绕改厕、生活垃圾处理和污水治理等重点,接续推进农村人居环境整治提升行动,探索开展农村黑臭水体整治。支持加强农村基础设施建设,完善农村基本公共服务体系。

5. **支持加强污染防治和生态建设**。

深入打好污染防治攻坚战。践行绿水青山就是金山银山理念,坚持资金投入同污染防治攻坚任务相匹配。中央财政继续安排大气、水、土壤污染防治资金。大气污染防治资金安排 275 亿元,增长 10%,重点支持北方冬季清洁取暖和打赢蓝天保卫战。水污染防治资金安排 217 亿元,增长 10. 2%,主要用于长江等重点流域水污染防治。土壤污染防治专项资金安排 44 亿元,增长 10%,支持土壤污染治理与修复。

推进重点生态保护修复。重点生态功能区转移支付安排 882 亿元,增长 11%,引导重点生态功能区保护生态环境、提供生态产品。支持统筹推进山水林田湖草一体化保护和修复,整体推进海洋生态保护修复,实施历史遗留废弃矿山环境修复治理。支持实施好长江十年禁渔,加强渔业资源保护。

支持做好碳达峰、碳中和工作。推动优化产业结构和能源结构,进一步支持风电、光伏等可再生能源发展和非常规天然气开采利用,增加可再生、清洁能源供给。推进天然林资源保护、退耕还林还草等重大工程,强化森林、草原、湿地、沙化土地保护修复和治理,支持构建以国家公园为主体的自然保护地体系。支持开展大规模国土绿化行动,提升生态系统碳汇能力。同时,扩大环境保护、节能节水等企业所得税优惠目录范围，培育壮大节能环保产业。

6. **加强基本民生保障**。

落实就业优先政策。千方百计稳定和扩大就业，完善重点群体就业支持体系。中央财政就业补助资金安排559亿元，增加20亿元，支持地方落实各项就业创业扶持政策。加快使用职业技能提升行动资金，大力开展职业技能培训，缓解结构性就业矛盾，实现更加充分更高质量就业。继续实施失业保险保障扩围政策，发挥保生活、防失业、促就业功能作用。

促进教育高质量发展。着力调整支出结构，推动建设高质量教育体系。城乡义务教育补助经费安排1770亿元，增长4.3%，巩固完善城乡统一、重在农村的义务教育经费保障机制，推动义务教育优质均衡发展和城乡一体化。进一步推进义务教育薄弱环节改善与能力提升工作，加快补齐农村办学条件短板。加强农村教师队伍培训。支持学前教育发展资金安排198亿元，增长5.3%，加大普惠性学前教育资源供给。改善普通高中学校办学条件补助资金安排64亿元，增长8.4%。现代职业教育质量提升计划资金安排277亿元，增长7.7%，重点支持改善办学条件和加强教师队伍建设，深化产教融合、校企合作。分类推进“双一流”建设，支持高校特别是中西部高校改革发展。学生资助补助经费安排660亿元，增长16.3%。支持办好民族教育、特殊教育。中央财政在增加对地方转移支付的同时，督促地方加大教育投入，落实国家财政性教育经费支出占国内生产总值比例一般不低于4%的要求。推动健全教师工资待遇保障长效机制，改善乡村教师待遇。

稳步提高社会保障水平。继续提高退休人员基本养老金。进一步提高企业职工基本养老保险基金中央调剂比例至4.5%,在实现省级统收统支的基础上,加快推进全国统筹,确保养老金按时足额发放。支持建设居家社区机构相协调、医养康养相结合的养老服务体系。困难群众救助补助资金安排1473亿元,支持地方做好低保、特困人员救助供养、临时救助、流浪乞讨人员救助、孤儿基本生活保障等工作,强化困难群众兜底保障。支持残疾人事业发展。深化社保基金投资运营管理体制机制改革,持续做大做强战略储备基金。

强化卫生健康投入。将保障人民健康放在优先发展的战略位置,支持推进健康中国建设,深入开展爱国卫生运动。继续做好疫情防控相关工作,对医保基金负担的新冠病毒疫苗及接种费用给予补助,支持实施居民免费接种政策。深化疾病预防控制体系改革,推动健全公共卫生应急处置体系。加强对公立医院、基层医疗卫生机构、卫生健康人才队伍建设等方面的支持。深化公立医院综合改革,推动公立医院高质量发展。提升社区卫生服务中心、乡镇卫生院、村卫生室等基层医疗卫生机构服务能力。以全科医生为重点,加强基层卫生健康人才队伍建设。居民医保人均财政补助标准增加30元,达到每人每年580元,同步提高个人缴费标准40元,达到每人每年320元,个人缴费可按规定在税前扣除。逐步建立稳定的公共卫生事业投入保障机制,基本公共卫生服务经费人均财政补助标准提高5元,达到每人每年79元,支持地方开展健康管理、健康素养促进等基本公共卫生服务。全面做实基本医疗保险市地级统筹,推动省级统筹。支持中医药振兴发展。稳步推进长期护理保险制度试点。

支持发展文化事业和文化产业。持续推进城乡公共文化服务体系一体建设，提高文化惠民工程的覆盖面和实效性。完善相关资金基金管理机制，引导推出更多精品力作，支持繁荣发展社会主义文艺。加强文物保护利用和非物质文化遗产保护传承，推动国家文化公园建设，弘扬中华优秀传统文化。支持北京冬奥会、冬残奥会筹办和国家队备战，加快体育强国建设。

加强自然灾害防治和救助。农业保险保费补贴安排284亿元，增长10.2%，扩大三大粮食作物完全成本保险和收入保险试点范围，逐步扩大对地方优势特色农产品保险以奖代补试点范围，健全农业再保险制度，增强农业抵御风险能力。自然灾害防治体系建设补助资金安排93亿元，支持提高自然灾害防治能力相关重点工程建设。中央自然灾害救灾资金安排130亿元，支持开展重大自然灾害救灾和受灾群众救助等工作。

7. 支持国防、外交和政法工作。

加强财力保障，大力支持国防和军队现代化建设，促进国防实力和经济实力同步提升。落实好退役军人相关保障，支持做好军休安置和军转工作，继续提高优抚对象等人员抚恤和生活补助标准。支持推进中国特色大国外交，深化与主要经济体和国际组织交流合作，高质量共建“一带一路”，推动完善更加公正合理的全球经济治理体系。支持全面提高公共安全保障能力，推动建设更高水平的平安中国。支持做好公共法律服务工作。

（四）**2021 年一般公共预算收入预计和支出安排。**

1. **中央一般公共预算。**

中央一般公共预算收入 89450 亿元，比 2020 年执行数增长 8.1%。加上从中央预算稳定调节基金调入 950 亿元，从中央政府性基金预算、中央国有资本经营预算调入 985 亿元，收入总量为 91385 亿元。中央一般公共预算支出 118885 亿元，增长 0.4%。收支总量相抵，中央财政赤字 27500 亿元，比 2020 年减少 300 亿元。

2021 年中央一般公共预算支出分中央本级支出、对地方转移支付、中央预备费反映。

（1）中央本级支出 35015 亿元，下降 0.2%，连续第二年负增长，主要是为增加对地方的财力支持，中央政府带头过紧日子，大力压减本级支出。其中，一般公共服务支出 1470.25 亿元，下降 14.1%；外交支出 504.14 亿元，下降 1.9%；国防支出 13553.43 亿元，增长 6.8%；公共安全支出 1850.92 亿元，增长 0.7%；教育支出 1663.44 亿元，与上年基本持平（加上地方支出后，全国教育支出增长 5.2%）；科学技术支出 3227.1 亿元，与上年基本持平（加上地方支出后，全国科学技术支出增长 3.3%）；粮油物资储备支出 1224.73 亿元，与上年基本持平；债务付息支出 5998.24 亿元，增长 8.3%。

（2）对地方转移支付 83370 亿元，比 2020 年略有增加，剔除特殊转移支付后实际增长 7.8%。一般性转移支付 75018.34 亿元，增长 7.8%，其中，共同财政事权转移支付 34159.04 亿元，增长 6.1%，主要是支持地方落实教育、养老、医保等领域共同财政事权有关政策，促进基本公共服务均等化;其他一般性转移支付40859.3亿元,增长9.2%,高于中央本级支出增幅9.4个百分点,体现了中央财政加大对地方财力支持力度、增强困难地区财政保障能力的政策导向。专项转移支付(包含中央预算内投资)8351.66亿元,增长7.5%,集中资金引导地方落实党中央、国务院重大决策部署。

(3)中央预备费500亿元,与2020年预算持平。预备费执行中根据实际用途分别计入中央本级支出和对地方转移支付。

2. 地方一般公共预算。

地方一般公共预算本级收入108200亿元,增长8.1%。加上中央对地方转移支付收入83370亿元、地方财政调入资金及使用结转结余14835亿元,收入总量为206405亿元。地方一般公共预算支出214605亿元,增长1.9%。地方财政赤字8200亿元,通过发行地方政府一般债券弥补,比2020年减少1600亿元。

3. 全国一般公共预算。

汇总中央和地方预算,全国一般公共预算收入197650亿元,增长8.1%。加上调入资金及使用结转结余16770亿元,收入总量为214420亿元。全国一般公共预算支出250120亿元(含中央预备费500亿元),增长1.8%。赤字35700亿元,比2020年减少1900亿元。

(五)2021年政府性基金预算收入预计和支出安排。

中央政府性基金预算收入3820.85亿元,增长7.3%。加上上年结转收入240.12亿元,收入总量为4060.97亿元。中央政府性基金预算支出4059.97亿元,其中,本级支出

3325.86亿元，对地方转移支付734.11亿元。调入一般公共预算1亿元。

地方政府性基金预算本级收入90705.77亿元，增长0.9%，其中，国有土地使用权出让收入84143亿元，与上年基本持平。加上中央政府性基金预算对地方转移支付收入734.11亿元、地方政府专项债务收入36500亿元，地方政府性基金收入总量为127939.88亿元。地方政府性基金预算支出127939.88亿元，增长11%。

汇总中央和地方预算，全国政府性基金预算收入94526.62亿元，增长1.1%。加上上年结转收入240.12亿元和地方政府专项债务收入36500亿元，全国政府性基金收入总量为131266.74亿元。全国政府性基金预算支出131265.74亿元，增长11.2%。调入一般公共预算1亿元。

（六）**2021年国有资本经营预算收入预计和支出安排。**

中央国有资本经营预算收入1751.91亿元，下降1.9%。加上上年结转收入413.14亿元，收入总量为2165.05亿元。中央国有资本经营预算支出1181.05亿元，增长25.8%，其中，本级支出1079.53亿元，对地方转移支付101.52亿元、增长55.3%。调入一般公共预算984亿元。

地方国有资本经营预算本级收入2125.14亿元，下降29%，主要是2020年受疫情等因素影响，地方国有企业利润下降较多。加上中央国有资本经营预算对地方转移支付收入101.52亿元、上年结转收入319.5亿元，收入总量为2546.16亿元。地方国有资本经营预算支出1568.32亿元，下降6.1%。调入一般公共预算977.84亿元。

汇总中央和地方预算，全国国有资本经营预算收入3877.05亿元，下降18.9%。加上上年结转收入732.64亿元，收入总量为4609.69亿元。全国国有资本经营预算支出2647.85亿元，增长4.1%。调入一般公共预算1961.84亿元。

（七）**2021年社会保险基金预算收入预计和支出安排**。

中央社会保险基金预算收入1550.73亿元，增长120%，其中，保险费收入876.43亿元，财政补贴收入639.41亿元。加上地方上缴的基本养老保险中央调剂基金收入8302亿元，收入总量为9852.73亿元。中央社会保险基金预算支出1579.12亿元，增长122.9%。加上安排给地方的基本养老保险中央调剂基金支出8293亿元，支出总量为9872.12亿元。收支增幅较高，主要是中央机关事业单位实施准备期清算工作。本年收支缺口19.39亿元，年末滚存结余353.48亿元。

地方社会保险基金预算收入87630.02亿元，增长22.7%，其中，保险费收入62314.92亿元，财政补贴收入22102.34亿元。加上基本养老保险中央调剂资金收入8293亿元，收入总量为95923.02亿元。地方社会保险基金预算支出84833.56亿元，增长8.6%。加上基本养老保险中央调剂资金支出8302亿元，支出总量为93135.56亿元。本年收支结余2787.46亿元，年末滚存结余92740.73亿元。

汇总中央和地方预算，全国社会保险基金预算收入89180.75亿元，增长23.7%，其中，保险费收入63191.35亿元，财政补贴收入22741.75亿元。全国社会保险基金预算支出86412.68亿元，增长9.6%。本年收支结余2768.07亿元，年末滚存结余 93094. 21 亿元。

2021 年,中央财政国债余额限额 240508. 35 亿元;地方政府一般债务余额限额 151089. 22 亿元、专项债务余额限额 181685. 08 亿元。

需要说明的是,地方预算由地方各级人民政府编制,报本级人民代表大会批准,目前尚在汇总中,本报告中地方收入预计数和支出安排数均为中央财政初步汇总数。

根据预算法规定,预算年度开始后,在全国人民代表大会批准本预算草案前,可安排下列支出:上年度结转支出;参照上年同期的预算支出数额安排必须支付的本年度部门基本支出、项目支出,以及对下级政府的转移性支出;法律规定必须履行支付义务的支出,以及用于自然灾害等突发事件处理的支出。根据上述规定,2021 年 1 月中央一般公共预算支出 11886 亿元,其中,中央本级支出 1718 亿元,对地方转移支付 10168 亿元。

三、扎实做好 2021 年财政改革发展工作

(一)全面贯彻实施预算法及其实施条例。

严格落实预算法及其实施条例,进一步提高预算管理的规范化法治化水平。加强预算法实施条例配套制度建设,对现行预算管理规章制度及时清理、修订,细化实化有关配套制度的具体规定和要求。加强全口径预算管理,完善支出标准体系,增强预算编制的完整性和科学性。强化预算约束和执行监控、分析,严格执行人大批准的预算,加快预算资金下达,

严控预算调剂追加，持续规范财政专户管理。加快预算管理一体化建设，规范和统一预算管理工作流程、要素、规则和数据标准。加大预算公开力度，提高预算透明度，主动接受各方面监督。着力提升财政干部队伍法治素养，确保财政事业始终在法治轨道上推进。

（二）进一步落实落细减税降费政策。

不折不扣落实党中央、国务院关于减税降费的决策部署，提升企业和群众获得感。加强部门协同配合，推进减税降费信息共享，跟踪做好效果监测和分析研判，及时研究解决企业反映的突出问题。强化政策宣传和解读，提高政策知晓度，帮助企业用足用好政策。持续优化纳税服务，精简享受税费优惠政策的办理流程和手续，畅通减税降费“最后一公里”。依法依规征收税费，加强对地方指导和督促，严肃组织收入工作纪律，坚决不收过头税费，坚决防止搞集中清欠税收、乱收费削减政策红利，持续加大各类违规涉企收费整治力度，严控非税收入不合理增长，把各项减税降费措施落实到位。

（三）常态化实施财政资金直达机制。

按照扩大范围、完善机制、严格监管、强化支撑的原则，在保持现行财政体制、资金管理权限和保障主体责任基本稳定的前提下，扩大中央财政直达资金范围，将直接用于基层财力保障的一般性转移支付、年初可直接分配的中央和地方共同财政事权转移支付、具备条件的专项转移支付纳入直达机制范围，涉及中央财政资金 2. 8 万亿元，基本实现中央财政民生补助资金全覆盖。进一步提高直达资金管理水平，优化分配流程，加强执行分析，完善直达资金监控系统，增强预警和分析功能，发现问题及时纠偏，促进资金快速落实到位、规范安全高效使用。

（四）进一步增强民生政策可持续性。

健全基本养老、基本医疗保险筹资和待遇调整机制，持续完善覆盖全民、统筹城乡、公平统一、可持续的多层次社会保障体系。突出保基本、兜底线，确保民生支出与经济发展相协调、与财力状况相匹配，防止脱离实际、寅吃卯粮。全面分析民生政策对财政支出的短期和长远影响，加强财政承受能力评估，确保财政可持续。推动建立民生支出清单管理制度，地方自行出台民生支出政策应按程序备案，提高民生支出管理的规范性和透明度。创新公共服务提供方式，鼓励社会力量增加非基本公共服务供给，满足人民群众多层次、多样化需求。

（五）兜牢兜实基层“三保”底线。

牢固树立底线思维，强化各级责任落实，确保基层“三保”不出问题。中央财政在较大幅度增加对地方财力支持的基础上，及时跟踪监测各级库款水平，按日实施县级工资保障监测预警，逐月通报地方基层财政库款保障情况；结合各地财政收支运行、库款保障能力等，精细测算并差异化调度资金，加强对困难地区的支持。督促省级财政切实履行主体责任，健全省以下财政体制，优化财力分配格局，加大财力下沉力度，加强县级“三保”运行监控，精准高效安排使用资金。严格落实县级财政保障责任，对违法违规挪用“三保”资金的，严肃问责、处理到人。

（六）抓实化解地方政府隐性债务风险工作。

从国家总体安全和经济财政可持续发展出发，坚持防范化解地方政府隐性债务风险不动摇。保持高压监管态势，将严禁新增隐性债务作为红线、高压线，对违法违规举债行为，发现一起、查处一起、问责一起，坚决遏制隐性债务增量。落实省级党委和政府对本地区债务风险负总责的要求，加大工作力度，指导督促地方建立市场化、法治化的债务违约处置机制，积极稳妥化解存量隐性债务。加强部门间信息共享和协同监管，推进数据比对校验，及时发现和有效处置风险，完善长效监管制度框架。

（七）加快建立现代财税体制。

充分发挥改革突破和先导作用，以全局观念和系统思维不断深化财税体制改革，强化改革调研和评估。进一步深化预算管理制度改革，加强预算管理各项制度的系统集成、协同高效。加强中期财政规划管理。落实中央与地方财政事权和支出责任划分改革方案。健全地方税体系，稳妥推进后移部分品目消费税征收环节改革并稳步下划地方。落实税收法定原则，积极推进印花税、关税等税收立法。通过税收立法授权，适当扩大省级税收管理权限。推进深化国资国企改革，落实国企改革三年行动相关工作。逐步健全有效防控金融风险的财政财务监管体系。健全国有金融资本授权经营体制和激励约束机制，推动国有重点金融机构改革。不断完善国有资产管理情况报告工作机制和成果运用。

新的一年，财政部将主动接受人大依法监督和政协民主监督，积极配合全国人大推进加强预算审查监督的相关改革工作，认真落实全国人大及其常委会有关预算决算的决议和审议意见，及时报告落实举措和进展情况，不断提高预算管理水平。同时,认真听取代表委员意见,及时回应代表委员关切,在加强日常沟通交流、优化预算报告和草案编制、提高建议提案办理质量等方面下更大功夫,更好支持和服务代表委员依法履职。

各位代表:

百年交汇,惟有奋斗。我们要更加紧密地团结在以习近平同志为核心的党中央周围,高举中国特色社会主义伟大旗帜,坚持以习近平新时代中国特色社会主义思想为指导,增强"四个意识"、坚定"四个自信"、做到"两个维护",自觉接受全国人大的监督,虚心听取全国政协的意见和建议,努力做好各项财政工作,以优异成绩庆祝中国共产党百年华诞,为把我国建设成为富强民主文明和谐美丽的社会主义现代化强国、实现中华民族伟大复兴的中国梦不懈奋斗!

第十三届全国人民代表大会财政经济委员会关于2020年中央和地方预算执行情况与2021年中央和地方预算草案的审查结果报告

（2021年3月9日第十三届全国人民代表大会第四次会议主席团第二次会议通过）

十三届全国人大四次会议主席团：

第十三届全国人民代表大会第四次会议审查了国务院提出的《关于2020年中央和地方预算执行情况与2021年中央和地方预算草案的报告》和《2020年全国预算执行情况2021年全国预算（草案）》。全国人民代表大会财政经济委员会在对预算报告和预算草案进行初步审查的基础上，根据各代表团和有关专门委员会的审查意见，又作了进一步审查。国务院根据审查意见对预算报告作了修改。现将审查结果报告如下。

一、2020年预算执行情况总体良好

根据国务院报告的2020年中央和地方预算执行情况，

全国一般公共预算收入182895亿元，为预算的101.5%，加上调入资金和使用结转结余，收入总量为209028亿元；支出245588亿元，完成预算的99.1%，加上补充中央预算稳定调节基金，支出总量为246628亿元；收支总量相抵，全国财政赤字37600亿元，与十三届全国人大三次会议批准的预算持平。其中，中央一般公共预算收入82771亿元，为预算的100%，加上调入资金，收入总量为91651亿元；支出118411亿元，完成预算的99.1%，加上补充中央预算稳定调节基金，支出总量为119451亿元；收支总量相抵，中央财政赤字27800亿元，与预算持平。2020年末，中央财政国债余额208906亿元，地方政府一般债务余额127395亿元、专项债务余额129220亿元，都控制在全国人大批准的债务余额限额以内。

全国政府性基金预算收入93489亿元，为预算的114.8%，加上地方政府专项债务收入、抗疫特别国债收入等，收入总量为141170亿元；支出117999亿元，完成预算的93.6%，加上调出资金等，支出总量为141170亿元。全国国有资本经营预算收入4778亿元，为预算的131.3%，加上上年结转收入，收入总量为5002亿元；支出2544亿元，完成预算的97.3%，加上调出资金和结转下年支出，支出总量为5002亿元。全国社会保险基金预算收入72116亿元，为预算的93.3%，加上从全国社会保障基金调入的资金，收入总量为72616亿元；支出78835亿元，完成预算的95.8%；当年收支缺口6219亿元，年末滚存结余90326亿元。预算草案中对有关预算执行情况作了说明。

财政经济委员会认为,2020 年中央和地方预算执行情况总体良好。面对复杂严峻的国内外形势特别是新冠肺炎疫情的严重冲击,国务院和地方各级人民政府在以习近平同志为核心的党中央坚强领导下,坚持以习近平新时代中国特色社会主义思想为指导,全面贯彻党的十九大和十九届二中、三中、四中、五中全会精神,认真落实党中央决策部署和十三届全国人大三次会议有关决议要求,统筹疫情防控和经济社会发展,坚持稳中求进工作总基调,坚持以供给侧结构性改革为主线,推动高质量发展,坚决打好三大攻坚战,扎实做好"六稳"工作,全面落实"六保"任务,积极的财政政策更加积极有为,加强各项民生保障,有效发挥财政政策对稳定经济的关键作用,为推动"十三五"规划圆满收官,脱贫攻坚战取得全面胜利,决胜全面建成小康社会取得决定性成就,做出了重要贡献。受突如其来的新冠肺炎疫情影响,十三届全国人大三次会议推迟召开,国务院及其财政等部门依法做好中央预算批准前的财政收支工作。同时,在预算执行和财政管理中还存在一些不容忽视的问题,主要是:一些支出项目固化问题仍然突出,支出结构有待调整优化;预算安排与绩效评价结果结合不够紧密,预算绩效管理质量有待提高;有的地方政府债务负担过重,新增隐性债务情况仍然存在;区域间财力不平衡,部分基层财政运行存在困难;国有资本经营预算还不够规范和完善,社保基金长期平衡压力逐步增大等。这些问题要予以高度重视,认真研究,采取有效措施加以解决。

二、2021 年预算报告和预算草案总体可行

国务院提出的 2021 年中央和地方预算草案，全国一般公共预算收入 197650 亿元，比 2020 年预算执行数增长 8. 1%，加上调入资金和使用结转结余，收入总量为 214420 亿元；支出 250120 亿元，增长 1. 8%；全国财政赤字 35700 亿元，减少 1900 亿元。其中，中央一般公共预算收入 89450 亿元，增长 8. 1%，加上调入资金，收入总量为 91385 亿元；支出 118885 亿元，增长 0. 4%；中央财政赤字 27500 亿元，减少 300 亿元。中央财政国债余额限额 240508. 35 亿元；地方政府一般债务余额限额 151089. 22 亿元，专项债务余额限额 181685. 08 亿元。

全国政府性基金预算收入 94527 亿元，增长 1. 1%，加上地方政府专项债务收入等，收入总量为 131267 亿元；支出 131266 亿元，增长 11. 2%，加上调出资金，支出总量为 131267 亿元。全国国有资本经营预算收入 3877 亿元，下降 18. 9%，加上上年结转收入，收入总量为 4610 亿元；支出 2648 亿元，增长 4. 1%，加上调出资金，支出总量为 4610 亿元。全国社会保险基金预算收入 89181 亿元，增长 23. 7%；支出 86413 亿元，增长 9. 6%；本年收支结余 2768 亿元，年末滚存结余 93094 亿元。

财政经济委员会认为，国务院提出的 2021 年中央和地方预算草案，贯彻落实中央经济工作会议决策部署，符合预算法规定，总体可行。建议第十三届全国人民代表大会第四次会

议批准国务院提出的《关于2020年中央和地方预算执行情况与2021年中央和地方预算草案的报告》，批准2021年中央预算草案，同时批准2021年地方政府一般债务余额限额151089.22亿元、专项债务余额限额181685.08亿元。地方各级政府预算依法由本级人民代表大会审查和批准。各省、自治区、直辖市政府依照国务院下达的债务限额举借的债务，依法列入本级预算草案或预算调整方案，报本级人大或其常委会批准。国务院将地方预算汇总后报全国人大常委会备案。

三、做好2021年预算执行和财政工作的建议

2021年是中国共产党成立100周年，是实施“十四五”规划、开启全面建设社会主义现代化国家新征程的第一年，在党和国家事业发展进程中具有特殊重要性，做好财政预算工作意义重大。要在以习近平同志为核心的党中央坚强领导下，以习近平新时代中国特色社会主义思想为指导，全面贯彻党的十九大和十九届二中、三中、四中、五中全会以及中央经济工作会议精神，增强“四个意识”、坚定“四个自信”、做到“两个维护”，坚持稳中求进工作总基调，立足新发展阶段，贯彻新发展理念，构建新发展格局，以推动高质量发展为主题，以深化供给侧结构性改革为主线，坚持系统观念，巩固拓展疫情防控和经济社会发展成果，更好统筹发展和安全，扎实做好“六稳”工作、全面落实“六保”任务，积极的财政政策要提质增效、更可持续，保障党中央决策部署落实落地，确保“十四

五”开好局起好步,以优异成绩庆祝中国共产党成立100周年。为此,财政经济委员会提出以下建议:

(一)全面落实积极的财政政策要提质增效、更可持续的部署要求。要密切跟踪经济形势变化,加强分析研判,制定政策预案。政策操作上要更加精准有效,不急转弯。处理好相关财税政策“进、留、退”的关系,新出台的政策要增强针对性和精准性,保留的政策要进一步落实好,退出的政策要平稳衔接、把握好时度效。加强财政资源统筹,加大存量资金盘活力度,进一步调整优化支出结构,增强财政服务国家重大发展战略的保障能力。要对现行的财税政策措施进行评估和完善,切实提高实施效果,确保财政可持续。提前告知地方财政直达资金范围和数额,把资金直达机制嵌入预算管理流程。加大对基层“三保”的支持力度,保障地方财政平稳运行。落实好党政机关坚持过紧日子的要求。严格依法依规组织税收收入,进一步规范非税收入管理和监督。继续规范涉企收费,清理拖欠企业账款。

(二)大力支持科技自立自强。健全中央财政对基础研究和原始创新的长期稳定支持机制。大力支持打好关键核心技术攻坚战,集中力量解决一些重点领域“卡脖子”问题。完善企业研发费用加计扣除政策,用好税收优惠政策,引导企业加大研发投入。健全完善科技重大任务协同落实机制,推动重点领域、项目、基地、人才、资金一体化配置。健全适应科技创新规律的财政科研资金绩效评价机制,提高资金使用绩效。充分发挥科技成果转化引导基金作用,支持加快科技成果转化。

（三）改进完善重点领域财政支持方式。管好用好就业补助、职业技能培训资金，推进落实就业优先政策。统筹衔接就业、税收、财政转移支付、社保等政策，保障低收入群体基本生活并合理调节过高收入。建立健全政府投资项目安排、资金管理、绩效评估、政策协调机制，持续发挥投资在增强经济增长后劲中的关键作用。运用融资担保、财政贴息等方式，推动金融进一步服务实体经济特别是中小微企业的发展。加快健全完善支持推动区域协调发展的财税政策。推动建立多元化投入机制，支持提升农村基本公共服务水平，全面推进乡村振兴。落实好财政支持高标准农田建设等政策，加大对粮食主产区转移支付力度，保障国家粮食安全。加强扶贫项目资产后续管理与监督，接续推进脱贫地区经济社会发展。完善财政转移支付与农业转移人口市民化挂钩政策。推动建设高质量教育体系，重点保障义务教育、普惠性学前教育和职业教育发展，创新引导企业开展职业培训的财政支持政策。支持文化事业和文化产业繁荣发展。加强疾病预防控制体系建设，建立稳定的公共卫生事业投入机制。财政生态环保投入要与污染防治任务相匹配，提升资金分配精准性和使用效率。

（四）强化地方政府债务管理。要按照统筹发展与安全的要求，坚持底线思维，抓好地方政府债务存量风险化解和增量风险防范工作。完善地方政府举债融资机制，合理确定政府债务规模、期限结构和分地区限额。地方各级政府要科学安排本级政府和下级政府的债务限额分配方案，防止高风险地区持续累积债务风险。地方各级政府要将增加举借的债务列入本级预算调整方案，报本级人大或其常委会审批。指导地方切实用好债券资金，优先支持在建工程后续融资，不得盲目举债铺摊子，提高资金使用效率和效果。2021 年要指导地方对可能存在风险的专项债项目进行排查，研究制定处置措施，积极防范风险。充分发挥全国统一的地方政府债务信息公开平台作用，加大债务信息公开力度，督促地方公开债券相关信息。推动编制和公布地方政府资产负债表。研究推进政府债务立法工作，提高政府债务法治化水平。

（五）加快推进财税改革。适当强化知识产权、养老保险等领域中央财政事权和支出责任，加强已出台重点领域事权和支出责任划分改革方案的实施，推动省以下政府财政事权和支出责任划分改革。深化预算管理制度改革，强化对预算编制的宏观指导。加强中期财政规划管理，完善跨年度预算平衡机制。推进财政支出标准化，提高预算编制科学性、合理性。强化预算绩效管理，抓实绩效评价工作，强化评价结果运用，加大评价结果公开力度。研究建立税式支出制度。明晰政府投资基金功能定位，更好发挥引导新兴产业发展等作用。进一步扩大国有资本经营预算编制范围，加大对重要行业和关键领域的资本金补充力度。深化养老保险制度改革，确保在 2022 年实施企业职工基本养老保险全国统筹。多渠道充实社保基金，增强基金长期可持续性。规范全国社会保障基金补充和使用制度。深化税收制度改革，健全地方税、直接税体系。进一步落实税收法定原则，提高立法质量，加快立法进程。推动非税收入法制建设。做好 2021 年向全国人大常委会提交国有资产管理情况综合报告和专项口头报告国有自然资源资产管理情况的工作。2021 年要编制中央部门财务报告,2022 年要编制中央政府综合财务报告并积极做好向全国人大常委会备案的工作。

（六）加强审计监督。重点围绕政府过紧日子、地方政府债务管理、财政直达资金使用、中央基建投资项目管理、重大科技专项资金使用等方面加强审计监督。要逐步探索对政府综合财务报告开展审计。要拓展审计监督的广度和深度,提高审计监督质量,更好发挥审计监督促进完善制度、提高制度执行力的重要作用。加强对审计查出问题整改的督促检查,要明确整改时限和进度要求,提高整改质量和效率。主管部门对审计查出的具有普遍性和共性的问题要举一反三,深入分析原因,进一步健全审计查出问题整改长效机制。要严格落实审计查出问题整改结果公开的机制,主动接受社会监督。加强审计监督与人大监督、纪检监察监督等的贯通协调,形成监督合力。

以上报告,请审议。

第十三届全国人民代表大会财政经济委员会

2021 年 3 月 9 日

全国人民代表大会关于修改《中华人民共和国全国人民代表大会组织法》的决定

（2021 年 3 月 11 日第十三届全国人民代表大会第四次会议通过）

第十三届全国人民代表大会第四次会议决定对《中华人民共和国全国人民代表大会组织法》作如下修改：

一、增加一章，作为第一章“总则”，包括第一条至第七条。

二、增加一条，作为第一条：“为了健全全国人民代表大会及其常务委员会的组织和工作制度，保障和规范其行使职权，坚持和完善人民代表大会制度，保证人民当家作主，根据宪法，制定本法。”

三、增加一条，作为第二条：“全国人民代表大会是最高国家权力机关，其常设机关是全国人民代表大会常务委员会。”

四、增加一条，作为第三条：“全国人民代表大会及其常务委员会坚持中国共产党的领导，坚持以马克思列宁主义、毛泽东思想、邓小平理论、‘三个代表’重要思想、科学发展观、习近平新时代中国特色社会主义思想为指导,依照宪法和法律规定行使职权。”

五、增加一条,作为第四条:“全国人民代表大会由民主选举产生,对人民负责,受人民监督。

“全国人民代表大会及其常务委员会坚持全过程民主,始终同人民保持密切联系,倾听人民的意见和建议,体现人民意志,保障人民权益。”

六、增加一条,作为第五条:“全国人民代表大会及其常务委员会行使国家立法权,决定重大事项,监督宪法和法律的实施,维护社会主义法制的统一、尊严、权威,建设社会主义法治国家。”

七、增加一条,作为第六条:“全国人民代表大会及其常务委员会实行民主集中制原则,充分发扬民主,集体行使职权。”

八、增加一条,作为第七条:“全国人民代表大会及其常务委员会积极开展对外交往,加强同各国议会、国际和地区议会组织的交流与合作。”

九、将第一条改为第八条,修改为:“全国人民代表大会每届任期五年。

“全国人民代表大会会议每年举行一次,由全国人民代表大会常务委员会召集。全国人民代表大会常务委员会认为必要,或者有五分之一以上的全国人民代表大会代表提议,可以临时召集全国人民代表大会会议。”

十、将第五条改为第十一条,第二款修改为:“主席团和秘书长的名单草案,由全国人民代表大会常务委员会委员长会议提出,经常务委员会会议审议通过后,提交预备会议。”

十一、将第六条改为第十二条,第二款改为第三款,修改为:“主席团推选主席团成员若干人分别担任每次大会全体会议的执行主席,并指定其中一人担任全体会议主持人。”

十二、将第七条改为第十三条,修改为:“全国人民代表大会会议设立秘书处。秘书处由秘书长和副秘书长若干人组成。副秘书长的人选由主席团决定。

“秘书处在秘书长领导下,办理主席团交付的事项,处理会议日常事务工作。副秘书长协助秘书长工作。”

十三、增加一条,作为第十四条:“主席团处理下列事项:

“(一)根据会议议程决定会议日程;

“(二)决定会议期间代表提出议案的截止时间;

“(三)听取和审议关于议案处理意见的报告,决定会议期间提出的议案是否列入会议议程;

“(四)听取和审议秘书处和有关专门委员会关于各项议案和报告审议、审查情况的报告,决定是否将议案和决定草案、决议草案提请会议表决;

“(五)听取主席团常务主席关于国家机构组成人员人选名单的说明,提名由会议选举的国家机构组成人员的人选,依照法定程序确定正式候选人名单;

“(六)提出会议选举和决定任命的办法草案;

“(七)组织由会议选举或者决定任命的国家机构组成人员的宪法宣誓;

“(八)其他应当由主席团处理的事项。”

十四、增加一条,作为第十五条:“主席团常务主席就拟提请主席团审议事项，听取秘书处和有关专门委员会的报告，向主席团提出建议。

"主席团常务主席可以对会议日程作必要的调整。"

十五、将第九条改为第十六条，修改为："全国人民代表大会主席团，全国人民代表大会常务委员会，全国人民代表大会各专门委员会，国务院，中央军事委员会，国家监察委员会，最高人民法院，最高人民检察院，可以向全国人民代表大会提出属于全国人民代表大会职权范围内的议案。"

十六、将第十条改为第十七条，修改为："一个代表团或者三十名以上的代表联名，可以向全国人民代表大会提出属于全国人民代表大会职权范围内的议案。"

十七、将第十三条改为第十八条，修改为："全国人民代表大会常务委员会委员长、副委员长、秘书长、委员的人选，中华人民共和国主席、副主席的人选，中央军事委员会主席的人选，国家监察委员会主任的人选，最高人民法院院长和最高人民检察院检察长的人选，由主席团提名，经各代表团酝酿协商后，再由主席团根据多数代表的意见确定正式候选人名单。"

十八、将第十五条改为第二十条，修改为："全国人民代表大会主席团、三个以上的代表团或者十分之一以上的代表，可以提出对全国人民代表大会常务委员会的组成人员，中华人民共和国主席、副主席，国务院和中央军事委员会的组成人员，国家监察委员会主任，最高人民法院院长和最高人民检察院检察长的罢免案，由主席团提请大会审议。"

十九、将第十六条改为第二十一条，修改为："全国人民代表大会会议期间，一个代表团或者三十名以上的代表联名，可以书面提出对国务院以及国务院各部门、国家监察委员会、最高人民法院、最高人民检察院的质询案。”

二十、增加一条，作为第二十二条：“全国人民代表大会常务委员会对全国人民代表大会负责并报告工作。

“全国人民代表大会常务委员会每届任期同全国人民代表大会每届任期相同，行使职权到下届全国人民代表大会选出新的常务委员会为止。”

二十一、将第二十三条第三款修改为：“常务委员会的组成人员不得担任国家行政机关、监察机关、审判机关和检察机关的职务；如果担任上述职务，应当向常务委员会辞去常务委员会的职务。”

二十二、将第二十五条第一项修改为：“（一）决定常务委员会每次会议的会期，拟订会议议程草案，必要时提出调整会议议程的建议”。

增加两项，作为第三项、第四项：“（三）决定是否将议案和决定草案、决议草案提请常务委员会全体会议表决，对暂不交付表决的，提出下一步处理意见；

“（四）通过常务委员会年度工作要点、立法工作计划、监督工作计划、代表工作计划、专项工作规划和工作规范性文件等”。

二十三、将第二十六条第二款修改为：“代表资格审查委员会的主任委员、副主任委员和委员的人选，由委员长会议在常务委员会组成人员中提名，常务委员会任免。”

二十四、将第二十八条第一款修改为：“常务委员会设立法制工作委员会、预算工作委员会和其他需要设立的工作委员会。”

增加一款，作为第三款：“香港特别行政区基本法委员会、澳门特别行政区基本法委员会的设立、职责和组成人员任免，依照有关法律和全国人民代表大会有关决定的规定。”

二十五、将第三十二条改为第二十九条，修改为：“委员长会议，全国人民代表大会各专门委员会，国务院，中央军事委员会，国家监察委员会，最高人民法院，最高人民检察院，常务委员会组成人员十人以上联名，可以向常务委员会提出属于常务委员会职权范围内的议案。”

二十六、将第三十三条改为第三十条，修改为：“常务委员会会议期间，常务委员会组成人员十人以上联名，可以向常务委员会书面提出对国务院以及国务院各部门、国家监察委员会、最高人民法院、最高人民检察院的质询案。”

二十七、增加一条，作为第三十一条：“常务委员会在全国人民代表大会闭会期间，根据国务院总理的提名，可以决定国务院其他组成人员的任免；根据中央军事委员会主席的提名，可以决定中央军事委员会其他组成人员的任免。”

二十八、增加一条，作为第三十二条：“常务委员会在全国人民代表大会闭会期间，根据委员长会议、国务院总理的提请，可以决定撤销国务院其他个别组成人员的职务；根据中央军事委员会主席的提请，可以决定撤销中央军事委员会其他个别组成人员的职务。”

二十九、将第三十五条改为第三十四条，第一款修改为：“全国人民代表大会设立民族委员会、宪法和法律委员会、监察和司法委员会、财政经济委员会、教育科学文化卫生委员会、外事委员会、华侨委员会、环境与资源保护委员会、农业与农村委员会、社会建设委员会和全国人民代表大会认为需要设立的其他专门委员会。各专门委员会受全国人民代表大会领导；在全国人民代表大会闭会期间，受全国人民代表大会常务委员会领导。”

第三款修改为：“各专门委员会的主任委员、副主任委员和委员的人选由主席团在代表中提名，全国人民代表大会会议表决通过。在大会闭会期间，全国人民代表大会常务委员会可以任免专门委员会的副主任委员和委员，由委员长会议提名，常务委员会会议表决通过。”

三十、增加一条，作为第三十五条：“各专门委员会每届任期同全国人民代表大会每届任期相同，履行职责到下届全国人民代表大会产生新的专门委员会为止。”

三十一、将第三十七条第一款第二项修改为：“（二）向全国人民代表大会主席团或者全国人民代表大会常务委员会提出属于全国人民代表大会或者全国人民代表大会常务委员会职权范围内同本委员会有关的议案，组织起草法律草案和其他议案草案”。

增加四项，作为第三项至第六项：“（三）承担全国人民代表大会常务委员会听取和审议专项工作报告有关具体工作；

“（四）承担全国人民代表大会常务委员会执法检查的具体组织实施工作；

“（五）承担全国人民代表大会常务委员会专题询问有关具体工作；

“（六）按照全国人民代表大会常务委员会工作安排，听取国务院有关部门和国家监察委员会、最高人民法院、最高人民检察院的专题汇报，提出建议”。

第三项改为第八项，修改为：“（八）审议全国人民代表大会常务委员会交付的被认为同宪法、法律相抵触的国务院的行政法规、决定和命令，国务院各部门的命令、指示和规章，国家监察委员会的监察法规，省、自治区、直辖市和设区的市、自治州的人民代表大会及其常务委员会的地方性法规和决定、决议，省、自治区、直辖市和设区的市、自治州的人民政府的决定、命令和规章，民族自治地方的自治条例和单行条例，经济特区法规，以及最高人民法院、最高人民检察院具体应用法律问题的解释，提出意见”。

第四项改为第九项，第五项改为第七项。

增加三项，作为第十项至第十二项：“（十）研究办理代表建议、批评和意见，负责有关建议、批评和意见的督促办理工作；

“（十一）按照全国人民代表大会常务委员会的安排开展对外交往；

“（十二）全国人民代表大会及其常务委员会交办的其他工作。”

三十二、将第三十七条第二款改为第三十八条，修改为：“民族委员会可以对加强民族团结问题进行调查研究，提出建议；审议自治区报请全国人民代表大会常务委员会批准的自治区的自治条例和单行条例，向全国人民代表大会常务委员会提出报告。”

三十三、将第三十七条第三款改为第三十九条，修改为：

“宪法和法律委员会承担推动宪法实施、开展宪法解释、推进合宪性审查、加强宪法监督、配合宪法宣传等工作职责。

“宪法和法律委员会统一审议向全国人民代表大会或者全国人民代表大会常务委员会提出的法律草案和有关法律问题的决定草案；其他专门委员会就有关草案向宪法和法律委员会提出意见。”

三十四、增加一条，作为第四十条：“财政经济委员会对国务院提出的国民经济和社会发展计划草案、规划纲要草案、中央和地方预算草案、中央决算草案以及相关报告和调整方案进行审查，提出初步审查意见、审查结果报告；其他专门委员会可以就有关草案和报告向财政经济委员会提出意见。”

三十五、将第四十一条改为第四十四条，修改为：“全国人民代表大会代表应当同原选举单位和人民保持密切联系，可以列席原选举单位的人民代表大会会议，通过多种方式听取和反映人民的意见和要求，努力为人民服务，充分发挥在全过程民主中的作用。”

三十六、增加一条，作为第四十五条：“全国人民代表大会常务委员会和各专门委员会、工作委员会应当同代表保持密切联系，听取代表的意见和建议，支持和保障代表依法履职，扩大代表对各项工作的参与，充分发挥代表作用。

“全国人民代表大会常务委员会建立健全常务委员会组成人员和各专门委员会、工作委员会联系代表的工作机制。

“全国人民代表大会常务委员会办事机构和工作机构为代表履行职责提供服务保障。”

三十七、将第二十一条改为第四十六条，修改为：“全国人民代表大会代表向全国人民代表大会或者全国人民代表大会常务委员会提出的对各方面工作的建议、批评和意见，由全国人民代表大会常务委员会办事机构交由有关机关、组织研究办理并负责答复。

“对全国人民代表大会代表提出的建议、批评和意见，有关机关、组织应当与代表联系沟通，充分听取意见，介绍有关情况，认真研究办理，及时予以答复。

“全国人民代表大会有关专门委员会和常务委员会办事机构应当加强对办理工作的督促检查。常务委员会办事机构每年向常务委员会报告代表建议、批评和意见的办理情况，并予以公开。”

三十八、删去第二条、第八条、第十一条、第十二条、第十七条、第十八条、第十九条、第二十条、第二十二条、第二十九条、第三十条、第三十一条、第四十五条、第四十六条。

本决定自 2021 年 3 月 12 日起施行。

《中华人民共和国全国人民代表大会组织法》根据本决定作相应修改，并对章、条、款、项序号和顺序作相应调整，重新公布。

中华人民共和国
全国人民代表大会组织法

（1982年12月10日第五届全国人民代表大会第五次会议通过　1982年12月10日全国人民代表大会公告公布施行　根据2021年3月11日第十三届全国人民代表大会第四次会议《关于修改〈中华人民共和国全国人民代表大会组织法〉的决定》修正）

目　　录

第一章　总　　则

第一条　为了健全全国人民代表大会及其常务委员会的组织和工作制度，保障和规范其行使职权，坚持和完善人民代表大会制度，保证人民当家作主，根据宪法，制定本法。

第二条　全国人民代表大会是最高国家权力机关，其常设机关是全国人民代表大会常务委员会。

第三条　全国人民代表大会及其常务委员会坚持中国共产党的领导，坚持以马克思列宁主义、毛泽东思想、邓小平理论、“三个代表”重要思想、科学发展观、习近平新时代中国特色社会主义思想为指导，依照宪法和法律规定行使职权。

第四条　全国人民代表大会由民主选举产生，对人民负责，受人民监督。

全国人民代表大会及其常务委员会坚持全过程民主，始终同人民保持密切联系，倾听人民的意见和建议，体现人民意志，保障人民权益。

第五条　全国人民代表大会及其常务委员会行使国家立法权，决定重大事项，监督宪法和法律的实施，维护社会主义法制的统一、尊严、权威，建设社会主义法治国家。

第六条　全国人民代表大会及其常务委员会实行民主集中制原则，充分发扬民主，集体行使职权。

第七条　全国人民代表大会及其常务委员会积极开展对

外交往，加强同各国议会、国际和地区议会组织的交流与合作。

第二章　全国人民代表大会会议

第八条　全国人民代表大会每届任期五年。

全国人民代表大会会议每年举行一次，由全国人民代表大会常务委员会召集。全国人民代表大会常务委员会认为必要，或者有五分之一以上的全国人民代表大会代表提议，可以临时召集全国人民代表大会会议。

第九条　全国人民代表大会代表选出后，由全国人民代表大会常务委员会代表资格审查委员会进行审查。

全国人民代表大会常务委员会根据代表资格审查委员会提出的报告，确认代表的资格或者确定个别代表的当选无效，在每届全国人民代表大会第一次会议前公布代表名单。

对补选的全国人民代表大会代表，依照前款规定进行代表资格审查。

第十条　全国人民代表大会代表按照选举单位组成代表团。各代表团分别推选代表团团长、副团长。

代表团在每次全国人民代表大会会议举行前，讨论全国人民代表大会常务委员会提出的关于会议的准备事项；在会议期间，对全国人民代表大会的各项议案进行审议，并可以由代表团团长或者由代表团推派的代表，在主席团会议上或者大会全体会议上，代表代表团对审议的议案发表意见。

第十一条　全国人民代表大会每次会议举行预备会议，

选举本次会议的主席团和秘书长，通过本次会议的议程和其他准备事项的决定。

主席团和秘书长的名单草案，由全国人民代表大会常务委员会委员长会议提出，经常务委员会会议审议通过后，提交预备会议。

第十二条 主席团主持全国人民代表大会会议。

主席团推选常务主席若干人，召集并主持主席团会议。

主席团推选主席团成员若干人分别担任每次大会全体会议的执行主席，并指定其中一人担任全体会议主持人。

第十三条 全国人民代表大会会议设立秘书处。秘书处由秘书长和副秘书长若干人组成。副秘书长的人选由主席团决定。

秘书处在秘书长领导下，办理主席团交付的事项，处理会议日常事务工作。副秘书长协助秘书长工作。

第十四条 主席团处理下列事项：

（一）根据会议议程决定会议日程；

（二）决定会议期间代表提出议案的截止时间；

（三）听取和审议关于议案处理意见的报告，决定会议期间提出的议案是否列入会议议程；

（四）听取和审议秘书处和有关专门委员会关于各项议案和报告审议、审查情况的报告，决定是否将议案和决定草案、决议草案提请会议表决；

（五）听取主席团常务主席关于国家机构组成人员人选名单的说明，提名由会议选举的国家机构组成人员的人选，依照法定程序确定正式候选人名单；

（六）提出会议选举和决定任命的办法草案；

（七）组织由会议选举或者决定任命的国家机构组成人员的宪法宣誓；

（八）其他应当由主席团处理的事项。

第十五条 主席团常务主席就拟提请主席团审议事项，听取秘书处和有关专门委员会的报告，向主席团提出建议。

主席团常务主席可以对会议日程作必要的调整。

第十六条 全国人民代表大会主席团，全国人民代表大会常务委员会，全国人民代表大会各专门委员会，国务院，中央军事委员会，国家监察委员会，最高人民法院，最高人民检察院，可以向全国人民代表大会提出属于全国人民代表大会职权范围内的议案。

第十七条 一个代表团或者三十名以上的代表联名，可以向全国人民代表大会提出属于全国人民代表大会职权范围内的议案。

第十八条 全国人民代表大会常务委员会委员长、副委员长、秘书长、委员的人选，中华人民共和国主席、副主席的人选，中央军事委员会主席的人选，国家监察委员会主任的人选，最高人民法院院长和最高人民检察院检察长的人选，由主席团提名，经各代表团酝酿协商后，再由主席团根据多数代表的意见确定正式候选人名单。

第十九条 国务院总理和国务院其他组成人员的人选、中央军事委员会除主席以外的其他组成人员的人选，依照宪法的有关规定提名。

第二十条 全国人民代表大会主席团、三个以上的代表团或者十分之一以上的代表，可以提出对全国人民代表大会常务委员会的组成人员，中华人民共和国主席、副主席，国务院和中央军事委员会的组成人员，国家监察委员会主任，最高人民法院院长和最高人民检察院检察长的罢免案，由主席团提请大会审议。

第二十一条　全国人民代表大会会议期间，一个代表团或者三十名以上的代表联名，可以书面提出对国务院以及国务院各部门、国家监察委员会、最高人民法院、最高人民检察院的质询案。

第三章　全国人民代表大会常务委员会

第二十二条　全国人民代表大会常务委员会对全国人民代表大会负责并报告工作。

全国人民代表大会常务委员会每届任期同全国人民代表大会每届任期相同，行使职权到下届全国人民代表大会选出新的常务委员会为止。

第二十三条　全国人民代表大会常务委员会由下列人员组成：

委员长，

副委员长若干人，

秘书长，

委员若干人。

常务委员会的组成人员由全国人民代表大会从代表中选出。

常务委员会的组成人员不得担任国家行政机关、监察机关、审判机关和检察机关的职务；如果担任上述职务，应当向常务委员会辞去常务委员会的职务。

第二十四条 常务委员会委员长主持常务委员会会议和常务委员会的工作。副委员长、秘书长协助委员长工作。副委员长受委员长的委托，可以代行委员长的部分职权。

委员长因为健康情况不能工作或者缺位的时候，由常务委员会在副委员长中推选一人代理委员长的职务，直到委员长恢复健康或者全国人民代表大会选出新的委员长为止。

第二十五条 常务委员会的委员长、副委员长、秘书长组成委员长会议，处理常务委员会的重要日常工作：

（一）决定常务委员会每次会议的会期，拟订会议议程草案，必要时提出调整会议议程的建议；

（二）对向常务委员会提出的议案和质询案，决定交由有关的专门委员会审议或者提请常务委员会全体会议审议；

（三）决定是否将议案和决定草案、决议草案提请常务委员会全体会议表决，对暂不交付表决的，提出下一步处理意见；

（四）通过常务委员会年度工作要点、立法工作计划、监督工作计划、代表工作计划、专项工作规划和工作规范性文件等；

（五）指导和协调各专门委员会的日常工作；

（六）处理常务委员会其他重要日常工作。

第二十六条 常务委员会设立代表资格审查委员会。

代表资格审查委员会的主任委员、副主任委员和委员的人选，由委员长会议在常务委员会组成人员中提名，常务委员会任免。

第二十七条 常务委员会设立办公厅，在秘书长领导下工作。

常务委员会设副秘书长若干人，由委员长提请常务委员会任免。

第二十八条 常务委员会设立法制工作委员会、预算工作委员会和其他需要设立的工作委员会。

工作委员会的主任、副主任和委员由委员长提请常务委员会任免。

香港特别行政区基本法委员会、澳门特别行政区基本法委员会的设立、职责和组成人员任免，依照有关法律和全国人民代表大会有关决定的规定。

第二十九条 委员长会议，全国人民代表大会各专门委员会，国务院，中央军事委员会，国家监察委员会，最高人民法院，最高人民检察院，常务委员会组成人员十人以上联名，可以向常务委员会提出属于常务委员会职权范围内的议案。

第三十条 常务委员会会议期间，常务委员会组成人员十人以上联名，可以向常务委员会书面提出对国务院以及国务院各部门、国家监察委员会、最高人民法院、最高人民检察院的质询案。

第三十一条 常务委员会在全国人民代表大会闭会期间，根据国务院总理的提名，可以决定国务院其他组成人员的任免；根据中央军事委员会主席的提名，可以决定中央军事委员会其他组成人员的任免。

第三十二条 常务委员会在全国人民代表大会闭会期间,根据委员长会议、国务院总理的提请,可以决定撤销国务院其他个别组成人员的职务;根据中央军事委员会主席的提请,可以决定撤销中央军事委员会其他个别组成人员的职务。

第三十三条 常务委员会在全国人民代表大会每次会议举行的时候,必须向全国人民代表大会提出工作报告。

第四章 全国人民代表大会各委员会

第三十四条 全国人民代表大会设立民族委员会、宪法和法律委员会、监察和司法委员会、财政经济委员会、教育科学文化卫生委员会、外事委员会、华侨委员会、环境与资源保护委员会、农业与农村委员会、社会建设委员会和全国人民代表大会认为需要设立的其他专门委员会。各专门委员会受全国人民代表大会领导;在全国人民代表大会闭会期间,受全国人民代表大会常务委员会领导。

各专门委员会由主任委员、副主任委员若干人和委员若干人组成。

各专门委员会的主任委员、副主任委员和委员的人选由主席团在代表中提名,全国人民代表大会会议表决通过。在大会闭会期间,全国人民代表大会常务委员会可以任免专门委员会的副主任委员和委员,由委员长会议提名,常务委员会会议表决通过。

第三十五条 各专门委员会每届任期同全国人民代表大会每届任期相同,履行职责到下届全国人民代表大会产生新的专门委员会为止。

第三十六条 各专门委员会主任委员主持委员会会议和委员会的工作。副主任委员协助主任委员工作。

各专门委员会可以根据工作需要,任命专家若干人为顾问;顾问可以列席专门委员会会议,发表意见。

顾问由全国人民代表大会常务委员会任免。

第三十七条 各专门委员会的工作如下:

(一)审议全国人民代表大会主席团或者全国人民代表大会常务委员会交付的议案;

(二)向全国人民代表大会主席团或者全国人民代表大会常务委员会提出属于全国人民代表大会或者全国人民代表大会常务委员会职权范围内同本委员会有关的议案,组织起草法律草案和其他议案草案;

(三)承担全国人民代表大会常务委员会听取和审议专项工作报告有关具体工作;

(四)承担全国人民代表大会常务委员会执法检查的具体组织实施工作;

(五)承担全国人民代表大会常务委员会专题询问有关具体工作;

(六)按照全国人民代表大会常务委员会工作安排,听取国务院有关部门和国家监察委员会、最高人民法院、最高人民检察院的专题汇报,提出建议;

(七)对属于全国人民代表大会或者全国人民代表大会常务委员会职权范围内同本委员会有关的问题,进行调查研究,提出建议;

（八）审议全国人民代表大会常务委员会交付的被认为同宪法、法律相抵触的国务院的行政法规、决定和命令，国务院各部门的命令、指示和规章，国家监察委员会的监察法规，省、自治区、直辖市和设区的市、自治州的人民代表大会及其常务委员会的地方性法规和决定、决议，省、自治区、直辖市和设区的市、自治州的人民政府的决定、命令和规章，民族自治地方的自治条例和单行条例，经济特区法规，以及最高人民法院、最高人民检察院具体应用法律问题的解释，提出意见；

（九）审议全国人民代表大会主席团或者全国人民代表大会常务委员会交付的质询案，听取受质询机关对质询案的答复，必要的时候向全国人民代表大会主席团或者全国人民代表大会常务委员会提出报告；

（十）研究办理代表建议、批评和意见，负责有关建议、批评和意见的督促办理工作；

（十一）按照全国人民代表大会常务委员会的安排开展对外交往；

（十二）全国人民代表大会及其常务委员会交办的其他工作。

第三十八条　民族委员会可以对加强民族团结问题进行调查研究，提出建议；审议自治区报请全国人民代表大会常务委员会批准的自治区的自治条例和单行条例，向全国人民代表大会常务委员会提出报告。

第三十九条　宪法和法律委员会承担推动宪法实施、开展宪法解释、推进合宪性审查、加强宪法监督、配合宪法宣传等工作职责。

宪法和法律委员会统一审议向全国人民代表大会或者全国人民代表大会常务委员会提出的法律草案和有关法律问题的决定草案；其他专门委员会就有关草案向宪法和法律委员会提出意见。

第四十条 财政经济委员会对国务院提出的国民经济和社会发展计划草案、规划纲要草案、中央和地方预算草案、中央决算草案以及相关报告和调整方案进行审查，提出初步审查意见、审查结果报告；其他专门委员会可以就有关草案和报告向财政经济委员会提出意见。

第四十一条 全国人民代表大会或者全国人民代表大会常务委员会可以组织对于特定问题的调查委员会。调查委员会的组织和工作，由全国人民代表大会或者全国人民代表大会常务委员会决定。

第五章 全国人民代表大会代表

第四十二条 全国人民代表大会代表每届任期五年，从每届全国人民代表大会举行第一次会议开始，到下届全国人民代表大会举行第一次会议为止。

第四十三条 全国人民代表大会代表必须模范地遵守宪法和法律，保守国家秘密，并且在自己参加的生产、工作和社会活动中，协助宪法和法律的实施。

第四十四条 全国人民代表大会代表应当同原选举单位和人民保持密切联系，可以列席原选举单位的人民代表大会会议，通过多种方式听取和反映人民的意见和要求，努力为人民服务，充分发挥在全过程民主中的作用。

第四十五条 全国人民代表大会常务委员会和各专门委员会、工作委员会应当同代表保持密切联系，听取代表的意见和建议，支持和保障代表依法履职，扩大代表对各项工作的参与，充分发挥代表作用。

全国人民代表大会常务委员会建立健全常务委员会组成人员和各专门委员会、工作委员会联系代表的工作机制。

全国人民代表大会常务委员会办事机构和工作机构为代表履行职责提供服务保障。

第四十六条 全国人民代表大会代表向全国人民代表大会或者全国人民代表大会常务委员会提出的对各方面工作的建议、批评和意见，由全国人民代表大会常务委员会办事机构交由有关机关、组织研究办理并负责答复。

对全国人民代表大会代表提出的建议、批评和意见，有关机关、组织应当与代表联系沟通，充分听取意见，介绍有关情况，认真研究办理，及时予以答复。

全国人民代表大会有关专门委员会和常务委员会办事机构应当加强对办理工作的督促检查。常务委员会办事机构每年向常务委员会报告代表建议、批评和意见的办理情况，并予以公开。

第四十七条 全国人民代表大会代表在出席全国人民代表大会会议和执行其他属于代表的职务的时候，国家根据实际需要给予适当的补贴和物质上的便利。

第四十八条 全国人民代表大会代表、全国人民代表大会常务委员会的组成人员，在全国人民代表大会和全国人民代表大会常务委员会各种会议上的发言和表决,不受法律追究。

第四十九条 全国人民代表大会代表非经全国人民代表大会主席团许可,在全国人民代表大会闭会期间非经全国人民代表大会常务委员会许可,不受逮捕或者刑事审判。

全国人民代表大会代表如果因为是现行犯被拘留,执行拘留的公安机关应当立即向全国人民代表大会主席团或者全国人民代表大会常务委员会报告。

关于《中华人民共和国全国人民代表大会组织法（修正草案）》的说明

——2021 年 3 月 5 日在第十三届全国人民代表大会第四次会议上

全国人大常委会副委员长　王　晨

各位代表：

我受全国人大常委会委托，作关于《中华人民共和国全国人民代表大会组织法（修正草案）》的说明。

一、修改的必要性和重大意义

人民代表大会制度是我国的根本政治制度，全国人民代表大会是最高国家权力机关，行使宪法和法律赋予的重要职权。全国人大组织法是关于全国人大及其常委会组织制度和工作制度的基本法律，是全国人大及其常委会依法行使职权的重要制度保障，是宪法有关规定的立法实施。我国宪法第七十八条规定："全国人民代表大会和全国人民代表大会常务委员会的组织和工作程序由法律规定。"1982 年 12 月，五届全国人大五次会议通过了全国人大组织法。这部法律的颁布施行,对于保障最高国家权力机关依法行使职权发挥了重要作用。党的十八大以来,以习近平同志为核心的党中央高度重视、全面加强党对人大工作的领导,推动人大制度和人大工作取得历史性成就。习近平总书记就坚持和完善人民代表大会制度、发展社会主义民主政治发表一系列重要讲话。党的十九大和十九届四中全会决定明确提出,健全人大组织制度、工作制度和议事规则。贯彻习近平总书记关于坚持和完善人民代表大会制度的重要思想和习近平法治思想,落实党中央重大决策部署,有必要认真总结实践经验,修改全国人大组织法,进一步完善全国人大及其常委会的组织制度和工作制度。

(一)修改全国人大组织法是坚持党的全面领导、加强全国人大政治建设的重要举措

中国共产党领导是中国特色社会主义最本质的特征,是中国特色社会主义制度的最大优势。人民代表大会制度是坚持党的领导、人民当家作主、依法治国有机统一的根本政治制度安排。坚持和完善人民代表大会制度,必须毫不动摇坚持中国共产党的领导,更好地通过人民代表大会制度和法定程序使党的主张成为国家意志。《中共中央关于加强党的政治建设的意见》明确提出,贯彻落实宪法规定,制定和修改有关法律法规要明确规定党领导相关工作的法律地位;将坚持党的全面领导的要求载入国家机构的组织法,健全党对国家机构实施领导的制度规定,确保其始终在党的领导下积极主动、独立负责、协调一致地开展工作。修改完善全国人大组织法,明确全国人大及其常委会坚持中国共产党的领导，是坚持党对国家各项工作全面领导的重要举措。这对于新时代更好地坚持党对人大工作的全面领导，切实加强全国人大及其常委会的政治建设，保证党的路线方针政策和决策部署在国家工作中得到全面贯彻和有效执行，具有重要和深远的意义。

（二）修改全国人大组织法是坚持全过程民主、保证和发展人民当家作主的制度保障

我国宪法第二条中规定："中华人民共和国的一切权力属于人民"。人民当家作主是社会主义民主政治的本质和核心，是社会主义的生命。习近平总书记指出，我们走的是一条中国特色社会主义政治发展道路，人民民主是一种全过程的民主。既保证人民依法实行民主选举，也保证人民依法实行民主决策、民主管理、民主监督。全过程民主是中国特色社会主义民主政治区别于西方形形色色资产阶级民主的显著特征。人民代表大会制度之所以具有强大的生命力和显著优越性，关键在于它深深根植于人民之中。全国人民代表大会和地方各级人民代表大会都由民主选举产生，对人民负责，受人民监督。全国人大及其常委会的组织和运行切实贯彻落实全过程民主的要求，通过完整规范的制度程序，实现完整有效的参与实践。全国人大代表来自人民，反映人民的意志和要求；全国人大及其常委会通过多种形式和渠道，同人民群众保持密切联系，倾听人民的意见和建议，保障人民权益。全国人大及其常委会依照宪法和法律规定行使立法、监督等各项职权，决定重大事项，都是在充分发扬民主、广泛征求意见、反复酝酿讨论的基础上集体作出决策。修改全国人大组织法，完善全国人大的组织制度和工作制度，对于坚持以人民为中心，巩固和发挥中国特色社会主义民主政治的独特优势，保证全体人民更好地通过人民代表大会制度行使国家权力，具有重大的现实意义。

（三）修改全国人大组织法是深入总结实践经验、坚持和完善人民代表大会制度的客观要求

全国人大组织法是全国人民代表大会成立后最早制定的法律之一。全国人民代表大会成立60多年来，人民代表大会制度不断得到巩固和发展。每年召开全国人民代表大会会议，是国家政治生活中的一件大事，是在党的领导下国家政治安定、人民团结、事业发展的重要标志。1982年现行宪法和全国人大组织法公布施行以来，全国人民代表大会先后五次通过宪法修正案，完成八次国家机构领导人员换届选举，批准八个国民经济和社会发展五年规划，形成并不断完善中国特色社会主义法律体系。全国人大及其常委会不断适应新形势新要求，认真行使职权，积极探索创新，法律草案在立法全过程多次公开征求意见、常委会听取"一府一委两院"专项工作报告、执法检查、专题询问、备案审查、代表列席常委会会议、宪法宣誓等新制度、新方式不断推出，日益规范，取得重大成果和功效。特别是2020年，在新冠肺炎疫情防控的特殊背景下，我们依然适时召开全国人民代表大会会议，向全世界充分展示我国社会大局稳定和中国人民团结一心、奋力拼搏的良好形象。全国人大及其常委会依法行使职权的过程，也是全国人大组织制度和工作制度不断走向健全、人民代表大会制度不断走向完善的过程。现行的全国人大组织法实施近40

年，一直没有作过修改。因此，有必要深入总结人民代表大会制度发展和人大工作的实践经验，把一些成熟的、行之有效的做法通过法律制度固定下来，持续从新的实践中获取生机活力，推动人民代表大会制度与时俱进、完善发展。

（四）修改全国人大组织法是深化党和国家机构改革、推进国家治理体系和治理能力现代化的现实需要

党和国家机构职能体系是中国特色社会主义制度的重要组成部分，是党治国理政的重要组织保障。习近平总书记指出，要坚持和完善民主集中制的制度和原则，促使各类国家机关提高能力和效率、增进协调和配合，形成治国理政的强大合力。党的十九届三中全会对深化党和国家机构改革作出全面部署，十三届全国人大一次会议通过了国务院机构改革方案。2018 年修改后的宪法专设一节规定国家监察委员会；全国人大组织机构进一步健全，法律委员会更名为宪法和法律委员会，内务司法委员会更名为监察和司法委员会，新设社会建设委员会。党和国家机构改革和职能转变，对全国人大及其常委会更好地贯彻落实民主集中制原则提出新的要求。人民代表大会制度是中国特色社会主义制度的重要组成部分，是支撑国家治理体系和治理能力的根本政治制度。修改全国人大组织法，完善全国人大及其常委会、专门委员会、工作委员会等机构职责和活动准则，正确把握全国人大及其常委会与其他有关国家机关之间的关系，加强国家权力机关对行政机关、监察机关、审判机关、检察机关等国家机关的工作监督，有利于进一步巩固深化国家机构改革成果，保证各国家机关更好地分工合作、相互配合，使各国家机关更有效地领导和组织社会主义现代化建设事业，推进国家治理体系和治理能力现代化。

二、修改的总体要求和工作过程

修改全国人大组织法，坚持以习近平新时代中国特色社会主义思想为指导和根本遵循，全面贯彻落实党的十九大和十九届二中、三中、四中、五中全会精神和修改后宪法的规定和精神，适应新形势新要求，坚持和完善人民代表大会制度，更好发挥人民代表大会制度的根本政治制度作用。修改工作遵循的原则：**一是**贯彻落实习近平总书记关于坚持和完善人民代表大会制度的重要思想和习近平法治思想，把坚持党的全面领导作为人大工作的首要政治原则，通过人民代表大会制度和法定程序，保证党的路线方针政策和决策部署在国家工作中得到全面贯彻和有效执行，确保人大工作正确政治方向。**二是**总结吸收人民代表大会制度实践的新经验新成果，适应人大工作面临的新情况，解决实践中遇到的新问题。同时充分考虑人民代表大会制度作为国家根本政治制度的根本性、全局性、稳定性和长期性，根据实践发展确有必要修改的，与时俱进地加以修改完善；可改可不改的，不作修改。**三是**充分反映国家监察体制改革、党和国家机构改革后有关机构设置及其职能发生的新变化，完善适合最高国家权力机关特点、充满活力、运行顺畅的组织制度和工作制度。**四是**处理好全国人大组织法、全国人大议事规则之间以及这两部法律与全国人大常委会议事规则、代表法、立法法、监督法、预算法、监察法等相关法律之间的关系，做好统筹和衔接，避免简单重复。

以习近平同志为核心的党中央高度重视全国人大组织法修改工作。2020 年 7 月，习近平总书记主持召开中央政治局常委会会议，听取并原则同意全国人大常委会党组关于全国人大组织法修正草案的请示汇报。习近平总书记作出的重要指示，为做好修法工作、人大工作提供了重要指导和根本遵循。

根据立法工作安排，全国人大常委会法制工作委员会于 2019 年初启动全国人大组织法的修改工作，经广泛征求各方面意见、认真研究，提出了全国人大组织法修正草案。期间主要开展了以下工作：**一是**认真学习、深刻领会习近平总书记关于坚持和完善人民代表大会制度的重要思想和习近平法治思想，组织对全国人大组织法有关问题开展专题研究，认真梳理全国人大代表提出的有关议案、建议和各方面提出的意见建议。**二是**全国人大宪法和法律委员会、全国人大常委会法制工作委员会多次召开座谈会，分别听取全国人大各专门委员会、常委会办事机构和工作机构，部分常委会委员，全国人大机关部分老同志以及专家学者对修法的意见和建议，根据各方面的意见研究提出修正草案。**三是**将全国人大组织法修正草案送中央有关部门、单位和各省（自治区、直辖市）人大、基层立法联系点和有关人民团体、部分高等院校和研究机构征求意见。**四是**到部分地方进行调研，了解地方人大及其常委会在组织制度和工作制度方面好的经验做法。

2020 年 8 月，十三届全国人大常委会第二十一次会议对全国人大组织法修正草案进行了初次审议。常委会组成人员普遍认为，修正草案贯彻落实党中央决策部署和修改后宪法的规定，总结吸收人民代表大会制度实践的新经验新成果，突出加强党对人大工作的全面领导，有利于更好坚持和完善人民代表大会制度。2020 年 12 月，十三届全国人大常委会第二十四次会议对全国人大组织法修正草案进行了再次审议，并决定提请十三届全国人大四次会议审议。

全国人大组织法修正草案经全国人大常委会两次会议审议后，全国人大常委会办公厅将修正草案印发十三届全国人大代表，组织部署全国人大代表研读讨论，征求代表意见，并先后两次在中国人大网全文公布修正草案征求社会公众意见。

2021 年 2 月 2 日，全国人大宪法和法律委员会召开会议，根据全国人大常委会组成人员的审议意见、代表研读讨论中提出的意见和各方面的意见，对全国人大组织法修正草案作了进一步修改完善。全国人大宪法和法律委员会认为，经过全国人大常委会两次审议和广泛征求意见，全国人大组织法修正草案充分吸收各方面的意见建议，已经比较成熟。据此，形成了提请本次会议审议的《中华人民共和国全国人民代表大会组织法（修正草案）》。

三、全国人大组织法修正草案的主要内容

《中华人民共和国全国人民代表大会组织法（修正草案）》共 37 条，主要修改内容如下：

（一）增设"总则"一章

全国人大组织法制定比较早，当时没有设"总则"，此次修改增设"总则"一章。**一是**增加规定全国人大及其常委会的性质、地位。根据宪法，规定全国人民代表大会是最高国家权力机关，全国人大常委会是其常设机关。**二是**贯彻坚持党的领导、人民当家作主、依法治国有机统一的精神，增加规定：全国人大及其常委会坚持中国共产党的领导，坚持以马克思列宁主义、毛泽东思想、邓小平理论、"三个代表"重要思想、科学发展观、习近平新时代中国特色社会主义思想为指导，依照宪法和法律规定行使职权；全国人大及其常委会坚持全过程民主，同人民保持密切联系，倾听人民的意见和建议，始终坚持体现人民意志，保障人民权益；全国人大及其常委会行使国家立法权，决定重大事项，监督宪法和法律的实施，维护社会主义法制的统一、尊严、权威，建设社会主义法治国家。**三是**明确全国人大及其常委会的组织和活动原则，增加规定：全国人大及其常委会实行民主集中制原则，充分发扬民主，集体行使职权。**四是**根据全国人大及其常委会对外交往的实践和需要，增加规定：全国人大及其常委会积极开展对外交往，加强同各国议会、国际和地区议会组织的交流与合作。

（二）完善全国人民代表大会主席团和全国人大常委会委员长会议职权相关规定

全国人民代表大会主席团、主席团常务主席和全国人大常委会委员长会议是体现坚持中国共产党的领导、实行民主集中制原则、适应人民代表大会制度特点的重要组织形式和工作制度。修正草案为此增加了以下内容：**一是**对大会主席团的职权集中作出规定。大会主席团主持全国人民代表大会会议,在大会进程中发挥着重要作用,但以往其职权散见于相关条文中,为进一步突出其地位,修正草案采取列举方式明确大会主席团的职权,增加规定主席团处理的具体事项,包括决定会议日程、决定会议期间代表提出议案的截止时间、决定会议期间提出的议案是否列入会议议程、决定是否将议案和决定决议草案提交会议表决、提名由大会选举的国家机构组成人员的人选和确定正式候选人名单等。**二是**明确主席团常务主席的职权。主席团常务主席实际上对大会的组织和运行肩负着重要的领导责任。主席团常务主席承担召集并主持主席团会议、为主席团会议做准备的重要职责,根据实践做法,增加规定:主席团常务主席就拟提请主席团审议事项听取汇报,向主席团提出建议,并可以对会议日程作必要的调整。**三是**进一步完善委员长会议的职权,增加规定:委员长会议决定是否将议案和决定决议草案交付常委会全体会议表决;制定常委会年度工作要点、立法工作计划、监督工作计划、代表工作计划、专项工作规划和工作规范性文件等。

(三)完善全国人大专门委员会相关规定

我国宪法规定,全国人民代表大会根据需要设立专门委员会,在全国人民代表大会闭会期间受全国人大常委会领导。为进一步推动专门委员会工作规范化制度化,修正草案补充完善了有关专门委员会设置及其职责的内容:**一是**根据实际情况,列明全国人大现有的 10 个专门委员会名称。**二是**从工作需要出发,明确规定专门委员会的每届任期同全国人民代表大会每届任期相同,履行职责到下届全国人民代表大会产生新的专门委员会为止。**三是**根据实践发展，增加有关专门委员会工作职责的规定，包括组织起草有关法律草案，承担全国人大常委会听取和审议专项工作报告、执法检查、专题询问有关具体工作，听取“一府一委两院”专题汇报，研究办理代表建议和有关督办工作等。**四是**根据《深化党和国家机构改革方案》，增加规定：宪法和法律委员会承担推动宪法实施、开展宪法解释、推进合宪性审查、加强宪法监督、配合宪法宣传等工作职责。**五是**增加规定财政经济委员会的相关职责，明确财政经济委员会对国务院提出的国民经济和社会发展计划草案、规划纲要草案、预算草案、中央决算草案及相关报告和调整方案进行审查，向大会主席团或者全国人大常委会提出审查结果报告，其他专门委员会可以就有关草案向财政经济委员会提出意见。

（四）适应监察体制改革需要增加相关内容

根据宪法，增加规定国家监察委员会可以向全国人大及其常委会提出议案、常委会组成人员不得担任国家监察机关的职务，增加规定对国家监察委员会及其主任的质询、罢免制度。

（五）健全全国人大常委会人事任免权

为了保证国家机构正常有序运转，根据宪法的规定和精神以及实际工作需要，增加规定：**一是**全国人大常委会在全国人大闭会期间，根据国务院总理的提名，可以决定国务院其他组成人员的任免；根据中央军事委员会主席的提名，可以决定中央军事委员会其他组成人员的任免。**二是**全国人大常委会在全国人大闭会期间，根据委员长会议、国务院总理的提请，可以决定撤销国务院其他个别组成人员的职务；根据中央军事委员会主席的提请，可以决定撤销中央军事委员会其他个别组成人员的职务。

（六）加强代表工作、密切与代表的联系

十三届全国人大常委会高度重视代表工作，提出尊重代表主体地位、更好发挥代表作用是坚持和完善人民代表大会制度的必然要求，是人大工作保持生机和活力的重要基础。为此，除在总则中增加有关规定外，根据实践发展增加规定：全国人大常委会和各专门委员会、工作委员会应当同代表保持密切联系，听取代表的意见和建议，支持和保障代表依法履职，扩大代表对各项工作的参与，充分发挥代表作用；全国人大常委会建立健全常务委员会组成人员和各专门委员会、工作委员会联系代表的工作机制。同时，完善代表建议办理工作机制，增加规定：对全国人大代表提出的建议、批评和意见，有关机关、组织应当与代表联系沟通，充分听取意见，认真研究办理，及时予以答复；负责办理代表建议、批评和意见的有关机关、组织应当及时向代表反馈办理情况；全国人大有关专门委员会和常务委员会办事机构应当加强对办理工作的督促检查；代表建议、批评和意见办理情况的报告，应当予以公开。

此外，全国人大组织法与全国人大议事规则是不同时间制定的，有些内容有重复，此次修改全国人大组织法，将其中属于会议程序的部分内容移至全国人大议事规则中规定。

《中华人民共和国全国人民代表大会组织法（修正草案）》和以上说明，请审议。

第十三届全国人民代表大会宪法和法律委员会关于《中华人民共和国全国人民代表大会组织法（修正草案）》审议结果的报告

（2021 年 3 月 9 日第十三届全国人民代表大会第四次会议主席团第二次会议通过）

十三届全国人大四次会议主席团：

3 月 8 日上午，各代表团小组会议审议了全国人民代表大会组织法修正草案。代表们普遍认为，全国人大组织法是全国人大及其常委会依法行使职权的制度保障，是重要的宪法性法律，是宪法有关规定的立法实施。修正草案贯彻落实习近平新时代中国特色社会主义思想特别是习近平总书记关于坚持和完善人民代表大会制度的重要思想和习近平法治思想，落实党中央决策部署和修改后宪法的规定，将坚持党的领导载入全国人大组织法，体现深化党和国家机构改革新形势新任务新要求，总结人民代表大会制度实践的新经验新成果，进一步健全全国人大及其常委会的组织制度和工作制度，符合宪法的规定、原则和精神，有利于保障最高国家权力机关依法行使职权，更好地保障人民行使当家作主的权力。立法过程贯彻了科学立法、民主立法、依法立法的精神，全国人大常委会两次进行审议,两次向社会公开征求意见,组织全国人大代表研读讨论,采取多种方式征求各方面意见。修正草案较好地吸收了各方面的意见,已经比较成熟,建议提请本次会议审议通过。同时,代表们也对修正草案提出了一些修改意见。宪法和法律委员会于3月8日晚召开会议,对修正草案进行认真审议,对代表提出的修改意见逐条研究。根据各代表团的审议意见和有关方面的意见,对修正草案共作了16处修改,其中实质性修改9处。主要修改是:

一、现行全国人大组织法第五条中规定,全国人民代表大会每次会议举行预备会议,选举本次会议的主席团和秘书长。有的代表建议明确提出主席团和秘书长名单草案的主体和程序。宪法和法律委员会经研究,建议增加规定:"主席团和秘书长的名单草案,由全国人民代表大会常务委员会委员长会议提出,经常务委员会会议审议通过后,提交预备会议。"

二、修正草案第十条、第十一条分别规定了主席团和主席团常务主席的职责。有的代表提出,大会期间召开主席团会议和主席团常务主席会议,是大会审议各项议案和报告的重要环节,建议总结实践经验,进一步明确和细化相关规定。宪法和法律委员会经研究,建议作如下修改:一是将主席团"听取和审议关于各项议案和报告审议情况的汇报"修改为"听取和审议秘书处和有关专门委员会关于各项议案和报告审议、审查情况的报告";二是增加规定主席团"听取主席团常务主席关于国家机构组成人员人选名单的说明","依照法定程序"确定正式候选人名单;三是将主席团常务主席"就拟提请主席团审议事项听取汇报,向主席团提出建议"修改为"就拟提请主席团审议事项,听取秘书处和有关专门委员会的报告,向主席团提出建议”。

三、修正草案第三十一条中规定,宪法和法律委员会统一审议向全国人大及其常委会提出的法律草案。有些代表提出,审议有关法律问题的决定草案,是全国人大及其常委会行使职权的重要方式,是丰富立法形式的重要体现。多年来,有关法律问题的决定草案同法律草案一样,都是由宪法和法律委员会进行统一审议的,建议将这一做法予以明确。宪法和法律委员会经研究,建议将这一规定修改为:“宪法和法律委员会统一审议向全国人民代表大会或者全国人民代表大会常务委员会提出的法律草案和有关法律问题的决定草案”。

四、修正草案第三十二条对财政经济委员会的职责作了规定。有的代表提出,根据预算法规定和实践做法,财政经济委员会除在大会期间对计划草案、预算草案等提出审查结果报告外,在大会前还对计划草案、预算草案等进行初步审查,提出初步审查意见。宪法和法律委员会经研究,建议增加规定财政经济委员会对计划草案、预算草案等提出“初步审查意见”的内容。

五、有的代表提出,为更好发挥代表的作用,支持和保障代表依法履职,建议根据实践发展,进一步拓展和丰富代表联系人民群众的方式和渠道,明确代表履职的服务保障机构,完善办理代表建议的反馈制度。宪法和法律委员会经研究,建议根据代表法有关规定和实践做法,一是明确全国人大代表“通过多种方式”听取和反映人民的意见和要求;二是增加一款规定:“全国人民代表大会常务委员会办事机构和工作机构为代表履行职责提供服务保障”；三是明确对代表提出的建议、批评和意见，有关机关、组织应当充分听取意见，“介绍有关情况”。

需要说明的是，有些代表还对进一步完善全国人大及其常委会的组织和工作制度提出了一些好的意见建议。宪法和法律委员会经研究认为，有的内容在宪法中作了规定，有的内容在立法法、监督法、预算法、代表法等法律中作了规定。考虑到人民代表大会制度作为国家根本政治制度的根本性、全局性、稳定性和长期性，这次修改全国人大组织法是部分修改，可改可不改的，不作修改。代表们提出的有些意见建议，可以在以后修改其他相关法律时予以研究，或者在具体工作中予以考虑。

此外，根据代表们的审议意见，还对修正草案作了一些文字修改。

宪法和法律委员会已按上述意见提出了全国人民代表大会关于修改《中华人民共和国全国人民代表大会组织法》的决定（草案），建议经主席团审议通过后，印发各代表团审议。

修改决定草案和以上报告，请审议。

第十三届全国人民代表大会宪法和法律委员会

2021 年 3 月 9 日

第十三届全国人民代表大会宪法和法律委员会关于《全国人民代表大会关于修改〈中华人民共和国全国人民代表大会组织法〉的决定(草案)》修改意见的报告

(2021年3月10日第十三届全国人民代表大会第四次会议主席团第三次会议通过)

十三届全国人大四次会议主席团:

3月9日下午,各代表团小组会议对全国人民代表大会关于修改全国人民代表大会组织法的决定草案进行了审议。代表们普遍认为,修改决定草案在认真研究并充分吸收代表提出意见的基础上,作了相应的修改完善;审议过程充分发扬了民主,广泛凝聚了共识,充分体现了对代表主体地位的尊重。草案内容已经成熟,赞成将修改决定草案提请本次大会表决通过。同时,有些代表还提出了一些修改意见。宪法和法律委员会于3月9日晚召开会议,对修改决定草案进行认真审议,对代表提出的修改意见逐条研究。宪法和法律委员会认为,修改决定草案是可行的,同时,根据各代表团的审议意见,提出以下修改意见:

一、修改决定草案第十三条中规定,主席团决定会议期间提出的议案是否列入会议议程。有的代表提出,实践中,由主席团听取和审议关于议案处理意见的报告,建议确认这一做法。宪法和法律委员会经研究,建议增加规定主席团"听取和审议关于议案处理意见的报告"的内容。

二、修改决定草案第三十七条中规定,代表建议、批评和意见办理情况的报告,应当予以公开。有的代表提出,这个报告由谁提出、向谁报告不清楚,建议予以明确。宪法和法律委员会经研究,建议根据实践做法,将这一规定修改为:"常务委员会办事机构每年向常务委员会报告代表建议、批评和意见的办理情况,并予以公开。"

宪法和法律委员会经研究,建议将本决定的施行时间确定为 2021 年 3 月 12 日。

此外,根据代表们的审议意见,还对修改决定草案作了个别文字修改。

修改决定草案表决稿已按上述意见作了修改,建议经主席团审议通过后,提请大会全体会议表决。

修改决定草案表决稿和以上报告,请审议。

第十三届全国人民代表大会宪法和法律委员会

2021 年 3 月 10 日

全国人民代表大会关于修改《中华人民共和国全国人民代表大会议事规则》的决定

（2021 年 3 月 11 日第十三届全国人民代表大会第四次会议通过）

第十三届全国人民代表大会第四次会议决定对《中华人民共和国全国人民代表大会议事规则》作如下修改：

一、将第二条修改为："全国人民代表大会会议于每年第一季度举行，会议召开的日期由全国人民代表大会常务委员会决定并予以公布。

"遇有特殊情况，全国人民代表大会常务委员会可以决定适当提前或者推迟召开会议。提前或者推迟召开会议的日期未能在当次会议上决定的，全国人民代表大会常务委员会可以另行决定或者授权委员长会议决定，并予以公布。"

二、第六条增加一款，作为第二款："全国人民代表大会常务委员会在全国人民代表大会会议举行前，可以组织代表研读讨论有关法律草案，征求代表的意见，并通报会议拟讨论的主要事项的有关情况。"

第二款改为第三款，修改为："临时召集的全国人民代表大会会议不适用前两款规定。"

三、删去第十条第三项。

第四项改为第三项，修改为：“（三）会议期间代表提出议案的截止时间”。

四、将第十一条修改为：“主席团常务主席召集并主持主席团会议。主席团第一次会议由全国人民代表大会常务委员会委员长召集并主持，会议推选主席团常务主席后，由主席团常务主席主持。”

五、删去第十五条。

六、将第十六条改为第十五条，修改为：“全国人民代表大会代表应当出席会议；因病或者其他特殊原因不能出席的，应当向会议秘书处书面请假。秘书处应当向主席团报告代表出席会议的情况和缺席的原因。

“代表应当勤勉尽责，认真审议各项议案和报告，严格遵守会议纪律。”

七、将第十七条改为第十六条，修改为：“国务院的组成人员，中央军事委员会的组成人员，国家监察委员会主任，最高人民法院院长和最高人民检察院检察长，列席全国人民代表大会会议；其他有关机关、团体的负责人，经全国人民代表大会常务委员会决定，可以列席全国人民代表大会会议。”

八、将第十八条改为两条，作为第十七条、第十八条，修改为：

“第十七条　全国人民代表大会会议公开举行。

“全国人民代表大会会议议程、日程和会议情况予以公开。

“全国人民代表大会会议期间，代表在各种会议上的发言,整理简报印发会议,并可以根据本人要求,将发言记录或者摘要印发会议。会议简报、发言记录或者摘要可以为纸质版,也可以为电子版。

“大会全体会议设旁听席。旁听办法另行规定。

“第十八条　全国人民代表大会会议举行新闻发布会、记者会。

“全国人民代表大会会议设发言人,代表团可以根据需要设发言人。

“秘书处可以组织代表和有关部门、单位负责人接受新闻媒体采访。代表团可以组织本代表团代表接受新闻媒体采访。

“大会全体会议通过广播、电视、网络等媒体进行公开报道。”

九、增加一条,作为第二十一条:“全国人民代表大会举行会议,应当合理安排会议日程,提高议事质量和效率。

“各代表团应当按照会议日程进行审议。”

十、增加一条,作为第二十二条:“全国人民代表大会会议运用现代信息技术,推进会议文件资料电子化,采用网络视频等方式为代表履职提供便利和服务。”

十一、将第二十一条改为第二十三条,第一款修改为:“主席团,全国人民代表大会常务委员会,全国人民代表大会各专门委员会,国务院,中央军事委员会,国家监察委员会,最高人民法院,最高人民检察院,可以向全国人民代表大会提出属于全国人民代表大会职权范围内的议案,由主席团决定列入会议议程。”

十二、将第二十四条改为第二十六条，第一款修改为："列入会议议程的法律案，大会全体会议听取关于该法律案的说明后，由各代表团审议，并由宪法和法律委员会、有关的专门委员会审议。"

第二款修改为："宪法和法律委员会根据各代表团和有关的专门委员会的审议意见，对法律案进行统一审议，向主席团提出审议结果报告和法律草案、有关法律问题的决定草案修改稿，对重要的不同意见应当在审议结果报告中予以说明，经主席团审议通过后，印发会议。修改稿经各代表团审议，由宪法和法律委员会根据各代表团的审议意见进行修改，提出表决稿，由主席团提请大会全体会议表决。"

十三、将第二十五条改为第二十七条，修改为："向全国人民代表大会提出的法律案，在全国人民代表大会闭会期间，可以先向全国人民代表大会常务委员会提出，经全国人民代表大会常务委员会会议依照有关程序审议后，决定提请全国人民代表大会审议。

"全国人民代表大会常务委员会对准备提请全国人民代表大会审议的法律案，应当将法律草案向社会公布，广泛征求意见，但是经委员长会议决定不公布的除外。向社会公布征求意见的时间一般不少于三十日。"

十四、增加一条，作为第三十一条："一个代表团或者三十名以上的代表联名提出的议案，经主席团决定不列入本次会议议程的，交有关的专门委员会在全国人民代表大会闭会后审议。有关的专门委员会进行审议后，向全国人民代表大会常务委员会提出审议结果报告，经全国人民代表大会常务委员会审议通过后，印发全国人民代表大会下次会议。”

十五、将第二十九条改为第三十二条，修改为：“全国人民代表大会代表向全国人民代表大会提出的对各方面工作的建议、批评和意见，由全国人民代表大会常务委员会办事机构交由有关机关、组织研究办理，并负责在交办之日起三个月内，至迟不超过六个月，予以答复。代表对答复不满意的，可以提出意见，由全国人民代表大会常务委员会办事机构交由有关机关、组织或者其上级机关、组织再作研究办理，并负责答复。”

十六、将第三十一条改为第三十四条，修改为：“全国人民代表大会会议举行的四十五日前，国务院有关主管部门应当就上一年度国民经济和社会发展计划执行情况的主要内容与本年度国民经济和社会发展计划草案的初步方案，上一年度中央和地方预算执行情况的主要内容与本年度中央和地方预算草案的初步方案，向全国人民代表大会财政经济委员会和有关的专门委员会汇报，由财政经济委员会进行初步审查。财政经济委员会进行初步审查时，应当邀请全国人民代表大会代表参加。”

十七、将第三十二条改为第三十五条，第一款修改为：“全国人民代表大会每年举行会议的时候，国务院应当向会议提出关于上一年度国民经济和社会发展计划执行情况与本年度国民经济和社会发展计划草案的报告、国民经济和社会发展计划草案，关于上一年度中央和地方预算执行情况与本年度中央和地方预算草案的报告、中央和地方预算草案，由各代表团进行审查，并由财政经济委员会和有关的专门委员会审查。”

第二款修改为：“财政经济委员会根据各代表团和有关的专门委员会的审查意见，对前款规定的事项进行审查，向主席团提出审查结果报告，主席团审议通过后，印发会议，并将关于上一年度国民经济和社会发展计划执行情况与本年度国民经济和社会发展计划的决议草案、关于上一年度中央和地方预算执行情况与本年度中央和地方预算的决议草案提请大会全体会议表决。”

十八、将第三十三条改为第三十六条，修改为：“国民经济和社会发展计划、中央预算经全国人民代表大会批准后，在执行过程中必须作部分调整的，国务院应当将调整方案提请全国人民代表大会常务委员会审查和批准。”

十九、增加一条，作为第三十七条：“国民经济和社会发展五年规划纲要和中长期规划纲要的审查、批准和调整，参照本章有关规定执行。”

二十、将第三十四条改为第三十八条，第一款修改为：“全国人民代表大会常务委员会委员长、副委员长、秘书长、委员的人选，中华人民共和国主席、副主席的人选，中央军事委员会主席的人选，国家监察委员会主任的人选，最高人民法院院长和最高人民检察院检察长的人选，由主席团提名，经各代表团酝酿协商后，再由主席团根据多数代表的意见，确定正式候选人名单。”

二十一、增加一条，作为第四十二条：“全国人民代表大会选举或者决定任命的国家机构组成人员在依照法定程序产生后，公开进行宪法宣誓。宣誓仪式由主席团组织。”

二十二、将第三十八条改为第四十三条，第一款改为三款，作为第一款至第三款，修改为："全国人民代表大会会议期间，全国人民代表大会常务委员会的组成人员，中华人民共和国主席、副主席，国务院的组成人员，中央军事委员会的组成人员，国家监察委员会主任，最高人民法院院长，最高人民检察院检察长，全国人民代表大会专门委员会成员提出辞职的，由主席团将其辞职请求交各代表团审议后，提请大会全体会议决定；大会闭会期间提出辞职的，由委员长会议将其辞职请求提请全国人民代表大会常务委员会审议决定。

"全国人民代表大会常务委员会接受全国人民代表大会常务委员会委员长、副委员长、秘书长，中华人民共和国主席、副主席，国务院总理、副总理、国务委员，中央军事委员会主席，国家监察委员会主任，最高人民法院院长，最高人民检察院检察长辞职的，应当报请全国人民代表大会下次会议确认。

"全国人民代表大会常务委员会接受全国人民代表大会常务委员会委员辞职的，应当向全国人民代表大会下次会议报告。"

第二款改为第四款，修改为："全国人民代表大会闭会期间，国务院总理、中央军事委员会主席、国家监察委员会主任、最高人民法院院长、最高人民检察院检察长缺位的，全国人民代表大会常务委员会可以分别在国务院副总理、中央军事委员会副主席、国家监察委员会副主任、最高人民法院副院长、最高人民检察院副检察长中决定代理人选。"

二十三、将第三十九条改为第四十四条，第一款修改为："主席团、三个以上的代表团或者十分之一以上的代表，可以提出对全国人民代表大会常务委员会的组成人员，中华人民共和国主席、副主席，国务院的组成人员，中央军事委员会的组成人员，国家监察委员会主任，最高人民法院院长和最高人民检察院检察长的罢免案，由主席团交各代表团审议后，提请大会全体会议表决；或者依照本规则第六章的规定，由主席团提议，经大会全体会议决定，组织调查委员会，由全国人民代表大会下次会议根据调查委员会的报告审议决定。”

二十四、增加一条，作为第四十六条：“全国人民代表大会常务委员会组成人员、专门委员会成员，辞去全国人民代表大会代表职务的请求被接受的，其全国人民代表大会常务委员会组成人员、专门委员会成员的职务相应终止，由全国人民代表大会常务委员会予以公告。”

二十五、将第四十一条改为第四十七条，第二款修改为：“各代表团全体会议审议政府工作报告，审查关于上一年度国民经济和社会发展计划执行情况与本年度国民经济和社会发展计划草案的报告、国民经济和社会发展计划草案，审查关于上一年度中央和地方预算执行情况与本年度中央和地方预算草案的报告、中央和地方预算草案，审议最高人民法院工作报告、最高人民检察院工作报告的时候，国务院以及国务院各部门负责人，最高人民法院、最高人民检察院负责人或者其委派的人员应当分别参加会议，听取意见，回答询问。”

二十六、将第四十二条改为第四十八条，修改为：“全国人民代表大会会议期间，一个代表团或者三十名以上的代表联名，可以书面提出对国务院以及国务院各部门、国家监察委员会、最高人民法院、最高人民检察院的质询案。”

二十七、增加一条，作为第五十六条："代表在全国人民代表大会各种会议上发言，应当围绕会议确定的议题进行。"

二十八、将第五十二条改为第五十九条，增加一款，作为第四款："会议表决时，代表可以表示赞成，可以表示反对，也可以表示弃权。"

二十九、将第五十三条改为第六十条，第一款修改为："会议表决议案采用无记名按表决器方式。如表决器系统在使用中发生故障，采用举手方式。"

第二款修改为："宪法的修改，采用无记名投票方式表决。"

增加一款，作为第三款："预备会议、主席团会议表决的方式，适用本条第一款的规定。"

三十、增加一章，作为第八章"公布"，包括第六十一条至第六十五条。

三十一、增加一条，作为第六十一条："全国人民代表大会选举产生的全国人民代表大会常务委员会委员长、副委员长、秘书长、委员，中华人民共和国主席、副主席，中央军事委员会主席，国家监察委员会主任，最高人民法院院长，最高人民检察院检察长，决定任命的中央军事委员会副主席、委员，通过的全国人民代表大会专门委员会成员，以全国人民代表大会公告予以公布。

"全国人民代表大会决定任命的国务院总理、副总理、国务委员、各部部长、各委员会主任、中国人民银行行长、审计长、秘书长，由中华人民共和国主席根据全国人民代表大会的决定，签署主席令任命并予以公布。"

三十二、增加一条，作为第六十二条："国家机构组成人员在全国人民代表大会会议期间辞职或者被罢免的，适用本规则第六十一条规定的公布程序。"

三十三、增加一条，作为第六十三条："全国人民代表大会通过的宪法修正案，以全国人民代表大会公告予以公布。"

三十四、增加一条，作为第六十四条："全国人民代表大会通过的法律，由中华人民共和国主席签署主席令予以公布。"

三十五、增加一条，作为第六十五条："全国人民代表大会通过的法律、决议、决定，发布的公告，以及法律草案的说明、审议结果报告等，应当及时在全国人民代表大会常务委员会公报和中国人大网上刊载。"

三十六、增加一章，作为第九章"附则"，将第五十四条改为第六十六条，列入本章。

本决定自2021年3月12日起施行。

《中华人民共和国全国人民代表大会议事规则》根据本决定作相应修改，并对章、条、款、项序号和顺序作相应调整，重新公布。

中华人民共和国
全国人民代表大会议事规则

（1989年4月4日第七届全国人民代表大会第二次会议通过　根据2021年3月11日第十三届全国人民代表大会第四次会议《关于修改〈中华人民共和国全国人民代表大会议事规则〉的决定》修正）

目　　录

第一条 根据宪法、全国人民代表大会组织法和全国人民代表大会的实践经验，制定本规则。

第一章 会议的举行

第二条 全国人民代表大会会议于每年第一季度举行，会议召开的日期由全国人民代表大会常务委员会决定并予以公布。

遇有特殊情况，全国人民代表大会常务委员会可以决定适当提前或者推迟召开会议。提前或者推迟召开会议的日期未能在当次会议上决定的，全国人民代表大会常务委员会可以另行决定或者授权委员长会议决定，并予以公布。

第三条 全国人民代表大会会议由全国人民代表大会常务委员会召集。每届全国人民代表大会第一次会议，在本届全国人民代表大会代表选举完成后的两个月内，由上届全国人民代表大会常务委员会召集。

第四条 全国人民代表大会会议有三分之二以上的代表出席，始得举行。

第五条 全国人民代表大会常务委员会在全国人民代表大会会议举行前，进行下列准备工作：

（一）提出会议议程草案；

（二）提出主席团和秘书长名单草案；

（三）决定列席会议人员名单；

（四）会议的其他准备事项。

第六条 全国人民代表大会常务委员会在全国人民代表

大会会议举行的一个月前，将开会日期和建议会议讨论的主要事项通知代表，并将准备提请会议审议的法律草案发给代表。

全国人民代表大会常务委员会在全国人民代表大会会议举行前，可以组织代表研读讨论有关法律草案，征求代表的意见，并通报会议拟讨论的主要事项的有关情况。

临时召集的全国人民代表大会会议不适用前两款规定。

第七条　全国人民代表大会会议举行前，代表按照选举单位组成代表团。代表团全体会议推选代表团团长、副团长。团长召集并主持代表团全体会议。副团长协助团长工作。

代表团可以分设若干代表小组。代表小组会议推选小组召集人。

第八条　全国人民代表大会会议举行前，召开预备会议，选举主席团和秘书长，通过会议议程和关于会议其他准备事项的决定。

预备会议由全国人民代表大会常务委员会主持。每届全国人民代表大会第一次会议的预备会议，由上届全国人民代表大会常务委员会主持。

各代表团审议全国人民代表大会常务委员会提出的主席团和秘书长名单草案、会议议程草案以及关于会议的其他准备事项，提出意见。

全国人民代表大会常务委员会委员长会议根据各代表团提出的意见，可以对主席团和秘书长名单草案、会议议程草案以及关于会议的其他准备事项提出调整意见，提请预备会议审议。

第九条 主席团主持全国人民代表大会会议。

主席团的决定,由主席团全体成员的过半数通过。

第十条 主席团第一次会议推选主席团常务主席若干人,推选主席团成员若干人分别担任每次大会全体会议的执行主席,并决定下列事项:

(一)副秘书长的人选;

(二)会议日程;

(三)会议期间代表提出议案的截止时间;

(四)其他需要由主席团第一次会议决定的事项。

第十一条 主席团常务主席召集并主持主席团会议。主席团第一次会议由全国人民代表大会常务委员会委员长召集并主持,会议推选主席团常务主席后,由主席团常务主席主持。

第十二条 代表团审议议案和有关报告,由代表团全体会议、代表小组会议审议。

以代表团名义提出的议案、质询案、罢免案,由代表团全体代表的过半数通过。

第十三条 主席团常务主席可以召开代表团团长会议,就议案和有关报告的重大问题听取各代表团的审议意见,进行讨论,并将讨论的情况和意见向主席团报告。

主席团常务主席可以就重大的专门性问题,召集代表团推选的有关代表进行讨论;国务院有关部门负责人参加会议,汇报情况,回答问题。会议讨论的情况和意见应当向主席团报告。

第十四条 主席团可以召开大会全体会议进行大会发

言，就议案和有关报告发表意见。

第十五条 全国人民代表大会代表应当出席会议；因病或者其他特殊原因不能出席的，应当向会议秘书处书面请假。秘书处应当向主席团报告代表出席会议的情况和缺席的原因。

代表应当勤勉尽责，认真审议各项议案和报告，严格遵守会议纪律。

第十六条 国务院的组成人员，中央军事委员会的组成人员，国家监察委员会主任，最高人民法院院长和最高人民检察院检察长，列席全国人民代表大会会议；其他有关机关、团体的负责人，经全国人民代表大会常务委员会决定，可以列席全国人民代表大会会议。

第十七条 全国人民代表大会会议公开举行。

全国人民代表大会会议议程、日程和会议情况予以公开。

全国人民代表大会会议期间，代表在各种会议上的发言，整理简报印发会议，并可以根据本人要求，将发言记录或者摘要印发会议。会议简报、发言记录或者摘要可以为纸质版，也可以为电子版。

大会全体会议设旁听席。旁听办法另行规定。

第十八条 全国人民代表大会会议举行新闻发布会、记者会。

全国人民代表大会会议设发言人，代表团可以根据需要设发言人。

秘书处可以组织代表和有关部门、单位负责人接受新闻媒体采访。代表团可以组织本代表团代表接受新闻媒体采访。

大会全体会议通过广播、电视、网络等媒体进行公开报道。

第十九条 全国人民代表大会在必要的时候，可以举行秘密会议。举行秘密会议，经主席团征求各代表团的意见后，由有各代表团团长参加的主席团会议决定。

第二十条 全国人民代表大会举行会议的时候，秘书处和有关的代表团应当为少数民族代表准备必要的翻译。

第二十一条 全国人民代表大会举行会议，应当合理安排会议日程，提高议事质量和效率。

各代表团应当按照会议日程进行审议。

第二十二条 全国人民代表大会会议运用现代信息技术，推进会议文件资料电子化，采用网络视频等方式为代表履职提供便利和服务。

第二章 议案的提出和审议

第二十三条 主席团，全国人民代表大会常务委员会，全国人民代表大会各专门委员会，国务院，中央军事委员会，国家监察委员会，最高人民法院，最高人民检察院，可以向全国人民代表大会提出属于全国人民代表大会职权范围内的议案，由主席团决定列入会议议程。

一个代表团或者三十名以上的代表联名，可以向全国人民代表大会提出属于全国人民代表大会职权范围内的议案，由主席团决定是否列入会议议程，或者先交有关的专门委员会审议、提出是否列入会议议程的意见，再决定是否列入会议议程，并将主席团通过的关于议案处理意见的报告印发会议。专门委员会审议的时候，可以邀请提案人列席会议、发表意见。

代表联名或者代表团提出的议案，可以在全国人民代表大会会议举行前提出。

第二十四条 列入会议议程的议案，提案人和有关的全国人民代表大会专门委员会、有关的全国人民代表大会常务委员会工作部门应当提供有关的资料。

第二十五条 列入会议议程的议案，提案人应当向会议提出关于议案的说明。议案由各代表团进行审议，主席团可以并交有关的专门委员会进行审议、提出报告，由主席团审议决定提请大会全体会议表决。

第二十六条 列入会议议程的法律案，大会全体会议听取关于该法律案的说明后，由各代表团审议，并由宪法和法律委员会、有关的专门委员会审议。

宪法和法律委员会根据各代表团和有关的专门委员会的审议意见，对法律案进行统一审议，向主席团提出审议结果报告和法律草案、有关法律问题的决定草案修改稿，对重要的不同意见应当在审议结果报告中予以说明，经主席团审议通过后，印发会议。修改稿经各代表团审议，由宪法和法律委员会根据各代表团的审议意见进行修改，提出表决稿，由主席团提请大会全体会议表决。

有关的专门委员会的审议意见应当及时印发会议。

全国人民代表大会决定成立的特定的法律起草委员会拟

订并提出的法律案的审议程序和表决办法，另行规定。

第二十七条 向全国人民代表大会提出的法律案，在全国人民代表大会闭会期间，可以先向全国人民代表大会常务委员会提出，经全国人民代表大会常务委员会会议依照有关程序审议后，决定提请全国人民代表大会审议。

全国人民代表大会常务委员会对准备提请全国人民代表大会审议的法律案，应当将法律草案向社会公布，广泛征求意见，但是经委员长会议决定不公布的除外。向社会公布征求意见的时间一般不少于三十日。

第二十八条 专门委员会审议议案和有关报告，涉及专门性问题的时候，可以邀请有关方面的代表和专家列席会议，发表意见。

专门委员会可以决定举行秘密会议。

第二十九条 列入会议议程的议案，在交付表决前，提案人要求撤回的，经主席团同意，会议对该议案的审议即行终止。

第三十条 列入会议议程的议案，在审议中有重大问题需要进一步研究的，经主席团提出，由大会全体会议决定，可以授权全国人民代表大会常务委员会审议决定，并报全国人民代表大会下次会议备案或者提请全国人民代表大会下次会议审议。

第三十一条 一个代表团或者三十名以上的代表联名提出的议案，经主席团决定不列入本次会议议程的，交有关的专门委员会在全国人民代表大会闭会后审议。有关的专门委员会进行审议后，向全国人民代表大会常务委员会提出审议结果报告，经全国人民代表大会常务委员会审议通过后，印发全国人民代表大会下次会议。

第三十二条 全国人民代表大会代表向全国人民代表大会提出的对各方面工作的建议、批评和意见，由全国人民代表大会常务委员会办事机构交由有关机关、组织研究办理，并负责在交办之日起三个月内，至迟不超过六个月，予以答复。代表对答复不满意的，可以提出意见，由全国人民代表大会常务委员会办事机构交由有关机关、组织或者其上级机关、组织再作研究办理，并负责答复。

第三章 审议工作报告、审查国家计划和国家预算

第三十三条 全国人民代表大会每年举行会议的时候，全国人民代表大会常务委员会、国务院、最高人民法院、最高人民检察院向会议提出的工作报告，经各代表团审议后，会议可以作出相应的决议。

第三十四条 全国人民代表大会会议举行的四十五日前，国务院有关主管部门应当就上一年度国民经济和社会发展计划执行情况的主要内容与本年度国民经济和社会发展计划草案的初步方案，上一年度中央和地方预算执行情况的主要内容与本年度中央和地方预算草案的初步方案，向全国人民代表大会财政经济委员会和有关的专门委员会汇报，由财政经济委员会进行初步审查。财政经济委员会进行初步审查时，应当邀请全国人民代表大会代表参加。

第三十五条 全国人民代表大会每年举行会议的时候，国务院应当向会议提出关于上一年度国民经济和社会发展计划执行情况与本年度国民经济和社会发展计划草案的报告、国民经济和社会发展计划草案，关于上一年度中央和地方预算执行情况与本年度中央和地方预算草案的报告、中央和地方预算草案，由各代表团进行审查，并由财政经济委员会和有关的专门委员会审查。

财政经济委员会根据各代表团和有关的专门委员会的审查意见，对前款规定的事项进行审查，向主席团提出审查结果报告，主席团审议通过后，印发会议，并将关于上一年度国民经济和社会发展计划执行情况与本年度国民经济和社会发展计划的决议草案、关于上一年度中央和地方预算执行情况与本年度中央和地方预算的决议草案提请大会全体会议表决。

有关的专门委员会的审查意见应当及时印发会议。

第三十六条 国民经济和社会发展计划、中央预算经全国人民代表大会批准后，在执行过程中必须作部分调整的，国务院应当将调整方案提请全国人民代表大会常务委员会审查和批准。

第三十七条 国民经济和社会发展五年规划纲要和中长期规划纲要的审查、批准和调整，参照本章有关规定执行。

第四章 国家机构组成人员的选举、罢免、任免和辞职

第三十八条 全国人民代表大会常务委员会委员长、副

委员长、秘书长、委员的人选，中华人民共和国主席、副主席的人选，中央军事委员会主席的人选，国家监察委员会主任的人选，最高人民法院院长和最高人民检察院检察长的人选，由主席团提名，经各代表团酝酿协商后，再由主席团根据多数代表的意见，确定正式候选人名单。

国务院总理和国务院其他组成人员的人选，中央军事委员会除主席以外的其他组成人员的人选，依照宪法的有关规定提名。

各专门委员会主任委员、副主任委员和委员的人选，由主席团在代表中提名。

第三十九条 候选人的提名人应当向会议介绍候选人的基本情况，并对代表提出的问题作必要的说明。

第四十条 全国人民代表大会会议选举或者决定任命，采用无记名投票方式。得票数超过全体代表的半数的，始得当选或者通过。

大会全体会议选举或者表决任命案的时候，设秘密写票处。

选举或者表决结果，由会议主持人当场宣布。候选人的得票数，应当公布。

第四十一条 全国人民代表大会会议选举和决定任命的具体办法，由大会全体会议通过。

第四十二条 全国人民代表大会选举或者决定任命的国家机构组成人员在依照法定程序产生后，公开进行宪法宣誓。宣誓仪式由主席团组织。

第四十三条 全国人民代表大会会议期间，全国人民代表大会常务委员会的组成人员，中华人民共和国主席、副主席，国务院的组成人员，中央军事委员会的组成人员，国家监察委员会主任，最高人民法院院长，最高人民检察院检察长，全国人民代表大会专门委员会成员提出辞职的，由主席团将其辞职请求交各代表团审议后，提请大会全体会议决定；大会闭会期间提出辞职的，由委员长会议将其辞职请求提请全国人民代表大会常务委员会审议决定。

全国人民代表大会常务委员会接受全国人民代表大会常务委员会委员长、副委员长、秘书长，中华人民共和国主席、副主席，国务院总理、副总理、国务委员，中央军事委员会主席，国家监察委员会主任，最高人民法院院长，最高人民检察院检察长辞职的，应当报请全国人民代表大会下次会议确认。

全国人民代表大会常务委员会接受全国人民代表大会常务委员会委员辞职的，应当向全国人民代表大会下次会议报告。

全国人民代表大会闭会期间，国务院总理、中央军事委员会主席、国家监察委员会主任、最高人民法院院长、最高人民检察院检察长缺位的，全国人民代表大会常务委员会可以分别在国务院副总理、中央军事委员会副主席、国家监察委员会副主任、最高人民法院副院长、最高人民检察院副检察长中决定代理人选。

第四十四条　主席团、三个以上的代表团或者十分之一以上的代表，可以提出对全国人民代表大会常务委员会的组成人员，中华人民共和国主席、副主席，国务院的组成人员，中央军事委员会的组成人员，国家监察委员会主任，最高人民法院院长和最高人民检察院检察长的罢免案,由主席团交各代表团审议后,提请大会全体会议表决;或者依照本规则第六章的规定,由主席团提议,经大会全体会议决定,组织调查委员会,由全国人民代表大会下次会议根据调查委员会的报告审议决定。

罢免案应当写明罢免理由,并提供有关的材料。

罢免案提请大会全体会议表决前,被提出罢免的人员有权在主席团会议和大会全体会议上提出申辩意见,或者书面提出申辩意见,由主席团印发会议。

第四十五条 全国人民代表大会常务委员会组成人员、专门委员会成员的全国人民代表大会代表职务被原选举单位罢免的,其全国人民代表大会常务委员会组成人员、专门委员会成员的职务相应撤销,由主席团或者全国人民代表大会常务委员会予以公告。

第四十六条 全国人民代表大会常务委员会组成人员、专门委员会成员,辞去全国人民代表大会代表职务的请求被接受的,其全国人民代表大会常务委员会组成人员、专门委员会成员的职务相应终止,由全国人民代表大会常务委员会予以公告。

第五章 询问和质询

第四十七条 各代表团审议议案和有关报告的时候,有关部门应当派负责人员到会,听取意见,回答代表提出的询问。

各代表团全体会议审议政府工作报告，审查关于上一年度国民经济和社会发展计划执行情况与本年度国民经济和社会发展计划草案的报告、国民经济和社会发展计划草案，审查关于上一年度中央和地方预算执行情况与本年度中央和地方预算草案的报告、中央和地方预算草案，审议最高人民法院工作报告、最高人民检察院工作报告的时候，国务院以及国务院各部门负责人，最高人民法院、最高人民检察院负责人或者其委派的人员应当分别参加会议，听取意见，回答询问。

主席团和专门委员会对议案和有关报告进行审议的时候，国务院或者有关机关负责人应当到会，听取意见，回答询问，并可以对议案或者有关报告作补充说明。

第四十八条 全国人民代表大会会议期间，一个代表团或者三十名以上的代表联名，可以书面提出对国务院以及国务院各部门、国家监察委员会、最高人民法院、最高人民检察院的质询案。

第四十九条 质询案必须写明质询对象、质询的问题和内容。

第五十条 质询案按照主席团的决定由受质询机关的负责人在主席团会议、有关的专门委员会会议或者有关的代表团会议上口头答复，或者由受质询机关书面答复。在主席团会议或者专门委员会会议上答复的，提质询案的代表团团长或者代表有权列席会议，发表意见。

提质询案的代表或者代表团对答复质询不满意的，可以提出要求，经主席团决定，由受质询机关再作答复。

在专门委员会会议或者代表团会议上答复的，有关的专门委员会或者代表团应当将答复质询案的情况向主席团报告。

主席团认为必要的时候，可以将答复质询案的情况报告印发会议。

质询案以书面答复的，受质询机关的负责人应当签署，由主席团决定印发会议。

第六章　调查委员会

第五十一条　全国人民代表大会认为必要的时候，可以组织关于特定问题的调查委员会。

第五十二条　主席团、三个以上的代表团或者十分之一以上的代表联名，可以提议组织关于特定问题的调查委员会，由主席团提请大会全体会议决定。

调查委员会由主任委员、副主任委员若干人和委员若干人组成，由主席团在代表中提名，提请大会全体会议通过。调查委员会可以聘请专家参加调查工作。

第五十三条　调查委员会进行调查的时候，一切有关的国家机关、社会团体和公民都有义务如实向它提供必要的材料。提供材料的公民要求调查委员会对材料来源保密的，调查委员会应当予以保密。

调查委员会在调查过程中，可以不公布调查的情况和材料。

第五十四条　调查委员会应当向全国人民代表大会提出调查报告。全国人民代表大会根据调查委员会的报告，可以作出相应的决议。

全国人民代表大会可以授权全国人民代表大会常务委员会在全国人民代表大会闭会期间，听取调查委员会的调查报告，并可以作出相应的决议，报全国人民代表大会下次会议备案。

第七章　发言和表决

第五十五条　全国人民代表大会代表在全国人民代表大会各种会议上的发言和表决，不受法律追究。

第五十六条　代表在全国人民代表大会各种会议上发言，应当围绕会议确定的议题进行。

第五十七条　代表在大会全体会议上发言的，每人可以发言两次，第一次不超过十分钟，第二次不超过五分钟。

要求在大会全体会议上发言的，应当在会前向秘书处报名，由大会执行主席安排发言顺序；在大会全体会议上临时要求发言的，经大会执行主席许可，始得发言。

第五十八条　主席团成员和代表团团长或者代表团推选的代表在主席团每次会议上发言的，每人可以就同一议题发言两次，第一次不超过十五分钟，第二次不超过十分钟。经会议主持人许可，发言时间可以适当延长。

第五十九条　大会全体会议表决议案，由全体代表的过半数通过。

宪法的修改，由全体代表的三分之二以上的多数通过。

表决结果由会议主持人当场宣布。

会议表决时,代表可以表示赞成,可以表示反对,也可以表示弃权。

第六十条 会议表决议案采用无记名按表决器方式。如表决器系统在使用中发生故障,采用举手方式。

宪法的修改,采用无记名投票方式表决。

预备会议、主席团会议表决的方式,适用本条第一款的规定。

第八章 公 布

第六十一条 全国人民代表大会选举产生的全国人民代表大会常务委员会委员长、副委员长、秘书长、委员,中华人民共和国主席、副主席,中央军事委员会主席,国家监察委员会主任,最高人民法院院长,最高人民检察院检察长,决定任命的中央军事委员会副主席、委员,通过的全国人民代表大会专门委员会成员,以全国人民代表大会公告予以公布。

全国人民代表大会决定任命的国务院总理、副总理、国务委员、各部部长、各委员会主任、中国人民银行行长、审计长、秘书长,由中华人民共和国主席根据全国人民代表大会的决定,签署主席令任命并予以公布。

第六十二条 国家机构组成人员在全国人民代表大会会议期间辞职或者被罢免的,适用本规则第六十一条规定的公布程序。

第六十三条 全国人民代表大会通过的宪法修正案,以全国人民代表大会公告予以公布。

第六十四条 全国人民代表大会通过的法律，由中华人民共和国主席签署主席令予以公布。

第六十五条 全国人民代表大会通过的法律、决议、决定，发布的公告，以及法律草案的说明、审议结果报告等，应当及时在全国人民代表大会常务委员会公报和中国人大网上刊载。

第九章 附 则

第六十六条 本规则自公布之日起施行。

关于《中华人民共和国全国人民代表大会议事规则（修正草案）》的说明

——2021 年 3 月 5 日在第十三届全国人民代表大会第四次会议上

全国人大常委会副委员长　王　晨

各位代表：

我受全国人大常委会委托，作关于《中华人民共和国全国人民代表大会议事规则（修正草案）》的说明。

一、修改的必要性和重大意义

人民代表大会制度是我国的根本政治制度，全国人民代表大会是最高国家权力机关，行使宪法和法律赋予的重要职权。全国人大议事规则是关于全国人民代表大会会议制度和工作程序的基本法律，是全国人大及其常委会依法行使职权的重要制度保障，是宪法有关规定的立法实施。我国宪法第七十八条规定："全国人民代表大会和全国人民代表大会常务委员会的组织和工作程序由法律规定。"1989 年 4 月，七届全国人大二次会议通过了全国人大议事规则。这部法律的颁布施行,对于保障最高国家权力机关依法行使职权发挥了重要作用。党的十八大以来,以习近平同志为核心的党中央高度重视、全面加强党对人大工作的领导,推动人大制度、人大工作取得历史性成就。习近平总书记就坚持和完善人民代表大会制度、发展社会主义民主政治发表一系列重要讲话。党的十九大和十九届四中全会决定明确提出,健全人大组织制度、工作制度和议事规则。贯彻习近平总书记关于坚持和完善人民代表大会制度的重要思想和习近平法治思想,落实党中央重大决策部署,有必要认真总结实践经验,修改全国人大议事规则,进一步完善全国人大的会议制度和工作程序。

(一)修改全国人大议事规则是坚持党的全面领导、加强全国人大政治建设的重要举措

中国共产党领导是中国特色社会主义最本质的特征,是中国特色社会主义制度的最大优势。人民代表大会制度是坚持党的领导、人民当家作主、依法治国有机统一的根本政治制度安排。坚持和完善人民代表大会制度,必须毫不动摇坚持中国共产党的领导,更好地通过人民代表大会制度和法定程序使党的主张成为国家意志。全国人大议事规则以宪法、全国人大组织法和全国人大实践经验为依据,是保证全国人大会议正常举行和相关工作正常进行的制度规范。宪法和全国人大组织法确立的基本原则,包括坚持中国共产党的领导,坚持以马克思列宁主义、毛泽东思想、邓小平理论、“三个代表”重要思想、科学发展观、习近平新时代中国特色社会主义思想为指导等，贯穿贯彻于人大活动、人大工作的全过程和各领域。修改完善全国人大议事规则，对于新时代更好地坚持党对人大工作的全面领导，切实加强全国人大及其常委会的政治建设，保证党的路线方针政策和决策部署在国家工作中得到全面贯彻和有效执行，具有重要和深远的意义。

（二）修改全国人大议事规则是坚持全过程民主、保证和发展人民当家作主的制度保障

我国宪法第二条中规定："中华人民共和国的一切权力属于人民"。人民当家作主是社会主义民主政治的本质和核心，是社会主义的生命。习近平总书记指出，我们走的是一条中国特色社会主义政治发展道路，人民民主是一种全过程的民主。既保证人民依法实行民主选举，也保证人民依法实行民主决策、民主管理、民主监督。全过程民主是中国特色社会主义民主政治区别于西方形形色色资产阶级民主的显著特征。人民代表大会制度之所以具有强大的生命力和显著优越性，关键在于它深深根植于人民之中。全国人民代表大会和地方各级人民代表大会都由民主选举产生，对人民负责，受人民监督。全国人大及其常委会的组织和运行切实贯彻落实全过程民主的要求，通过完整规范的制度程序，实现完整有效的参与实践。全国人大代表来自人民，反映人民的意志和要求；全国人大及其常委会通过多种形式和渠道，同人民群众保持密切联系，倾听人民的意见和建议，保障人民权益。全国人大及其常委会依照宪法和法律规定行使立法、监督等各项职权，决定重大事项，都是在充分发扬民主、广泛征求意见、反复酝酿讨论的基础上集体作出决策。修改全国人大议事规则，完善全国人大的会议制度和工作程序，对于坚持以人民为中心，巩固和发挥中国特色社会主义民主政治的独特优势，保证全体人民更好地通过人民代表大会制度行使国家权力，具有重大的现实意义。

（三）修改全国人大议事规则是深入总结实践经验、坚持和完善人民代表大会制度的客观要求

全国人民代表大会成立60多年来，人民代表大会制度不断得到巩固和发展。每年召开全国人民代表大会会议，是国家政治生活中的一件大事，是在党的领导下国家政治安定、人民团结、事业发展的重要标志。1982年现行宪法和全国人大组织法公布施行以来，全国人民代表大会先后五次通过宪法修正案，完成八次国家机构领导人员换届选举，批准八个国民经济和社会发展五年规划，形成并不断完善中国特色社会主义法律体系。全国人大及其常委会不断适应新形势新要求，认真行使职权，积极探索创新，法律草案在立法全过程多次公开征求意见、常委会听取“一府一委两院”专项工作报告、执法检查、专题询问、备案审查、代表列席常委会会议、宪法宣誓等新制度、新方式不断推出，日益规范，取得重大成果和功效。特别是2020年，在新冠肺炎疫情防控的特殊背景下，我们依然适时召开全国人民代表大会会议，向全世界充分展示我国社会大局稳定和中国人民团结一心、奋力拼搏的良好形象。全国人大及其常委会依法行使职权的过程，也是全国人大会议制度和工作程序不断走向健全、人民代表大会制度不断走向完善的过程。现行的全国人大议事规则已实施32年，一直没有作过修改。因此，有必要深入总结人民代表大会制度发展和人大工作的实践经验，把一些成熟的、行之有效的做法通过法律制度固定下来，持续从新的实践中获取生机活力，推动人民代表大会制度与时俱进、完善发展。

（四）修改全国人大议事规则是深化党和国家机构改革、推进国家治理体系和治理能力现代化的现实需要

党和国家机构职能体系是中国特色社会主义制度的重要组成部分，是党治国理政的重要组织保障。习近平总书记指出，要坚持和完善民主集中制的制度和原则，促使各类国家机关提高能力和效率、增进协调和配合，形成治国理政的强大合力。党的十九届三中全会对深化党和国家机构改革作出全面部署，十三届全国人大一次会议通过了国务院机构改革方案。2018 年修改后的宪法专设一节规定国家监察委员会；全国人大组织机构进一步健全，法律委员会更名为宪法和法律委员会，内务司法委员会更名为监察和司法委员会，新设社会建设委员会。党和国家机构改革和职能转变，对全国人大及其常委会更好地贯彻落实民主集中制原则提出新的要求。人民代表大会制度是中国特色社会主义制度的重要组成部分，是支撑国家治理体系和治理能力的根本政治制度。修改全国人大议事规则，完善全国人大会议制度和工作程序，正确把握全国人大及其常委会与其他有关国家机关之间的关系，加强国家权力机关对行政机关、监察机关、审判机关、检察机关等国家机关的工作监督，有利于进一步巩固深化国家机构改革成果，保证各国家机关更好地分工合作、相互配合，使各国家机关更有效地领导和组织社会主义现代化建设事业，推进国家治理体系和治理能力现代化。

二、修改的总体要求和工作过程

修改全国人大议事规则，坚持以习近平新时代中国特色社会主义思想为指导和根本遵循，全面贯彻落实党的十九大和十九届二中、三中、四中、五中全会精神和修改后宪法的规定和精神，适应新形势新要求，坚持和完善人民代表大会制度，更好发挥人民代表大会制度的根本政治制度作用。修改工作遵循的原则：**一是**贯彻落实习近平总书记关于坚持和完善人民代表大会制度的重要思想和习近平法治思想，把坚持党的全面领导作为人大工作的首要政治原则，通过人民代表大会制度和法定程序，保证党的路线方针政策和决策部署在国家工作中得到全面贯彻和有效执行，确保人大工作正确政治方向。**二是**总结吸收人民代表大会制度实践的新经验新成果，适应人大工作面临的新情况，解决实践中遇到的新问题。同时充分考虑人民代表大会制度作为国家根本政治制度的根本性、全局性、稳定性和长期性，根据实践发展确有必要修改的，与时俱进地加以修改完善；可改可不改的，不作修改。**三是**充分反映国家监察体制改革、党和国家机构改革后有关机构设置及其职能发生的新变化，完善适合最高国家权力机关特点、严谨规范、务实高效的会议制度和工作程序。**四是**处理好全国人大组织法、全国人大议事规则之间以及这两部法律与全国人大常委会议事规则、代表法、立法法、监督法、预算法、监察法等相关法律之间的关系，做好统筹和衔接，避免简单重复。按照立法工作计划，全国人大议事规则修改后，将对全国人大常委会议事规则作出必要的修改完善。

以习近平同志为核心的党中央高度重视全国人大议事规则修改工作。2020年7月,习近平总书记主持召开中央政治局常委会会议,听取并原则同意全国人大常委会党组关于全国人大议事规则修正草案的请示汇报。习近平总书记作出的重要指示,为修法工作、人大工作提供了重要指导和根本遵循。

根据立法工作安排,全国人大常委会法制工作委员会于2019年初启动全国人大议事规则的修改工作,经广泛征求各方面意见、认真研究,提出了全国人大议事规则修正草案。期间主要开展了以下工作:**一是**认真学习、深刻领会习近平总书记关于坚持和完善人民代表大会制度的重要思想和习近平法治思想,组织对全国人大议事规则有关问题开展专题研究,认真梳理全国人大代表提出的有关议案、建议和各方面提出的意见建议。**二是**全国人大宪法和法律委员会、全国人大常委会法制工作委员会多次召开座谈会,分别听取全国人大各专门委员会、常委会办事机构和工作机构,部分常委会委员,全国人大机关部分老同志以及专家学者对修法的意见和建议,根据各方面的意见研究提出修正草案。**三是**将全国人大议事规则修正草案送中央有关部门、单位和各省(自治区、直辖市)人大、基层立法联系点和有关人民团体、部分高等院校和研究机构征求意见。**四是**到部分地方进行调研,了解地方人大及其常委会在会议制度和工作程序方面好的经验做法。

2020年5月召开的十三届全国人大三次会议,是在新冠肺炎疫情防控的特殊背景下召开的一次重要会议，会议组织安排呈现新形式、新风貌，得到与会人员和社会各界的高度评价。贯彻落实习近平总书记重要指示批示精神，对此次会议召开的成功实践和好的经验做法进行认真梳理总结，从精简会议程序、提高议事质量和效率、改进会风等方面对修正草案作了进一步完善。

2020 年 8 月，十三届全国人大常委会第二十一次会议对全国人大议事规则修正草案进行了初次审议。常委会组成人员普遍认为，修正草案贯彻落实党中央决策部署和修改后宪法的规定，总结吸收人民代表大会制度实践的新经验新成果，突出加强党对人大工作的全面领导，有利于更好坚持和完善人民代表大会制度。2020 年 12 月，十三届全国人大常委会第二十四次会议对全国人大议事规则修正草案进行了再次审议，并决定提请十三届全国人大四次会议审议。

全国人大议事规则修正草案经全国人大常委会两次会议审议后，全国人大常委会办公厅将修正草案印发十三届全国人大代表，组织部署全国人大代表研读讨论，征求代表意见，并先后两次在中国人大网全文公布修正草案征求社会公众意见。

2021 年 2 月 2 日，全国人大宪法和法律委员会召开会议，根据全国人大常委会组成人员的审议意见、代表研读讨论中提出的意见和各方面的意见，对全国人大议事规则修正草案作了进一步修改完善。全国人大宪法和法律委员会认为，经过全国人大常委会两次审议和广泛征求意见，全国人大议事规则修正草案充分吸收各方面的意见建议，已经比较成熟。

据此，形成了提请本次会议审议的《中华人民共和国全国人民代表大会议事规则（修正草案）》。

三、全国人大议事规则修正草案的主要内容

《中华人民共和国全国人民代表大会议事规则（修正草案）》共35条，主要修改内容如下：

（一）明确会议召开的相关准备工作

修正草案在总结实践经验的基础上，进一步明确对全国人民代表大会会议召开前相关准备工作的各项要求。**一是**增加规定：会议召开的日期由常委会决定并予以公布；遇有特殊情况，常委会可以决定适当提前或者推迟召开会议；提前或者推迟召开会议的日期，未能在当次会议上决定的，常委会可以另行决定，或者授权委员长会议决定并予以公布。**二是**增加规定：全国人大常委会在会议举行前可以组织代表研读讨论有关法律草案，并征求代表对法律草案的意见。

（二）严明会议纪律

党的十八大以来，以习近平同志为核心的党中央高度重视会风会纪问题。全国人大及其常委会坚决贯彻落实党中央要求，坚持不懈改进会风，就进一步严肃会议纪律提出了各项具体措施和明确要求。总结实践做法，修正草案明确规定全国人大代表应当出席会议，因病或者其他特殊原因不能出席的，应当向大会秘书处书面请假；大会秘书处应当向主席团报告代表出席会议的情况和缺席的原因；代表应当勤勉尽责，认真审议各项议案和报告，严格遵守会议纪律。

（三）适当精简会议程序，提高议事质量和效率

总结2020年新冠肺炎疫情防控特殊背景下召开十三届全国人大三次会议的实践经验，修正草案围绕提高大会议事质量和效率作了补充完善。**一是**增加规定：全国人民代表大会举行会议，应当合理安排会议日程，提高议事质量和效率。**二是**精简法律案审议程序，明确法律草案修改稿在各代表团审议后，经进一步修改可直接提出表决稿交付大会表决，减少了实践中草案建议表决稿的审议环节。**三是**简化常委会委员辞职程序，将以往全国人大常委会接受常委会委员辞职应当报经大会"确认"，修改为向大会"报告"，这样修改后，此类事项不再需要像以往那样列入大会议程进行审议和表决。**四是**增加规定：代表在大会各种会议上发言，应当围绕会议确定的议题进行。**五是**吸收历年大会议案表决办法的有关内容，对表决程序和表决方式在法律上作出明确规定，这样修改后，不再需要像以往那样在每次大会开会时由主席团专门通过本次会议的议案表决办法。

（四）加强会议公开和信息化建设

为进一步扩大会议公开事项，增进人民群众对最高国家权力机关行使职权过程的了解，增加规定：全国人民代表大会会议议程、日程和会议情况应当公开；大会设发言人，代表团可以根据需要设发言人；大会秘书处可以组织代表和有关部门、单位负责人接受新闻媒体采访；代表团可以组织本代表团代表接受新闻媒体采访；大会全体会议可以通过广播、电视、网络等进行公开报道。增加规定全国人民代表大会会议利用信息技术，推进会议文件、资料电子化，为代表履职提供便利。

（五）**完善法律案等议案审议程序**

一是根据多年来的实践做法并参照立法法的规定，增加规定：向大会提出的法律案，在大会闭会期间，可以先向常委会提出，经常委会会议依照有关程序审议后，决定提请大会审议；常委会对准备提请大会审议的法律案，应当将法律草案向社会公布，广泛征求意见，但是经委员长会议决定不公布的除外。向社会公布征求意见的时间一般不少于三十日。**二是**规定向大会提出的议案经主席团决定不列入本次会议议程的，交有关的专门委员会在大会闭会后审议；有关的专门委员会进行审议后，向常委会提出审议结果报告，经常委会审议通过后，印发下次全国人民代表大会会议。

（六）**规范规划纲要的审查批准和调整程序**

根据实践发展，增加规定国民经济和社会发展五年规划纲要和中长期规划纲要的审查、批准和调整，参照有关年度计划审查、批准和调整的规定执行。

（七）**健全完善大会通过事项的公布程序**

根据实践做法，增加规定大会通过的宪法修正案，以全国人民代表大会公告予以公布，并对大会通过的法律，大会选举和决定任命国家机构组成人员、国家机构组成人员辞职和罢免的公布程序作了规定。修正草案还增加规定：大会通过的法律、决议、决定，发布的公告，以及法律草案的说明、审议结果报告等相关立法文件，应当及时在全国人大常委会公报和中国人大网上刊载。

《中华人民共和国全国人民代表大会议事规则（修正草案）》和以上说明，请审议。

第十三届全国人民代表大会宪法和法律委员会关于《中华人民共和国全国人民代表大会议事规则（修正草案）》审议结果的报告

（2021年3月9日第十三届全国人民代表大会第四次会议主席团第二次会议通过）

十三届全国人大四次会议主席团：

3月8日上午，各代表团小组会议审议了全国人民代表大会议事规则修正草案。代表们普遍认为，全国人大议事规则是全国人大及其常委会依法行使职权的重要制度保障，是宪法有关规定的立法实施。修正草案贯彻落实习近平新时代中国特色社会主义思想，落实党中央决策部署和修改后宪法的规定，体现深化党和国家机构改革新形势新任务新要求，总结人民代表大会制度实践的新经验新成果，进一步健全全国人民代表大会的会议制度和工作程序，注重提高议事质量和效率，符合宪法的规定、原则和精神，有利于保障最高国家权力机关依法行使职权，更好地保障人民行使当家作主的权利。立法过程贯彻了科学立法、民主立法、依法立法的精神，全国人大常委会两次进行审议，两次向社会公开征求意见，组织全国人大代表研读讨论，采取多种方式征求各方面意见。经过深入研究、广泛调研、反复修改,修正草案较好地吸收了各方面的意见,已经比较成熟,建议提请本次会议审议通过。同时,代表们也对修正草案提出了一些修改意见。宪法和法律委员会于3月8日晚召开会议,对修正草案进行认真审议,对代表提出的修改意见逐条研究。根据各代表团的审议意见和有关方面的意见,对修正草案共作了16处修改,其中实质性修改4处。主要修改是:

一、修正草案第九条规定:“全国人民代表大会举行会议,应当合理安排会议日程,提高议事质量和效率。”有的代表提出,会议日程紧凑,为提高审议的效率,代表团应当严格按照会议日程确定的议题进行审议。宪法和法律委员会经研究,建议在这一条增加一款规定:“各代表团应当按照会议日程进行审议。”

二、修正草案第十条规定:“全国人民代表大会会议利用信息技术,推进会议文件、资料电子化,为代表履职提供便利。”有的代表提出,在疫情防控下,去年和今年的大会,代表团在审议有关工作报告时,有关部门、单位负责人员采用网络视频的形式听取代表意见、回答询问,代表接受媒体采访,也有通过视频方式的,效果很好,建议对此作出规定。宪法和法律委员会经研究,建议将这一条规定修改为:“全国人民代表大会会议运用现代信息技术,推进会议文件资料电子化,采用网络视频等方式为代表履职提供便利和服务。”

三、修正草案第十二条对宪法和法律委员会统一审议法律案作了规定。有些代表提出,大会审议有关法律问题的决定草案，是大会行使职权的重要方式，是丰富立法形式的重要体现。多年来，有关法律问题的决定草案，同法律草案一样都是由宪法和法律委员会进行统一审议的，建议将这一做法予以明确。宪法和法律委员会经研究，建议将这一条中的宪法和法律委员会“向主席团提出审议结果报告和法律草案修改稿”修改为“向主席团提出审议结果报告和法律草案、有关法律问题的决定草案修改稿”。

四、修正草案第十六条对财政经济委员会初步审查计划、预算作了规定。有的代表提出，计划草案的初步方案应当与预算草案的初步方案一样，在大会举行前四十五日，由国务院有关主管部门向财政经济委员会进行汇报。宪法和法律委员会经研究，建议将这一条中的“一个月”修改为“四十五日”。

需要说明的是，有些代表还对进一步完善修正草案提出了一些好的意见建议。宪法和法律委员会经研究认为，有的内容在宪法中作了规定，有的内容在立法法、监督法、预算法、代表法等法律中作了规定。考虑到人民代表大会制度作为国家根本政治制度的根本性、全局性、稳定性和长期性，这次修改全国人大议事规则是部分修改，可改可不改的，不作修改。代表们提出的有些意见建议，可以在以后修改其他相关法律时予以研究，或者在具体工作中予以考虑。

此外，根据代表们的审议意见，还对修正草案作了一些文字修改。

宪法和法律委员会已按上述意见提出了全国人民代表大会关于修改《中华人民共和国全国人民代表大会议事规则》

的决定(草案),建议经主席团审议通过后,印发各代表团审议。

修改决定草案和以上报告,请审议。

第十三届全国人民代表大会宪法和法律委员会

2021 年 3 月 9 日

第十三届全国人民代表大会宪法和法律委员会关于《全国人民代表大会关于修改〈中华人民共和国全国人民代表大会议事规则〉的决定（草案）》修改意见的报告

（2021年3月10日第十三届全国人民代表大会第四次会议主席团第三次会议通过）

十三届全国人大四次会议主席团：

3月9日下午，各代表团小组会议对全国人民代表大会关于修改全国人民代表大会议事规则的决定草案进行了审议。代表们普遍认为，修改决定草案在认真研究并充分吸收代表提出意见的基础上，作了相应的修改完善；审议过程充分发扬了民主，广泛凝聚了共识，充分体现了对代表主体地位的尊重。草案内容已经成熟，赞成将修改决定草案提请本次大会表决通过。同时，有些代表还提出了一些修改意见。宪法和法律委员会于3月9日晚召开会议，对修改决定草案进行认真审议，对代表提出的修改意见逐条研究。宪法和法律委员会认为，修改决定草案是可行的，同时，根据各代表团的审议意见，提出以下修改意见：

修改决定草案第二条对组织代表研读讨论有关法律草案

作了规定。有的代表提出，实践中，在大会召开前，全国人大常委会召开通报会，就大会拟讨论的主要事项向代表通报有关情况，为代表在大会期间审议各项议案和报告作准备，建议将这一做法予以明确。宪法和法律委员会经研究，建议在这一条中增加规定：全国人大常委会向代表"通报会议拟讨论的主要事项的有关情况"。

宪法和法律委员会经研究，建议将本决定的施行时间确定为 2021 年 3 月 12 日。

此外，根据代表们的审议意见，还对修改决定草案作了个别文字修改。

修改决定草案表决稿已按上述意见作了修改，建议经主席团审议通过后，提请大会全体会议表决。

修改决定草案表决稿和以上报告，请审议。

第十三届全国人民代表大会宪法和法律委员会

2021 年 3 月 10 日

全国人民代表大会关于完善香港特别行政区选举制度的决定

（2021 年 3 月 11 日第十三届全国人民代表大会第四次会议通过）

第十三届全国人民代表大会第四次会议审议了全国人民代表大会常务委员会关于提请审议《全国人民代表大会关于完善香港特别行政区选举制度的决定(草案)》的议案。会议认为,香港回归祖国后,重新纳入国家治理体系,《中华人民共和国宪法》和《中华人民共和国香港特别行政区基本法》共同构成香港特别行政区的宪制基础。香港特别行政区实行的选举制度,包括行政长官和立法会的产生办法,是香港特别行政区政治体制的重要组成部分,应当符合"一国两制"方针,符合香港特别行政区实际情况,确保爱国爱港者治港,有利于维护国家主权、安全、发展利益,保持香港长期繁荣稳定。为完善香港特别行政区选举制度,发展适合香港特别行政区实际情况的民主制度,根据《中华人民共和国宪法》第三十一条和第六十二条第二项、第十四项、第十六项的规定,以及《中华人民共和国香港特别行政区基本法》、《中华人民共和国香港特别行政区维护国家安全法》的有关规定,全国人民代表大会作出如下决定:

一、完善香港特别行政区选举制度，必须全面准确贯彻落实“一国两制”、“港人治港”、高度自治的方针，维护《中华人民共和国宪法》和《中华人民共和国香港特别行政区基本法》确定的香港特别行政区宪制秩序，确保以爱国者为主体的“港人治港”，切实提高香港特别行政区治理效能，保障香港特别行政区永久性居民的选举权和被选举权。

二、香港特别行政区设立一个具有广泛代表性、符合香港特别行政区实际情况、体现社会整体利益的选举委员会。选举委员会负责选举行政长官候任人、立法会部分议员，以及提名行政长官候选人、立法会议员候选人等事宜。

选举委员会由工商、金融界，专业界，基层、劳工和宗教等界，立法会议员、地区组织代表等界，香港特别行政区全国人大代表、香港特别行政区全国政协委员和有关全国性团体香港成员的代表界等五个界别共1500名委员组成。

三、香港特别行政区行政长官由选举委员会选出，由中央人民政府任命。

行政长官候选人须获得选举委员会不少于188名委员联合提名，且上述五个界别中每个界别参与提名的委员不少于15名。选举委员会以一人一票无记名投票选出行政长官候任人，行政长官候任人须获得选举委员会全体委员过半数支持。

四、香港特别行政区立法会议员每届90人。通过选举委员会选举、功能团体选举、分区直接选举三种方式分别选举产生。

五、设立香港特别行政区候选人资格审查委员会，负责审查并确认选举委员会委员候选人、行政长官候选人和立法会议员候选人的资格。香港特别行政区应当健全和完善有关资格审查制度机制，确保候选人资格符合《中华人民共和国香港特别行政区基本法》、《中华人民共和国香港特别行政区维护国家安全法》、全国人民代表大会常务委员会关于《中华人民共和国香港特别行政区基本法》第一百零四条的解释和关于香港特别行政区立法会议员资格问题的决定以及香港特别行政区本地有关法律的规定。

六、授权全国人民代表大会常务委员会根据本决定修改《中华人民共和国香港特别行政区基本法》附件一《香港特别行政区行政长官的产生办法》和附件二《香港特别行政区立法会的产生办法和表决程序》。

七、香港特别行政区应当依照本决定和全国人民代表大会常务委员会修改后的《中华人民共和国香港特别行政区基本法》附件一《香港特别行政区行政长官的产生办法》和附件二《香港特别行政区立法会的产生办法和表决程序》，修改香港特别行政区本地有关法律，依法组织、规管相关选举活动。

八、香港特别行政区行政长官应当就香港特别行政区选举制度安排和选举组织等有关重要情况，及时向中央人民政府提交报告。

九、本决定自公布之日起施行。

关于《全国人民代表大会关于完善香港特别行政区选举制度的决定（草案）》的说明

——2021 年 3 月 5 日在第十三届全国人民代表大会第四次会议上

全国人大常委会副委员长　王　晨

各位代表：

我受全国人大常委会的委托，作关于《全国人民代表大会关于完善香港特别行政区选举制度的决定（草案）》的说明。

一、完善香港特别行政区选举制度的必要性和重要性

香港回归祖国后重新纳入国家治理体系，《中华人民共和国宪法》和《中华人民共和国香港特别行政区基本法》共同构成香港特别行政区的宪制基础。香港特别行政区实行的选举制度包括行政长官的产生办法和立法会的产生办法，是香港特别行政区政治体制的重要组成部分，应当符合“一国两

制”方针，符合香港特别行政区实际情况，确保“爱国者治港”，有利于维护国家主权、安全、发展利益，保持香港长期繁荣稳定。香港回归以来，国家始终坚持全面准确贯彻落实“一国两制”、“港人治港”、高度自治的方针，坚持依法治港，维护宪法和香港基本法确定的香港特别行政区宪制秩序，支持香港特别行政区民主发展，保障香港特别行政区居民依法行使民主权利。同时必须看到，近几年来，特别是2019年香港发生“修例风波”以来，反中乱港势力和本土激进分离势力公然鼓吹“港独”等主张，通过香港特别行政区选举平台、立法会和区议会议事平台或者利用有关公职人员身份，肆无忌惮进行反中乱港活动，极力瘫痪香港特别行政区立法会运作，阻挠香港特别行政区政府依法施政；策划并实施所谓“预选”，妄图通过选举掌控香港立法会主导权，进而夺取香港管治权；一些外国和境外势力通过立法、行政等方式和驻港领事机构、非政府组织等渠道公然干预香港事务，对我国有关人员粗暴进行所谓“制裁”，明目张胆为香港反中乱港势力撑腰打气、提供保护伞。这些行为和活动，严重损害香港特别行政区的宪制秩序和法治秩序，严重挑战宪法、香港基本法和香港国安法权威，严重危害国家主权、安全、发展利益，严重破坏香港社会大局稳定，必须予以坚决反对并采取有力措施防范和化解风险。

香港社会出现的一些乱象表明，香港特别行政区现行的选举制度机制存在明显的漏洞和缺陷，为反中乱港势力夺取香港特别行政区管治权提供了可乘之机。为此，必须采取必要措施完善香港特别行政区选举制度，消除制度机制方面存在的隐患和风险，确保以爱国者为主体的“港人治港”，确保在香港特别行政区依法施政和有效治理，确保香港“一国两制”实践始终沿着正确方向前进。

早在1984年6月，邓小平同志就明确指出：“港人治港有个界线和标准，就是必须由以爱国者为主体的港人来治理香港。”“什么叫爱国者？爱国者的标准是，尊重自己民族，诚心诚意拥护祖国恢复行使对香港的主权，不损害香港的繁荣和稳定。”香港自古以来就是中国的领土，香港特别行政区是中华人民共和国不可分离的部分，是中华人民共和国的一个享有高度自治权的地方行政区域、直辖于中央人民政府。“爱国者治港”是“一国两制”方针的应有之义。香港基本法关于香港特别行政区行政长官以及行政机关、立法机关、司法机关组成人员的规定，贯穿着由以爱国者为主体的“港人治港”的原则，要求行政长官、主要官员、行政会议成员、立法会议员、各级法院法官和其他司法人员都必须拥护中华人民共和国香港特别行政区基本法，效忠中华人民共和国香港特别行政区。2019年10月，党的十九届四中全会《决定》提出，坚持和完善“一国两制”制度体系，完善特别行政区同宪法和基本法实施相关的制度和机制，坚持以爱国者为主体的“港人治港”。2021年1月27日，习近平主席在听取香港特别行政区行政长官2020年度述职报告时强调，香港由乱及治的重大转折，再次昭示了一个深刻道理，那就是要确保“一国两制”实践行稳致远，必须始终坚持“爱国者治港”；这是事关国家主权、安全、发展利益，事关香港长期繁荣稳定的根本原则；只有做到“爱国者治港”，中央对特别行政区的全面管治权才能得到有效落实，宪法和基本法确立的宪制秩序才能得到有效维护，各种深层次问题才能得到有效解决，香港才能实现长治久安，并为实现中华民族伟大复兴作出应有的贡献。香港特别行政区实行的选举制度，包括行政长官的产生办法和立法会的产生办法，必须切实贯彻和全面体现以爱国者为主体的“港人治港”的政治原则和标准并为此提供相应的制度保障。

二、完善香港特别行政区选举制度的总体要求、重要原则、基本思路和推进方式

完善香港特别行政区选举制度的总体要求是，坚持以习近平新时代中国特色社会主义思想为指导，全面贯彻党的十九大和十九届二中、三中、四中、五中全会精神，坚持和完善“一国两制”制度体系，从制度机制上全面贯彻、体现和落实“爱国者治港”的原则，确保管治权牢牢掌握在爱国爱港力量手中，确保香港长治久安和长期繁荣稳定。

贯彻上述总体要求，必须遵循和把握好以下重要原则。一是全面准确贯彻“一国两制”、“港人治港”、高度自治的方针。坚持和完善“一国两制”制度体系，坚持以爱国者为主体的“港人治港”，把坚持“一国”原则和尊重“两制”差异、维护中央对特别行政区全面管治权和保障特别行政区高度自治权结合起来，为“爱国者治港”提供健全的制度保障。二是坚定维护国家主权、安全、发展利益。确保国家牢牢掌握完善香港特别行政区选举制度主导权，全面落实香港国安法，维护香港特别行政区社会大局稳定，坚决防范、制止和惩治外国和境外

势力干预香港事务和利用香港进行分裂、颠覆、渗透、破坏活动。三是坚持依法治港。维护宪法和香港基本法确定的香港特别行政区宪制秩序，在宪法和香港基本法轨道上完善有关选举制度和相关机制，严格依照香港基本法、香港国安法、全国人大及其常委会有关决定和香港特别行政区本地法律组织有关选举活动，提高依法治理能力和水平。四是符合香港特别行政区实际情况。发展符合香港特别行政区实际情况、体现社会整体利益的民主选举制度，依法保障香港同胞广泛的、均衡的政治参与，依法保障香港永久性居民依法享有的选举权和被选举权，团结一切可以团结的力量，广泛凝聚香港社会正能量。五是提高香港特别行政区治理效能。健全行政长官对中央人民政府负责的制度，维护行政主导的香港特别行政区治理架构和运行机制，支持行政长官和行政机关、立法机关、司法机关依法行使职权、履行职责，确保香港特别行政区政治体制和治理体制机制顺畅、有效运行。

完善香港特别行政区选举制度的基本思路是：以对香港特别行政区选举委员会重新构建和增加赋权为核心进行总体制度设计，调整和优化选举委员会的规模、组成和产生办法，继续由选举委员会选举产生行政长官，并赋予选举委员会选举产生较大比例的立法会议员和直接参与提名全部立法会议员候选人的新职能，通过选举委员会扩大香港社会均衡有序的政治参与和更加广泛的代表性，对有关选举要素作出适当调整，同时建立全流程资格审查机制，进而形成一套符合香港特别行政区实际情况、有香港特色的新的民主选举制度。

香港特别行政区目前实行的选举制度，是根据香港基本法有关规定、全国人大常委会有关解释和决定以及香港特别行政区本地有关法律规定确定的。香港基本法第四十五条、第六十八条等作出了原则性规定，香港基本法附件一和附件二以及有关修正案作出了具体明确的规定。中央和国家有关部门在综合分析和全面评估的基础上，认为有必要从国家层面修改完善香港特别行政区有关选举制度，主要是修改香港特别行政区行政长官的产生办法和立法会的产生办法；同时，考虑到保持香港特别行政区相关制度的连续性和稳定性，本次完善香港特别行政区有关选举制度，可以只修改香港基本法附件一和附件二，不涉及修改香港基本法正文。中央和国家有关部门经认真研究并与有关方面沟通后，提出采取“决定+修法”的方式，分步予以推进和完成。**第一步**，全国人民代表大会根据宪法和香港基本法、香港国安法的有关规定，作出关于完善香港特别行政区选举制度的决定，明确修改完善香港特别行政区选举制度应当遵循的基本原则和修改完善的核心要素内容，并授权全国人民代表大会常务委员会根据本决定修改香港基本法附件一和附件二。**第二步**，全国人大常委会根据宪法、香港基本法、香港国安法和全国人大有关决定，修订香港基本法附件一《香港特别行政区行政长官的产生办法》和附件二《香港特别行政区立法会的产生办法和表决程序》，修订后的附件一和附件二将对香港特别行政区实行的新的民主选举制度作出具体明确的规定。在国家层面完成对附件一和附件二的修订后，香港特别行政区将据此对本地有关法律作出相应修改。

2021 年 2 月 27 日至 28 日，第十三届全国人民代表大会常务委员会第二十六次会议听取和审议了《国务院关于修改完善香港特别行政区选举制度和有关建议的报告》。会议同意国务院这个报告提出的关于修改完善香港特别行政区选举制度的建议。在此基础上，根据宪法、香港基本法、香港国安法的有关规定和全国人大及其常委会的有关决定，结合香港特别行政区具体情况，全国人大常委会法制工作委员会拟订了《全国人民代表大会关于完善香港特别行政区选举制度的决定（草案）》，经全国人大常委会审议后决定提请十三届全国人大四次会议审议。

三、关于决定草案的内容

《全国人民代表大会关于完善香港特别行政区选举制度的决定（草案）》分为导语和正文两部分。导语部分扼要说明作出这一决定的目的和法律依据。全国人民代表大会拟作出的相关决定，是根据《中华人民共和国宪法》第三十一条和第六十二条第二项、第十四项、第十六项的规定，以及《中华人民共和国香港特别行政区基本法》、《中华人民共和国香港特别行政区维护国家安全法》的有关规定，充分考虑了完善香港特别行政区有关选举制度的现实需要和香港特别行政区的具体情况，就完善香港特别行政区选举制度，推动适合香港特别行政区实际的民主政治制度发展，作出新的宪制性制度安排。这一制度安排，符合宪法规定和宪法原则，符合香港基本法，具有坚实的政治基础和法治基础，将确保实现以爱国者为主体的"港人治港"，有力保障香港"一国两制"实践行稳致远。

决定草案正文部分规定了修改完善香港特别行政区选举制度应当遵循的基本原则和修改完善的核心要素内容,同时授权全国人民代表大会常务委员会根据本决定修改香港基本法附件一和附件二。中央和国家有关部门在研究修改完善香港特别行政区选举制度的过程中,统筹考虑了作出本决定和下一步修订香港基本法附件一和附件二的有关问题,并已作出相应的工作安排。全国人大作出本决定后,全国人大常委会将根据本决定会同有关方面及早启动相关修法程序,修订香港基本法附件一和附件二。修订后的香港基本法附件一和附件二经依法公布施行后,原附件一和附件二以及有关修正案同时废止。

《全国人民代表大会关于完善香港特别行政区选举制度的决定(草案)》和以上说明,请审议。

第十三届全国人民代表大会宪法和法律委员会关于《全国人民代表大会关于完善香港特别行政区选举制度的决定(草案)》审议结果的报告

(2021年3月9日第十三届全国人民代表大会第四次会议主席团第二次会议通过)

十三届全国人大四次会议主席团:

3月8日上午,各代表团小组会议审议了全国人民代表大会关于完善香港特别行政区选举制度的决定草案。现将审议的总体意见和修改建议报告如下:

代表们一致认为,香港回归祖国后,重新纳入国家治理体系,宪法和香港基本法共同构成香港特别行政区的宪制基础。香港特别行政区实行的行政长官和立法会的产生办法,是香港特别行政区政治体制的重要组成部分,应当符合"一国两制"方针,符合香港特别行政区的实际情况,确保爱国爱港者治港,有利于维护国家主权、安全、发展利益,保持香港长期繁荣稳定。

近几年来,香港社会出现的乱象表明,香港特别行政区现行的选举制度机制存在明显的漏洞和缺陷,为反中乱港势力夺取香港特别行政区管治权提供了可乘之机。为此，必须采取必要措施完善香港特别行政区选举制度，消除制度机制方面存在的隐患和风险，确保以爱国者为主体的“港人治港”，确保在香港特别行政区依法施政和有效管治，确保香港“一国两制”实践始终沿着正确方向前进。

代表们一致赞成《全国人民代表大会关于完善香港特别行政区选举制度的决定（草案）》，认为决定草案充分考虑了完善香港特别行政区有关选举制度的现实需要和香港特别行政区的具体情况，是就完善香港特别行政区选举制度，推动适合香港实际的民主政治发展作出的新的宪制性制度安排。决定草案明确了修改完善香港特别行政区选举制度应当遵循的基本原则和修改完善的核心要素内容，同时授权全国人大常委会根据本决定修改香港基本法附件一和附件二。这一制度安排，符合宪法规定和宪法原则，符合香港基本法，具有坚实的政治基础和法治基础。决定草案的内容是必要的、可行的，已经比较成熟，建议提请本次会议审议通过。

在充分肯定决定草案的同时，代表们也对决定草案提出了一些修改意见建议。宪法和法律委员会于 3 月 8 日晚召开会议，对决定草案进行认真审议，对代表提出的修改意见逐条研究。全国人大常委会香港基本法委员会有关负责同志列席了会议。根据各代表团的审议意见、十三届全国人大常委会第二十六次会议上常委会组成人员的审议意见以及有关方面的意见，对决定草案共作了 10 处修改，主要修改是：

一、有些代表建议，在全国人民代表大会关于完善香港特别行政区选举制度的决定草案中，集中阐述作出此决定的必要性和重要性。这也是以往全国人大及其常委会作出相关决定的通常做法。宪法和法律委员会经研究,同意这一意见,建议在决定草案导语段段首增加以下内容:“第十三届全国人民代表大会第四次会议审议了全国人民代表大会常务委员会关于提请审议《全国人民代表大会关于完善香港特别行政区选举制度的决定(草案)》的议案。会议认为,香港回归祖国后,重新纳入国家治理体系,《中华人民共和国宪法》和《中华人民共和国香港特别行政区基本法》共同构成香港特别行政区的宪制基础。香港特别行政区实行的选举制度,包括行政长官和立法会的产生办法,是香港特别行政区政治体制的重要组成部分,应当符合‘一国两制’方针,符合香港特别行政区的实际情况,确保爱国爱港者治港,有利于维护国家主权、安全、发展利益,保持香港长期繁荣稳定。”

二、部分代表、有关方面建议,在决定草案第二条中“选举委员会负责选举行政长官”后增加“候任人”。根据香港基本法,选举委员会选出的只是行政长官人选,必须经过中央人民政府任命,才能成为行政长官。香港基本法现行附件一也是这样规定的。宪法和法律委员会经研究,建议采纳上述意见。

有些代表提出,全国人民代表大会作出本决定后,全国人大常委会根据本决定应当及早完成香港基本法附件一和附件二的修订。有的代表提出,香港特别行政区应当加强宪法和基本法教育、国情教育、中国历史和中华文化教育,增强香港同胞国家意识和爱国精神。宪法和法律委员会建议有关方面予以重视,统筹安排和推进。有些代表还就其他一些问题提出意见建议。宪法和法律委员会经研究认为，这些问题有的已经在决定草案起草审议过程中经过了反复研究，有的可以通过在全国人大常委会根据本决定修订的香港基本法附件一和附件二或者在其后香港特别行政区修改的本地有关法律中予以明确和细化，有的可以在实际工作中予以考虑，可不在决定草案中作出规定。

此外，根据代表们的审议意见，还对决定草案作了一些文字修改。

决定草案修改稿已按上述意见作了修改，建议经主席团审议通过后，印发各代表团审议。

全国人民代表大会关于完善香港特别行政区选举制度的决定草案修改稿和以上报告，请审议。

第十三届全国人民代表大会宪法和法律委员会

2021 年 3 月 9 日

第十三届全国人民代表大会宪法和法律委员会关于《全国人民代表大会关于完善香港特别行政区选举制度的决定(草案修改稿)》修改意见的报告

(2021年3月10日第十三届全国人民代表大会第四次会议主席团第三次会议通过)

十三届全国人大四次会议主席团:

3月9日下午,各代表团小组会议对全国人民代表大会关于完善香港特别行政区选举制度的决定草案修改稿进行了审议。代表们普遍认为,草案修改稿在认真研究并充分吸收代表们提出意见的基础上,作了相应的修改完善,草案修改稿是可行的,有关规定将有助于确保香港特别行政区实行的选举制度,包括行政长官和立法会的产生办法,符合“一国两制”方针,符合香港特别行政区实际情况,落实爱国爱港者治港,有利于维护国家主权、安全、发展利益,保障香港长期繁荣稳定,发展适合香港特别行政区实际情况的民主制度,赞成提请本次会议表决通过。一些代表提出,全国人大常委会宜尽早启动并完成对香港基本法附件一和附件二的修订,缩短“决定+修法”之间的时间,有关方面应推动香港特别行政区尽早修改本地相关法律,并加强法律在香港特别行政区的宣传,切实保障香港特别行政区的管治权牢牢掌握在爱国爱港力量手中。有的代表还提出了一些文字表述修改意见。

宪法和法律委员会于 3 月 9 日晚召开会议,对决定草案修改稿进行了认真审议,对代表提出的修改意见逐条研究。全国人大常委会香港基本法委员会有关负责同志列席了会议。宪法和法律委员会认为,决定草案修改稿已经成熟,赞成尽快制定相关法律的意见。

此外,根据代表们的审议意见,还对决定草案修改稿作了个别文字修改。

决定草案表决稿已按上述意见作了修改,建议经主席团审议通过后,提请大会全体会议表决。

全国人民代表大会关于完善香港特别行政区选举制度的决定草案表决稿和以上报告,请审议。

第十三届全国人民代表大会宪法和法律委员会

2021 年 3 月 10 日

第十三届全国人民代表大会第四次会议关于全国人民代表大会常务委员会工作报告的决议

（2021年3月11日第十三届全国人民代表大会第四次会议通过）

第十三届全国人民代表大会第四次会议听取和审议了栗战书委员长受全国人大常委会委托所作的工作报告。会议充分肯定十三届全国人大三次会议以来常委会的工作，同意报告提出的今后一年的主要任务，决定批准这个报告。

会议要求，全国人大常委会要以习近平新时代中国特色社会主义思想为指导，深入贯彻习近平法治思想，全面贯彻党的十九大和十九届二中、三中、四中、五中全会精神，增强“四个意识”、坚定“四个自信”、做到“两个维护”，坚持党的领导、人民当家作主、依法治国有机统一，紧紧围绕党和国家中心任务依法行使职权，创造性开展工作，加强宪法实施和监督，推进重点领域、新兴领域、涉外领域立法，加快完善中国特色社会主义法律体系，加强法律监督和对“一府一委两院”工作的监督，更好发挥人大代表作用，全面加强自身建设，为实施“十四五”规划、开启全面建设社会主义现代化国家新征程作出新贡献，以优异成绩庆祝中国共产党成立100周年！

全国人民代表大会常务委员会工作报告

——2021 年 3 月 8 日在第十三届全国人民代表大会第四次会议上

全国人大常委会委员长　栗战书

各位代表：

受全国人大常委会委托，我向大会报告工作，请予审议。

十三届全国人大三次会议以来的主要工作

2020 年是新中国历史上极不平凡的一年，以习近平同志为核心的党中央，从容应对世所罕见的风险挑战，统筹推进“五位一体”总体布局，协调推进“四个全面”战略布局，在危机中育先机，于变局中开新局，疫情防控取得重大战略成果，全面建成小康社会取得伟大历史性成就，决战脱贫攻坚取得全面胜利，交出了一份人民满意、世界瞩目、可以载入史册的答卷，中华民族伟大复兴向前迈出了新的一大步！党和国家事业取得新的重大进展，必将激励我们以更加昂扬的姿态奋进在全面建设社会主义现代化国家的伟大征程上！

面对错综复杂的国际形势、艰巨繁重的改革发展稳定任务，在以习近平同志为核心的党中央坚强领导下，全国人大常委会坚持以习近平新时代中国特色社会主义思想为指导，深入贯彻习近平法治思想，履职尽责、积极作为，为推动重大工作部署、应对重大风险挑战、维护国家安全提供法律保障，有效发挥了国家权力机关的职能作用。十三届全国人大三次会议以来的10个月，常委会认真行使立法权、监督权、决定权、任免权，制定法律9件，修改法律13件，作出有关法律问题和重大问题的决定8件，正在审议的法律案23件；听取审议35个报告，检查1个决定和6部法律实施情况，进行专题询问2次，开展专题调研6项，作出决议1项；决定批准或加入条约7件；审议通过39个任免案，依法任免国家工作人员259人次。

常委会工作最为显著的特点是紧跟党中央重大决策部署，紧贴人民群众美好生活对法治建设的呼声期盼，紧扣国家治理体系和治理能力现代化提出的法律需求实际，加强立法和法律监督，努力使各项工作更好围绕中心和大局、更好服务国家和人民。例如：强化野生动物保护法律制度，及时作出关于全面禁止野生动物非法交易和食用的决定，接着就这一决定和野生动物保护法开展执法检查，随后启动野生动物保护法的修改；强化公共卫生法治保障，及时制定专项立法修法工作计划，成立专班分批推进30部法律的制定和修改工作；坚决维护香港特别行政区宪制秩序，根据香港形势发展对法律的需求，及时制定香港特别行政区维护国家安全法，听取审议国务院关于修改完善香港选举制度和有关建议的报告，形成关于完善香港选举制度的决定草案，并提请大会审议；助力脱贫攻坚战，加快推进“三农”立法工作，围绕脱贫攻坚听取审议专项工作报告、开展专题调研；持续助力打好污染防治攻坚战，用3年时间完成污染防治领域最为重要的大气污染防治法、水污染防治法、土壤污染防治法实施情况的检查，特别是土壤污染防治法实施一年半即跟进执法检查，有力推动了土壤污染防治工作；用法治力量推动优化营商环境，检查了反不正当竞争法实施情况，开展优化营商环境专项备案审查，今年还将修改反垄断法；为适应国家新一轮高水平对外开放提供法律支撑，审议海南自由贸易港法草案，及时制定出口管制法，修改专利法；积极回应社会治理领域热点问题，社区矫正法出台之后，紧接着通过刑法修正案（十一），修改未成年人保护法和预防未成年人犯罪法等等。这些工作，落实了党中央对人大工作的新要求，回应了人民群众的新期待，为新时代全面依法治国提供了法律支持和保障。

一、加强宪法实施和监督，维护国家法治统一

全面贯彻实施宪法是全面依法治国、建设社会主义法治国家的首要任务和基础性工作。常委会认真履行推动宪法实施、加强宪法监督的法定职责，维护宪法尊严和权威。

完善宪法相关法律制度。修改国旗法、国徽法，更好维护国家形象、弘扬爱国主义精神，让捍卫国旗和国徽的尊严成为人们的自觉行动。修改选举法，适当增加县乡两级人大代表名额，夯实人民代表大会制度基础。适应深化国家监察体制改革需要，制定公职人员政务处分法，审议监察官法草案。全国人大组织法、全国人大议事规则制定30多年来，进行首次修改,提交大会审议的修正草案,全面贯彻坚持党的领导政治原则,充分吸收人民代表大会制度实践的新经验、新成果,围绕人大组织制度、工作机制、运行模式,对大会主席团、委员长会议的职权和工作程序进行完善,充分反映党和国家机构改革后机构设置及其职能发生的新变化。经过全体代表的共同努力,一定能把这两部法律修改好,成为全国人大及其常委会依法履职、确保人大工作高效运行的程序法,成为实现坚持党的领导、人民当家作主、依法治国有机统一的保障法。

维护香港特别行政区宪制秩序、法治秩序。2019 年发生“修例风波”,香港法治和社会秩序遭遇严重冲击,“一国两制”受到严重挑战。十三届全国人大三次会议作出关于建立健全香港特别行政区维护国家安全的法律制度和执行机制的决定后,常委会迅速行动,于去年 6 月连续召开两次会议,审议通过香港特别行政区维护国家安全法,并决定将其列入香港基本法附件三,由香港特别行政区在当地公布实施,扭转了香港在国家安全领域长期“不设防”的严峻局面。去年 8 月、11 月,先后通过关于香港第六届立法会继续履行职责的决定、关于香港立法会议员资格问题的决定,本次大会将作出关于完善香港特别行政区选举制度的决定,之后常委会将根据这一决定修改完善相关法律,打出一套法律的“组合拳”。人大将坚定不移依法维护国家主权、安全、发展利益,切实履行法定职责,为维护香港宪制秩序、打击“港独”势力、确保爱国者治港、保持香港长期繁荣稳定提供法律保障!

大力弘扬宪法精神。根据党中央决策部署,落实宪法规定,作出关于授予国家勋章和国家荣誉称号的决定,习近平主席签署主席令，授予钟南山共和国勋章，授予张伯礼、张定宇、陈薇“人民英雄”国家荣誉称号，表彰他们的崇高品质和卓越功绩。举办6次宪法宣誓仪式，任命和决定任命的23位国家工作人员庄严宣誓，引导和教育国家工作人员树立宪法意识，恪守宪法原则，履行宪法使命。开展国家宪法日活动，召开第7个国家宪法日座谈会，推动全社会形成尊崇宪法、学习宪法、遵守宪法、维护宪法、运用宪法的良好氛围。

做好合宪性审查和备案审查工作。回应涉及宪法有关问题的关切，确保法律法规和政策举措符合宪法规定、宪法精神。2020年共收到报送备案的行政法规、地方性法规、自治条例和单行条例、经济特区法规、司法解释、特别行政区法律1310件，逐件进行主动审查。围绕疫情防控、野生动物保护、民法典实施、食品药品安全、优化营商环境等五个方面开展专项审查和集中清理，发现需要修改或废止的规范性文件3372件，督促有关方面及时予以纠正。做好依申请审查和移送审查，共收到公民、组织提出的审查建议5146件，对属于常委会审查范围的3378件逐一进行研究，提出处理意见，其他建议分别移送有关机关处理。收到有关部门移送审查的地方性法规58件，督促制定机关修改或废止了27件。推动地方人大普遍建立听取备案审查工作报告制度。加强备案审查制度和能力建设，正式开通国家法律法规数据库，为立法活动、备案审查提供基础支撑。

二、围绕党和国家工作大局，顺应人民期盼，加强重点领域立法

中国特色社会主义进入新时代，适应国际形势深刻复杂变化、党和国家事业快速发展的需要,立法工作进入了一个加快发展的新阶段,呈现覆盖广、数量多、节奏快、要求高的新特点。

加强公共卫生立法修法。应对突如其来的新冠肺炎疫情,针对抗疫实践中暴露的法治短板,着眼于构建更加协调、相互衔接的法律体系,加快推进强化公共卫生法治保障立法修法工作。截至目前,已完成修订动物防疫法等6项任务,修改野生动物保护法、执业医师法、传染病防治法等11项任务将在今年年底前完成。通过完善法律制度,加强法律宣传和实施,推动依法做好公布疫情信息、调配应急物资、化解矛盾纠纷、维护市场秩序等工作,用法治的力量守护人民生命安全和身体健康。

加快国家安全立法。当今世界正处于百年未有之大变局,维护国家安全比任何时候都更为紧要。常委会贯彻总体国家安全观,加快重点领域维护国家安全的立法,制定生物安全法、出口管制法,修改档案法,审议海上交通安全法修订草案、数据安全法草案、个人信息保护法草案。这些法律,涵盖了经济安全、资源安全、核安全、生态安全、信息安全、海外利益保护等领域,既是国家应对风险挑战的重要法律,也是人民群众关心关注的重大问题。贯彻落实习近平强军思想,适应新时代国防和军队建设需要,修改国防法、人民武装警察法,制定海警法、退役军人保障法,审议军人地位和权益保障法草案、兵役法修订草案、军事设施保护法修订草案,为国家领土安全、军事安全、国民安全提供法律保障。

围绕推进高质量发展和高水平对外开放立法。制定城市维护建设税法、契税法，修改专利法、著作权法，审议乡村振兴促进法草案、印花税法草案、海南自由贸易港法草案，作出关于设立海南自由贸易港知识产权法院的决定和关于设立北京金融法院的决定。这些立法，涉及财税、金融、知识产权保护、农业农村发展、对外开放等领域，就是要为推动经济发展质量变革、效率变革、动力变革提供法律保障。建设海南自由贸易试验区和自由贸易港，是以习近平同志为核心的党中央在新时代推进高水平对外开放的战略举措。制定一部体现中国特色、符合国际惯例、反映时代要求的自由贸易港法，就是要在法治轨道上打造开放层次更高、营商环境更优、辐射作用更强的开放新高地。

抓紧社会建设和社会治理领域立法。通过刑法修正案（十一），修改未成年人保护法、预防未成年人犯罪法、行政处罚法，审议反食品浪费法草案、反有组织犯罪法草案、法律援助法草案、家庭教育法草案、教育法修正草案，适应国际国内形势变化，顺应人民对美好生活的向往，为推动形成既生机勃勃又井然有序的良好社会局面提供了法律支撑。刑法修正案（十一）是近年来社会关注度最高的一次修改，补充修改 47 个条文，涉及安全生产、食品药品、金融秩序、营商环境、公共卫生、生物安全、生态环保等方面，对社会关注的冒名顶替上学就业、抢控公交车方向盘、高空抛物、非法集资、刑事责任年龄等新情况新问题作出直接回应。反食品浪费法草案弘扬中华民族传统美德，倡导文明、健康、理性、绿色消费理念。聚焦特定领域、特殊问题，积极开展“小切口”立法，拓展了立法工作方法和路径，标志着立法工作进一步向专业化、具体化方向发展。

继续完善生态环保法律。贯彻习近平生态文明思想，持续推动生态环保法律制度集成创新，本届以来制定和修改长江保护法、土壤污染防治法、固体废物污染环境防治法等12部相关法律，作出1项决议，正在审议湿地保护法草案，用最严格的制度、最严密的法治划定生态红线，守护绿水青山。去年12月通过的长江保护法，全面贯彻“共抓大保护、不搞大开发”理念，是我国第一部全流域的专门法。这部法律用一年时间完成了起草，又用一年时间进行了3次审议，常委会还及时召开长江保护法实施座谈会，用法治力量推动实现长江母亲河一江清水绵延后世、惠泽人民，促进和保障长江经济带成为我国生态优先绿色发展主战场、畅通国内国际双循环主动脉、引领经济高质量发展主力军。

做好民法典实施相关工作。民法典是新中国成立以来第一部以“法典”命名的法律，是中国特色社会主义法律体系中固根本、稳预期、利长远的基础性法律。常委会认真做好民法典实施准备工作，推动相关配套法规和司法解释的修改完善，阐释好民法典一系列新规定新概念新精神，带头做好宣传、推进、保障实施工作，让民法典走到群众身边、走进人民心里。

三、坚持寓支持于监督之中，依法开展法律监督和工作监督

始终把握依照法定职责、限于法定范围、遵守法定程序的原则，坚持正确监督、有效监督，推动宪法法律全面有效实施，确保行政权、监察权、审判权、检察权依法行使。

强化计划和预算、决算审查监督。紧扣十三届全国人大三次会议批准的经济社会发展目标任务,突出做好“六稳”工作、落实“六保”任务,听取审议国民经济和社会发展计划执行情况报告,定期召开经济形势分析会,跟踪监督经济运行情况,确保党中央重大决策部署落实落地、大会批准的计划全面贯彻执行。贯彻积极财政政策更加积极有为的要求,听取审议中央决算报告、预算执行情况报告、审计工作报告,审查和批准 2019 年中央决算。听取审议关于审计查出问题整改情况的报告并进行专题询问,开展整改情况跟踪监督,推动有关问题切实整改。认真开展疫情防控税费优惠政策、减税降费专题调研,为加大资金投入、保障好各地疫情防控资金需要提供法律支撑。

深入推进人大预算审查监督重点拓展改革。制定关于加强地方人大对政府债务审查监督的若干意见,推动预算审查监督重点拓展改革落细落实。开展全口径预算审查、全过程预算监管,强化“事前”监督,聚焦“事中”监督,做实“事后”监督。加强政策实施效果和资金使用绩效情况监督,建立听取政府预算绩效评价情况及相关部门重要政策和重点资金绩效情况通报机制,推动建立绩效评价结果与完善政策和安排预算的挂钩机制。坚持“线上”监测与“线下”调研分析相结合,推进预算联网监督系统二期建设,为全国人大代表履行预算审查监督职责提供便利。

认真履行对国有资产管理的监督职责。作出关于加强国有资产管理情况监督的决定,准确把握职责定位,增强监督工作的针对性、规范性和可操作性,为更好监督国有资产管理提供法律保障。听取审议 2019 年度国有资产管理情况综合报告和关于企业国有资产管理情况专项报告。开展企业国有资产(不含金融企业)管理情况监督调研,推动国务院深化以管资本为主的监管体制改革、国有企业混合所有制改革以及优化调整国有资本布局。开展健全国有资产治理体系专题调研,推进国资联网监督工作,用3年时间基本实现省级、设区的市级、县级地方建立国有资产管理情况报告制度全覆盖的目标。

听取审议专项工作报告。围绕全面建成小康社会目标任务,紧盯经济运行重点难点问题,听取审议国务院关于科技创新、股票发行注册制改革、脱贫攻坚、财政农业农村资金分配使用情况的报告。首次听取审议国家监察委员会关于开展反腐败国际追逃追赃工作情况的报告,展现了国家监察体制改革的成果和国家治理能力的提升,标志着人大对"一府一委两院"监督工作迈出新步伐。

加强执法司法工作监督。听取审议国务院关于公安机关执法规范化建设工作情况的报告,推动公安机关进一步提升严格规范文明公正执法水平。适应民事案件新特点、刑事犯罪新变化,听取审议最高人民法院关于加强民事审判工作依法服务保障经济社会持续健康发展情况的报告、关于民事诉讼程序繁简分流改革试点情况的中期报告,听取审议最高人民检察院关于适用认罪认罚从宽制度情况的报告,推动提高民事审判质效和刑事案件办理质量,实现司法公正与效率有机统一,办案政治效果、法律效果和社会效果有机统一。

持续加大执法检查力度。围绕统筹推进疫情防控和经济社会发展,回应人大代表和人民群众要求和期盼,常委会检查了关于全面禁止野生动物非法交易和食用的决定、野生动物保护法、土壤污染防治法、农业机械化促进法、慈善法、公共文化服务保障法、反不正当竞争法的实施情况，听取审议国务院关于研究处理“一决定一法”执法检查报告及审议意见情况的报告，宣传普及法律，紧扣法律规定推动法律责任落到实处。聚焦蓝天、碧水、净土保卫战，连续 3 年先后检查大气污染防治法、水污染防治法、土壤污染防治法实施情况，实地检查 22 个省份的 78 个地市，召开 74 场座谈会，暗访 170 个单位和项目，梳理 20 类 82 个问题，点名曝光 143 个单位存在的问题。持续推进生态环保领域的执法检查，运用法治方式助力打好污染防治攻坚战，有力推动了生态文明理念、生态环保法律深入人心，凝聚起建设青山常在、绿水长流、空气常新美丽中国的法治力量。

扎实做好专题调研。把专题调研作为常委会开展工作监督的重要方式，委员长会议组成人员、常委会、专门委员会和工作委员会开展 232 次调研，形成了 307 个调研报告。其中，常委会组织开展“十四五”规划纲要编制工作若干重要问题、生态环保决议落实情况、珍惜粮食反对浪费情况、社会保险制度改革和社会保险法实施、民族团结进步创建工作、政府投资基金管理与改革等 6 项专题调研。“十四五”规划纲要相关专题调研历时 4 个多月，有关专门委员会和工作委员会精心组织，深入了解民族、国家安全、财政经济、教科文卫、侨务、环保、“三农”、社会保障等方面情况，形成 22 份专题调研报告。通过多种渠道、多种途径推动调研成果转化运用，使调研报告有效服务人大监督和立法修法工作，也为中央和国家机关提供决策参考和工作参考。

四、坚持代表主体地位，支持和服务代表依法履职

牢固树立服务代表的理念，围绕密切常委会同代表的联系、密切代表同人民群众的联系，认真落实关于加强和改进全国人大代表工作“35 条具体措施”，不断提高代表工作水平。

认真办好代表议案和建议。十三届全国人大三次会议主席团交付的 506 件代表议案全部审议完毕，其中 118 件议案涉及的 22 个立法项目已审议通过或正在审议，168 件议案涉及的 58 个立法项目已列入立法规划或计划。代表提出的 9180 件建议，交由 194 家承办单位办理并全部答复代表，代表建议所提问题得到解决或计划逐步解决的占 71. 28%。将 181 件代表建议涉及的 9 个方面问题确定为重点督办建议，全国人大有关专门委员会负责督办，有力推动了一批群众关心、社会关注重点难点问题的解决。代表在闭会期间提交的 400 多件建议，交由 98 家承办单位研究处理，做到即收即办、逐件反馈。完善代表议案建议交办协调工作机制，协调解决意见最集中、反映最突出的问题，推动议案建议转化为促发展、惠民生、暖民心的政策举措。

密切常委会同代表的联系。常委会组成人员直接联系 439 位代表，通过座谈、走访、电话、邮件、微信、参加调研等方式，认真听取代表意见建议。推动代表深度参与常委会工作，邀请 175 人次代表列席常委会会议，召开 2 次列席代表座谈会。各专门委员会探索建立对口联系代表机制，500 多人次代表参加执法检查、工作调研、计划和预算审查监督、国有资产管理监督等工作。落实重要法律草案征求代表意见机制，

修订未成年人保护法时，采纳214位代表提出的完善青少年控烟长效机制等建议。增设6个立法联系点，新设5个基层预算审查监督联系点，搭建听取代表、群众意见的“直通车”。

密切代表同人民群众的联系。代表联系群众形式多样、内容丰富，这是近年代表工作的一个亮点。代表通过走访、座谈、回原选举单位述职、参加代表小组活动等方式直接听取和反映群众意见建议，发挥了党和政府联系群众的桥梁纽带作用。按照常委会统一安排，约1800人次代表参加集中视察、专题调研活动，形成一批重要调研成果。全国人大代表就近参加代表联络站、代表之家活动，积极推动解决就业、教育、医疗、住房、养老、食品安全、生态环保等方面人民群众反映突出的问题，有效发挥代表在反映群众诉求、解决民生难题中的积极作用。

加强代表履职能力建设。创建全国人大网络学院，为代表和各级人大提供了学习培训的新途径。开设人大历史、代表履职知识、代表风采等具有人大特色的专栏，增强培训课程针对性和实效性，截至目前课程总点播量达到83万次。举办3期网络视频学习班和2期线上线下相结合的代表学习班，1.1万人次代表和地方人大负责同志参加学习。基层代表积极参加学习培训，思想政治水平、法律政策水平、专业知识水平进一步提高，联系人民、代表人民、服务人民自觉性主动性进一步增强，在联系群众、接触实际中积极发现并反映带有普遍性、共性、典型性的问题，推动从法律上、制度上、政策上予以解决。

改进人大信访工作。制定全国人大代表信访事项办理工作规程,交办转办代表来信 141 件次。开通网上信访平台,一年多来处理网上信访 2.4 万件次。拓展民主立法的渠道,认真研究分析群众来信来访反映集中的问题,在相关立法修法工作中予以回应。

五、服务国家外交大局,发挥人大外事工作的职能作用

疫情改变了外事活动形式,但没有阻隔人大的对外交往。以落实国家元首共识为主要任务,创新外事活动形式,举行各层级双边视频活动 46 场,出席视频会议 26 场,进行通话交流 15 次,开展线下外事活动 27 场,外交信函往来近 600 件。

加强双边友好交往。人大外事工作的一个优势是覆盖面广、方式灵活,与有关国家建立了 130 个友好小组,与 22 个国家议会和欧洲议会建立了定期交流机制,与近 190 个国家和地区议会保持交往与联系。举行中俄议会合作委员会第六次会议、中法议会合作委员会第十一次会议,同蒙古国家大呼拉尔开展定期机制交流;与日本、韩国、老挝、柬埔寨、印尼、新加坡、乌兹别克斯坦、德国、肯尼亚等国议会领导人视频会晤,深化立法经验交流互鉴,为国家间务实合作提供法律保障,从立法机构角度助力国家关系深入发展。香港特别行政区维护国家安全法通过后,全国人大以双边友好小组组长名义给 93 个国家议会和欧洲议会发了 106 封信函,介绍有关情况、阐释中方立场,获得广泛理解和支持。

推动多边交流合作。围绕共建“一带一路”倡议,加强与沿线国家议会的政策沟通和立法交流。出席第五次世界议长大会、第六届金砖国家议会论坛等视频会议,参加各国议会联盟、议会世贸大会指导委员会、亚洲议会大会、东盟各国议会间大会等多边活动，推动将“人类命运共同体”、“以人民为中心”、“团结合作、共同抗疫”等主张写入多边会议文件，坚定维护多边主义，坚定维护以联合国为核心的国际体系，坚定维护以国际法为基础的国际秩序。

对外宣介中国道路和中国制度。积极宣介习近平新时代中国特色社会主义思想，主动介绍中国发展成就和对世界的贡献。主动宣介习近平法治思想，介绍人大制度和立法工作。主动宣介中国坚持人民至上、生命至上的抗疫理念，分享中国抗疫经验做法。加强人大英文网站建设，办好中国人大杂志英文版，展示中国特色社会主义民主政治制度的优势和功效。

坚定维护国家利益。发挥常委会发言人、外事委发言人、法工委发言人机制作用，在涉藏、涉疆、涉港、涉台和抗疫问题上阐明中方立场。人大是人民的人大。任何时候、任何情况下，只要党、国家和人民需要，人大就将毫不犹豫站到一线进行法律的、政治的、外交的斗争，伸出肩膀扛起应尽的政治责任。

六、加强履职能力建设，不断提升常委会自身建设水平

围绕做到政治可靠、尊崇法治、发扬民主、服务人民、运行高效，成为全面担负起宪法法律赋予各项职责的工作机关、同人民群众保持密切联系的代表机关的目标，全面加强常委会自身建设。

加强思想政治建设。巩固深化“不忘初心、牢记使命”主题教育成果，深入学习《习近平谈治国理政》第三卷，开展7次常委会党组集体学习，举办6次常委会专题讲座，及时传达学习习近平总书记重要讲话和中央会议、文件精神。召开习近平总书记关于坚持和完善人民代表大会制度的重要思想学习交流会、第26次全国地方立法工作座谈会，深入学习习近平法治思想，带头学习宣传宪法法律和相关履职知识，常委会组成人员的政治素质和运用法治思维、法治方式做好人大工作的能力水平进一步提高。

完善常委会运行机制。总结十三届全国人大三次会议成功经验和做法，适应疫情防控常态化需要，制定全国人大例会和其他重要会议改进会风的具体措施。合理安排委员长会议、常委会会议，确保每一次会议、每一件议案、每一个事项都符合法律规定。按照紧凑高效的原则，合理安排会议日程，适当压缩会期，优化会议流程，提高审议质量。常委会召开了8次会议，平均出席率超过97%，列席人员到会率超过95%。坚持民主集中制原则，保障常委会组成人员充分行使民主权利，保证人大通过的法律、作出的决议更好体现党的主张和人民意志。

充分发挥专门委员会作用。修订专门委员会分党组工作规则，推进分党组工作规范化、制度化。各专门委员会共召开152次会议，高质量、高效率完成立法、监督、代表议案建议办理等工作。牵头起草13件法律草案并依法提请审议。对其他国家机关负责起草的法律草案，提前介入并加强督促和指导。协助常委会做好备案审查工作。组织开展执法检查和专题调研，持续跟踪监督常委会审议意见研究处理情况。

加强人大机关建设。坚持办好党风廉政宣传教育周活动，继续开展机关内部巡视，梳理完善137项机关制度，用制度巩固党建成果、提升机关效能。严格执行中央八项规定及其实施细则精神，深入推进“灯下黑”问题专项整治，坚决纠治形式主义、官僚主义。以新一轮中央巡视和巡视整改为契机，提高参谋服务保障工作水平，努力建设让党中央放心、让人民群众满意的模范机关。

统筹做好人大舆论宣传工作。积极研究、阐释、宣传人民代表大会制度，全面准确报道人大会议和立法、监督工作，认真办好“代表通道”、“部长通道”集中采访活动。大力宣传代表在抗疫斗争、脱贫攻坚、民族团结中的履职担当，讲好中国故事、中国人大故事、人大代表故事。

各位代表！

常委会工作取得的成绩，根本在于以习近平同志为核心的党中央坚强领导，根本在于习近平新时代中国特色社会主义思想科学指引，是全国人大代表、常委会组成人员、各专门委员会组成人员和全国人大机关工作人员担当尽责、扎实工作的结果，是国务院、国家监察委员会、最高人民法院、最高人民检察院和地方各级人大密切配合、大力支持的结果，是全国各族人民积极参与、充分信任的结果。在此，我代表全国人大常委会表示崇高的敬意和衷心的感谢！

常委会工作还有一些差距和不足，主要是：立法质量需要进一步提升，立法形式不够丰富，一些领域法律跟不上新时代提出的新要求；监督工作的实效性需要进一步提升，监督的形式和工作机制有待探索创新和不断完善；服务代表的意识和能力需要进一步提升，需要为代表履职创造更好的条件。常委会将虚心听取代表和各方面意见建议，不断加强和改进工作，更好履行宪法法律赋予的职责。

各位代表！

中央全面依法治国工作会议确立了习近平法治思想的指导地位，习近平总书记多次就人大工作发表重要讲话、作出重要指示，为坚持和完善人民代表大会制度指明了方向、提供了遵循。党和国家事业的快速发展，丰富了人民代表大会制度的实践内涵。人大工作的生动实践，进一步展示了中国特色社会主义民主政治、人民代表大会制度的显著优势和生机活力。在新的奋斗征程上，必须充分发挥人民代表大会制度的根本政治制度作用，坚持党的领导、人民当家作主、依法治国有机统一，通过人民代表大会制度牢牢把国家和民族前途命运掌握在人民手中。

今后一年的主要任务

2021 年是实施“十四五”规划、开启全面建设社会主义现代化国家新征程的第一年，也是中国共产党成立 100 周年，中华民族伟大复兴迎来更加光明的前景。当前和今后一个时期，我国发展环境面临深刻复杂变化，国际形势不稳定性不确定性明显增加，我们在前进道路上面临着许多难关和挑战。我们有习近平新时代中国特色社会主义思想的指导，有以习近平同志为核心的党中央坚强领导，有中国特色社会主义制度的显著优势，有 14 亿中国人民众志成城、团结奋斗的磅礴力量，就一定能夺取改革开放和社会主义现代化建设新的胜利。进入新发展阶段，必须增强使命感、责任感、紧迫感，勇于担当、敢于负责、善于作为，自觉承担起新时代新征程对人大工作提出的新任务新要求。

常委会工作的总体要求是:在以习近平同志为核心的党中央坚强领导下,以习近平新时代中国特色社会主义思想为指导,深入学习贯彻习近平法治思想和习近平总书记关于坚持和完善人民代表大会制度的重要思想,全面贯彻落实党的十九大和十九届二中、三中、四中、五中全会精神,坚持党的领导、人民当家作主、依法治国有机统一,立足新发展阶段,贯彻新发展理念,构建新发展格局,紧紧围绕"十四五"规划和2035年远景目标谋划人大工作,依法行使立法权、监督权、决定权、任免权,发挥好在全面建设社会主义现代化国家中的职能作用。

一、切实加强宪法实施和监督,维护宪法尊严和权威。认真抓好宪法实施工作,落实宪法解释程序机制,积极回应涉及宪法有关问题的关切。加快推进宪法相关法立法修法工作,制定监察官法,修改全国人大常委会议事规则、国务院组织法、地方各级人民代表大会和地方各级人民政府组织法等。切实加强宪法监督工作,认真做好合宪性审查、备案审查工作,维护国家法治统一。持续推动宪法宣传教育,组织好宪法宣誓、国家宪法日活动。坚持和完善"一国两制"制度体系,维护宪法和基本法确定的特别行政区宪制秩序,确保"一国两制"实践行稳致远。运用法律手段捍卫一个中国原则、反对"台独",增进维护一个中国框架的共同认知,依法规范和保障两岸人民关系、推进两岸交流合作,推进祖国和平统一。

二、切实加强重点领域、新兴领域、涉外领域立法,不断提高立法质量和效率。坚持系统观念,坚持急用先行,统筹立改废释纂，发挥人大在立法工作中的主导作用，加快完善中国特色社会主义法律体系。积极推进国家安全、科技创新、公共卫生、生物安全、生态文明、防范风险、涉外法治等重要领域立法，健全国家治理急需的法律制度、满足人民日益增长的美好生活需要必备的法律制度。

根据立法工作计划，初步安排审议 45 件法律案，还提出了近 20 件预备项目。继续实施强化公共卫生法治保障立法修法工作计划，制定突发公共卫生事件应对法，修改野生动物保护法、传染病防治法、国境卫生检疫法、执业医师法等。坚持统筹发展和安全，健全国家安全法治体系，制定粮食安全保障法、反有组织犯罪法、陆地国界法、数据安全法、军人地位和权益保障法，修改突发事件应对法、海上交通安全法、安全生产法、兵役法、军事设施保护法等。围绕建设现代化经济体系、促进科技创新，制定乡村振兴促进法、海南自由贸易港法、期货法、印花税法，修改反垄断法、科学技术进步法、公司法、企业破产法、审计法、农产品质量安全法、畜牧法等。完善民生保障、教育文化、社会治理、生态环保、绿色低碳急需的法律制度，制定反食品浪费法、文化产业促进法、家庭教育法、学前教育法、个人信息保护法、社会救助法、法律援助法、湿地保护法、南极活动与环境保护法，修改体育法、教育法、职业教育法、妇女权益保障法、治安管理处罚法、行政复议法、环境噪声污染防治法等，加快推进黄河保护立法。抓紧研究数字经济、互联网金融、人工智能、大数据、云计算等新技术新应用领域的相关法律制度，以法治促进和保障新业态、新模式健康发展。加快推进涉外领域立法，围绕反制裁、反干涉、反制长臂管辖等，充实应对挑战、防范风险的法律“工具箱”，推动形成系统完备的涉外法律法规体系。

适应立法新形势新要求，必须丰富立法形式，坚持既要搞“大块头”，又要搞“小快灵”，适时启动条件成熟领域法典编纂工作，针对实际需要以“小切口”形式推进立法，增强立法的针对性、适用性、可操作性。

三、切实加强监督工作，确保国家机关依法履行职责。监督工作要围绕党和国家中心工作来开展，以高质量发展为主题，以供给侧结构性改革为主线，以改革创新为根本动力，以满足人民日益增长的美好生活需要为根本目的，推动做好“六稳”工作、落实“六保”任务，为顺利完成改革发展稳定各项目标任务发挥职能作用。

根据监督工作计划，预安排了 29 个监督项目。切实承担好推进人大预算审查监督重点拓展改革、监督国有资产管理情况两项职责，听取审议计划执行、预算执行、决算、审计工作、审计查出问题整改、国有资产管理、环保目标完成情况等 7 个工作报告，修改关于加强中央预算审查监督的决定、关于加强经济工作监督的决定。坚持围绕中心、服务大局，做好专项工作监督，听取审议关于加快构建新型农业经营体系、长江流域生态环保、雄安新区和白洋淀生态保护、建设现代综合交通运输体系、财政交通运输资金分配和使用、教师队伍建设、文物保护、“七五”普法决议实施、知识产权审判、控告申诉检察等 10 个专项报告，作出“八五”普法决议。坚持做好立法与推进法律实施并重，检查企业破产法、畜牧法、中医药法、消防法、固体废物污染环境防治法、公证法等 6 部法律的实施情况，推动法定职责、法律责任得到严格落实。结合听取审议关于建设现代综合交通运输体系、检查固体废物污染环境防治法实施情况的报告，开展2次专题询问。围绕财政补贴管理与改革、发挥海外侨胞在共建“一带一路”中的重要作用、人口较少民族经济社会发展、自然保护地体系建设、设区的市地方立法、推进监察监督全覆盖等，开展6项专题调研。进一步完善监督工作机制，改进方式方法，增强监督工作实效性。

四、切实加强代表工作，更好发挥人大代表作用。深入落实常委会组成人员联系代表制度，健全专门委员会、工作委员会联系代表机制，拓展联系深度、增强联系实效。强化代表对常委会和专门委员会、工作委员会立法、监督、对外交往工作的参与，紧紧依靠代表做好人大工作。提高代表议案和建议工作水平。支持代表密切联系群众，丰富代表小组活动形式，鼓励代表就近参加代表联络站、代表之家、基层联系点的活动。加强代表服务保障工作，继续建好代表履职信息化平台。加强全国人大网络学院建设，完善代表系统培训机制。支持原选举单位依法监督代表履职，推动代表履职档案规范化建设。实施新修改的选举法，做好全国县乡两级人大换届选举工作。

五、切实加强人大外事工作，深化和拓展各层级各领域交流合作。围绕国家外交总体布局，发挥职能作用，统筹安排疫情防控常态化背景下的对外交往。认真组织委员长会议组成人员外事活动，开展多层次、多渠道对外交往，深化机制交流和专门委员会、友好小组、工作机构交流，积极参与议会多边机制活动。围绕国家核心利益和重大问题主动发声，宣介中国道路、制度和政策、理念、主张。

六、切实加强自身建设，夯实履职的思想政治组织基础。发挥常委会党组集体学习的带动作用，办好常委会专题讲座，深入学习贯彻习近平新时代中国特色社会主义思想，深入学习贯彻习近平法治思想和习近平总书记关于坚持和完善人民代表大会制度的重要思想，认真开展党史学习教育。切实加强人民代表大会制度理论、中国特色社会主义法学理论研究。深入研究常委会运行机制，认真贯彻执行全国人大及其常委会议事规则，认真贯彻执行常委会会议、委员长会议、专门委员会会议有关制度规定。更好发挥专门委员会作用，切实做好研究、审议和拟订有关议案工作，支持专门委员会组成人员全面参与立法、监督、代表、外事等工作。更好发挥常委会工作机构作用，提高全国人大机关参谋服务保障水平。全面贯彻中央八项规定及其实施细则精神，驰而不息改进作风。健全网上受理信访制度。加强新闻舆论工作，全面深入宣传报道人民代表大会制度建设和人大工作新进展新成效。加强与地方人大的工作交流，密切工作协同，提升工作合力。

各位代表！

在全面建设社会主义现代化国家新征程上，我们要更加紧密地团结在以习近平同志为核心的党中央周围，增强“四个意识”、坚定“四个自信”、做到“两个维护”，把宪法法律赋予的职责履行好，把党和人民交给的任务完成好，以优异成绩庆祝中国共产党成立100周年，为实现中华民族伟大复兴中国梦不懈奋斗！

第十三届全国人民代表大会第四次会议关于最高人民法院工作报告的决议

（2021 年 3 月 11 日第十三届全国人民代表大会第四次会议通过）

第十三届全国人民代表大会第四次会议听取和审议了最高人民法院院长周强所作的工作报告。会议充分肯定最高人民法院的工作，同意报告提出的 2021 年工作安排，决定批准这个报告。

会议要求，最高人民法院要以习近平新时代中国特色社会主义思想为指导，深入贯彻习近平法治思想，全面贯彻党的十九大和十九届二中、三中、四中、五中全会精神，毫不动摇坚持党的绝对领导，坚持以人民为中心，更加注重系统观念、法治思维、强基导向，忠实履行宪法法律赋予的职责，着力维护国家政治安全、确保社会大局稳定、促进社会公平正义、保障人民安居乐业，持续深化司法体制改革，加快建设智慧法院，建设过硬法院队伍，不断提升新时代人民法院化解矛盾纠纷、服务人民群众的能力水平，为全面建设社会主义现代化国家开好局起好步提供有力司法保障，以优异成绩庆祝中国共产党成立 100 周年！

最高人民法院工作报告

——2021年3月8日在第十三届全国
人民代表大会第四次会议上

最高人民法院院长　周　强

各位代表：

现在，我代表最高人民法院，向大会报告工作，请予审议，并请全国政协各位委员提出意见。

2020年工作回顾

2020年是新中国历史上极不平凡的一年。面对世纪疫情和百年变局交织的复杂局面，以习近平同志为核心的党中央团结带领全党全国各族人民攻坚克难、化危为机，砥砺奋进、开拓创新，疫情防控取得重大战略成果，脱贫攻坚战取得全面胜利，全面建成小康社会取得伟大历史性成就，谱写了“两大奇迹”新篇章，充分彰显了党的领导和我国社会主义制度的显著优势。在党中央坚强领导下，在全国人大及其常委会有力监督下，在中央政法委领导下，最高人民法院坚持以习近平新时代中国特色社会主义思想为指导，全面贯彻党的十九大和十九届二中、三中、四中、五中全会精神，认真学习贯彻习近平法治思想，深入贯彻习近平总书记主持中央政治局常委会会议听取最高人民法院党组工作汇报时的重要讲话精神，认真落实十三届全国人大三次会议决议，增强“四个意识”、坚定“四个自信”、做到“两个维护”，坚定不移走中国特色社会主义法治道路，紧紧围绕“努力让人民群众在每一个司法案件中感受到公平正义”目标，坚持服务大局、司法为民、公正司法，忠实履行宪法法律赋予的职责，依法服务统筹推进疫情防控和经济社会发展，各项工作取得新成效。最高人民法院受理案件39347件，审结35773件，制定司法解释28件，发布指导性案例17个，加强对全国法院审判工作的监督指导；地方各级人民法院和专门人民法院受理案件3080.5万件，审结、执结2870.5万件，结案标的额7.1万亿元。

一、坚决维护国家安全和社会稳定

贯彻总体国家安全观，坚持宽严相济刑事政策，推进平安中国建设，切实维护政治安全、社会安定、人民安宁。审结一审刑事案件111.6万件，判处罪犯152.7万人，总体呈现下降态势。

*坚决维护国家政治安全。*严厉打击境内外敌对势力渗透、破坏、颠覆、分裂活动，依法严惩颠覆国家政权、煽动分裂国家等犯罪，坚决维护国家政治安全特别是政权安全、制度安全。深化反奸防谍斗争，依法严惩间谍窃密犯罪。深化反邪教斗争，依法严惩利用邪教组织破坏法律实施等犯罪。

*维护防疫秩序和社会大局稳定。*落实依法防控要求，出

台司法政策，惩治涉疫犯罪，化解涉疫矛盾。依法快审快结涉疫犯罪案件 5474 件 6443 人，对杀害防疫工作人员的马建国等人依法判处死刑。发布 34 个涉疫典型案例，严惩隐瞒出境史致多人隔离、诈骗援鄂医护人员、假冒慈善机构骗捐、哄抬物价、造谣传谣等犯罪行为，形成有力震慑，维护常态化疫情防控下经济社会秩序。开展涉疫矛盾纠纷集中排查化解专项行动。湖北法院全员下沉抗疫，为武汉保卫战、湖北保卫战取得决定性成果和疫后重振作出积极贡献。依法妥善处置国内外各种涉疫滥诉，坚决维护依法防控秩序，坚决捍卫我国司法主权和国家尊严。审结杀人、抢劫、爆炸、投毒等严重暴力犯罪案件 4.7 万件。深入推进禁毒斗争，审结毒品犯罪案件 6.8 万件。严惩袭警犯罪，维护法治权威。

完成扫黑除恶专项斗争审判执行任务。专项斗争以来，审结涉黑涉恶犯罪案件 33053 件 226495 人，结案率 99.4%，重刑率达 34.5%。对孙小果、陈辉民、尚同军、黄鸿发等黑恶势力犯罪组织头目依法判处死刑，一批涉黑涉恶犯罪分子受到法律严惩。坚持“打财断血”，依法判处财产刑并追缴、没收违法所得，实际执行到位金额 1373.7 亿元。坚持“打伞破网”，审结公职人员涉黑涉恶保护伞犯罪案件 2668 件。严把案件质量关，努力让每一起案件都经得起法律和历史的检验。通过三年的专项斗争，社会治安明显改善，人民群众安全感显著增强。

维护人民群众生产生活安全。审结重大责任事故、重大劳动安全事故等犯罪案件 2165 件 3384 人，对未取得安全许可证从事生产经营、发现事故隐患不采取措施构成犯罪的依法予以严惩，切实维护群众生产安全。出台食品安全司法解释，斩断食品“黑作坊”生产经营链条，严惩危害食品药品安全犯罪，切实维护舌尖上的安全，依法保障群众用药安全。针对高空抛物、偷盗窨井盖等问题，加大惩治力度，推动综合治理，切实维护群众头顶上、脚底下的安全。审结权健传销案等涉众型经济犯罪案件 1.5 万件，涉及金额 2.9 万亿元，严惩“套路贷”、预付消费诈骗等犯罪，切实维护群众钱袋子安全。审结醉驾等危险驾驶犯罪案件 28.9 万件，依法惩治恶意强行别车、危险竞速飙车等犯罪行为，切实维护群众出行安全。

严惩腐败犯罪。配合国家监委完善监察与刑事司法衔接机制，加大惩治腐败犯罪力度。审结贪污贿赂、渎职等案件 2.2 万件 2.6 万人，其中被告人原为中管干部的 12 人，对赵正永判处死缓、终身监禁，对赖小民判处并执行死刑，彰显了党中央惩治腐败的坚强决心。积极配合反腐败国际追逃追赃工作，审理追逃追赃、没收违法所得等案件 316 件，裁定没收“红通人员”姚锦旗等 164 人违法所得 11.5 亿元和位于多国的不动产，让腐败分子无处藏身、违法所得无处隐匿。

严惩网络犯罪。审结电信网络诈骗、网络传销、网络赌博、网络黑客、网络谣言、网络暴力等犯罪案件 3.3 万件。依法审理陈文雄特大跨境电信诈骗、王艾买卖他人社交平台账号等案件，严惩侵犯公民财产和公民个人信息的犯罪。对拒不履行网络安全管理义务、为信息网络犯罪提供帮助的，一律依法惩治。严惩一批网络黑灰产业链犯罪，决不让网络空间成为法外之地。

加强人权司法保障。制定刑事诉讼法司法解释，细化审理程序，保障诉讼权利，确保无罪的人不受刑事追究、有罪的人受到公正惩罚。坚持罪刑法定、疑罪从无、证据裁判，依法宣告656名公诉案件被告人和384名自诉案件被告人无罪。坚持实事求是、有错必纠，按照审判监督程序再审改判刑事案件1818件，江西、云南法院分别再审改判张玉环、何学光无罪。审结国家赔偿案件1.8万件，其中司法赔偿案件4172件，决定赔偿金额2.7亿元，保障赔偿请求人合法权益。对41.4万名轻微犯罪被告人适用非监禁刑，对1.2万人免予刑事处罚。会同司法部推进刑事案件律师辩护全覆盖，指定辩护律师12.2万人次。刑事诉讼法司法解释明确律师可以查阅作为证据使用的讯问录音录像，为律师依法履职提供充分保障。

二、积极服务高质量发展

坚定不移贯彻新发展理念，紧扣全面建成小康社会目标任务依法履职尽责，审结一审民商事案件1330.6万件、行政案件26.6万件，积极服务构建新发展格局、推动高质量发展。

精准服务“六稳”“六保”。充分发挥司法促发展、稳预期、保民生作用，及时出台审理涉疫民商事、涉外商事海事、执行案件等4个意见，指导各级法院妥善应对疫情引发的诉讼问题。紧急为1386家防疫物资生产企业临时变更财产保全措施，支持扩产抗疫。青岛法院4小时内组织完成听证并裁定解冻资金，使被起诉的呼吸机企业迅速投产运营。苏州、威海、新乡等法院紧急准许处于破产阶段的企业恢复生产，确保紧缺医疗物资供应。针对受疫情影响出现的履约难问题，依法准确适用不可抗力等规则，妥善审理相关合同违约、企业债务、房屋租赁等案件4.3万件。北京、上海、贵州、云南、新疆等法院落实惠企惠民政策,加强府院联动,千方百计帮助企业特别是中小微企业渡过难关,保护和激发市场主体活力。各级法院对2.5万家企业暂缓强制执行措施,在18.1万件民商事案件中采取“活封”等措施,为企业释放资金1631亿元、土地869万亩、厂房3271万平方米,帮扶3.6万家企业复工复产。坚决纠正涉疫就业歧视行为,严禁仅以劳动者曾感染新冠病毒、来自疫情严重地区为由非法解除劳动关系,依法支持并规范共享员工、网络零工等灵活就业,让群众在疫情冲击下就业得到法律保障。

优化营商环境。会同国家发展改革委出台意见,服务新时代加快完善社会主义市场经济体制。加强产权司法保护,依法纠正涉产权刑事冤错案件34件56人。着力营造稳定公平透明、可预期的法治化营商环境,执行合同、司法程序质量等营商环境评估指标继续保持向好。妥善审理涉及行政许可、行政协议等案件,促进优化投资兴业软环境。依法妥善审理涉国有企业改革案件,准确区分国有企业改革与国有资产流失,促进完善国有企业法人治理结构,为国企深化改革提供保障。坚持各类市场主体一律平等,严格区分正当融资与非法集资、合同纠纷与合同诈骗、民营企业参与兼并重组与恶意侵占国有资产等界限,坚决防止把经济纠纷认定为刑事犯罪。与全国工商联建立联系机制,畅通民营企业维权渠道,依法维护民营企业和企业家合法权益。

保护诚实守信。社会主义市场经济是信用经济、法治经济,诚信是社会主义核心价值观的重要内容,是民法典的基本原则。各级法院审理各类合同纠纷案件886万件，切实保护诚实守信一方合法权益，弘扬“言而有信”“有约必践”的契约精神。保护“货真价实”，严惩制售假冒伪劣商品行为，严惩网络欺诈、假借“以房养老”坑害老年人等违法犯罪。严惩证券市场虚假陈述行为，该入刑的入刑，当赔偿的赔偿。会同公安部等出台意见，严惩“碰瓷”违法犯罪，四川法院将故意制造交通事故的9人碰瓷团伙绳之以法。惩治网络流量造假行为，杭州互联网法院审理手机应用流量劫持案，维护公平竞争的市场秩序。开放司法区块链平台，支持网络著作权人上传作品、保存证据，预防和惩治网络抄袭。会同最高人民检察院出台惩治虚假诉讼意见，严惩利用虚假诉讼逃避债务、非法融资、骗补骗保等行为，对通过捏造事实、伪造证据制造63起系列虚假诉讼的某房地产公司顶格处罚6300万元。坚持惩戒失信与褒奖诚信并重，建立失信名单分级分类管理和信用修复、正向激励等机制，鼓励自动履行生效裁判，全国197万人次失信被执行人主动履行了生效法律文书确定的义务。区分失信与经营风险，深圳法院实施个人破产特区法规，江苏、浙江法院探索个人债务集中清理，为诚信的创业失利者提供重生机会。运用法治手段治理突出的诚信缺失问题，让虚假陈述者付出代价、制假售假者受到惩处、“碰瓷”者落入法网，让诚实守信者受到激励，促进诚信社会建设。

服务创新驱动发展。审结一审知识产权案件46.6万件，同比上升11.7%。出台知识产权民事诉讼证据等10个司法解释和规范性文件，进一步方便当事人举证、缩短诉讼周期、降低维权成本、提高赔偿数额，知识产权案件判赔金额同比增长 79.3%，促进形成鼓励自主创新、推动科技进步的法治环境。制定司法解释，落实惩罚性赔偿制度。发挥最高人民法院知识产权法庭集中管辖专利等技术类知识产权上诉案件优势，保护科技创新特别是关键核心技术，维护创新企业正当权益。依法保护科研人员及其发明成果，激发创新活力。严惩盗版抄袭、恶意抢注、傍名牌等侵害著作权商标权行为。审理一批涉及非物质文化遗产、中华老字号和文创产业知识产权保护案件，传承中华优秀传统文化，促进文化产业繁荣发展。

促进数字经济健康发展。通过依法公正裁判为数字经济发展和技术创新明晰规则，引导新技术新业态新模式在法治轨道上健康有序发展。合理确定平台责任和行为边界，促进平台经济、共享经济依法规范发展。联合开展网络直播行业专项整治，净化网络生态。审理视频网站付费超前点播案，规范商业模式创新，保护用户合法权益。加强对外卖骑手、快递小哥、网约车司机等新业态从业者合法权益的保护。审理手机软件侵害用户个人信息、人脸识别纠纷等案件，加强个人信息保护，维护数据安全。

服务深化供给侧结构性改革。会同国家发展改革委健全破产制度配套政策。审结破产案件 10132 件，涉及债权 1.2 万亿元，充分保护债权人及相关方合法权益。其中，审结破产重整案件 728 件，盘活资产 4708 亿元，让 532 家有发展前景的企业重获新生，帮助 48.6 万名员工稳住就业。天津、辽宁、重庆、青海法院审理物产集团、沈阳机床、力帆系企业、盐湖股份等破产重整案件，助力企业走出困境，保护上下游产业链和中小投资者权益。

服务扩大内需。支持政府依法行政，维护行政相对人合法权益，妥善化解新型基建、新型城镇化、城市建设、民生工程等领域矛盾。甘肃法院及时化解涉铁路建设土地行政争议，保障银西铁路工程建设。加强消费公益诉讼案件审判，对设置消费陷阱、霸王条款等行为依法追究责任，妥善审理住房、汽车买卖、旅游服务、在线教育等消费纠纷案件，积极营造有利于消费升级的法治环境。

服务决战脱贫攻坚。制定服务“三农”工作意见，规范扶贫领域涉案财物快速返还，妥善化解涉易地扶贫搬迁、贫困群众就业等矛盾纠纷。向困难群众发放司法救助金 9.1 亿元，防止因案致贫、返贫。依法审理乱占耕地案件，促进治理耕地“非农化”“非粮化”问题。辽宁、吉林、黑龙江法院严惩涉土地、农资违法犯罪，加强农业知识产权保护，依法维护国家粮食安全。新疆法院开展知识产权助力脱贫攻坚南疆行活动，推动“于田沙漠玫瑰”等地理标志应用保护。福建、江西、贵州、陕西等法院创新司法扶贫举措，服务老区苏区脱贫攻坚。

服务金融健康发展。严惩操纵证券期货市场、内幕交易、涉地下钱庄、洗钱等犯罪，严厉打击逃废债行为，服务防范化解金融风险，维护金融市场秩序和国家金融安全。依法严惩违规披露信息、欺诈发行股票等犯罪，对资本市场违法犯罪零容忍。积极参加互联网金融风险整治，严惩网贷平台挥霍出借人资金等违法犯罪。出台证券纠纷代表人诉讼司法解释，完善证券集体诉讼制度。出台服务创业板改革并试点注册制意见，保障资本市场基础性制度改革。加强上海金融法院建设，设立北京金融法院，服务国家金融战略实施。修订民间借贷司法解释，大幅下调民间借贷利率司法保护上限，降低企业融资成本，服务实体经济发展。

服务生态文明建设。践行绿水青山就是金山银山理念，审结一审环境资源案件25.3万件，助力打好蓝天碧水净土保卫战。审结环境公益诉讼案件3557件，同比增长82.1%。江苏法院审理向长江非法排污案，让排污者支付5.2亿元环境修复费用和罚金。河南法院审理废酸污染黄河支流案，改变“企业排污、群众受害、政府买单”现象。福建法院加强古厝、廊桥等文化与自然遗产司法保护。广西法院加强巡回审判保护野生动物。贵州法院积极保护传统村落留住乡土文明。西藏法院依法守护雪域高原生态安全屏障。陕西法院用恢复性司法助力修复秦岭生态。青海法院倾力守护中华水塔生态安全。上海、湖北、湖南、四川等法院依法审理涉长江禁渔案件，山西、内蒙古、山东、甘肃、宁夏等黄河流域9省区法院加强环境资源审判协作，保护中华民族母亲河。

服务区域协调发展。围绕长三角一体化发展、黄河流域生态保护和高质量发展、西部大开发、深圳先行示范区建设、浦东高水平改革开放等，研究制定司法服务举措。北京、天津、河北法院加强司法协作，妥善审理涉北京冬奥会、冬残奥会基础设施建设、生态环境保护案件。雄安新区法院积极保障新区重大项目建设。会同国家知识产权局指导上海、江苏、浙江、安徽法院与当地知识产权局共同推进长三角一体化科技创新知识产权保护。广东法院出台三年行动方案，服务粤港澳大湾区建设。吉林法院与辽宁、黑龙江法院共同加强与政府联动化解行政争议，服务新时代东北全面振兴、全方位振兴。重庆、四川法院强化司法协作同城效应，助推成渝地区双城经济圈建设。

*服务扩大对外开放。*出台服务扩大对外开放意见，平等保护中外当事人合法权益。加强最高人民法院国际商事法庭建设，共聘请来自25国的55位专家、法律工作者担任国际商事专家委员会特邀专家，服务共建“一带一路”高质量发展。完善服务自贸试验区建设举措，制定服务海南自由贸易港建设意见，设立海南自由贸易港知识产权法院。重庆、郑州、成都、西安、兰州法院妥善化解国际铁路联运合同纠纷。广西、云南法院创新巡回审判机制，及时化解边境贸易纠纷。外国当事人主动选择或将国外仲裁变更为我国海事法院管辖，我国海事司法国际公信力日益提升。

三、切实维护人民群众合法权益

坚持以人民为中心的发展思想，践行司法为民宗旨，积极回应人民群众新要求新期待，用法治保障人民安居乐业。

*贯彻实施民法典。*完成对591件司法解释及相关规范性文件、139个指导性案例的清理工作，废止116件，修改111件，决定对2个指导性案例不再参照适用。这是新中国成立以来最为全面、系统、规范的一次清理，废止了与民法典不一致的规定，保障了民法典施行后法律适用标准统一。重点开展涉及物权、担保、婚姻家庭、时间效力等一批配套司法解释制定工作，解决民法典施行后新旧法律和司法解释衔接适用问题。开展民法典全员学习培训，通过“人民法院大讲堂”等线上线下形式培训干警256万人次。采取以案释法、动漫说法等方式创新普法宣传，以小案例阐述大道理，引导群众增强

民法思维,让民法典走进百姓生活。

加强民生司法保障。审结教育、就业、医疗、住房、社会保障等民生案件134.7万件。河北、山西、福建、河南、湖北等法院积极开展根治欠薪专项行动,帮助农民工追回“血汗钱”206.1亿元。依法审理工伤、医保、社会救助等案件,推动解决养老保险参保率低、断保、保险关系转移接续不畅等影响群众切身利益问题。为残疾人诉讼开辟绿色通道,充分保障残疾人合法权益。依法惩治“校闹”行为,维护正常教学秩序。严惩扰医伤医犯罪,依法保障平安医院建设。

加强人格权保护。人格权与每个人息息相关,是民事主体最基本的权利。贯彻民法典,在司法政策中增加申请人格权侵害禁令等规定,畅通人格权救济渠道。审理侵害“两弹一星”功勋于敏名誉权等案件,决不让人民英雄受到玷污,树立崇尚英雄的良好风尚。审理微信群侮辱人格案,坚决制止网络暴力。审理职场性骚扰损害责任案,让性骚扰者受到法律制裁。审理进口冻虾万名消费者信息案,禁止泄露公民个人信息。审理可视门铃侵犯邻居隐私权案,明确安装监控不得侵扰他人生活安宁。通过一系列人格权保护案件的依法公正审理,让人身自由得到充分保障、人格尊严受到切实尊重,充分彰显我国民法典的人民立场和共和国人民的主体地位。

促进和谐家庭建设。审结婚姻家庭案件164.9万件。会同全国妇联等单位深化家事审判改革,完善家事调解、家事调查、心理辅导等制度,保障婚姻自由,促进家庭和谐。签发人身安全保护令2169份,通过发挥司法裁判教育示范功能,探索将家暴防治延伸到婚前、离婚后及精神暴力等情形。山西、辽宁、广西、重庆、宁夏等地法院完善反家暴联动机制，筑牢妇女、儿童、老年人、残疾人免遭家庭暴力的“隔离墙”。依法制裁“强行啃老”、理财骗局等侵害老年人合法权益行为，严惩虐待、遗弃老年人犯罪，弘扬敬老孝老美德，强化养老助老责任。

*加强未成年人司法保护。*保护未成年人就是保护国家的未来、民族的希望。认真贯彻新修订的未成年人保护法和预防未成年人犯罪法，出台加强未成年人审判工作意见，完善中国特色少年司法制度。依法严惩侵害未成年人犯罪，对挑战法律和社会伦理底线、针对儿童犯下的各种严重罪行决不姑息。再审“百香果女童被害案”，对强奸杀害女童的杨光毅依法改判并执行死刑。坚持最有利于未成年人的原则，安徽、山东、湖南、陕西、兵团等法院推进少年家事法庭建设，确保未成年人得到特殊、优先保护。审理未成年人直播打赏无效案，直播平台全额返还 158 万元打赏金。对未成年人犯罪，坚持教育、感化、挽救方针，但对主观恶性大、手段残忍、屡教不改的依法惩处。会同全国妇联、共青团中央等开展寒假关爱儿童活动，把法治安全教育送到儿童身边。开展法官进校园、上讲台活动，法院领导干部和法官担任中小学法治副校长、校外法治辅导员，用生动案例帮助青少年增强宪法意识和法治观念，与全社会共同保护未成年人健康成长。

*加强涉军维权工作。*传承红色基因，巩固拓展涉军维权“信阳模式”“鄂豫皖模式”实践成果，服务国防和军队改革建设，促进军政军民团结。审结破坏军事设施、破坏军婚等涉军犯罪案件 633 件，审结涉军民商事案件 10418 件，坚决捍卫军

队军人尊严荣誉,维护军人军属合法权益。继续做好涉军停偿下篇文章司法服务工作,依法维护部队正当权益和群众合法利益。会同退役军人事务部等出台意见,加大退役军人司法救助力度。军事法院开通涉军维权平台,结合重大任务排查化解纠纷909件,为部队和官兵挽回损失14.3亿元。内蒙古、海南、西藏等法院主动送法进军营,开辟涉军维权绿色通道。湖南法院加强沟通协调,让西藏戍边战士和家人先行拿到赔偿款,为边防战士提供后方坚强的司法保障。

*切实保护和维护港澳台同胞和海外侨胞、归侨侨眷合法权益。*审结涉港澳台案件2.4万件,办理涉港澳台司法协助互助案件1.1万件。签署内地与香港相互执行仲裁裁决的补充安排。完善内地与澳门法院民商事案件相互委托送达司法文书和调取证据安排。妥善化解粤港澳大湾区跨境民商事纠纷,维护港澳同胞合法权益。平等保护台胞台企在祖国大陆的合法权益。厦门海事法院发布首份涉台海事审判白皮书。福州平潭、深圳前海、珠海横琴等法院聘请港澳台同胞担任人民陪审员或特邀调解员。审结涉侨案件4675件。会同中国侨联推广涉侨纠纷化解经验,帮助侨胞在线化解跨境纠纷。

四、全面构建一站式多元解纷和诉讼服务机制

继全面实行立案登记制、基本解决执行难之后,着眼破解诉讼难、方便群众诉讼,经过两年奋战,全国法院构建起中国特色一站式多元纠纷解决和诉讼服务机制,为群众解决民商事纠纷提供菜单式、集约式、一站式服务,提供多样化纠纷解决方案和权利救济渠道,促进矛盾纠纷公正、高效、实质性化解。

普遍建立一站式多元解纷机制。坚持把非诉讼纠纷解决机制挺在前面，加强人民调解、行政调解、司法调解联动，强化非诉讼和诉讼对接，积极推动矛盾纠纷源头预防化解。全面应用人民法院调解平台，与全国总工会、公安部、司法部、人民银行、银保监会、证监会等完成“总对总”在线诉调对接，涵盖劳动争议、道交事故、金融保险、证券期货、知识产权等纠纷领域，3.3 万个调解组织、16.5 万名调解员入驻平台，在当事人自愿基础上开展调解工作，为群众提供菜单式在线调解服务。自 2018 年 2 月上线以来，诉前调解成功民事案件数量逐年增长，分别为 56.8 万件、145.5 万件、424 万件，其中 2020 年同比增长了 191%。全国人大代表、全国政协委员积极参与矛盾纠纷多元化解，人民法院对接“老马工作室”等代表委员调解工作站，合力化解纠纷。多元解纷机制充分发挥作用，越来越多的矛盾纠纷尚未进入诉讼程序就得到化解。全国法院受理诉讼案件数量在 2016 年、2019 年先后突破 2000 万件和 3000 万件关口的情况下，出现 2004 年以来的首次下降，特别是民事诉讼案件以年均 10%的速度持续增长 15 年后首次下降，充分体现了在各级党委领导下推进一站式多元解纷机制建设，促进矛盾纠纷源头治理、多元化解的显著成效。会同中央广播电视总台举办 7 场“一站解纷争”全媒体直播活动，人民日报、新华社等 10 余家媒体参加“人民法院一站式体验官”基层行，社会反响热烈。

基本建成一站式诉讼服务中心。坚持群众需求导向，让当事人到一个场所、在一个平台就能一站式办理全部诉讼事项。强化诉讼服务中心实质性解纷功能，使大量案件纠纷在诉讼服务大厅通过调解、仲裁、诉讼等方式一站式化解。2020年,诉讼服务中心速裁、快审案件693.3万件,平均审理周期比一审民商事案件缩短53%。化繁为简,以中国移动微法院为统一入口,实现立案、送达、保全、委托鉴定等诉讼事项一网通办。开通全国统一律师服务平台,提供全程线上阅卷、提醒案件排期避让等35项功能,为律师参与诉讼提供便利。推行视频网络申诉,及时解决群众合理合法诉求。强化服务监督管理,通过诉讼服务指导中心信息平台对四级法院诉讼服务一网统管。畅通民意沟通渠道,依托12368诉讼服务热线一号通办功能,帮助群众办理诉讼事务。

实现跨域立案服务全覆盖。跨域立案服务在四级法院及1万多个人民法庭做到全覆盖,累计提供跨域立案服务8.2万件。从"一律敞开大门"到"就近提供服务",当事人可以选择家门口的中级、基层法院或人民法庭,申请对包括四级法院管辖的案件提供跨域立案服务。全国法院全部开通网上立案功能,网上立案申请超过一审立案申请总量的54%。针对反映有法院年底不立案情况,向全国法院发出立即纠正通知,确保有案必立、有诉必理。

积极参与基层治理。坚持和发展新时代"枫桥经验",把一站式建设融入党委领导的城乡社会治理体系,发挥基层法院和人民法庭功能,推动社会矛盾综合治理、源头治理。浙江法院助推县级矛盾纠纷调处化解中心建设,湖南法院巧用"五老"调解就地化解矛盾,陕西法院创新"五链共治、法在基层"工作机制,云南法院"阿诗玛"特色调解室为群众提供双语服务,内蒙古法院发扬"蒙古马精神"探索草原特色矛盾化解模式，新疆法院创建101个“枫桥式法庭”，推动提升基层治理法治化水平。深入开展巡回审判，为偏远地区群众提供优质司法服务，把矛盾纠纷化解在林区草场、田间地头，让司法更加便利人民、贴近人民。

五、着力深化司法体制改革

坚持目标导向和问题导向，坚持深化改革与信息化建设紧密结合，不断提高审判执行质效和司法公信力。

深化司法责任制综合配套改革。完善权责一致的审判权力运行机制，补短板、强弱项，确保放权与监督相统一。完善法官员额管理制度和配套保障机制，实现能进能出、良性运行。健全审判权责清单制度，压实院庭长审判监督管理职责，完善“四类案件”识别监管机制，确保制约监督覆盖审判执行全流程、全领域。健全统一法律适用标准机制，建立类案检索初步过滤、专业法官会议研究咨询、审判委员会讨论决定的法律适用分歧解决机制。要求高级法院制定审判业务文件和发布参考性案例必须向最高人民法院备案，防止不同地区审判标准出现不合理差异。

深化诉讼制度改革。根据全国人大常委会授权，15个省区市的305个试点法院推进民事诉讼程序繁简分流改革试点，取得阶段性成效，司法效能明显提升。深入推进以审判为中心的刑事诉讼制度改革，提高证人、鉴定人、侦查人员出庭作证率和案件当庭宣判率，推进庭审实质化。会同最高人民检察院等修订规范量刑程序意见，促进量刑公开公正。依法保障人民陪审员履行审判职责，全国陪审员参审案件247.8万件。深化司法公开，裁判文书上网公开累计1.2亿份，庭审直播累计1159万场，阳光司法机制产生深远影响，受到国内外广泛关注。

坚持司法改革与信息化建设融合。“天平工程”通过竣工验收，智慧法院建设迈上新台阶。疫情期间，智慧法院建设成果充分显现，无接触式诉讼服务广泛应用，当事人足不出户就能参加诉讼，实现“审判执行不停摆、公平正义不止步”。北京、杭州、广州互联网法院在完善诉讼规则、创新技术应用、促进依法治网等方面不断改革探索。健全网上庭审、电子证据、异步审理等规则，保障在线诉讼依法规范进行。在线庭审平均用时36分钟，比线下节约2/3，案件平均审理周期60天，比线下缩短1/4。通过构建中国特色、世界领先的互联网司法新模式，为全球互联网法治发展积极贡献中国方案。

健全解决执行难长效机制。深化执行改革，加强智慧执行，努力兑现当事人胜诉权益。贯彻中央全面依法治国委员会2019年“1号文件”，党委领导的综合治理执行难工作格局不断完善，吉林、河南、四川、西藏、青海、宁夏等省区市出台实施意见，推动从源头解决执行难。持续提升执行信息化智能化水平，网络查控案件1464.5万件，网络拍卖成交金额4027亿元，同比均有大幅增长。在全国法院部署开展专项执行行动，执行到位拖欠民营企业中小企业账款181亿元、涉民生案款254亿元、涉金融债权案款3300亿元。山东法院对查封土地和海域使用权进行集中清理，释放土地资源4.9万亩、海域使用权3888公顷。加强全国法院“一案一账号”案款管理机制建设，规范执行案款管理，提高发放效率。加强统一管理、统一指挥、统一协调，强化执行指挥中心实体化运行，加强执行关键节点监督管理，提升执行规范化水平。

通过制度改革和科技变革双轮驱动，助推审判体系和审判能力现代化，司法质量、效率和公信力明显提升。2020 年，全国法院法官人均办案 225 件；各类案件一审后当事人服判息诉率 89%，二审后达到 98.1%；未结案件数、长期未结诉讼案件数分别下降 17.5%和 24.9%；涉诉信访、涉诉进京上访同比分别下降 12.9%和 71.8%；受理执行案件 1059.2 万件，执结 995.8 万件，执行到位金额 1.9 万亿元，同比分别上升 1.7%、4.3%和 8.1%。

六、锻造忠诚干净担当的过硬法院队伍

认真贯彻习近平总书记提出的“五个过硬”要求，加快推进法院队伍革命化、正规化、专业化、职业化建设。

*始终把党的政治建设摆在首位。*坚持以习近平新时代中国特色社会主义思想武装头脑、指导实践、推动工作，深化习近平法治思想学习教育。深入实施青年理论学习提升工程，举办为期一年的新入院人员学习贯彻习近平法治思想培训班，帮助青年干警扣好从事司法工作的“第一粒扣子”。狠抓巡视整改落实，巩固深化“不忘初心、牢记使命”主题教育成果。深入推进基层党组织组织力提升工程，在全国法院推广党建创新优秀案例。开展向胡国运等先进典型学习活动，全国法院涌现出一大批新时代好法官好干部，458 个集体、703 名个人受到中央有关部门表彰。魏晶晶等 29 名法官因超负荷工作或遭受暴力伤害等原因牺牲在岗位上，他们用执着坚守、奉献牺牲诠释着对党和人民的忠诚、对法治事业的热爱。湖南法院周春梅法官严格执行“三个规定”，因拒绝说情

打招呼遭到歹徒残害，血染法徽，用生命捍卫了司法公正！

提升司法能力。突出实战实用实效导向，让干警在服务和保障抗疫斗争、化解矛盾纠纷、攻坚改革难题中受考验、长才干。认真落实法官法，修订法官教育培训工作条例，培训干警320.8万人次，加强实践锻炼和专业训练。推进审判专业化建设，加强涉外、知识产权、互联网等审判人才培养，大力发现培养选拔优秀年轻干部。完善法官任职政策衔接，加强法官员额省级统筹、动态调整，根据地方经济社会发展实际和案件总量科学配置员额法官，解决中西部艰苦边远地区法院人才短缺问题。通过选派干部、培养双语法官、讲师团巡回授课等方式，加强西部及民族地区基层法院队伍建设。

推进党风廉政建设和反腐败斗争。坚持全面从严治党、从严治院、从严管理，严格落实中央八项规定及其实施细则精神，针对审务督察发现的问题，开展司法作风专项整治。对防止干预司法“三个规定”执行情况“回头看”，完善四级法院统一的记录报告平台，实行月报告制度，推动铁规禁令落地见效。按照党中央部署扎实开展队伍教育整顿试点，以零容忍态度清除害群之马。最高人民法院查处本院违纪违法干警11人。各级法院查处利用审判执行权违纪违法干警1550人，其中追究刑事责任346人。以法院系统发生的违纪违法案例为镜鉴，在全国法院深入开展“以案释德、以案释纪、以案释法”警示教育。修订任职回避规定，加强法院督察工作，健全法官惩戒制度，防范和严惩司法腐败，涵养清风正气。

七、自觉接受监督

自觉接受人大监督，认真落实十三届全国人大三次会议精神。尊重代表的权利就是尊重人民的权利,围绕代表审议时提出的1349条意见建议,加强调查研究,逐项落实,转化为推动法院工作发展的动力和实际成效。比如,针对建立疫后涉企纠纷联调联动机制的建议,加强涉疫法律风险提示,依托一站式平台联动化解矛盾,助力稳企业保就业;针对优化民营企业发展法治环境的建议,完善产权司法保护措施,对接商会调解平台,方便民营企业依法维权;针对加大知识产权刑事司法保护力度的建议,出台办理知识产权刑事案件司法解释,完善知识产权司法保护制度;针对加强妇女儿童司法保护的建议,加大反家暴力度,完善少年司法制度,强化未成年人保护和犯罪预防。在制定重大司法解释过程中,注重听取相关专业领域代表委员的意见建议。向全国人大常委会专题报告加强民事审判工作情况,根据审议意见提高司法服务经济社会发展能力水平。邀请代表参加司法护航长江等视察调研活动。针对371件代表建议和代表日常提出的409条建议,逐件办理跟踪,认真沟通反馈,推动惩治暴力伤医、保护商业秘密等工作取得积极进展。自觉接受民主监督,办理政协提案147件,走访接待全国政协委员110余人次。畅通与民主党派、工商联和无党派人士沟通联络,真心诚意听取意见。贯彻监察法,自觉接受监察机关对法院工作人员进行监督。依法接受检察机关诉讼监督,公正审理抗诉案件,认真办理检察建议。广泛接受社会监督,认真听取特约监督员和特邀咨询员意见建议。主动接受舆论监督,加强与新闻媒体互动,共同维护社会公平正义。

各位代表,“十三五”时期,与党和国家事业发展同步,人民法院工作发生深刻变革、实现长足进步。新时代正确司法理念牢固树立,审判体系和审判能力现代化加快推进,司法体制改革和智慧法院建设取得重大进展,开放动态透明便民的阳光司法机制成熟定型,立案难得到解决,“基本解决执行难”目标如期实现,一站式多元解纷和诉讼服务体系基本建成,一批历史形成的重大冤错案件得到依法纠正,全国法院广大干警扎实工作、无私奉献,完成“十三五”规划确定的“司法公信力明显提高”“人权得到切实保障,产权得到有效保护”等目标任务,为平安中国、法治中国建设作出积极贡献。面向“十四五”,最高人民法院正在制定“十四五”专项规划,更好履行新时代新阶段赋予人民法院的职责使命。

人民法院工作的发展进步,根本在于习近平同志作为党中央的核心、全党的核心领航掌舵,在于以习近平同志为核心的党中央坚强领导,在于习近平新时代中国特色社会主义思想科学指引。人民司法事业的新变革新进步,都是习近平法治思想在人民法院的生动实践。实践证明,习近平法治思想是指引中国特色社会主义法治建设的科学指南,党的领导是我国社会主义法治之魂,中国特色社会主义法治道路越走越宽广,前景无限光明。人民法院工作成绩的取得,是全国人大及其常委会有力监督,国务院大力支持,全国政协民主监督,国家监察委员会、最高人民检察院监督,各民主党派、工商联、人民团体、无党派人士民主监督,地方各级党政机关、全国人大代表、全国政协委员、社会各界和广大人民群众关心支持帮助的结果。在此,我代表最高人民法院表示衷心的感谢!

我们清醒看到,人民法院工作还存在不少问题:一是司法理念同新发展理念要求相比存在差距，服务高质量发展水平还需提升。二是司法能力还有不足，对精准服务大局、防范化解风险、满足群众多样化司法需求研究不够，一些案件审判质量效率不高、效果不好，存在机械司法、就案办案问题。三是司法改革系统集成、协同高效有待加强，司法责任制综合配套措施全面落地存在差距。四是司法领域腐败问题仍有发生，有的法官贪赃枉法、徇私枉法，严重损害法治权威。五是队伍建设还有短板，一些法院法官员额不足，一些领域专业化审判人才短缺，尚未形成科学完备的司法人才培养体系，一些法院招人难、留人难问题尚未得到很好解决，一些法院人案矛盾依然突出，司法职业保障需要加强。六是基层基础工作存在薄弱环节，一些地方人民法庭建设存在差距，服务乡村振兴、促进社会治理的能力水平有待进一步提高。对这些问题，我们将在党的领导下，采取有力措施，努力加以解决。

2021 年工作安排

2021 年和今后一个时期，人民法院要坚持以习近平新时代中国特色社会主义思想为指导，全面贯彻党的十九大和十九届二中、三中、四中、五中全会及中央全面依法治国工作会议、中央政法工作会议精神，认真落实本次大会决议，忠实履行宪法法律赋予的职责，紧扣推动高质量发展主题，准确把握立足新发展阶段、贯彻新发展理念、构建新发展格局要求，更加注重系统观念、法治思维、强基导向，坚持稳中求进、守正创新，推动新时代人民法院工作高质量发展，为全面建设社会主义现代化国家开好局起好步提供有力司法服务。

一是加强政治建设。深入学习贯彻习近平新时代中国特色社会主义思想，真学真信笃行习近平法治思想，增强“四个意识”、坚定“四个自信”、做到“两个维护”。立足“两个大局”，胸怀“国之大者”，对标对表党中央决策部署，不断提高政治判断力、政治领悟力、政治执行力。深入贯彻《中国共产党政法工作条例》，坚持党对司法工作的绝对领导，坚定不移走中国特色社会主义法治道路。

二是积极服务大局。全面贯彻新发展理念，紧扣“十四五”规划和2035年远景目标纲要确定的经济社会发展目标任务，依法履职、精准发力，积极服务常态化疫情防控和经济社会高质量发展。聚焦办好发展安全两件大事，推动更高水平的平安中国建设，深入推进反渗透反颠覆反间谍反分裂反恐怖反邪教斗争，推动扫黑除恶常态化，依法严惩腐败犯罪，依法惩治网络犯罪，坚决维护国家政治安全和社会大局稳定。全面加强知识产权司法保护，加强知识产权法院建设，加大对“卡脖子”关键核心技术及新兴产业、重点领域、种源等保护力度，服务科技自立自强，服务科技强国建设。加大对红色经典作品的知识产权司法保护力度。加强反垄断和反不正当竞争司法，保护消费者合法权益，维护市场公平竞争秩序和社会公共利益。加强破产审判工作，推动健全便利、高效、有序的市场主体退出制度。完善司法政策，强化司法协作，服务区域协调发展。高标准建设海南自由贸易港知识产权法院、北京金融法院。加大产权司法保护力度，妥善化解生产、分配、流通、消费领域纠纷，服务构建新发展格局。加强对数字经济、互联网、人工智能、无人驾驶等新技术新应用研究，妥善审理相关案件，促进新模式新业态依法规范发展。落实长江保护法等法律法规，保护野生动物，提升生态环境司法保护水平。依法维护国家海洋权益和安全，服务海洋强国建设。加强国际法研究和运用，坚决维护国家主权、安全、发展利益，服务推动构建人类命运共同体。

三是坚持司法为民。切实实施民法典，提升我国民事权利司法保护水平。支持和监督行政机关依法行政。依法妥善审理涉“三农”案件，积极服务巩固拓展脱贫攻坚成果同乡村振兴有效衔接。加强妇女、儿童、老年人、残疾人权益保障。认真落实未成年人保护法和预防未成年人犯罪法，加强最高人民法院少年法庭工作办公室和六个巡回审判点建设，充分发挥少年法庭职能作用，加大法治宣传教育力度，保护未成年人健康成长。加强对“互联网+”模式下新业态从业人员合法权益的保障。加强对医务工作者的司法保护，依法严厉打击医闹和暴力伤医违法犯罪行为。加大涉军维权工作力度，开辟涉军维权绿色通道，落实国防法、退役军人保障法，切实维护国防利益和军人军属合法权益，让军人成为全社会尊崇的职业。推进执行难综合治理、源头治理，加大执行工作力度，健全善意文明执行制度，保持执行工作高水平运行。加强涉诉信访工作，做到件件有回声。加强人民法庭建设，强化革命老区、民族地区、边疆地区、脱贫地区法院基层基础建设，提升基层司法水平，努力做到人民群众的需求到哪里，司法服务就跟进到哪里。

四是严格公正司法。坚持新时代正确司法理念，严格贯彻刑事、民事、行政诉讼法，充分保障当事人诉讼权利。贯彻实施刑法修正案（十一）。依法规范减刑、假释、暂予监外执行工作，坚决查处“纸面服刑”“提钱出狱”。坚持合法自愿原则，能调则调、当判则判。切实保障律师依法履职，构建与律师正当交往、良性互动的关系，共同推动法治进步。统一裁判尺度，提高审判执行质效。加强审判执行工作监督管理，确保公正廉洁司法。充分发挥司法裁判惩恶扬善功能，推动社会主义核心价值观深入人心。

五是深化司法改革。全面深化司法责任制综合配套改革，强化改革主体责任，敢于啃硬骨头，对已经实施的改革加强评估问效，让各项改革举措系统集成、协同高效。加强司法制约监督，规范司法权力运行，完善人员分类管理。健全人民陪审员履职管理和保障机制。深化以审判为中心的刑事诉讼制度改革，健全认罪认罚从宽制度，确保严格依法办案。扎实做好民事诉讼程序繁简分流改革试点经验总结和成果转化。健全中国特色一站式多元纠纷解决和诉讼服务体系。加强互联网法院建设，完善在线诉讼程序规则，创造以人民为中心的更高水平社会主义司法文明。

六是建设过硬队伍。认真开展党史学习教育，铸牢政治忠诚之魂，坚定理想信念。加强专业化能力建设，加快培养储备一批高素质专业化审判人才和后备力量。持之以恒纠治“四风”特别是形式主义、官僚主义。以全面开展队伍教育整顿为契机，刀刃向内、刮骨疗毒，严肃查处失职渎职行为，坚决清除害群之马，对自身存在的问题不遮丑、不护短、不文过饰非，坚决整治顽瘴痼疾，纯洁法院队伍。严格落实防止干预司法“三个规定”等铁规禁令，以零容忍态度严惩司法腐败。坚持严管厚爱结合，加强司法职业保障。自觉接受人大监督、民主监督、人民监督和各方面监督。提高群众工作能力，让每一个法官在各种纷繁复杂甚至尖锐激烈的矛盾面前，敢于担当、敢于碰硬，不回避、不推卸，不徇私情、秉公处理，做定分止争的行家里手，既解决案件的法结，又化解群众的心结，让法安天下、德润人心。

各位代表，做好“十四五”时期人民法院工作，责任重大，使命光荣。我们要更加紧密地团结在以习近平同志为核心的党中央周围，以习近平新时代中国特色社会主义思想为指导，认真贯彻本次会议精神，不忘初心、牢记使命，求真务实、开拓创新，充分发挥审判职能作用，为全面建设社会主义现代化国家、实现中华民族伟大复兴的中国梦作出新的更大贡献，以优异成绩庆祝中国共产党成立 100 周年！

第十三届全国人民代表大会第四次会议关于最高人民检察院工作报告的决议

（2021年3月11日第十三届全国人民代表大会第四次会议通过）

第十三届全国人民代表大会第四次会议听取和审议了最高人民检察院检察长张军所作的工作报告。会议充分肯定最高人民检察院的工作，同意报告提出的2021年工作安排，决定批准这个报告。

会议要求，最高人民检察院要以习近平新时代中国特色社会主义思想为指导，深入贯彻习近平法治思想，全面贯彻党的十九大和十九届二中、三中、四中、五中全会精神，毫不动摇坚持党的绝对领导，坚持以人民为中心，更加注重系统观念、法治思维、强基导向，忠实履行宪法法律赋予的职责，着力维护国家政治安全、确保社会大局稳定、促进社会公平正义、保障人民安居乐业，持续深化司法体制改革，不断增强政治自觉、法治自觉、检察自觉，建设过硬检察队伍，推动刑事、民事、行政、公益诉讼检察工作全面协调充分发展，为全面建设社会主义现代化国家开好局起好步提供有力司法保障，以优异成绩庆祝中国共产党成立100周年！

最高人民检察院工作报告

——2021 年 3 月 8 日在第十三届全国
人民代表大会第四次会议上

最高人民检察院检察长　张　军

各位代表：

现在，我代表最高人民检察院，向大会报告工作，请予审议，并请全国政协各位委员提出意见。

2020 年工作回顾

过去一年极不平凡。在以习近平同志为核心的党中央坚强领导下，在全国人大及其常委会有力监督下，在中央政法委领导下，最高人民检察院坚持以习近平新时代中国特色社会主义思想为指导，深入贯彻党的十九大和十九届二中、三中、四中、五中全会精神，认真贯彻习近平法治思想，切实落实十三届全国人大三次会议决议，把增强“四个意识”、坚定“四个自信”、做到“两个维护”融入检察履职，积极应对各类风险挑战特别是新冠肺炎疫情带来的严重冲击影响，以高度的政治自觉、法治自觉、检察自觉担当作为，各项工作取得新进展。

一年来，全国检察机关共办理各类案件 301 万件，同比下降 19.4%。其中，受理的审查逮捕、审查起诉、申诉案件同比分别下降 30.6%、12.4%和 46.1%；主动履职的公益诉讼、诉讼监督案件同比分别上升 19.2%和 9.6%。

一、积极融入国家治理，以检察保障助推长治久安

着力推进更高水平的平安中国、法治中国建设，自觉在提升国家治理效能中担当作为。批准逮捕各类犯罪嫌疑人 770561 人、提起公诉 1572971 人。

*坚决维护国家安全和社会安定。*坚持总体国家安全观，严厉打击境内外敌对势力渗透颠覆分裂破坏活动。坚决贯彻香港特别行政区维护国家安全法。支持新疆等地依法防治暴恐犯罪，确保社会大局持续稳定、长期稳定。对杀人、抢劫等严重暴力犯罪始终保持高压态势，起诉 5.7 万人，核准追诉"南医大女生被害案"等 35 起陈年命案。突出惩治盗窃、诈骗、抢夺等多发性侵财犯罪，起诉 35 万人。依法惩治黄赌毒犯罪，起诉 21.2 万人。

*在依法履职战疫和促进经济恢复中弘扬伟大抗疫精神。*及时出台系列司法政策，指导依法追诉妨害疫情防控犯罪，筑牢抗疫法治防线。继去年初打破常规、连续发布 10 批 55 件典型案例后，因应疫情防控常态化，再就核酸检测造假、制售假疫苗等发布 4 批 19 件从严追诉典型案例，指导办案、震慑犯罪、预警社会。各级检察机关特别是湖北检察机关下沉一线，扎实履行依法战疫各项检察职能。全国检察机关共批捕涉疫犯罪 7227 人，起诉 1.1 万人。坚决贯彻党中央统筹推进疫情防控和经济社会发展部署，制定实施"11 条意见"，服务

“六稳”“六保”。突出稳企业保就业，用好司法政策，助力各类企业复工复产、渡过难关。有力惩治侵害民营企业合法权益的犯罪，起诉2.3万人，同比上升2.9%。持续清理长期未侦结的涉企“挂案”，2019年排查的2687件已督促办结2315件；去年再会同公安部排查督办5088件，为企业解绊，促放手发展。对企业负责人涉经营类犯罪，依法能不捕的不捕、能不诉的不诉、能不判实刑的提出适用缓刑建议，同时探索督促涉案企业合规管理，促进“严管”制度化，不让“厚爱”被滥用。检察机关受理一起串通投标案，查明6家涉案企业系受黑社会性质组织胁迫出借资质，对涉黑犯罪依法严惩，对企业则依法不起诉，促其规范经营。开展企业控告申诉专项清理，排查2.1万件，支持企业合法诉求5519件。助力企业发展同时，依法维护劳动者合法权益，发布恶意欠薪犯罪典型案例，起诉1821人，支持农民工起诉讨薪维权1.1万件。严格区分恶意欠薪与因周转困难而欠资，以精准司法保企业、为员工利益谋长远。

推动扫黑除恶专项斗争取得全面胜利。检察机关参与三年为期的专项斗争，一开始就明确提出“是黑恶犯罪一个不放过、不是黑恶犯罪一个不凑数”，省级检察院对涉黑和重大涉恶案件严格把关；会同有关部门制定9个指导性文件，统一办案标准；对150起重大案件挂牌督导。2018年以来，共批捕涉黑涉恶犯罪14.9万人，起诉23万人，其中起诉组织、领导、参加黑社会性质组织犯罪5.4万人，是前三年的11.9倍。对未以涉黑涉恶移送起诉的，依法认定5732件，占起诉数的15.9%；以涉黑涉恶移送，依法不认定2.1万件，占受理数的

36.3%。坚持除恶务尽，起诉涉黑涉恶“保护伞”2987人。结合办案推动重点行业领域依法治理，社会治安秩序明显改善：去年受理审查起诉刑事案件为近4年最低，严重暴力犯罪案件为近20年最低。党中央坚强领导下的这场专项斗争，惩治力度更大、办案质量更好、“打伞破网”更严，人民群众以更实在的安全感进入全面小康。

*积极参与网络治理。*起诉网络犯罪14.2万人，在刑事案件总量下降背景下，同比上升47.9%。针对传统犯罪加速向网上蔓延态势，专设检察办案指导组，制定追诉、指控犯罪65条标准，用好专业人员辅助办案制度，助推依法从严治网。结合办案，就整治网络黑灰产业链、提升移动互联网监管执法能力、加大未成年人网络保护力度向工业和信息化部发出第六号检察建议，抄送公安部等部门，共同推进网络秩序综合整治。

*在反腐败斗争中履职尽责。*协同完善监察执法与刑事司法衔接机制，监检互相配合、互相制约，办案质量不断提升。受理各级监委移送职务犯罪19760人，已起诉15346人，不起诉662人，不起诉率同比增加0.5个百分点；退回补充调查4013人次，退查率同比减少12.4个百分点。对赵正永等12名原省部级干部提起公诉。赖小民受贿数额特别巨大、罪行极其严重，提出判处死刑的公诉意见，判决予以采纳。用好法定特别程序，力促追逃追赃。对逃匿、死亡贪污贿赂犯罪嫌疑人启动违法所得没收程序；首次适用缺席审判程序，对潜逃境外19年的贪污犯罪嫌疑人程三昌提起公诉。立案查办司法工作人员利用职权实施的侵犯公民权利、损害司法公正犯罪

1421 人，同比上升 63. 1%。

深入落实认罪认罚从宽制度。刑事诉讼法明确规定，犯罪嫌疑人、被告人自愿如实供述自己的罪行，承认指控的犯罪事实，愿意接受处罚的，可以依法从宽处理。这一制度源出我国经济发展、社会安定，犯罪结构明显变化，重罪占比持续下降，轻罪案件不断增多。判处不满三年有期徒刑及以下刑罚案件，从 2000 年占 53. 9%升至 2020 年的 77. 4%。全面贯彻宽严相济刑事政策，重罪须从严追诉，轻罪则依法宽缓；促进认罪认罚、少捕慎诉慎押，更利矛盾化解、社会治理。检察机关在刑事诉讼中承前启后，积极履行主导责任，与公安机关、人民法院互相配合、互相制约，该用尽用、规范适用。全面审查案件事实、证据，不因认罪而降低证明标准。区分案件性质、情节和社会危害，对犯罪性质和社会影响特别恶劣的，依法从严追诉、不予从宽；对轻罪案件特别是因民间纠纷引发的轻微刑事案件，尽量依法从简从快从宽处理；对依法可不批捕和犯罪情节轻微、不需要判处刑罚的，不批捕 8. 8 万人、不起诉 20. 2 万人，占已办结案件比例分别增加 0. 8 和 3. 9 个百分点。捕后认罪认罚可不继续羁押的，建议释放或变更强制措施 2. 5 万人。审前羁押从 2000 年占 96. 8%降至 2020 年的 53%。向全国人大常委会专题报告制度适用情况，围绕审议意见推出 28 条深化落实举措。全年认罪认罚从宽制度适用率超过 85%；量刑建议采纳率接近 95%；一审服判率超过 95%，高出其他刑事案件 21. 7 个百分点。司法效率更高，办案效果更好。

促进完善社会治理体系。用典型案件引领法治、促进治理是检察办案的更高追求。定期发布检察办案数据、发案特点及趋势，以“检察专报”引导动态防治。发布“遭遇暴力传销反击案”“反抗强奸致施暴男死亡案”“阻止非法暴力拆迁伤人案”等6起正当防卫不捕不诉典型案例，诠释正当防卫理念和适用规则，坚定捍卫“法不能向不法让步”。2018年底发布“昆山反杀案”指导性案例后，2019年和2020年因正当防卫不捕不诉819人，是之前两年的2.8倍。与公安部等出台指导意见，严惩以“被害”为名设局索财，让“碰瓷”者“碰壁”。网络大V“辣笔小球”恶意诋毁贬损卫国戍边英雄官兵，江苏检察机关迅速介入，依法适用今年3月1日起施行的刑法修正案(十一)，首次以涉嫌侵害英雄烈士名誉、荣誉罪批准逮捕，并在军事检察机关支持配合下，开展公益诉讼调查。英烈不容诋毁，法律不容挑衅。

二、紧紧围绕发展大局，以检察服务助力全面小康

紧紧围绕决胜全面建成小康社会，聚焦打好打赢三大攻坚战，以有力履职促进高质量发展，自觉在服务大局中担当作为。

*在决战脱贫攻坚中贡献检察力量。*用好国家司法救助制度，对因犯罪侵害等致生活陷入困境的被害人及其近亲属“应救尽救”，防止因案致贫返贫。救助3.2万人4.2亿元，同比分别上升55.2%和61.3%。湖南检察机关办理一起涉黑案时，发现被害人遗孤无人照管，在安置、救助同时，协调民政、教育部门解决其监护和就学问题。为让被侵占、挪用的扶贫资金尽早发挥作用，推广云南经验，建立扶贫领域涉案财物依法快速返还机制，改变不结案不返还惯常做法，会同有关机

关一体实施。去年检察办案中快速返还1.2亿元，惠及3.2万人。

保卫蓝天碧水净土。助力污染防治攻坚，起诉破坏生态环境资源犯罪5.1万人，办理相关公益诉讼案件8.4万件，同比分别上升0.9%和21%。万峰湖地处黔桂滇接合部，因无序养殖、水质恶化，2016年、2017年连续两次被中央环保督察点名。因治防分属管辖，效果不尽如人意。最高人民检察院直接立案，三地党委和政府大力支持，协同治理、联手防控，再现一湖碧水。与生态环境部等开展危险废物环境违法犯罪专项打击。会同自然资源部开展试点，强化土地执法领域协作，落实最严格耕地保护制度。出台检察政策，服务保障长江十年禁渔，促进综合运用刑事、行政、经济手段惩治非法捕捞。

护航金融安全。从严追诉金融诈骗、破坏金融管理秩序犯罪，起诉4.1万人，同比上升3.2%。会同公安部对36起重大案件挂牌督办；会同证监会发布典型案例，严惩财务造假、操纵市场、内幕交易，维护投资者合法权益。开设金融检察微课堂，以案释法，引导理性投资。与相关部门共同制定指导意见，严惩洗钱行为。共起诉洗钱犯罪707人，是2019年的4.7倍。

跟进服务创新驱动发展。组建知识产权检察办公室，整合刑事、民事、行政检察职能，以专业办案团队强化综合司法保护，并在天津、海南、重庆等9省（市）试点。针对一些知识产权刑事案件中，权利人难以依法及时维权，全面推开诉讼权利义务告知制度。与最高人民法院共同发布司法解释，会同公安部完善侵犯商业秘密立案追诉标准，加大惩治力度。协同国家版权局等对49起重大侵权盗版案挂牌督办。起诉侵犯知识产权犯罪1.2万人,同比上升10.4%。对国内外企业知识产权一视同仁、平等保护。审慎办理涉科研经费案件,甄别有无非法占有目的,谨防把一般违法、违纪问题作犯罪处理。

服务区域协调发展。制定专门规范服务自贸区建设,支持海南自贸港建设。出台21项举措支持粤港澳大湾区发展。京津冀检察联动服务协同发展,支持雄安新区建设。务实深化长江经济带检察协作,落实共抓大保护。沿黄9省(区)检察机关共同保护母亲河生态环境。沪苏浙皖21条检察意见服务长三角一体化发展。川渝48项检察协作机制服务双城经济圈建设。渝桂检察协作助力西部陆海新通道安全畅通。辽吉黑检察机关携手开展黑土地保护专项监督,综合运用刑事、公益诉讼等检察职能,依法惩治破坏、占用耕地等违法行为。

促进形成全面开放新格局。与上海合作组织成员国和金砖国家检察机关召开视频会议,共商疫情防控常态化背景下惩防跨国犯罪,完善跨境司法协助机制。首次发布刑事司法协助典型案例,规范境外取证。依法办理涉外案件,维护国家利益和当事人合法权益,以法治为“一带一路”建设护航。

三、全面推进“四大检察”,以检察监督维护公平正义

贯彻落实十三届全国人大三次会议决议关于“推动刑事、民事、行政、公益诉讼检察工作全面协调充分发展”的要求,自觉在促进社会公平正义中担当作为。

刑事检察更加有力。督促侦查机关依法立案2.2万件,监督撤案 2.4 万件，同比分别上升 34%和 58.4%。依法当捕、应诉而未移送的，追加逮捕 2 万人、追加起诉 2.9 万人。对不构成犯罪或证据不足的不批捕 13.8 万人、不起诉 4.1 万人。对认为确有错误的刑事裁判提出抗诉 8903 件，同比上升 7.2%。对“张玉环案”“吴春红案”“韩显辉案”等冤错案件，坚持疑罪从无、有错必纠，建议改判无罪。同时，制发错案责任追究意见，对近年来已纠正重大错案逐一启动问责程序。纠错不能止于国家赔偿，追责必须落到责任主体。社会广泛关注的孙小果、郭文思、巴图孟和“纸面服刑”案中检察监督流于形式，我们深刻反思：刑罚执行中的突出问题，检察监督应当发现而没有发现是失职，发现而不纠正、不报告是渎职。以此自查自纠，3 案 29 名检察人员被严肃追责。创新落实巡回检察制度，直接组织对 3 所监狱跨省交叉巡回检察，推进常态化省内交叉巡回检察，发现并纠正了一批严重违规违法问题。河南检察机关在交叉巡回检察中发现某监狱一度监管秩序混乱，对 7 名监管人员立案侦查，同时严肃追究 6 名派驻检察人员相应责任。责任落实促进工作落实。全国检察机关监督纠正减刑、假释、暂予监外执行不当 5.1 万人次，同比上升 33%。“大墙内”的公平正义备受关注，检察监督责任更重。

民事检察更为精准。努力办好对经济社会发展有引领价值的典型案件，通过抗诉促进统一司法标准，推动解决同类问题；个案问题更多以检察建议促进纠正。提出民事抗诉 4994 件，同比下降 2.1%，法院已改判、发回重审、调解、和解撤诉 2926 件，改变率为 80.7%；提出再审检察建议 9900 件，同比上升 24.2%，法院采纳率 68.7%。对民事审判中违法送达、违法采取保全措施、适用程序错误等提出检察建议 3.3 万件，同比上升 84.4%。对民事执行活动中的违法情形提出检察建议 3.7 万件，同比上升 59.7%。持续深化专项监督，纠正虚假诉讼 10090 件，对涉嫌犯罪的起诉 1352 人，同比分别上升 27.9%和 6.5%。检察机关发现一犯罪团伙虚构带牌车辆买卖合同纠纷起诉，再冒名被告应诉骗取车牌，制造虚假诉讼 283 件，涉案金额 3700 万元，追诉犯罪同时，向 9 家相关法院提出再审检察建议。就防治虚假诉讼、维护司法权威，向最高人民法院发出第五号检察建议。

行政检察持续做实。对认为确有错误的行政裁判提出抗诉 182 件，同比上升 16.7%；提出再审检察建议 198 件，是 2019 年的 2.4 倍。对行政审判中违法送达、违反法定审理期限等提出检察建议 6067 件，是 2019 年的 2.2 倍。对行政执行活动中的违法情形提出检察建议 2.5 万件，同比上升 93.4%。针对一些行政诉讼程序空转，深化专项监督，有效化解行政争议 6304 件，其中讼争 10 年以上的 353 件。一申请人因宅基地纠纷十余年未能解决，提起行政诉讼，2018 年 10 月二审被驳回上诉、维持原判。检察机关受理监督申请后审查认为裁判并无不当，但为化解多年讼争，检察官深入村组，查明纠纷根源，经双向释法说理，协调给予申请人应有补偿，这起“老大难”行政争议终于划上句号。

公益诉讼检察有序拓展。公益司法保护中国方案令人瞩目。去年立案办理公益诉讼案件 151260 件，其中，民事公益诉讼 1.4 万件，行政公益诉讼 13.7 万件，同比分别上升 1 倍和 14.4%。最高人民检察院和省级检察院直接办理了一批跨区域和影响性案件。**践行双赢多赢共赢理念**。建立磋商机制，拟提出检察建议的先促请行政机关主动履职。针对一些污染企业违规享受相关税收优惠政策，与国家税务总局共同核实、督促整改，推动环保处罚信息共享，税收优惠政策进一步完善。发出诉前检察建议11.8万件，同比上升14.1%；行政机关回复整改率99.4%，更多问题诉前即获解决。**将提起诉讼做成生动法治课堂**。检察建议不能落实的，则提起诉讼，将案件办成法治样本，促进依法行政，警示、教育社会面。起诉8010件，同比上升67.6%；法院审结5976件，支持起诉意见5935件。**拓展案件范围**。对群众反映强烈的新领域公益损害问题立案2.7万件，是2019年的3.4倍。发布铁路安全生产领域公益诉讼典型案例，推动沿线环境安全治理。河北、山西、内蒙古、陕西、甘肃检察机关开展长城保护专项监督，新疆检察机关开展文物古迹专项保护行动。上海、安徽检察机关推动居民小区电动车“飞线充电”专项治理，维护城市公共安全。贵州检察机关针对网络餐饮平台强制“二选一”，督促主管部门治理不正当竞争行为；青海检察机关与消费者协会协作，探索拓展消费领域民事公益诉讼，保护消费者合法权益。

以民法典指引检察履职。召开贯彻实施民法典工作会议，全员线上专题培训，全面清理司法解释及相关规范性文件。以贯彻实施民法典为契机，树立权力监督与权利救济相结合的民事检察思维，确立法定性与必要性相统一的民事检察监督标准。把民法典作为“四大检察”的重要价值指引，刑事追诉秉持客观公正立场，平等、充分保障诉讼参与人的民事

权利，坚决防止和纠正以刑事案件名义插手民事纠纷、经济纠纷。对违法取证、违法查封扣押冻结等侵犯人身权、财产权、人格权的侦查活动违法情形，提出纠正意见5万件次。妥善处理刑事和民事法律关系交叉案件，对于民事欺诈、合同纠纷案件，准确判断主观故意，谨防违法追诉；对打着民事交易、经济纠纷幌子，实为侵财犯罪的“套路贷”等，严格依法追诉。

*构建规范有序的检律关系。*保障律师依法执业，就是保护当事人合法权益。监督纠正执法司法机关阻碍律师行使诉讼权利958件，同比上升30.5%。促进地方检察机关建立律师异地阅卷、远程会见等保障机制。主动与司法行政机关沟通，推动健全值班律师制度，做实认罪认罚从宽案件中的控辩协商。携手司法部、全国律协，建立定期会商机制，同构积极、建设性检律关系。

四、紧扣民心这个最大政治，以检察为民增进民生福祉

坚持以人民为中心的发展思想，紧盯人民群众的操心事、烦心事、揪心事，自觉在保障人民权益中担当作为。

*守护“舌尖上”“脚底下”的安全。*与国家市场监督管理总局等联合开展“四个最严”专项行动，会同国务院食品安全办等10部门完善线索移送、案件通报等协作机制，起诉制售有毒有害食品、假药劣药等犯罪8268人，办理食品药品安全领域公益诉讼案件2.7万件。联手最高人民法院、公安部出台指导意见，对盗窃、破坏公共场所窨井盖行为，以破坏交通设施等危害公共安全犯罪追诉。办理涉窨井盖刑事犯罪106件、公益诉讼424件。梳理办案中发现的窨井施工、管理、养护等方面问题，向住房和城乡建设部发出第四号检察建议，该

部牵头制发窨井盖管理指导意见，促进对水电气、供暖、通信、广电等各类井盖联手共治；地方检察机关联动落实，督促整改窨井安全隐患 17.6 万处。井盖必须安全地踩在脚下。

以公开听证办好群众信访。去年新收群众信访 92.7 万件，均在 7 日内告知“已收到、谁在办”，3 个月内办理过程或结果答复率 99.8%。及时回复、用心办理赢得群众信赖，检察机关信访总量同比下降 4.3%，重复访同比下降 13.8%。坚持和发展新时代“枫桥经验”，集中办理信访积案 2.5 万件，其中 5 年以上的 1018 件全部办结。推广河南经验，各级检察院检察长承办多年难结案件，接访办案 3.3 万人次，是 2019 年的 2.4 倍。对重大争议或影响性案件，创新以听证形式公开审查。大检察官带头，四级检察院全覆盖，组织听证 2.9 万件，是 2019 年的 10.8 倍。邀请人大代表、政协委员、人民监督员、社区居民等参与，让当事人把事说清、听证员把理辨明、检察官把法讲透，听证后化解率 83.7%。开通听证网络直播，以公开促公正赢公信。

倾情守护未成年人安全健康成长。从严追诉性侵、虐待未成年人和拐卖儿童等犯罪 5.7 万人。会同有关部门建成 1029 个“一站式”办案场所，促进询问、证据提取一次完成，尽力防止“二次伤害”。对监护人侵害和监护缺失，支持起诉、建议撤销监护人资格 513 件，是 2019 年的 6.3 倍。未成年人涉嫌犯罪既应依法惩戒，更要教育帮扶，重在转化。起诉涉嫌犯罪的未成年人 3.3 万人。对罪行较轻并有悔改表现的附条件不起诉 1.1 万人，占办结未成年人案件总数的 21%，同比增加 8.3 个百分点。福建福州检察机关探索运用督促监护令，

促家长履行管教义务。湖南检察机关办理校园性侵案发现，某校两名负责人知情后既未认真核实也未向有关部门报告，导致犯罪嫌疑人继续实施犯罪行为，依法以玩忽职守罪追究刑事责任。未成年人保护法修订，吸收最高人民检察院会同教育部、国家卫健委等推行的侵害未成年人案件强制报告、教职员工入职前查询违法犯罪记录等制度。孩子就是未来，保护青少年合法权益要持续做得更实。

彰显法治的温暖与力量。**坚决维护国防利益和军人军属合法权益**。起诉破坏军事设施、破坏军婚等涉军犯罪 381 人。与有关部门制定加强退役军人司法救助工作意见，救助 378 名遭受不法侵害的军人军属、退役军人，是 2019 年的 3 倍。办理军用土地保护和军营周边环境整治以及机场净空、舰艇航道、军事设施维护等公益诉讼 151 件。某军用机场附近企业违法排放，严重影响部队战训。辽宁军地检察机关联署发出检察建议，驻地政府迅即整治，多年扰军难题得到系统治理。**切实维护港澳台同胞、海外侨胞和归侨侨眷合法权益**。依法妥善办理涉港澳台和涉侨案件。浙江青田“检侨之家”以远程视频为海外华侨解申诉难题。**坚决严惩任何伤医扰医犯罪**。起诉 496 人，在前两年大幅下降基础上，同比又下降 69.7%。**高度重视特殊群体权益保障**。会同中国残联推广杭州经验，开展无障碍环境建设公益诉讼，“有爱无碍”让残障人士放心出门。针对“无码老人”出行、消费困难，开展信息无障碍公益诉讼，促请职能部门消除“数字鸿沟”。与全国妇联完善保护妇女儿童权益协作机制。

降低不该有的维权成本，落实必须有的违法代价。司法案件绝大多数发生在群众身边,件件连着民心,都是“天大的事”。让司法既有力度又有温度,须融法理情于办案全过程。**轻罪不是无罪、更不是无害,可依法轻处但决不放纵**。针对网络侵权多发、个人维权困难,抓住两男子偷拍取快递女子并在网上造谣其出轨的典型案例,指导浙江检察机关发出检察建议,公安机关以涉嫌诽谤罪立案侦查,自诉转公诉。此类严重扰乱网络社会公共秩序案,司法机关应担追诉之责,不能让受害人畏难维权。**攫取非法利益肆意损害公益的,须令其付出更高代价**。指导江西检察机关办理一起外地跨省倾倒废液严重危害村民饮水安全案,因危害公益后果仍在持续,首次适用民法典变更诉讼请求:承担损害赔偿责任的同时,诉请被告承担惩罚性赔偿责任,得到支持。指导广东、陕西、宁夏等地检察机关探索危害食品安全民事公益诉讼惩罚性赔偿,督促落实从业禁止。赚“黑心钱”必须重惩重罚,做实不敢犯、促进不能犯。**对严重损害群众获得感的犯罪,案值不大亦须坚决惩治**。一搬家公司低价揽活,再将约定的数百元坐地起价 10 余倍,敲诈勒索 31 起,检察机关依法追诉 19 人,铲平喜迁新居的“路障”。用心办好群众身边“小案”,助推法治更暖民心。

五、牢记打铁必须自身硬,以检察建设确保依法履职

认真贯彻习近平总书记对政法队伍建设的重要指示精神,落实“五个过硬”要求,自觉以更强本领担当作为。

以政治建设引领业务发展。学思践悟习近平法治思想,坚决贯彻《中国共产党政法工作条例》,自觉融入检察履职。深入学习贯彻党的十九届五中全会精神,制定发布《“十四

五”时期检察工作发展规划》。落实中央巡视整改主体责任，重在把问题的本质、要害找准，从源头上整改。修订民事、行政诉讼监督规则，制定公益诉讼办案规范，促进严格依法履职。发布指导性案例9批34件、典型案例81批525件，要求强制检索、参照办案。创刊《镜鉴》，反思违纪违法、错案教训，引以为戒。会同中央媒体评选“新时代最美检察官”，组织优秀公诉人竞赛等业务练兵，通报表扬49名优秀检察官、30个优秀办案团队，让榜样引领政治强、业务精。

深化运用“案—件比”质效评价标准。发布以“案—件比”为核心的案件质量评价指标，以知促行，引导检察办案求极致，惠及群众、减少讼累。2020年刑事检察“案—件比”1∶1.43，“件”同比下降0.44，压减了41.2万个非必要办案环节、统计中的“案件”。更重要的是检察理念、作风在转变：延长审查起诉期限、退回补充侦查同比分别下降57%和42.6%；自行补充侦查4.8万件，是2019年的23.5倍；不捕不诉率进一步上升，公安机关提请复议复核则下降40.2%，办案质效明显提升。

持续抓实从严治检。抓住落实“三个规定”不放，筑牢防范人情案、关系案、金钱案的制度“堤坝”。在2019年四级检察院全面报告过问干预案件情况基础上，建立网上填报系统，定期通报、随机抽查。全年记录报告过问干预案件等事项67763件，是前两年总数的5.8倍。如实填报，重在抓实。发生司法腐败案件，均倒查记录报告情况。按照党中央部署，扎实开展队伍教育整顿试点。自觉接受纪委监委和派驻纪检监察组监督，包括最高人民检察院机关4人在内的1318名检察人员因违纪违法被立案查处,同比上升2.2%。其中,移送追究刑事责任142人,同比上升20.3%;检察官589人,同比下降14.3%;发生在检察办案活动中的629人,同比下降13.5%。履行主体责任自行查纠的予以肯定,被动查处的依纪问责。

坚持不懈服务基层、打牢基础。研究制定新时代基层检察院建设25条意见。省级检察院梳理出129个工作滞后基层检察院,市级以上检察院班子成员定点联系、精准帮扶。全面推开东中西部检察院结对共建,健全跨市、县检察人员互派交流机制。全面贯彻新时代党的治疆、治藏方略,统筹规划、务实推进检察对口援助,促进新疆、西藏、青海等地检察工作高质量发展。研发运行检察业务应用系统2.0版,助推办案质量、效率、效果更优。实行案件序号终身制,无论经历多少层级、环节,一号到底,让检察办案能回溯、司法责任可落实。

各位代表,检察权是人民赋予的。我们**自觉接受人大监督、民主监督**。邀请1080位全国人大代表、全国政协委员视察检察工作、参加检察活动。系统梳理代表委员审议报告、视察座谈时提出的4236条意见建议,落实在日常工作。代表委员提出的204件书面建议、57件提案全部办结回复,连续三年邀请代表委员评选建议提案优秀答复文稿。继续走访各民主党派中央、全国工商联,去年上门征集的71条建议全部落实。**自觉接受履职制约**。对公安机关提请复议复核的案件更换承办人重新审查,改变原决定439人。对判决无罪的公诉案件逐案阅卷评查。**自觉接受社会监督**。四级检察院同步举办网上线下检察开放日，接受监督不因疫情“打折”。依靠群众监督、舆论监督，检察监督才能做得更好。

各位代表，“十三五”时期，伴随着党和国家事业取得新的历史性成就，检察理念变革、职能体系重构、内设机构重塑，检察履职服务大局更加主动，队伍素质能力持续提升，各项检察工作稳步向前。人民检察事业的发展进步，根本在于以习近平同志为核心的党中央坚强领导，根本在于习近平新时代中国特色社会主义思想的科学指引；离不开全国人大及其常委会有力监督、国务院大力支持、全国政协民主监督，国家监察委员会、最高人民法院配合与制约，各民主党派、工商联和无党派人士、各人民团体及地方各级党政机关、各位代表、各位委员和社会各界热忱关心、支持和帮助。我谨代表最高人民检察院表示衷心感谢！

我们清醒认识到，检察工作与党和人民更高要求、时代发展赋予更重责任不尽适应。**一是**对习近平法治思想领悟、践行需持续做实，检察理念还需更新、转变，一些检察人员存在就案办案、机械司法问题，融入经济社会发展大局的针对性、实效性不足。**二是**法律监督职责履行不够到位，不敢、不善、不规范监督时有发生，相关制度机制不够完善，基层民事、行政检察仍较薄弱。**三是**基层基础工作仍是突出短板，抓基层组织、基础工作、基本能力建设还不够实。**四是**统筹落实司法体制改革不够，配套改革措施尚待完善。**五是**全面从严治党治检存在薄弱环节，一些检察人员失职渎职、贪赃枉法甚至充当“保护伞”，教训深刻。问题倒逼担当，我们将下大气力破难题、补短板。

2021 年工作安排

党的十九届五中全会擘画了新发展阶段党和国家事业发展宏伟蓝图，检察事业开启新的征程。做好“十四五”时期检察工作，**根本指引**是习近平新时代中国特色社会主义思想；**总体要求**是更加注重系统观念、法治思维、强基导向，努力让人民群众在每一个司法案件中感受到公平正义；**基本布局**是“四大检察”“十大业务”全面协调充分发展；**战略支点**是加强基层组织、基础工作和基本能力建设；**总体目标**是以检察工作自身高质量发展服务保障经济社会高质量发展。2021 年是中国共产党百年华诞。站在“两个一百年”的历史交汇点，贯彻习近平法治思想，统筹国内国际两个大局，服务发展安全两件大事，检察人要更加自觉担当作为，肩负起新的历史使命，为全面建设社会主义现代化国家开好局、起好步提供有力法治服务保障。

第一，持续稳进，切实增强服务高质量发展的政治自觉。主动立足把握新发展阶段、贯彻新发展理念、构建新发展格局，聚焦“十四五”时期经济社会发展目标任务，找准检察服务的着力点。针对影响国家安全、社会安定、人民安宁的突出问题，突出惩治危害国家安全犯罪、严重暴力犯罪、经济金融犯罪、网络犯罪，促进防范化解影响我国现代化进程的各种风险。强化监督办案，坚决打击黑恶势力及其“保护伞”，持续用力推进扫黑除恶常态化。持续加大惩治涉医犯罪力度，坚决维护医护人员人身安全。加大侵犯知识产权犯罪打击力度，积极参与整治群众反映强烈、侵权假冒多发的重点领域，扎实推进知识产权综合司法保护试点，促进提高知识产权保护工作法治化水平。依法惩治职务犯罪。综合运用检察职能，服务常态化疫情防控。从严惩治危害粮食安全、食品药品安全和污染环境等犯罪，加大危害安全生产犯罪防治力度。加强涉海案件诉讼衔接，坚决维护国家海洋权益和安全。平等保护国企民企、内资外资、大中小微企业；积极、稳妥试点，督促涉案企业合规管理，做好依法不捕、不诉、不判实刑的后续工作。融入平安乡村、法治乡村建设，助力巩固拓展脱贫攻坚成果同乡村振兴有效衔接。自觉把社会主义核心价值观融入司法办案。加强案例指导和司法解释工作，统一执法司法标准，推动形成高效规范、公平竞争的国内统一市场，更好服务国内国际双循环。坚决惩治涉军犯罪，积极推进涉军公益诉讼，部署军用机场净空专项监督，助力强军兴军。行使司法主权，用法治助力中国企业走出去，维护中国企业海外利益和中国公民安全利益。

第二，狠抓落实，切实增强融入全面依法治国的法治自觉。深入贯彻中央全面依法治国工作会议精神，落实法治中国建设规划、法治社会建设实施纲要，充分发挥法律监督职能，加大执法司法制约监督力度。贯彻实施好刑法修正案(十一)；民法典要贯彻到检察办案全过程。深化落实少捕慎诉慎押司法理念，提升认罪认罚从宽案件办理质效，推动非羁押强制措施多用、用好。促进刑事案件审查起诉环节律师辩护全覆盖。开展减刑、假释、暂予监外执行专项监督，既防治“提钱出狱”“纸面服刑”，也防止应减不减、该放不放。促进健全虚假诉讼防范、发现和惩治机制。推动行政执法与刑事司法双向衔接,依法追诉犯罪同时,对可不追究刑事责任的,移送主管部门行政处罚。坚持提质效、拓领域,创新公益诉讼检察办案机制。宣传、落实未成年人保护法律规定,对涉及未成年人的诉讼活动、未成年人重新犯罪预防等工作开展法律监督,做实检察官担任法治副校长工作。常态化开展行政争议实质性化解,促进案结事了政和。持续深化控告申诉检察工作,用好检察听证,做到案结事了人和。

第三,努力提升,切实增强实现自身高质量发展的检察自觉。深入开展习近平法治思想学习实践活动。扎实开展党史学习教育,进一步坚定理想信念。从基本、基础和常规做起,从基层抓起,着力提高检察履职的政治判断力、政治领悟力、政治执行力。深化司法责任制综合配套改革,落实检察官员额省级统筹、动态管理,完善检察官单独职务序列管理,完善初任检察官遴选制度,优化检察辅助人员管理。更加贴近基层检察办案,运用大数据、人工智能、区块链、云计算等现代科技手段,深化智慧检务建设。强化素质能力建设,推动检察官与法官、警察、律师等同堂培训,促进法律职业共同体形成共同法治理念。抓实队伍教育整顿,落实全面从严治党治检主体责任,坚定不移正风肃纪反腐,坚决整治顽瘴痼疾,清除害群之马,打造对党忠诚、服务人民、司法公正、纪律严明的检察铁军,让党放心、人民信赖。

各位代表,中国共产党成立伊始就高度重视国家制度与法律制度建设,1931 年在红都瑞金创立人民检察制度。90 年来,在党的坚强领导下,人民检察始终与革命、建设、改革同步。新发展阶段、新的征程，我们将更加紧密地团结在以习近平同志为核心的党中央周围，不忘来时路，坚持以习近平新时代中国特色社会主义思想为指导，认真贯彻习近平法治思想，全面落实本次会议要求，忠实履行法律监督职能，为保障人民幸福、国家安全、社会稳定作出更大贡献，以优异成绩庆祝中国共产党成立100周年！

第十三届全国人民代表大会第四次会议秘书处关于代表提出议案处理意见的报告

（2021 年 3 月 10 日第十三届全国人民代表大会
第四次会议主席团第三次会议通过）

十三届全国人大四次会议主席团：

在本次会议上，全国人大代表坚持以习近平新时代中国特色社会主义思想为指导，深入学习贯彻习近平法治思想，全面贯彻党的十九大和十九届二中、三中、四中、五中全会精神，坚持党的领导、人民当家作主、依法治国有机统一，依法向大会提出属于全国人大职权范围内的议案。根据大会主席团第一次会议决定的代表提出议案的截止时间，到 3 月 8 日 12 时，大会秘书处共收到代表提出的议案 473 件，其中，代表团提出的 16 件，代表联名提出的 457 件。在这些议案中，有关立法方面的 467 件，有关监督方面的 6 件。

代表依照法定程序提出议案，是宪法法律赋予代表的基本权利，是代表执行代表职务的主要形式。大会前，代表们积极参加代表学习、集中视察活动，深入开展调查研究，通过代表联络站、代表之家等代表工作平台和基层联系点，更加密切联系人民群众，广泛听取意见建议。会议期间，代表们认真酝酿讨论、修改完善议案，努力提高议案质量。今年代表提出的议案，绝大多数为法律案。其中涉及制定法律的 208 件，修改法律的 247 件，解释法律的 4 件，编纂法典的 4 件，有关决定事项的 2 件。内容主要集中在以下几方面：一是加强民生保障、社会治理领域立法，提出制定社会救助法、法律援助法、个人信息保护法以及养老服务、无障碍环境建设、文化资源保护利用方面的法律，修改治安管理处罚法、道路交通安全法、妇女权益保障法、职业教育法、反家庭暴力法等。二是健全现代化经济体系法律制度，提出修改反垄断法、公司法、企业破产法、科学技术进步法、中国人民银行法、商业银行法等，制定社会信用法、增值税法、乡村振兴促进法以及数据交易和管理、民营企业促进等方面的法律。三是完善生态环保法律，提出制定国家公园法、自然保护地法以及黄河保护、低碳发展促进、资源综合利用、耕地资源保护、生态保护补偿、国土空间规划等方面的法律，修改环境噪声污染防治法、可再生能源法、海洋环境保护法等。四是完善国家机构组织和职能立法，提出制定监察官法以及检察公益诉讼、法律监督等方面的法律，修改地方组织法、监察法、代表法、国家赔偿法、审计法、行政复议法等。五是强化公共卫生法治保障，提出制定突发公共卫生事件应对法，修改传染病防治法、国境卫生检疫法、执业医师法、中医药法、野生动物保护法等。六是健全国家安全法治体系，提出修改突发事件应对法、网络安全法、安全生产法、反洗钱法、引渡法等，制定粮食安全保障法以及物资储备、海外投资保险等方面的法律。七是适时启动条件成熟领域法典编纂工作，提出编纂生态环境法典、教育法典、刑法典等。此外，还提出了修改刑法、刑事诉讼法、民事诉讼法以及对有关法律的规定作出解释的议案。

根据全国人民代表大会组织法和全国人民代表大会议事规则的规定，大会秘书处对代表提出的议案逐件认真分析研究，认为没有需要列入本次会议审议的议案。大会秘书处建议，将代表提出的议案分别交由全国人大有关专门委员会审议。其中，交由宪法和法律委员会审议119件，监察和司法委员会审议56件，财政经济委员会审议107件，教育科学文化卫生委员会审议64件，外事委员会审议2件，环境与资源保护委员会审议44件，农业与农村委员会审议25件，社会建设委员会审议56件。有关专门委员会对上述议案进行审议后，向全国人大常委会提出审议结果的报告，经全国人大常委会审议通过后印发第十三届全国人民代表大会第五次会议。

审议全国人民代表大会主席团交付的代表提出的议案，是全国人大各专门委员会的重要职责。大会秘书处就代表议案审议和相关工作提出如下建议：

一、深入学习贯彻习近平法治思想和习近平总书记关于坚持和完善人民代表大会制度的重要思想，坚持党对立法工作的领导，坚持以人民为中心，立足新发展阶段，贯彻新发展理念，构建新发展格局，推动高质量发展，加强重点领域、新兴领域、涉外领域立法，不断提高立法质量和效率，加快完善中国特色社会主义法律体系，推动法律全面有效实施，为推进国家治理体系和治理能力现代化、全面建设社会主义现代化国家提供有力法治保障。

二、尊重代表主体地位，把审议代表议案与落实全国人大常委会立法规划、计划和相关专项立法工作计划结合起来，与健全专门委员会联系代表机制结合起来，推进代表议案办理工作全流程信息化，加强与提出议案代表的联系和沟通，积极邀请代表参与立法调研、起草、论证、审议、评估和执法检查、专题调研等活动，认真研究吸纳代表提出的意见建议，及时通报相关立法、监督工作进展，反馈议案交付审议情况和代表意见采纳情况，紧紧依靠代表做好立法、监督工作。

三、发挥人大在立法工作中的主导作用，加强与国务院及其有关部门、国家监察委员会、最高人民法院、最高人民检察院和常委会工作机构的沟通协调，及时研究提出将条件成熟的议案列入立法规划、计划的建议，认真做好重要法律草案的牵头起草工作，对其他国家机关负责起草的法律草案，提前介入并加强督促和指导，推动解决立法难点问题，发挥审议把关作用，持续提升议案审议质量和水平。

以上报告，请审议。

第十三届全国人民代表大会第四次会议秘书处

2021年3月10日

附件

交有关专门委员会审议的议案

（共473件）

一、交宪法和法律委员会审议的119件：

1. **邵志清**等30名代表：关于修改实行宪法宣誓制度的决定的议案（第16号）；

2. **李亚兰**等30名代表：关于制定监察官法的议案（第223号）；

3. **杨震**等30名代表：关于修改国家赔偿法的议案（第233号）；

4. **杨震**等30名代表：关于对监察法第十五条第六项进行立法解释的议案（第234号）；

5. **孟平红**等31名代表：关于修改国家赔偿法的议案（第312号）；

6. **阎少泉**等30名代表：关于修订全国人民代表大会和地方各级人民代表大会代表法的议案（第335号）；

7. **陈蒙蒙**等31名代表：关于修改地方各级人民代表大会和地方各级人民政府组织法的议案（第373号）；

8. **张冬云**等31名代表：关于修改地方各级人民代表大

会和地方各级人民政府组织法的议案（第 393 号）；

9. 上海代表团：关于修改公司法的议案（第 12 号）；

10. 海南代表团：关于修改执业医师法的议案（第 5 号）；

11. **邵志清**等 31 名代表：关于修改执业医师法的议案（第 15 号）；

12. **胡荃**等 30 名代表：关于修改行政复议法的议案（第 35 号）；

13. **杨松**等 31 名代表：关于修改教育法的议案（第 62 号）；

14. **罗卫红**等 32 名代表：关于制定国家法律法规数据库法的议案（第 70 号）；

15. **陈玮**等 33 名代表：关于修改野生动物保护法的议案（第 97 号）；

17. **周洪宇**等 30 名代表：关于编纂教育法典的议案（第 158 号）；

18. **张天任**等 30 名代表：关于编纂生态环境法典的议案（第 171 号）；

16. **肖胜方**等 31 名代表：关于制定行政补偿法的议案（第 176 号）；

19. **李亚兰**等 30 名代表：关于修改野生动物保护法的议案（第 225 号）；

20. **李永莱**等 30 名代表：关于修改行政强制法的议案（第 231 号）；

21. **庹必光**等 30 名代表：关于修改行政复议法的议案（第 308 号）；

22. **邓桂芳**等 31 名代表:关于修改行政复议法的议案(第 320 号);

23. **王静成**等 30 名代表:关于修改执业医师法的议案(第 329 号);

24. **黄茂兴**等 31 名代表:关于修改教育法的议案(第 331 号);

25. **李亚兰**等 30 名代表:关于修改执业医师法的议案(第 337 号);

26. **买世蕊**等 30 名代表:关于修改野生动物保护法的议案(第 345 号);

27. **李孝轩**等 32 名代表:关于制定信访法的议案(第 346 号);

28. **崔玉玲**等 31 名代表:关于修改军事设施保护法的议案(第 375 号);

29. **崔荣华**等 30 名代表:关于编纂教育法典的议案(第 405 号);

30. **史贵禄**等 30 名代表:关于制定信访法的议案(第 406 号);

31. **吴春利**等 31 名代表:关于制定军队物资工程服务采购法的议案(第 408 号);

32. **马玉红**等 30 名代表:关于修改行政复议法的议案(第 419 号);

33. **崔荣华**等 30 名代表:关于修改教育法第四十三条及增加相关条款的议案(第 420 号);

34. **王霞**等 30 名代表:关于制定数据安全法的议案(第

17 号）；

35. **陈瑞爱**等 47 名代表：关于制定乡村振兴促进法的议案（第 25 号）；

36. **杨松**等 30 名代表：关于修改海南自由贸易港法（草案）的议案（第 52 号）；

37. **李宗胜**等 30 名代表：关于修改公司法的议案（第 54 号）；

38. **张延明**等 30 名代表：关于制定个人信息保护法的议案（第 59 号）；

39. **王景武**等 31 名代表：关于修改公司法的议案（第 84 号）；

40. **胡季强**等 32 名代表：关于制定个人信息保护法的议案（第 215 号）；

41. **杨震**等 30 名代表：关于修改公司法的议案（第 220 号）；

42. **刘建明**等 32 名代表：关于制定乡村振兴促进法的议案（第 226 号）；

43. **杨震**等 30 名代表：关于制定个人信息保护法的议案（第 228 号）；

44. **杨松**等 30 名代表：关于制定数据安全法的议案（第 261 号）；

45. **章联生**等 31 名代表：关于修改公司法的议案（第 311 号）；

46. **杨震**等 30 名代表：关于制定生物识别信息保护法的议案（第 321 号）；

47. **黄炳峰**等 30 名代表:关于制定乡村振兴促进法的议案(第 324 号);

48. **陈晶莹**等 31 名代表:关于制定域外法律不当适用及制裁阻断法的议案(第 358 号);

49. **杨松**等 30 名代表:关于修改网络安全法的议案(第 403 号);

50. **史贵禄**等 30 名代表:关于制定乡村振兴法的议案(第 404 号);

51. **杨松**等 31 名代表:关于制定个人信息保护法的议案(第 431 号);

52. **胡荃**等 30 名代表:关于制定家庭教育法的议案(第 68 号);

53. **杨珍**等 33 名代表:关于修改安全生产法的议案(第 83 号);

54. **陈保华**等 30 名代表:关于制定法律援助法的议案(第 173 号);

55. **李亚兰**等 30 名代表:关于制定家庭教育法的议案(第 224 号);

56. **李亚兰**等 30 名代表:关于制定法律援助法的议案(第 227 号);

57. **耿学梅**等 30 名代表:关于制定彩票法的议案(第 315 号);

58. **王静成**等 31 名代表:关于制定家庭教育法的议案(第 343 号);

59. **史贵禄**等 30 名代表:关于制定法律援助法的议案

(第 398 号)；

60. **方燕**等 30 名代表:关于制定家庭教育法的议案(第 400 号)；

61. **樊芸**等 32 名代表:关于修改刑法,设立知识产权偷窃罪的议案(第 14 号)；

62. **朱列玉**等 45 名代表:关于编纂刑法典的议案(第 30 号)；

63. **朱列玉**等 35 名代表:关于修改刑法的议案(第 34 号)；

64. **赵冬苓**等 30 名代表:关于修改刑法废除非法经营罪的议案(第 51 号)；

65. **李宗胜**等 30 名代表:关于修改刑法的议案(第 61 号)；

66. **周光权**等 30 名代表:关于修改刑法的议案(第 108 号)；

67. **周光权**等 31 名代表:关于修改刑法的议案(第 112 号)；

68. **周光权**等 31 名代表:关于修改刑法的议案(第 116 号)；

69. **周光权**等 31 名代表:关于修改刑法的议案(第 128 号)；

70. **肖胜方**等 30 名代表:关于修改刑法的议案(第 172 号)；

71. **魏春**等 30 名代表:关于修改刑法的议案(第 221 号)；

72. **胡季强**等 30 名代表:关于修改刑法第三百一十三条的议案(第 229 号);

73. **李亚兰**等 30 名代表:关于对刑法第四百零一条进行立法解释的议案(第 230 号);

74. **韩德洋**等 30 名代表:关于修改刑法的议案(第 302 号);

75. **买世蕊**等 30 名代表:关于修改刑法的议案(第 304 号);

76. **买世蕊**等 30 名代表:关于修改刑法的议案(第 310 号);

77. **傅信平**等 30 名代表:关于修改刑法的议案(第 314 号);

78. **黄超**等 30 名代表:关于修改刑法的议案(第 322 号);

79. **何良军**等 31 名代表:关于修改刑法的议案(第 328 号);

80. **卫岗**等 31 名代表:关于修改刑法的议案(第 341 号);

81. **梁兵**等 30 名代表:关于修改刑法的议案(第 374 号);

82. **崔根良**等 30 名代表:关于修改刑法的议案(第 383 号);

83. **吕春祥**等 30 名代表:关于修改刑法中罚金刑相关条款的议案(第 384 号);

84. **朱列玉**等 34 名代表:关于修改刑法的议案(第 385

号）；

85. **阎志**等 31 名代表：关于修改刑法的议案（第 394 号）；

86. **魏洪义**等 32 名代表：关于修改刑法的议案（第 433 号）；

87. **李秀香**等 31 名代表：关于修改刑法的议案（第 469 号）；

88. 海南代表团：关于修改刑事诉讼法的议案（第 4 号）；

89. **张本才**等 30 名代表：关于修改刑事诉讼法的议案（第 11 号）；

90. **张本才**等 31 名代表：关于修改刑事诉讼法的议案（第 13 号）；

91. **肖胜方**等 34 名代表：关于修改刑事诉讼法，提高证人出庭率的议案（第 60 号）；

92. **高明芹**等 30 名代表：关于修改民事诉讼法的议案（第 106 号）；

93. **肖胜方**等 32 名代表：关于修改刑事诉讼法的议案（第 147 号）；

94. **肖胜方**等 31 名代表：关于修改刑事诉讼法的议案（第 148 号）；

95. **法蒂玛**等 30 名代表：关于修改刑事诉讼法的议案（第 155 号）；

96. **肖胜方**等 32 名代表：关于修改民事诉讼法，增设律师调查令规定的议案（第 159 号）；

97. **聂鹏举**等 30 名代表：关于修改行政诉讼法第四十五

条的议案（第 175 号）；

98. **肖胜方**等 33 名代表：关于修改民事诉讼法，增加律师费转付有关条款的议案（第 216 号）；

99. **冯燕**等 30 名代表：关于修改引渡法的议案（第 219 号）；

100. **刘蕾**等 30 名代表：关于修改民事诉讼法的议案（第 222 号）；

101. **张海波**等 31 名代表：关于制定环境民事公益诉讼法的议案（第 235 号）；

102. **余维祥**等 31 名代表：关于修改刑事诉讼法的议案（第 297 号）；

103. **殷红梅**等 30 名代表：关于修改刑事诉讼法的议案（第 300 号）；

104. **余维祥**等 30 名代表：关于修改民事诉讼法的议案（第 301 号）；

105. **查艳**等 30 名代表：关于修改刑事诉讼法的议案（第 305 号）；

106. **庹必光**等 31 名代表：关于修改刑事诉讼法的议案（第 306 号）；

107. **孟平红**等 31 名代表：关于修改民事诉讼法的议案（第 307 号）；

108. **黄东兵**等 30 名代表：关于修改刑事诉讼法的议案（第 309 号）；

109. **贺恒扬**等 30 名代表：关于对行政诉讼法第二十五条第四款进行立法解释的议案（第 317 号）；

110. **贺恒扬**等 30 名代表:关于对民事诉讼法第五十五条第二款进行立法解释的议案(第 318 号);

111. **黎霞**等 48 名代表:关于修改刑事诉讼法,增设企业犯罪附条件下不起诉规定的议案(第 319 号);

112. **何良军**等 30 名代表:关于制定公益诉讼法的议案(第 323 号);

113. **王树江**等 31 名代表:关于修改民事诉讼法的议案(第 332 号);

114. **买世蕊**等 30 名代表:关于制定行政程序法的议案(第 340 号);

115. **李亚兰**等 30 名代表:关于修改刑事诉讼法的议案(第 397 号);

116. **冯帆**等 31 名代表:关于制定公益诉讼法的议案(第 432 号);

117. **法蒂玛**等 31 名代表:关于制定公益诉讼法的议案(第 470 号);

118. **黄超**等 30 名代表:关于修改民事诉讼法的议案(第 471 号);

119. **孙宪忠**等 30 名代表:关于对现行法律中“其他组织”的概念进行专项清理的议案(第 236 号)。

二、交监察和司法委员会审议的 56 件:

1. **赵皖平**等 31 名代表:关于修改治安管理处罚法的议案(第 284 号);

2. **陈玮**等 31 名代表:关于修改治安管理处罚法的议案(第 151 号);

3. **周文涛**等30名代表:关于修改治安管理处罚法的议案(第115号);

4. **陈玮**等31名代表:关于修改治安管理处罚法的议案(第89号);

5. **张艳**等30名代表:关于修改治安管理处罚法的议案(第56号);

6. **陈靖**等31名代表:关于修改治安管理处罚法的议案(第6号);

7. 海南代表团:关于制定检察公益诉讼法的议案(第7号);

8. 云南代表团:关于制定检察公益诉讼法的议案(第26号);

9. **符宇航**等30名代表:关于制定检察公益诉讼法的议案(第57号);

10. **杨小天**等31名代表:关于制定检察公益诉讼法的议案(第113号);

11. **袁友方**等31名代表:关于制定检察公益诉讼法的议案(第114号);

12. **党永富**等31名代表:关于制定检察公益诉讼法的议案(第141号);

13. **印萍**等31名代表:关于制定检察公益诉讼法的议案(第190号);

14. **张本才**等33名代表:关于制定检察公益诉讼法的议案(第232号);

15. **薛江武**等30名代表:关于制定检察公益诉讼法的议

案(第 292 号);

16. **李秀香**等 31 名代表:关于制定检察公益诉讼法的议案(第 365 号);

17. **买世蕊**等 31 名代表:关于制定检察公益诉讼法的议案(第 367 号);

18. 海南代表团:关于修改监察法的议案(第 8 号);

19. 云南代表团:关于修改户口登记条例的议案(第 28 号);

20. **吴列进**等 36 名代表:关于修改仲裁法的议案(第 29 号);

21. **聂鹏举**等 30 名代表:关于修改仲裁法的议案(第 207 号);

22. **才华**等 37 名代表:关于修改人民陪审员法的议案(第 42 号);

23. **买世蕊**等 30 名代表:关于修改律师法的议案(第 368 号);

24. **曾丽**等 30 名代表:关于修改律师法的议案(第 285 号);

25. **陈树波**等 31 名代表:关于修改律师法的议案(第 237 号);

26. **马玉红**等 30 名代表:关于修改律师法的议案(第 205 号);

27. **才华**等 34 名代表:关于修改律师法的议案(第 43 号);

28. **张淑芬**等 31 名代表:关于制定警务辅助人员管理法

的议案(第 139 号);

29. **洪波**等 31 名代表:关于制定警务辅助人员管理法的议案(第 44 号);

30. **肖胜方**等 32 名代表:关于制定法治宣传教育法的议案(第 90 号);

31. **李宗胜**等 30 名代表:关于制定法治宣传教育法的议案(第 53 号);

32. **才华**等 37 名代表:关于制定看守所法的议案(第 58 号);

33. **史贵禄**等 30 名代表:关于制定民事强制执行法的议案(第 411 号);

34. **王景武**等 35 名代表:关于制定民事强制执行法的议案(第 91 号);

35. **郑玉晓**等 30 名代表:关于修改道路交通安全法的议案(第 100 号);

36. **刘小权**等 30 名代表:关于修改道路交通安全法的议案(第 131 号);

37. **杜彦良**等 30 名代表:关于修改道路交通安全法的议案(第 137 号);

38. **欧阳赏莲**等 30 名代表:关于修改道路交通安全法的议案(第 157 号);

39. **陈爱莲**等 30 名代表:关于修改道路交通安全法的议案(第 193 号);

40. **吕惊雷**等 30 名代表:关于修改道路交通安全法的议案(第 286 号);

41. **陈建银**等30名代表:关于修改道路交通安全法的议案(第288号);

42. **郝旭**等32名代表:关于修改道路交通安全法的议案(第290号);

43. **俞学文**等30名代表:关于修改道路交通安全法的议案(第291号);

44. **方燕**等30名代表:关于修改道路交通安全法的议案(第414号);

45. **方燕**等30名代表:关于制定司法鉴定法的议案(第412号);

46. **鲍守坤**等31名代表:关于制定司法鉴定法的议案(第140号);

47. **魏春**等30名代表:关于修改监狱法的议案(第189号);

48. **贾宇**等31名代表:关于制定法律监督法的议案(第191号);

49. **曹永鸣**等30名代表:关于制定人民监督员法的议案(第206号);

50. **何良军**等30名代表:关于修改人民调解法的议案(第283号);

51. **吴明兰**等30名代表:关于修改枪支管理法的议案(第287号);

52. **陈林**等31名代表:关于修改人民警察法的议案(第289号);

53. **李勇**等30名代表:关于制定保安法的议案(第366

号）；

54. **韦朝晖**等 31 名代表：关于制定公共法律服务法的议案（第 369 号）；

55. **张海波**等 30 名代表：关于制定法官人身安全保护法的议案（第 461 号）；

56. **聂鹏举**等 30 名代表：关于开展行政诉讼法执法检查的议案（第 464 号）。

三、交财经委员会审议的 107 件：

1. **樊芸**等 32 名代表：关于修改反垄断法的议案（第 3 号）；

2. **魏明**等 37 名代表：关于修改反垄断法的议案（第 18 号）；

3. 云南代表团：关于修改反垄断法的议案（第 37 号）；

4. **王填**等 30 名代表：关于修改反垄断法的议案（第 196 号）；

5. **田立坤**等 30 名代表：关于修改反垄断法的议案（第 200 号）；

6. **刘正**等 30 名代表：关于修改反垄断法的议案（第 276 号）；

7. **杨松**等 30 名代表：关于修改反垄断法的议案（第 439 号）；

8. **丁光宏**等 30 名代表：关于修改中国人民银行法的议案（第 19 号）；

9. **周振海**等 35 名代表：关于修改中国人民银行法的议案（第 46 号）；

10. **白鹤祥**等 31 名代表:关于修改中国人民银行法的议案(第 75 号);

11. **徐诺金**等 30 名代表:关于修改中国人民银行法的议案(第 452 号);

12. **樊芸**等 30 名代表:关于修改拍卖法的议案(第 20 号);

13. 云南代表团:关于制定社会信用法的议案(第 36 号);

14. **李宗胜**等 30 名代表:关于制定社会信用管理法的议案(第 76 号);

15. **沈满洪**等 32 名代表:关于制定信用建设促进法的议案(第 80 号);

16. **陈震宁**等 30 名代表:关于制定社会信用法的议案(第 154 号);

17. **张天任**等 30 名代表:关于制定社会信用法的议案(第 182 号);

18. **詹国海**等 31 名代表:关于制定社会信用法的议案(第 184 号);

19. **陈林**等 31 名代表:关于制定公民信用法的议案(第 265 号);

20. **陈紫萱**等 31 名代表:关于制定社会信用法的议案(第 296 号);

21. **买世蕊**等 30 名代表:关于制定社会信用法的议案(第 354 号);

22. **杨松**等 31 名代表:关于制定公共信用信息管理法的

议案(第 437 号);

23. **史贵禄**等 30 名代表:关于制定社会信用法的议案(第 448 号);

24. **王景武**等 35 名代表:关于制定征信法的议案(第 127 号);

25. **陈建华**等 31 名代表:关于制定征信管理法的议案(第 153 号);

26. 云南代表团:关于制定陆港法的议案(第 38 号);

27. **孔晓艳**等 36 名代表:关于制定数据交易法的议案(第 47 号);

28. **孔晓艳**等 36 名代表:关于修改企业国有资产法的议案(第 48 号);

29. **白鹤祥**等 30 名代表:关于制定金融控股公司法的议案(第 49 号);

30. **杨松**等 30 名代表:关于修改企业破产法的议案(第 71 号);

31. **车捷**等 30 名代表:关于修改企业破产法的议案(第 181 号);

32. **李亚兰**等 30 名代表:关于修改企业破产法的议案(第 202 号);

33. **莫小峰**等 31 名代表:关于修改企业破产法的议案(第 295 号);

34. **王静成**等 35 名代表:关于修改企业破产法的议案(第 353 号);

35. **徐诺金**等 30 名代表:关于修改企业破产法的议案

(第 456 号)；

36. **白鹤祥**等 33 名代表:关于制定金融机构破产法的议案(第 72 号)；

37. **张天任**等 30 名代表:关于制定个人破产法的议案(第 179 号)；

38. **赵冬苓**等 30 名代表:关于制定税法总则的议案(第 73 号)；

39. **刘小兵**等 30 名代表:关于制定税法总则的议案(第 239 号)；

40. **杨松**等 32 名代表:关于制定税法总则的议案(第 440 号)；

41. **唐廷波**等 30 名代表:关于修改票据法的议案(第 74 号)；

42. **于安玲**等 35 名代表:关于修改政府采购法的议案(第 77 号)；

43. **李宗胜**等 30 名代表:关于修改政府采购法的议案(第 79 号)；

44. **王静成**等 36 名代表:关于修改政府采购法的议案(第 362 号)；

45. **唐廷波**等 30 名代表:关于修改消费者权益保护法的议案(第 82 号)；

46. **张德芹**等 30 名代表:关于修改消费者权益保护法的议案(第 268 号)；

47. **崔荣华**等 30 名代表:关于修改消费者权益保护法的议案(第 446 号)；

48. **张婧婧**等 31 名代表:关于修改消费者权益保护法的议案(第 457 号);

49. **周文涛**等 30 名代表:关于修改统计法的议案(第 117 号);

50. 海南代表团:关于修改铁路法的议案(第 118 号);

51. **倪海琼**等 31 名代表:关于修改建筑法的议案(第 119 号);

52. **邹彬**等 30 名代表:关于修改建筑法的议案(第 178 号);

53. **戴雅萍**等 30 名代表:关于修改建筑法的议案(第 240 号);

54. **赵静**等 33 名代表:关于修改建筑法的议案(第 267 号);

55. **崔荣华**等 30 名代表:关于修改建筑法的议案(第 444 号);

56. **侯华梅**等 30 名代表:关于制定工业遗产保护和利用法的议案(第 120 号);

57. **曹宝华**等 30 名代表:关于制定不动产登记法的议案(第 122 号);

58. **崔海霞**等 31 名代表:关于制定城市管理法的议案(第 123 号);

59. **李征**等 30 名代表:关于制定卫星无线电频率轨道资源管理法的议案(第 124 号);

60. **于泳**等 30 名代表:关于修改海关法的议案(第 125 号);

61. **祁春风**等 31 名代表:关于修改电力法的议案(第 126 号);

62. **王凤英**等 31 名代表:关于制定智能网联汽车管理促进法的议案(第 152 号);

63. **何金碧**等 30 名代表:关于制定民营企业促进法的议案(第 177 号);

64. **陈保华**等 30 名代表:关于制定民营企业高质量发展促进法的议案(第 180 号);

65. **胡季强**等 30 名代表:关于制定民营企业法的议案(第 204 号);

66. **邵利民**等 31 名代表:关于制定大数据管理法的议案(第 183 号);

67. **王凤巧**等 31 名代表:关于制定电信法的议案(第 185 号);

68. **史贵禄**等 30 名代表:关于制定电信法的议案(第 449 号);

69. **杨震生**等 30 名代表:关于修改审计法的议案(第 187 号);

70. **刘修文**等 35 名代表:关于制定行政事业性收费和政府性基金管理监督法的议案(第 203 号);

71. **徐华铮**等 31 名代表:关于制定增值税法的议案(第 186 号);

72. **杨震**等 30 名代表:关于修改电子商务法的议案(第 197 号);

73. **刘蕾**等 30 名代表:关于修改保险法的议案(第 198

号）;

74. **杨震**等30名代表:关于制定海外投资保险法的议案（第199号）;

75. **苗秀**等31名代表:关于制定商业秘密保护法的议案（第201号）;

76. **马一德**等32名代表:关于制定商业秘密法的议案（第355号）;

77. **吉桂凤**等30名代表:关于制定物资储备法的议案（第238号）;

78. **赵皖平**等31名代表:关于修改商业银行法的议案（第264号）;

79. **杨松**等31名代表:关于修改商业银行法的议案（第438号）;

80. **刘新华**等30名代表:关于修改证券投资基金法的议案（第266号）;

81. **买世蕊**等30名代表:关于制定住房租赁法的议案（第269号）;

82. **买世蕊**等30名代表:关于制定公益广告法的议案（第270号）;

83. **刘守民**等30名代表:关于修改信托法的议案（第271号）;

84. **买世蕊**等30名代表:关于制定国债法的议案（第272号）;

85. **向巧**等31名代表:关于制定航空产业促进法的议案（第273号）;

86. **朱明春**等 31 名代表:关于制定政府绩效预算法的议案(第 274 号);

87. **李志强**等 30 名代表:关于修改产品质量法的议案(第 275 号);

88. **赖秀福**等 32 名代表:关于制定债券法的议案(第 313 号);

89. **买世蕊**等 30 名代表:关于制定业主委员会选举法的议案(第 352 号);

90. **佘才高**等 30 名代表:关于制定业主自治组织法的议案(第 445 号);

91. **王静成**等 35 名代表:关于修改城市房地产管理法的议案(第 356 号);

92. **王静成**等 30 名代表:关于修改价格法的议案(第 357 号);

93. **杜延安**等 30 名代表:关于修改反洗钱法的议案(第 361 号);

94. **方燕**等 30 名代表:关于制定家政服务管理法的议案(第 441 号);

95. **杨悦**等 30 名代表:关于制定国家石油储备法的议案(第 442 号);

96. **崔荣华**等 30 名代表:关于修改电子商务法的议案(第 443 号);

97. **史贵禄**等 30 名代表:关于制定物业管理法的议案(第 447 号);

98. **史贵禄**等 30 名代表:关于制定行业协会商会法的议

案(第 450 号);

99. **史贵禄**等 30 名代表:关于制定航天法的议案(第 451 号);

100. **徐诺金**等 30 名代表:关于制定普惠金融促进法的议案(第 453 号);

101. 云南代表团:关于修改企业国有资产法的议案(第 454 号);

102. **王填**等 30 名代表:关于修改反不正当竞争法的议案(第 455 号);

103. 云南代表团:关于推进国有自然资源资产立法的议案(第 458 号);

104. 云南代表团:关于制定行政事业性国有资产管理法的议案(第 459 号);

105. **史贵禄**等 30 名代表:关于制定能源法的议案(第 460 号);

106. **刘桂平**等 30 名代表:关于制定金融稳定法的议案(第 466 号);

107. **杨伟军**等 31 名代表:关于修改铁路法的议案(第 473 号)。

四、交教科文卫委员会审议的 64 件:

1. **乞国艳**等 30 名代表:关于制定学前教育法的议案(第 348 号);

2. **周洪宇**等 31 名代表:关于制定学前教育法的议案(第 386 号);

3. **姚武江**等 30 名代表:关于制定学前教育法的议案(第

462 号）；

4. **武志永**等 30 名代表：关于修改职业教育法的议案（第 130 号）；

5. **秦和**等 31 名代表：关于修改职业教育法的议案（第 364 号）；

6. **庹勤慧**等 30 名代表：关于修改教师法的议案（第 129 号）；

7. **黄花春**等 31 名代表：关于修改教师法的议案（第 338 号）；

8. **刘希娅**等 30 名代表：关于修改教师法的议案（第 342 号）；

9. **周洪宇**等 31 名代表：关于修改教师法的议案（第 344 号）；

10. **尤立增**等 30 名代表：关于修改教师法的议案（第 350 号）；

11. **杨松**等 30 名代表：关于修改学位条例的议案（第 81 号）；

12. **王家娟**等 30 名代表：关于修改国家通用语言文字法的议案（第 78 号）；

13. **唐海龙**等 31 名代表：关于修改国家通用语言文字法的议案（第 334 号）；

14. **葛道凯**等 30 名代表：关于修改国家通用语言文字法的议案（第 349 号）；

15. **陈凤珍**等 31 名代表：关于制定学校安全法的议案（第 347 号）；

16. **买世蕊**等 30 名代表:关于修改义务教育法的议案(第 372 号);

17. **陈佐东**等 30 名代表:关于修改民办教育促进法的议案(第 351 号);

18. **崔荣华**等 30 名代表:关于修改高等教育法第四十五条的议案(第 387 号);

19. **马玉霞**等 30 名代表:关于制定终身教育法的议案(第 325 号);

20. **周洪宇**等 30 名代表:关于制定终身学习促进法的议案(第 339 号);

21. **买世蕊**等 30 名代表:关于制定终身教育法的议案(第 371 号);

22. **牛三平**等 30 名代表:关于制定在线教育法的议案(第 303 号);

23. **陈紫萱**等 31 名代表:关于制定老年教育法的议案(第 363 号);

24. **牛三平**等 33 名代表:关于开展民办教育促进法执法检查的议案(第 415 号);

25. **陈鸣波**等 30 名代表:关于修改科学技术进步法的议案(第 2 号);

26. **陈瑞爱**等 48 名代表:关于修改科学技术进步法的议案(第 39 号);

27. **罗平**等 31 名代表:关于修改科学技术进步法的议案(第 359 号);

28. **郑杰**等 31 名代表:关于修改科学技术进步法的议案

（第 360 号）；

29. **祝淑钗**等 30 名代表:关于修改科学技术进步法的议案（第 416 号）；

30. **张汝财**等 31 名代表:关于制定文化产业促进法的议案（第 156 号）；

31. **姜四清**等 30 名代表:关于制定红色文化保护与传承法的议案（第 280 号）；

32. **龙翔**等 31 名代表:关于制定红色文化法的议案（第 377 号）；

33. **刘艳**等 30 名代表:关于制定红色文化遗存保护法的议案（第 281 号）；

34. **杲云**等 31 名代表:关于制定红色文化资源保护利用法的议案（第 22 号）；

35. **陈凤珍**等 31 名代表:关于制定全民阅读法的议案（第 282 号）；

36. **陈凤珍**等 31 名代表:关于制定太行山保护法的议案（第 468 号）；

37. **买世蕊**等 31 名代表:关于制定孝文化促进法的议案（第 418 号）；

38. **买世蕊**等 30 名代表:关于制定传统木板年画艺术保护法的议案（第 467 号）；

39. **齐玫**等 30 名代表:关于修改公共文化服务保障法的议案（第 378 号）；

40. **陈凤珍**等 31 名代表:关于修改文物保护法的议案（第 417 号）；

41. **陈靖**等 30 名代表:关于修改传染病防治法的议案(第 1 号);

42. **阎武**等 37 名代表:关于修改传染病防治法的议案(第 23 号);

43. **方同华**等 30 名代表:关于修改传染病防治法的议案(第 259 号);

44. **章联生**等 31 名代表:关于修改传染病防治法的议案(第 298 号);

45. **张莉**等 31 名代表:关于修改国境卫生检疫法的议案(第 293 号);

46. **郑奎城**等 39 名代表:关于修改基本医疗卫生与健康促进法的议案(第 294 号);

47. **周海波**等 36 名代表:关于废止人口与计划生育法的议案(第 96 号);

48. **欧阳赏莲**等 30 名代表:关于修改人口与计划生育法的议案(第 163 号);

49. **丰晓敏**等 30 名代表:关于修改人口与计划生育法的议案(第 260 号);

50. **鲍守坤**等 31 名代表:关于修改献血法的议案(第 136 号);

51. **杨林花**等 30 名代表:关于修改献血法的议案(第 299 号);

52. **侯华梅**等 30 名代表:关于修改献血法的议案(第 376 号);

53. **周云杰**等 30 名代表:关于修改疫苗管理法的议案

（第 258 号）；

54. **张军**等 30 名代表：关于修改中医药法的议案（第 143 号）；

55. **庞国明**等 33 名代表：关于修改中医药法的议案（第 257 号）；

56. **陈玮**等 34 名代表：关于修改中医药法的议案（第 164 号）；

57. **马永平**等 31 名代表：关于制定药师法的议案（第 174 号）；

58. **胡春莲**等 30 名代表：关于制定护士法的议案（第 138 号）；

59. **黄玉梅**等 30 名代表：关于制定执业护士法的议案（第 434 号）；

60. **李甦雁**等 30 名代表：关于制定儿童用药法的议案（第 336 号）；

61. **崔荣华**等 30 名代表：关于制定民办医疗促进法的议案（第 409 号）；

62. **陈树波**等 31 名代表：关于制定突发公共卫生事件应对法的议案（第 146 号）；

63. **崔荣华**等 30 名代表：关于修改食品安全法第六十二条、第一百三十一条的议案（第 410 号）；

64. **陈静**等 30 名代表：关于制定中医药传统知识保护法的议案（第 392 号）。

五、交外事委员会审议的 2 件：

1. **冯燕**等 30 名代表：关于制定移民法的议案（第 210

号)；

2. **史贵禄**等 30 名代表:关于制定海洋法的议案(第 407 号)。

六、交环境与资源保护委员会审议的 44 件:

1. **徐立毅**等 30 名代表:关于制定黄河保护法的议案(第 24 号)；

2. **史贵禄**等 30 名代表:关于制定黄河保护法的议案(第 395 号)；

3. **方兰**等 30 名代表:关于制定黄河保护法的议案(第 413 号)；

4. **买世蕊**等 30 名代表:关于制定黄河法的议案(第 279 号)；

5. **张家文**等 30 名代表:关于修改防沙治沙法的议案(第 435 号)；

6. **郭素萍**等 30 名代表:关于制定国家公园法的议案(第 98 号)；

7. **郭乃硕**等 31 名代表:关于制定国家公园法的议案(第 101 号)；

8. **方燕**等 30 名代表:关于制定国家公园法的议案(第 399 号)；

9. **侯蓉**等 30 名代表:关于制定大熊猫国家公园保护管理法的议案(第 245 号)；

10. **马化腾**等 34 名代表:关于制定自然保护地法的议案(第 246 号)；

11. **王江滨**等 31 名代表:关于制定南极活动与环境保护

法的议案(第 93 号);

12. **胡荃**等 30 名代表:关于制定国土空间规划法的议案(第 31 号);

13. **郭乃硕**等 31 名代表:关于修改可再生能源法的议案(第 87 号);

14. **丁烈云**等 31 名代表:关于制定碳中和法的议案(第 402 号);

15. **丁士启**等 30 名代表:关于制定碳中和促进法的议案(第 242 号);

16. **胡季强**等 31 名代表:关于制定低碳发展促进法的议案(第 192 号);

17. **沈满洪**等 31 名代表:关于制定低碳发展促进法的议案(第 50 号);

18. **王金南**等 89 名代表:关于制定碳中和促进法的议案(第 241 号);

19. **张志良**等 39 名代表:关于修改土地管理法的议案(第 132 号);

20. **陈建军**等 30 名代表:关于修改矿产资源法的议案(第 243 号);

21. **杨震生**等 30 名代表:关于修改矿产资源法的议案(第 160 号);

22. **郭乃硕**等 31 名代表:关于制定资源综合利用法的议案(第 88 号);

23. **吴惠芳**等 30 名代表:关于修改循环经济促进法的议案(第 208 号);

24. **史贵禄**等30名代表:关于制定遗传资源保护法的议案(第401号);

25. **王树江**等31名代表:关于制定生态环境修复法的议案(第247号);

26. **童路雯**等30名代表:关于制定生态保护补偿法的议案(第121号);

27. 青海代表团:关于制定高原地区绿色发展促进法的议案(第465号);

28. **王凤巧**等31名代表:关于制定太行山生态保护法的议案(第161号);

29. **库尔玛什·斯尔江**等31名代表:关于修改草原法的议案(第21号);

30. **郝俊海**等31名代表:关于修改草原法的议案(第162号);

31. **元茂荣**等30名代表:关于修改海洋环境保护法的议案(第188号);

32. **温娟**等36名代表:关于修改大气污染防治法的议案(第40号);

33. **周文涛**等30名代表:关于修改环境噪声污染防治法的议案(第102号);

34. **张天任**等30名代表:关于制定电磁辐射污染防治法的议案(第169号);

35. **初建美**等31名代表:关于制定电磁辐射污染防治法的议案(第86号);

36. **丁照民**等31名代表:关于制定放射性废物管理法的

议案（第 95 号）；

37. **丁照民**等 31 名代表：关于制定核损害赔偿法的议案（第 99 号）；

38. **王江滨**等 31 名代表：关于制定无线电频谱资源法的议案（第 92 号）；

39. **李征**等 30 名代表：关于制定无线电频谱资源法的议案（第 103 号）；

40. **秦和**等 31 名代表：关于制定环境教育法的议案（第 85 号）；

41. **陈杰**等 30 名代表：关于制定节约用水法的议案（第 94 号）；

42. **倪海琼**等 31 名代表：关于制定绿色建筑促进法的议案（第 107 号）；

43. **温娟**等 36 名代表：关于开展固体废物污染环境防治法实施情况执法检查的议案（第 41 号）；

44. **党永富**等 30 名代表：关于开展固体废物污染环境防治法执法检查的议案（第 104 号）。

七、交农业与农村委员会审议的 25 件：

1. **郭素萍**等 30 名代表：关于修改畜牧法的议案（第 109 号）；

2. **张莉**等 31 名代表：关于修改畜牧法的议案（第 251 号）；

3. **赵治海**等 31 名代表：关于制定粮食安全保障法的议案（第 170 号）；

4. **胡季强**等 31 名代表：关于制定粮食安全保障法的议

案（第 248 号）；

5. **王金会**等 30 名代表：关于制定粮食安全法的议案（第 370 号）；

6. **史贵禄**等 30 名代表：关于制定粮食安全保障法的议案（第 381 号）；

7. **方兰**等 30 名代表：关于制定粮食安全保障法的议案（第 421 号）；

8. **于普松**等 31 名代表：关于修改渔业法的议案（第 110 号）；

9. **史贵禄**等 30 名代表：关于制定农村集体经济组织法的议案（第 379 号）；

10. **唐海龙**等 31 名代表：关于修改种子法的议案（第 316 号）；

11. **王娟玲**等 30 名代表：关于修改种子法的议案（第 252 号）；

12. **王华生**等 31 名代表：关于修改种子法的议案（第 249 号）；

13. **秦光蔚**等 30 名代表：关于制定耕地资源保护法的议案（第 142 号）；

14. **董文琴**等 41 名代表：关于制定黑土地保护法的议案（第 436 号）；

15. **胡季强**等 31 名代表：关于制定土地征收法的议案（第 194 号）；

16. **鲍守坤**等 31 名代表：关于修改气象法的议案（第 111 号）；

17. **崔荣华**等 30 名代表:关于修改农业法议案(第 382 号);

18. **党永富**等 30 名代表:关于制定过程农业系统工程建设法的议案(第 105 号);

19. **乔彬**等 30 名代表:关于制定农产品批发市场法的议案(第 422 号);

20. **买世蕊**等 30 名代表:关于制定反虐待动物法的议案(第 250 号);

21. **朱列玉**等 41 名代表:关于制定反虐待动物法的议案(第 27 号);

22. **陈佐东**等 31 名代表:关于制定伴侣动物保护和管理法的议案(第 195 号);

23. **孙元华**等 30 名代表:关于制定伴侣动物保护和管理法的议案(第 55 号);

24. **新甲旦真**等 30 名代表:关于制定伴侣动物保护和管理法的议案(第 45 号);

25. **史秉锐**等 31 名代表:关于设立脱贫攻坚胜利纪念日的议案(第 380 号)。

八、交社会建设委员会审议的 56 件:

1. **王凤巧**等 31 名代表:关于制定志愿服务法的议案(第 168 号);

2. **徐涛**等 31 名代表:关于制定志愿者法的议案(第 472 号);

3. **杨震生**等 30 名代表:关于制定社会救助法的议案(第 166 号);

4. **马空**等 30 名代表:关于制定社会救助法的议案(第 277 号);

5. **耿学梅**等 30 名代表:关于制定社会救助法的议案(第 326 号);

6. **方燕**等 31 名代表:关于制定社会救助法的议案(第 425 号);

7. **史贵禄**等 30 名代表:关于制定应急管理法的议案(第 428 号);

8. **欧阳赏莲**等 30 名代表:关于制定学雷锋法的议案(第 144 号);

9. **买世蕊**等 30 名代表:关于制定社会工作事业促进法的议案(第 330 号);

10. **杨蓉**等 30 名代表:关于制定城乡社区治理促进法的议案(第 429 号);

11. 上海代表团:关于制定无障碍环境建设法的议案(第 32 号);

12. **闫傲霜**等 32 名代表:关于制定无障碍环境建设法的议案(第 133 号);

13. **李莉**等 30 名代表:关于制定无障碍环境建设法的议案(第 165 号);

14. **吕世明**等 105 名代表:关于制定无障碍环境建设法的议案(第 211 号);

15. **高莉**等 30 名代表:关于制定无障碍环境建设法的议案(第 256 号);

16. **耿学梅**等 31 名代表:关于制定养老服务法的议案

（第 333 号）；

17. **崔荣华**等 30 名代表:关于制定养老服务业促进法的议案（第 430 号）；

18. **祝淑钗**等 30 名代表:关于制定医疗保障法的议案（第 145 号）；

19. **郑功成**等 30 名代表:关于制定医疗保障法的议案（第 390 号）；

20. **陈晶莹**等 30 名代表:关于制定长期护理保险法的议案（第 10 号）；

21. **杨松**等 30 名代表:关于制定劳动基准法的议案（第 463 号）；

22. **陈力**等 30 名代表:关于修改突发事件应对法的议案（第 9 号）；

23. **张斌**等 30 名代表:关于修改突发事件应对法的议案（第 212 号）；

24. **买世蕊**等 30 名代表:关于修改突发事件应对法的议案（第 327 号）；

25. **王玄玉**等 37 名代表:关于修改突发事件应对法的议案（第 388 号）；

26. **高明芹**等 30 名代表:关于修改体育法的议案（第 63 号）；

27. **张淑琴**等 30 名代表:关于修改体育法的议案（第 65 号）；

28. **王士岭**等 30 名代表:关于修改体育法的议案（第 67 号）；

29. **孙维**等 30 名代表:关于修改体育法的议案(第 209 号);

30. **陈凤珍**等 31 名代表:关于修改体育法的议案(第 218 号);

31. **刘远**等 31 名代表:关于修改矿山安全法的议案(第 254 号);

32. **新甲旦真**等 30 名代表:关于修改慈善法的议案(第 263 号);

33. **高明芹**等 30 名代表:关于修改城市居民委员会组织法的议案(第 64 号);

34. **王能干**等 30 名代表:关于修改村民委员会组织法的议案(第 69 号);

35. **籍涛**等 30 名代表:关于修改老年人权益保障法的议案(第 134 号);

36. **骞芳莉**等 30 名代表:关于修改老年人权益保障法的议案(第 217 号);

37. **齐玫**等 30 名代表:关于修改老年人权益保障法的议案(第 391 号);

38. **方燕**等 31 名代表:关于修改老年人权益保障法的议案(第 427 号);

39. **庹勤慧**等 30 名代表:关于修改妇女权益保障法的议案(第 167 号);

40. **方燕**等 30 名代表:关于修改妇女权益保障法的议案(第 426 号);

41. **方同华**等 30 名代表:关于修改反家庭暴力法的议案

（第 213 号）；

42. **翁国星**等 33 名代表:关于修改反家庭暴力法的议案（第 255 号）；

43. **杨林花**等 30 名代表:关于修改工会法的议案（第 262 号）；

44. **曹宝华**等 31 名代表:关于修改劳动合同法的议案（第 135 号）；

45. **吕春祥**等 30 名代表:关于修改劳动合同法的议案（第 244 号）；

46. **杨林**等 30 名代表:关于修改劳动合同法的议案（第 253 号）；

47. **庹庆明**等 30 名代表:关于修改劳动法的议案（第 66 号）；

48. **崔荣华**等 30 名代表:关于修改劳动法的议案（第 424 号）；

49. **蔡细春**等 30 名代表:关于修改就业促进法的议案（第 396 号）；

50. **崔荣华**等 30 名代表:关于修改就业促进法的议案（第 423 号）；

51. **杨林**等 30 名代表:关于修改劳动争议调解仲裁法的议案（第 278 号）；

52. **冯帆**等 31 名代表:关于修改劳动争议调解仲裁法的议案（第 389 号）；

53. **阎武**等 38 名代表:关于修改社会保险法的议案（第 33 号）；

54. **张海波**等 31 名代表:关于修改职工探亲待遇规定的议案(第 214 号);

55. **祝淑钗**等 30 名代表:关于开展反家庭暴力法执法检查的议案(第 149 号);

56. **孙建博**等 30 名代表:关于开展残疾人保障法执法检查的议案(第 150 号)。

第十三届全国人民代表大会第四次会议主席团和秘书长名单

（2021 年 3 月 4 日第十三届全国
人民代表大会第四次会议预备会议通过）

主席团（174 人，按姓名笔划为序）

丁仲礼　丁薛祥　乃依木·亚森（维吾尔族）　万鄂湘
习近平　马伟明　马逢国　王东明　王东峰　王光亚
王　刚　王岐山　王沪宁　王国生　王建军
王砚蒙（女，傣族）王宪魁　王勇超　王　晨
王银香（女）　支月英（女）　尤　权　尹　力
邓　丽（女）　邓　凯
艾力更·依明巴海（维吾尔族）　左中一　石泰峰
布小林（女，蒙古族）　旦正草（女，藏族）
叶诗文（女）　史大刚　史耀斌　白玛赤林（藏族）
白春礼（满族）　丛　斌　冯淑玲（女，满族）
吉狄马加（彝族）　吉炳轩　吕世明　朱国萍（女）
向　巧（女，苗族）刘艺良　刘远坤（苗族）　刘　奇
刘国中　刘海星　刘家义　齐　玉　江天亮（土家族）
许为钢　许立荣　许宁生　许达哲　许其亮　阮成发

苏嘎尔布(彝族)　杜德印　李　飞　李飞跃(侗族)
李玉妹(女)　　李　伟　李作成　李　希　李学勇
李钺锋　李家俊　李　鸿(女)　　李鸿忠　李　强
李锦斌　李静海　杨洁篪　杨洪波(白族)　杨振武
杨　蓉(女)　　肖开提·依明(维吾尔族)　肖怀远
吴　月(女,黎族)吴玉良　吴英杰　邱　勇　何健忠
何毅亭　邹晓东　应　勇　冷　溶　汪其德　汪　洋
汪鸿雁(女)　　沙　沨(女,回族)沈春耀　沈晓明
沈跃跃(女)　　张又侠　张少琴　张升民　张　平
张业遂　张庆伟　张志军　张　轩(女)　　张伯军
张国清　张春贤　张　毅　陆东福　陈全国　陈　希
陈　竺　陈润儿　陈敏尔　陈锡文　武维华　苗　华
林建华　林　铎　罗保铭　罗　萍(女,哈尼族)
罗　毅(布依族)郑军里(瑶族)　郑奎城
降巴克珠(藏族)赵乐际　赵宪庚　赵　贺　郝明金
咸　辉(女,回族)哈尼巴提·沙布开(哈萨克族)
段春华　信春鹰(女)　　娄勤俭　洛桑江村(藏族)
姚建年　骆惠宁　袁　驷　袁家军　栗战书　夏伟东
徐延豪　徐绍史　徐留平　殷一璀(女)　　高红卫
高虎城　郭声琨　黄久生　黄龙云　黄志贤　黄坤明
黄路生　曹建明　曹鸿鸣
雪克来提·扎克尔(维吾尔族)　康志军　鹿心社
谌贻琴(女,白族)彭清华　董中原　蒋卓庆　韩立平
景俊海　傅自应　傅　莹(女,蒙古族)　谢经荣
蓝天立(壮族)　楼阳生

嘉木样·洛桑久美·图丹却吉尼玛(藏族)　　赫　捷

蔡达峰　蔡　奇　廖晓军　谭耀宗　魏后凯

秘书长

王　晨

第十三届全国人民代表大会第四次会议主席团常务主席名单

（2021年3月4日第十三届全国人民代表大会
第四次会议主席团第一次会议推选）

栗战书　王　晨　曹建明　张春贤　沈跃跃（女）
吉炳轩　艾力更·依明巴海（维吾尔族）　万鄂湘
陈　竺　王东明　白玛赤林（藏族）　丁仲礼　郝明金
蔡达峰　武维华　杨振武

第十三届全国人民代表大会第四次会议副秘书长名单

（2021 年 3 月 4 日第十三届全国人民代表大会
第四次会议主席团第一次会议决定）

杨振武　信春鹰（女）　李　飞　徐绍史　张业遂
孔绍逊　李宝荣

第十三届全国人民代表大会第四次会议表决议案办法

（2021 年 3 月 4 日第十三届全国人民代表大会第四次会议主席团第一次会议通过）

根据《中华人民共和国宪法》和有关法律规定，主席团决定：

第十三届全国人民代表大会第四次会议表决各项议案，采用无记名按表决器方式，以全体代表的过半数赞成票通过。表决时，代表可以表示赞成，可以表示反对，也可以表示弃权。如表决器系统在使用中发生故障，改用举手方式表决。

第十三届全国人民代表大会第四次会议议程

（2021年3月4日第十三届全国人民代表大会第四次会议预备会议通过）

一、审议政府工作报告

二、审查国民经济和社会发展第十四个五年规划和2035年远景目标纲要草案

三、审查2020年国民经济和社会发展计划执行情况与2021年国民经济和社会发展计划草案的报告、2021年国民经济和社会发展计划草案

四、审查2020年中央和地方预算执行情况与2021年中央和地方预算草案的报告、2021年中央和地方预算草案

五、审议全国人民代表大会常务委员会关于提请审议《中华人民共和国全国人民代表大会组织法（修正草案）》的议案

六、审议全国人民代表大会常务委员会关于提请审议《中华人民共和国全国人民代表大会议事规则（修正草案）》的议案

七、审议全国人民代表大会常务委员会关于提请审议

《全国人民代表大会关于完善香港特别行政区选举制度的决定(草案)》的议案

八、审议全国人民代表大会常务委员会工作报告

九、审议最高人民法院工作报告

十、审议最高人民检察院工作报告

图书在版编目(CIP)数据

中华人民共和国第十三届全国人民代表大会第四次会议文件汇编/全国人民代表大会常务委员会办公厅编. —北京:人民出版社,2021.6
ISBN 978-7-01-023256-0

Ⅰ.①中… Ⅱ.①全… Ⅲ.①全国人民代表大会-文件-汇编-中国
Ⅳ.①D622

中国版本图书馆 CIP 数据核字(2021)第 045348 号

中华人民共和国
第十三届全国人民代表大会
第四次会议文件汇编

ZHONGHUA RENMIN GONGHEGUO
DI-SHISANJIE QUANGUO RENMIN DAIBIAO DAHUI
DI-SICI HUIYI WENJIAN HUIBIAN

全国人民代表大会常务委员会办公厅编

人民出版社 出版发行
(100706 北京市东城区隆福寺街 99 号)

北京汇林印务有限公司印刷 新华书店经销

2021 年 6 月第 1 版 2021 年 6 月北京第 1 次印刷
开本:880 毫米×1230 毫米 1/32 印张:17.75
字数:369 千字

ISBN 978-7-01-023256-0 定价:38.00 元

邮购地址 100706 北京市东城区隆福寺街 99 号
人民东方图书销售中心 电话 (010)65250042 65289539